Produktionsplanung

Frank Herrmann

Produktionsplanung

Übungsbuch Band 1

Frank Herrmann
Ostbayerische Technische Hochschule
Regensburg, Deutschland

ISBN 978-3-658-40217-4   ISBN 978-3-658-40218-1   (eBook)
https://doi.org/10.1007/978-3-658-40218-1

Die Deutsche Nationalbibliothek verzeichnet diese Publikation in der Deutschen Nationalbibliografie; detaillierte
bibliografische Daten sind im Internet über https://portal.dnb.de abrufbar.

Springer Gabler

Planung/Lektorat: Claudia Rosenbaum
Springer Gabler ist ein Imprint der eingetragenen Gesellschaft Springer Fachmedien Wiesbaden GmbH und ist
ein Teil von Springer Nature.
Die Anschrift der Gesellschaft ist: Abraham-Lincoln-Str. 46, 65189 Wiesbaden, Germany

Vorwort

Durch zwei Bände stehen Aufgaben zu zentralen Planungsproblemen der operativen Produktionsplanung und -steuerung zur Verfügung. Die behandelten Planungsprobleme sind in kommerziell verfügbaren und in der industriellen Praxis eingesetzten Enterprise-Ressource-Planning-Systemen (ERP-Systemen) oder Produktionsplanungs- und -steuerungs-Systemen (PPS-Systemen) implementiert und werden in entsprechenden Veranstaltungen an Universitäten und Hochschulen, wie Produktion und Logistik sowie Supply Chain Management usw., sowohl in Bachelor- wie auch in Masterstudiengängen gelehrt.

Ausgangspunkt für die Schwerpunktsetzung in diesen Bänden ist die Planungshierarchie in ERP- bzw. PPS-Systemen. Dies führte zu den Abschnitten Nachfrageprognose, Produktionsprogrammplanung, Bedarfsplanung, Ressourceneinsatzplanung sowie Ressourcenbelegungsplanung. Die zuerst genannten vier Abschnitte werden in dem vorliegenden Band I behandelt und der zuletzt genannte im Band II. Die (der Planung) nachgelagerte Produktionsdurchführung und die Integration dieser Planungsaufgaben in ein Gesamtsystem, primär in ein ERP- oder in ein PPS-System, sind Gegenstand vom zweiten Band. Der zunehmenden Wichtigkeit der linearen Optimierung in der operativen Produktionsplanung und -steuerung wird im zweiten Band Rechnung getragen. Im Übrigen ergänzen beide Bände mein anderes Übungsbuch.

Generell werden die Formeln eher knapp erläutert und können über die angegebene Literatur vertieft werden. Ansonsten habe ich mich um ausführliche Begründungen bemüht. Dies möge das erstmalige Lösen solcher Aufgaben erleichtern. Meiner Beobachtung in der Lehre nach, besteht ein Bedarf an ausführlichen Antworten zu Verständnis- und Wiederholungsfragen. Jeder einzelne Abschnitt enthält solche und übergreifend gibt es Grundfragen zur Produktion im ersten Band.

Die Aufgaben und auch die Verständnis- und Wiederholungsfragen sind geeignete Übungen für viele Standardlehrbücher in den genannten Themengebieten. Aufgrund ihres Umfangs und ihres Schwierigkeitsgrads sind sie als Klausuraufgaben geeignet; gegebenenfalls bietet es sich aufgrund zeitlicher Randbedingungen an, nur eine oder mehrere Teilaufgaben zu verwenden.

Dem Verlag Springer Gabler danke ich für die sehr bereitwillige Aufnahme des Buchs und Frau Dr. Hanser für die gute Zusammenarbeit. Vielen Dank an Frau Merle Kammann für die kompetente Betreuung. Bei Frau Müller bedanke ich mich für das Korrekturlesen. Die Verantwortung für eventuelle Fehler verbleibt bei mir. Schließlich danke ich meiner Familie für das Verständnis für den hohen Zeitaufwand, der mit dem Erstellen dieses Buches verbunden war.

Regensburg im Juli 2023 Frank Herrmann

I Inhaltsverzeichnis

1. Grundfragen zur Produktion

1.1. Produktion als Wertschöpfungsprozess

(a) Welchen Sachverhalt bezeichnet das Wort Produktion?

(b) Charakterisieren Sie den Begriff der Sachgüterproduktion.

(c) Was sind Kapazitätsdaten? (Aus [KGJ18], S. 241, entnommen.)

(d) Stellen Sie die Produktion als Wertschöpfungsprozess dar, skizzieren die Infrastruktur eines Produktionssystems sowie seine Beziehungen zu seiner Umwelt.

(e) Füllen Sie die Lücken in der folgenden Abbildung:

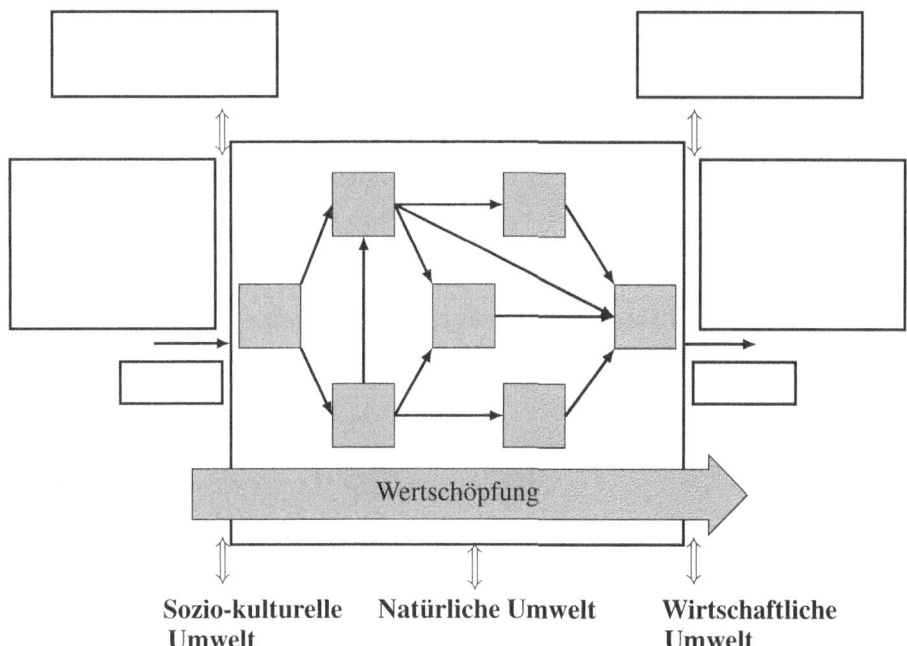

Abbildung 1.1: Produktionssystem mit Lücken.

(f) Unter welchem Sammelbegriff werden die benötigten Betriebsmittel und Mitarbeiter zusammengefasst? (Aus [KGJ13], S. 137, entnommen.)

(g) Erklären Sie den Produktionsprozess mit den Begriffen Input, Output, Ressourcen, Stammdaten und Wertsteigerungsprozess anhand eines Beispiels aus der Güterproduktion. (Aus [KGJ18], S. 241, entnommen.)

© Der/die Autor(en), exklusiv lizenziert an Springer Fachmedien Wiesbaden GmbH, ein Teil von Springer Nature 2023
F. Herrmann, *Produktionsplanung*, https://doi.org/10.1007/978-3-658-40218-1_1

(h) Welche allgemeinen Anforderungen an den Produktionsprozess müssen erfüllt werden, um Wertschöpfung zu erzielen? (Ähnliche Aufgabe in [KGJ18], S. 241.)

(i) Nach welchen Kriterien kann ein Produktionsprozess beurteilt werden? (Aus [KGJ13], S. 137, entnommen.)

(j) Was umfasst die Flexibilität eines Produktionsprozesses? (Aus [KGJ13], S. 137, entnommen.)

(k) Nennen Sie geeignete Maßnahmen zur Beschleunigung des Wertschöpfungsprozesses.

(l) Erklären Sie die zwei Prinzipien der Wirtschaftlichkeit mithilfe eines Beispiels. (Aus [KGJ13], S. 137, entnommen.)

(m) Nennen Sie Gegebenheiten einer Infrastruktur für die operative Produktionsplanung und -steuerung (als Teil von Produktionsplanungs- und -steuerungs-Systemen (PPS-Systeme)).

(n) Was drückt die Produktivität aus und welche Aussage erlaubt sie? Definieren Sie konkret die Arbeitsproduktivität und die Maschinenproduktivität.

(o) Was wird unter einem Arbeitssystem verstanden? Nennen und beschreiben Sie die Kernelemente eines Arbeitssystems einschließlich ihrer Interaktionen an.

(p) Füllen Sie die Lücken in der folgenden Abbildung 1.2 und beschreiben Sie jeden Ihrer Einträge.

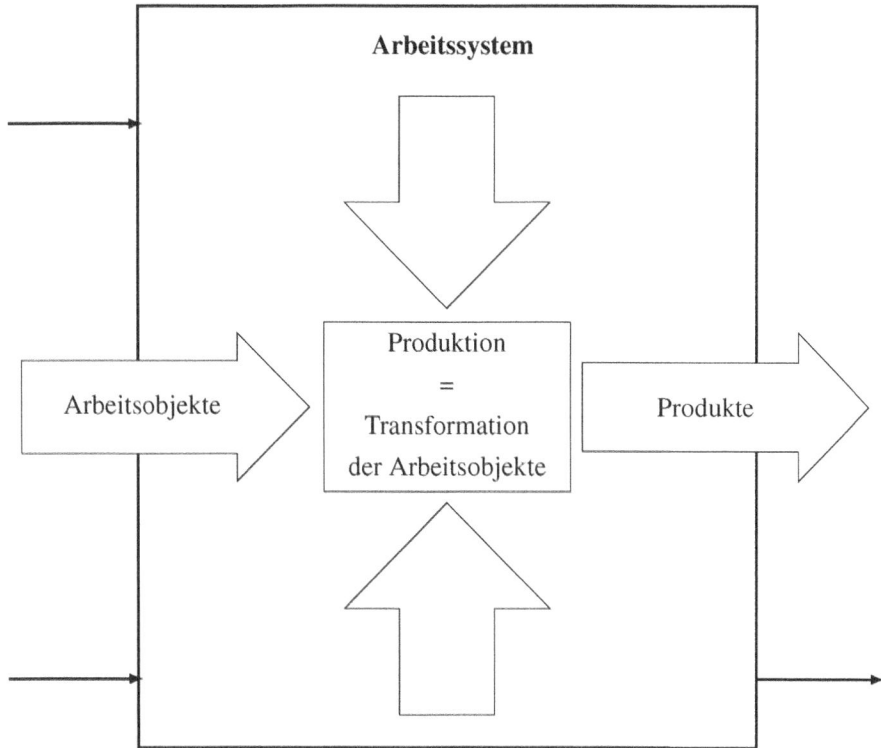

Abbildung 1.2: Arbeitssystem mit Lücken.

(q) Was besagt die Kennzahl Auslastung? (Aus [KGJ13], S. 165, entnommen.)

(r) Welchen Einfluss hat die Durchlaufzeit eines mehrstufigen Prozesses auf dessen Kapazität? (Aus [KGJ13], S. 165, entnommen.)

(s) Was versteht man unter Engpass und Auslastung? (Aus [KGJ18], S. 326, entnommen.)

(t) Zu den Kapazitätsdaten eines Produktionsprozesses zählen die maximalen Kapazitäten der einzelnen Ressourcenpools, die in der folgenden Tabelle angegeben sind. Der Output des Prozesses beträgt 75 Einheiten pro Arbeitsschicht. (Aus [KGJ18], S. 326, entnommen.)

Ressourcenpool	Theoretische Kapazität	
Maschine A	250	$\dfrac{\text{Aufträge}}{\text{Arbeitsschicht}}$
Facharbeiter	170	$\dfrac{\text{Aufträge}}{\text{Arbeitsschicht}}$
Hilfsarbeiter	90	$\dfrac{\text{Aufträge}}{\text{Arbeitsschicht}}$

Beantworten Sie die folgenden Fragen:

(a) Wo liegt der Engpass dieses Prozesses?

(b) Berechnen Sie die Auslastung der einzelnen Ressourcenpools.

(c) Bestimmen Sie die Auslastung des Gesamtprozesses.

(u) Warum ist die Identifizierung des Engpasses eines Prozesses so wichtig? (Aus [KGJ13], S. 165, entnommen.)

Lösungsvorschlag

(a) Die Produktion ist Teil der betrieblichen Leistungserstellung und bezeichnet den Transformations- bzw. Wertschöpfungsprozess, der Inputs (Ausgangsstoffe) in Outputs transformiert.

(b) Bei der Sachgüterproduktion werden Ausgangsstoffe (Rohstoffe, Zwischenprodukte) unter Einsatz von Arbeitskraft, Betriebsmitteln und Energie in Güter transformiert.

(c) Kapazitätsdaten sind Stammdaten über Betriebsmittel (technische Ressourcen) und Mitarbeiter (personelle Ressourcen). Dazu zählen vor allem die Leistungsfähigkeit der Maschinen und die Qualifikation der einzelnen Mitarbeiter.

(d) Die folgende Abbildung stellt die Produktion als Wertschöpfungsprozess dar. Sie enthält auch die Infrastruktur eines Produktionssystems einschließlich seiner Beziehungen zu seiner Umwelt.

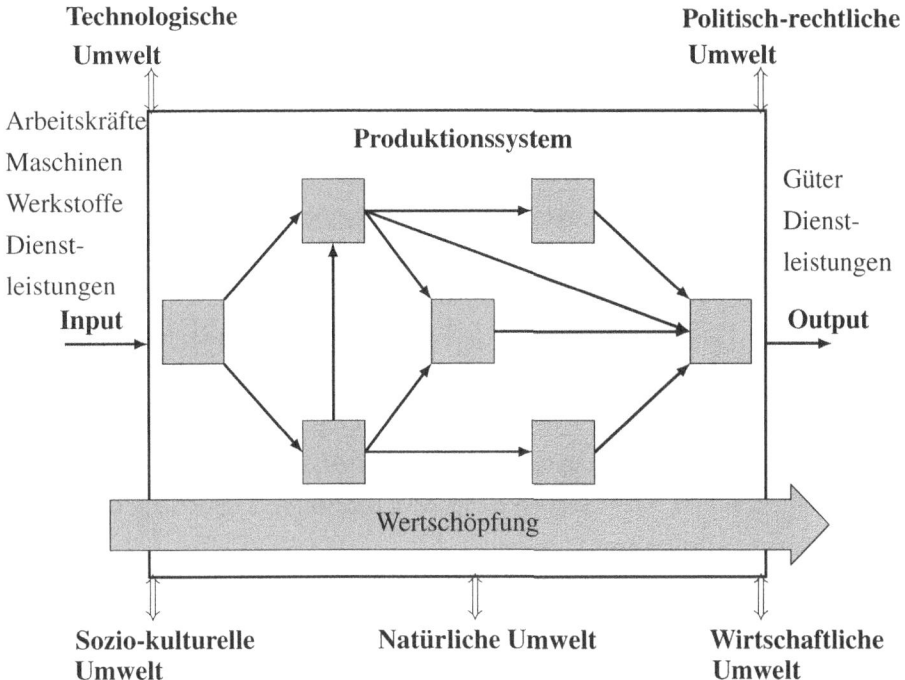

Arbeitskräfte
Maschinen
Werkstoffe
Dienst-
leistungen
Input

Produktionssystem

Güter
Dienst-
leistungen
Output

Wertschöpfung

Sozio-kulturelle
Umwelt

Natürliche Umwelt

Wirtschaftliche
Umwelt

Abbildung 1.3: Produktionssystem mit Wertschöpfung, Infrastruktur und Umwelt.

(e) Die komplette Abbildung befindet sich in der Abbildung 1.3.

(f) Ressourcen ist der gesuchte Sammelbegriff. Dabei werden Betriebsmittel auch als technische Ressourcen bezeichnet und Mitarbeiter als personelle Ressourcen.

(g) Ein Beispiel aus der Güterproduktion ist die Erzeugung von Kunststoffschüsseln. Das für den Produktionsprozess benötigte Rohmaterial (Kunststoffgranulat) stellt den Input dar. Ressourcen sind die benötigten Maschinen (Spritzgussmaschinen) samt den Werkzeugen und die Mitarbeiter. Stammdaten sind die Arbeitspläne und Rezepturen, die darüber Auskunft geben, welche Materialien auf welche Art und Weise zu verwenden sind. Zu den Stammdaten zählen auch die Kapazitätsdaten (Leistungsfähigkeit der Maschinen, Qualifikation der einzelnen Mitarbeiter), die in den Produktionsprozess einfließen. Der Wertsteigerungsprozess (Transformation) umfasst das Schmelzen und Giessen des Kunststoffgranulats. Die fertigen Schüsseln stellen den Output dar.

(h) Folgende allgemeine Anforderungen an den Produktionsprozess müssen erfüllt werden, um Wertschöpfung zu erzielen:

Zeit:

Die Erstellung eines Produktes (Güter, Dienstleistungen) erfordert eine Vielzahl von Schritten, die jeweils entsprechende Zeit benötigen, um ausgeführt zu werden. Je schneller diese Schritte ausgeführt werden, umso höhere Wertschöpfung kann mit den verfügbaren Ressourcen und Stammdaten erzielt werden. Dieses Bestreben kommt in der Forderung nach kurzen Durchlaufzeiten zum Ausdruck.

Flexibilität:

Flexibilität bedeutet die Fähigkeit des Produktionsprozesses, sich an veränderte Bedingungen (z.B. Änderungen des Produktprogramms) anzupassen. Flexibilität umfasst den Anpassungsumfang, der aufgrund bestehender Ressourcen und Stammdaten möglich ist, die wirtschaftlichen Auswirkungen einer Umstellung und die Zeit für die erforderlichen Anpassungen.

Qualität:

Die Qualität eines Produktes und die daraus resultierende Kundenzufriedenheit stellen einen entscheidenden Wettbewerbsfaktor dar.

Wirtschaftlichkeit:

Wirtschaftlichkeit betrifft die Kosten der Produktion und umfasst zwei Prinzipien:

Maximumprinzip: Mit einem gegebenen Wert an Inputgütern wird ein maximales wertmäßiges Produktionsergebnis erreicht.

Minimumprinzip: Ein vorgegebenes wertmäßiges Produktionsergebnis wird mit einem minimalen Inputwert erreicht.

Allerdings sind solche Betrachtungsweisen (zur Wirtschaftlichkeit) statisch. Gerade für die langfristige Entwicklungsplanung einer Unternehmung ist diese Konzeption des Wirtschaftlichkeitsprinzips ungeeignet. Benötigt wird eine dynamische, prozessorientierte Betrachtungsweise, die zukünftige Entwicklungen einschließt. Letzteres wird dann eher zu einer Philosophie.

(i) Kriterien zur Beurteilung eines Produktionsprozesses sind: Zeit, Flexibilität, Qualität und Wirtschaftlichkeit.

(j) Die Flexibilität eines Produktionsprozesses umfasst den Anpassungsumfang, der durch die vorhandenen Ressourcen und Stammdaten möglich ist, die wirtschaftlichen Auswirkungen einer Umstellung und die Zeit für die erforderlichen Anpassungen.

(k) Zur Beschleunigung eines Wertschöpfungsprozesses bietet es sich an, unproduktive Vorgänge, die Kosten verursachen ohne zur (unmittelbaren) Wertschöpfung beizutragen, wie beispielsweise Handling-, Transport- und Lagerungsvorgänge, sowie administrative Arbeiten so weit wie möglich einzuschränken. Ferner tragen die Gestaltung der Infrastruktur der Produktion, d.h. die technische und organisatorische Auslegung der Produktionseinrichtungen, die Art ihres Zusammenwirkens sowie die effiziente Bewältigung der Produktionsplanungs- und -steuerungsaufgaben wesentlich zur Erreichung der gesetzten Wertschöpfungsziele bei.

(l) Bei den beiden Prinzipien der Wirtschaftlichkeit handelt es sich um das Maximumprinzip und das Minimumprinzip. Ein Beispiel ist die Anschaffung einer Walzmaschine durch einen Stahl-Produzenten.

Nach dem Maximumprinzip: Der Stahl-Produzent möchte für 220000 € eine neue Walzmaschine anschaffen. Er analysiert den Markt und kauft die leistungsstärkste Produktionsmaschine (für maximal 220000 €).

Nach dem Minimumprinzip: Der Stahl-Produzent möchte eine neue Walzmaschine in einer bestimmten Qualitätsstufe möglichst preisgünstig kaufen.

(m) Zu den Gegebenheiten einer Infrastruktur für die operative Produktionsplanung und -steuerung zählen:

•   Produktionsanlagen – Kapazitäten und verfahrenstechnische Möglichkeiten – sind verbunden durch

•   Lagerungs-, Materialfluss- und Handlingeinrichtungen

und werden gesteuert durch

•   Vorgaben, Dispositionen und Regeln (in Form von Enterprise-Ressource-Planning-Systemen, wie dem SAP-System, oder Produktionsplanungs- und steuerungs-Systemen).

(n) Die Produktivität drückt die mengenmäßige Ergiebigkeit einer wirtschaftlichen Tätigkeit aus und erlaubt Aussagen darüber, wie gut die eingesetzten Faktoren genutzt werden. Bei der Produktivitäts-Kennzahl steht der Output in Relation zu den Input-Faktoren.

Die Definitionen lauten:

• $\text{Arbeitsproduktivität} = \dfrac{\text{Produktionsmenge}}{\text{Arbeitsstunden}}$.

• $\text{Maschinenproduktivität} = \dfrac{\text{Produktionsmenge}}{\text{Maschinenstunden}}$.

(o) Ein industrieller Produktionsprozess setzt sich aus einzelnen Abschnitten zusammen, die jeweils einen bestimmten Teilprozess der Produktion eines Erzeugnisses umfassen. Damit sich die Produktion in geordneter Weise vollziehen kann, müssen geeignete organisatorische Einheiten gebildet und ihr Zusammenwirken geregelt werden. Solche organisatorischen Einheiten, in denen jeweils ein einzelner Abschnitt eines Produktionsprozesses ausgeführt wird, wird als Arbeitssystem bezeichnet. Dadurch ist ein Arbeitssystem die kleinste selbständig arbeitsfähige Einheit in einem Produktionssystem. Es lässt sich durch folgende Elemente beschreiben, die in der Abbildung 1.4 visualisiert sind.

(Input): Die zu bearbeitenden Vorprodukte (Arbeitsobjekte, z.B. Rohstoffe, Zwischenprodukte, Verbrauchsfaktoren) stellen den physischen Input in das Arbeitssystem dar. Aus den Grunddaten der Produktion sind u. a. der konstruktive Aufbau der Produkte sowie technische Angaben zur Ausführung der Produktion und der Montage (z.B. Arbeitsgangbeschreibungen) abzulesen. Die Planungsdaten besagen z.B., wie viele Erzeugniseinheiten bis zu einem bestimmten Termin fertigzustellen sind. Sie werden durch Produktionsaufträge dokumentiert.

(Ouput): Die Arbeitsobjekte durchlaufen physisch den Produktionsprozess, werden dort bearbeitet und erfahren dadurch i.d.R. eine Wertsteigerung. Die Fertigstellungszeitpunkte der Produktionsaufträge und damit die Freigabezeitpunkte der Ressourcen (Menschen, Maschinen, Werkzeuge) des Arbeitssystems werden als Rückmeldungen an das Produktionsplanungs- und -steuerungs-System übermittelt.

(Transformation): Der eigentliche Produktionsvorgang kann als Transformationsprozess betrachtet werden, bei dem unter Einsatz von Produktionsfaktoren (Menschen, Maschinen) eine Statusänderung und Wertsteigerung der Arbeitsobjekte, d.h. ihre Umwandlung in Produkte, erfolgt.

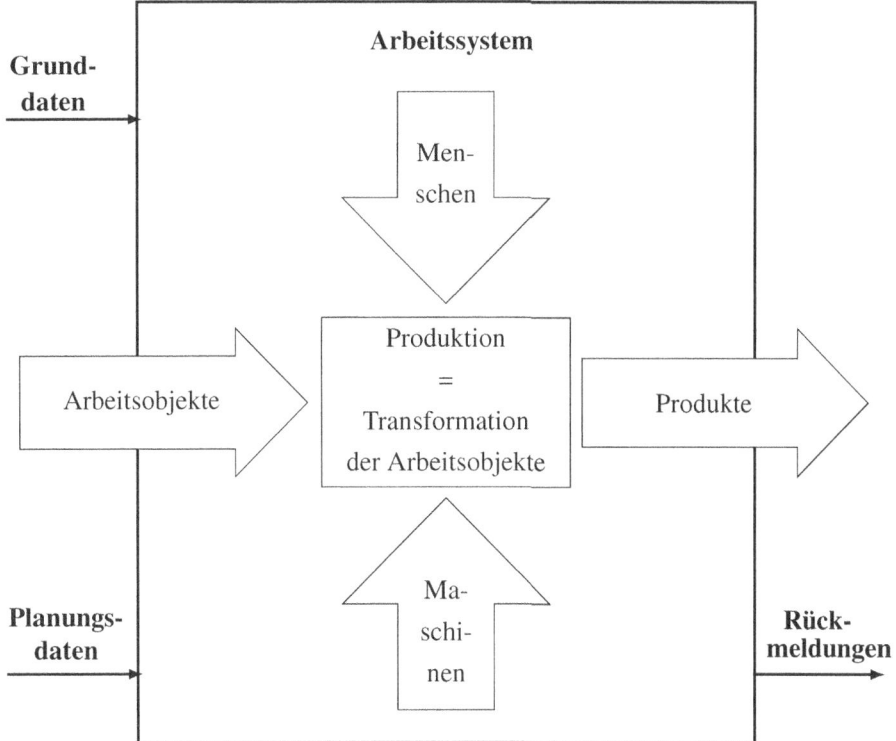

Abbildung 1.4: Arbeitssystem.

Hinweis: Diese Form eines Arbeitssystems ist aus [GüTe12] entnommen und ebendort finden sich weitere Details.

(p) Die komplette Abbildung zum Arbeitssystem befindet sich in der obigen Abbildung 1.4. Eine Beschreibung der eingefüllten Elemente befindet sich in der Antwort zuvor.

(q) Die Kennzahl Auslastung ergibt sich aus dem Quotienten von tatsächlicher Output-Rate und maximaler Kapazität, und besagt somit, wie viel der vorhandenen Kapazität tatsächlich genutzt wird.

(r) Die Durchlaufzeit eines mehrstufigen Prozesses hat keinen Einfluss auf die Kapazität des Prozesses. Die Kapazität des Prozesses (maximale Prozesskapazität) ergibt sich aus dem Ressourcenpool mit der geringsten Kapazität, dem so genannten Engpass. Der Engpass gibt somit den Takt vor, mit dem Teile produziert werden können, unabhängig von der Länge des Prozesses.

(s) In einem Prozess kann nicht mehr produziert werden als es für den Ressourcenpool mit der geringsten Kapazität möglich ist. Dieser Ressourcenpool wird auch als Engpass bezeichnet. Die Auslastung eines Ressourcenpools ist der Quotient aus dem Output eines Prozesses und der Kapazität des jeweiligen Ressourcenpools.

$$\text{Auslastung} = \frac{\text{Output } \frac{\text{Einheiten}}{\text{Stunde}}}{\text{Kapazität } \frac{\text{Einheiten}}{\text{Stunde}}}.$$

(t) Zu (a):

Der Engpass liegt bei den Ressourcen: Hilfsarbeiter. Aufgrund dieses Engpasses können nicht mehr als 90 Einheiten pro Schicht produziert werden.

Zu (b):

Mit der

$$\text{Auslastung} = \frac{\text{Output in } \frac{\text{Einheiten}}{\text{Stunde}}}{\text{Kapazität in } \frac{\text{Einheiten}}{\text{Stunde}}}$$

ergibt sich, da, nach der Aufgabenstellung, der Output des Prozesses beträgt 75 Einheiten pro Arbeitsschicht:

Ressourcenpool	Maximale Kapazität	Auslastung
Maschine A	$250 \frac{\text{Aufträge}}{\text{Arbeitsschicht}}$	30 %
Facharbeiter	$170 \frac{\text{Aufträge}}{\text{Arbeitsschicht}}$	44 %
Hilfsarbeiter	$90 \frac{\text{Aufträge}}{\text{Arbeitsschicht}}$	83 %

Zu (c):

Die Auslastung des Gesamtprozesses entspricht der Auslastung des Engpasses. Da in unserem Beispiel der Engpass bei der Ressource Hilfsarbeiter liegt, beträgt die Auslastung des Gesamtprozesses 83 Prozent.

(u) Die Identifizierung des Engpasses ist deshalb wichtig, weil der Engpass die Prozesskapazität determiniert. Soll die Prozesskapazität erhöht werden, so ist die Kapazität des Engpasses zu erhöhen.

1.2. Klassifikation nach Organisationstyp und Produktionsprogramm

(a) Nennen Sie eine Anwendung der Klassifikation von Produktionsprozessen.

(b) Welche vier Produktionstypen lassen sich nach der Auflagengröße unterscheiden? Erklären Sie diese bitte und geben jeweils ein Beispiel an. Nennen Sie ferner die jeweils auftretenden Planungsprobleme.

(c) Welche drei grundsätzlichen Produktionstypen lassen sich nach der Beziehung der Produktion zum Absatzmarkt unterscheiden? Erklären Sie diese bitte und geben jeweils ein Beispiel an.

(d) Geben Sie für die nachfolgend beschriebenen unterschiedlichen Arten der Bereitstellung von Wurstsemmeln in der Feinkostabteilung eines Supermarktes an, ob eine auftragsbezogene Fertigstellung, eine Lagerproduktion oder eine Kundenauftragsproduktion vorliegt.

Produktion	Produktionstyp
Der Kunde nimmt sich die fertig verpackte Wurstsemmel aus dem Regal.	
Die Wurstsemmel wird aus vorab geschnittenen Semmeln und geschnittener Wurst auf Kundenwunsch zusammengestellt.	
Die gewünschte Semmel und auch die gewünschte Wurst werden auf Kundenwunsch geschnitten und zusammengestellt.	

(e) Die auftragsbezogene Montage (assemble bzw. build to order) ist die Kombination aus Lagerproduktion und Kundenauftragsproduktion. Welche Vorteile hat dieser Produktionstyp gegenüber einer reinen Lagerproduktion und einer reinen Kundenauftragsproduktion?

(f) Den idealtypischen Zusammenhang zwischen Auflagengröße und der Beziehung der Produktion zum Absatzmarkt zeigt die folgende Abbildung 1.5. Tragen Sie die verschiedenen Auflagengrößen in das Schaubild ein. (Aus [KGJ13], S. 147, entnommen.)

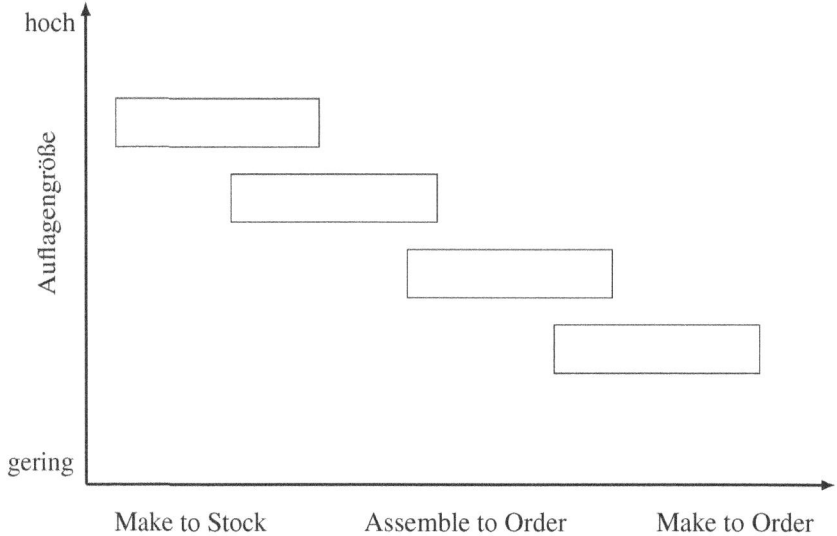

Abbildung 1.5: Auflagengröße versus Beziehung zum Absatzmarkt.

(g) Die Organisationstypen der Güterproduktion resultieren aus der unterschiedlichen organisatorischen Anordnung von Arbeitssystemen, welche nach dem Funktionsprinzip oder dem Objektprinzip erfolgen kann. Erläutern Sie die beiden Prinzipien und stellen Sie diese grafisch an einem Beispiel dar.

(h) Erläutern Sie den Organisationstyp der Reihenproduktion und stellen ihn grafisch an einem Beispiel dar.

(i) Ist die folgende Aussage richtig? Sollte sie falsch sein, so korrigieren Sie diese bitte.
Da es sich bei einer Reihenproduktion um einen einheitlichen Materialfluss handelt, treten bei einer Reihenproduktion, wenn überhaupt, nur geringe Zwischenlagerbestände auf.

(j) Stellen Sie die Organisationstypen der Produktion in Form der organisatorischen Anordnung von Arbeitssystemen und der Struktur von Produktionsprozessen dar.

(k) Tragen Sie in die nachfolgende Abbildung 1.6 sowohl die fehlenden Organisationstypen der Produktion als auch die fehlenden Präzisierungen zum Objektprinzip ein.

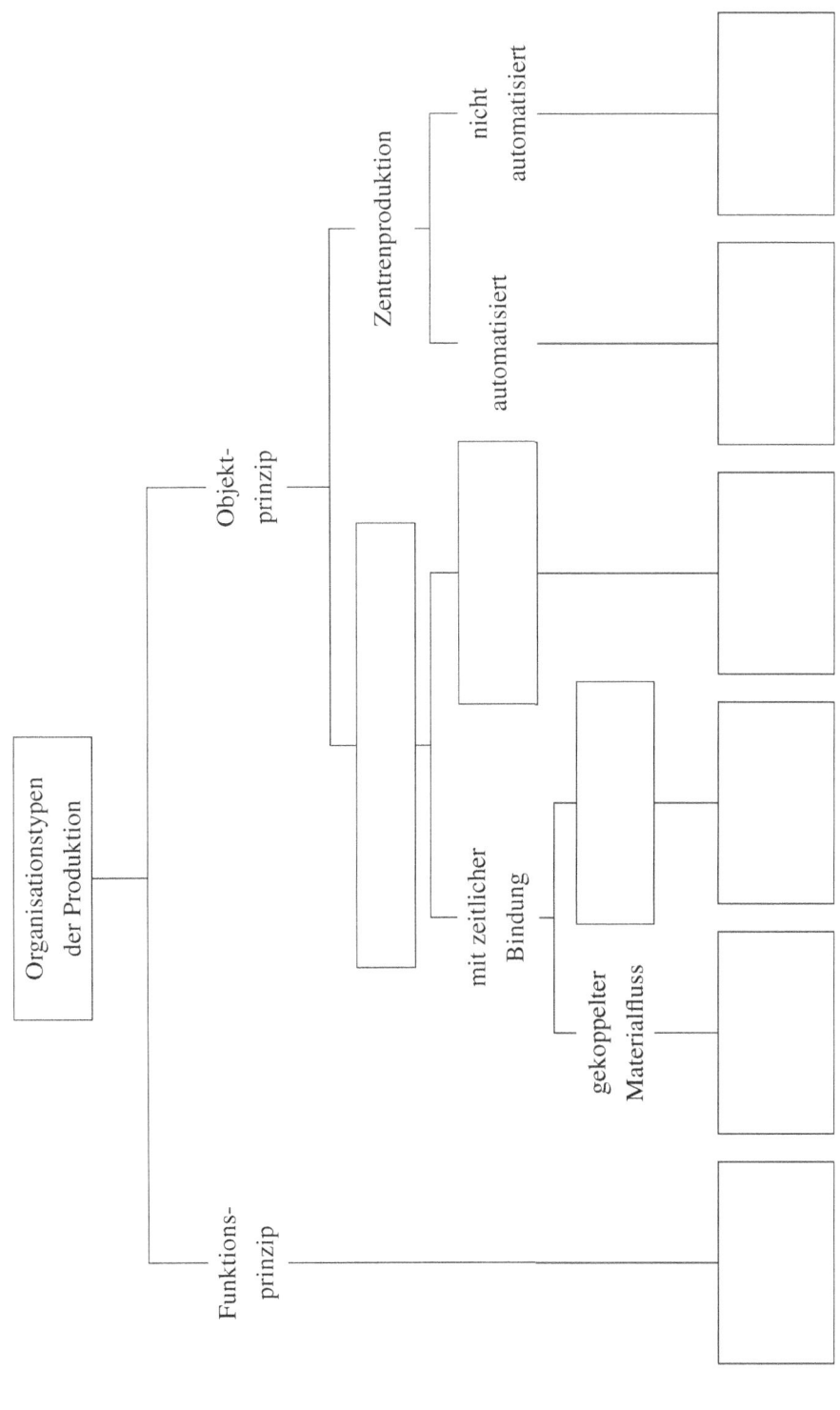

Abbildung 1.6: Organisationstypen der Produktion mit Lücken.

(l) Sind die folgenden Aussagen richtig? Bitte korrigieren Sie jede falsche Aussage. (An [KüHo02] entlehnt.)

    a) Im Allgemeinen hat der Organisationstyp „Fließproduktionslinie" gegenüber dem Organisationstyp „Werkstattproduktion" Vorteile in Form von geringeren Durchlaufzeiten und niedrigeren Qualitätsanforderungen an die Arbeitnehmer.

    b) Im Allgemeinen hat der Organisationstyp „Fließproduktionslinie" gegenüber dem Organisationstyp „Werkstattproduktion" Nachteile in Form von höheren Transportkosten sowie höheren Investitionen und höherem Kapitalbedarf.

(m) Sind die folgenden Aussagen richtig? Bitte korrigieren Sie jede falsche Aussage. (An [KüHo02] entlehnt.)

    a) Im Allgemeinen hat der Organisationstyp „Fließproduktionslinie" gegenüber dem Organisationstyp „Werkstattproduktion" Vorteile in Form von geringeren Lagerkosten und höherer Arbeitsproduktivität.

    b) Im Allgemeinen hat der Organisationstyp „Fließproduktionslinie" gegenüber dem Organisationstyp „Werkstattproduktion" Nachteile in Form von schlechter kalkulierbaren Ausbringungsmengen und geringerer Effizienz.

(n) Grenzen Sie Werkstatt- und Fließfertigung voneinander ab. Beschreiben Sie jeden Organisationstyp und gehen auf seine Vor- und Nachteile ein. (Aus [KüHo02], S. 17, entnommen.)

(o) Nennen Sie Voraussetzungen des Organisationstyps „Transferstraße". (An [KüHo02] entlehnt.)

(p) Was wird unter einem gekoppelten Materialfluss verstanden? Bei welchen Organisationstypen der Produktion kommt dieser vor?

(q) Grenzen Sie die Transferstraße und die Fließproduktionslinie voneinander ab. (Aus [KGJ18], S. 268, entnommen.)

(r) Was verstehen Sie unter Zentrenproduktion? Geben Sie ein Beispiel dazu an. (Aus [KGJ18], S. 268, entnommen.)

(s) Wodurch unterscheidet sich die Produktionsinsel vom Flexiblen Fertigungssystem? (Aus [KGJ13], S. 148, entnommen.)

(t) Bewerten Sie die einzelnen Organisationstypen mittels der Kriterien Zeit, Flexibilität, Qualität und Wirtschaftlichkeit. Tragen Sie Ihre Ergebnisse in die folgende

Tabelle ein. (Aus [KGJ18], S. 269, entnommen.)

Organisationstypen	Zeit	Flexibilität	Qualität	Wirtschaftlichkeit
Werkstattproduktion				
Produktionsinsel				
Flexibles Fertigungssystem				
Reihenproduktion				
Fließproduktionslinie				
Transferstraße				

Verwenden Sie zur Bewertung folgende Symbolik:

$+$: Vorteile gegenüber anderen Organisationstypen.

$+/-$: weder Vor- noch Nachteile.

$-$: Nachteile gegenüber anderen Organisationstypen.

(u) Welche der folgenden Stationenanordnungen in den folgenden Abbildungen stellt welchen Organisationstyp der Produktion dar?

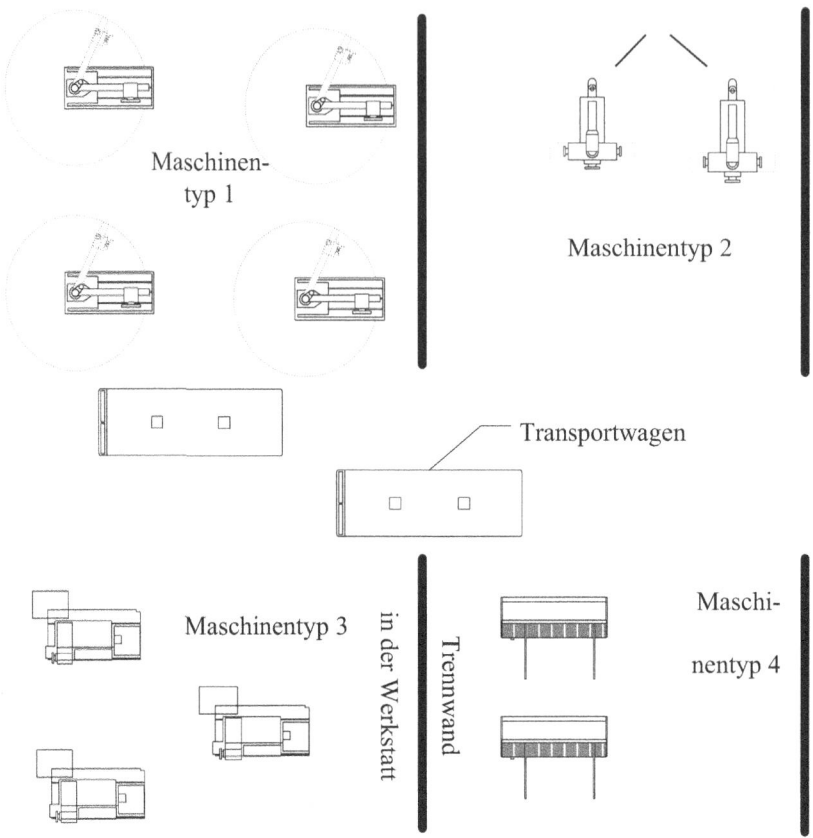

Abbildung 1.7: Organisationstyp I.

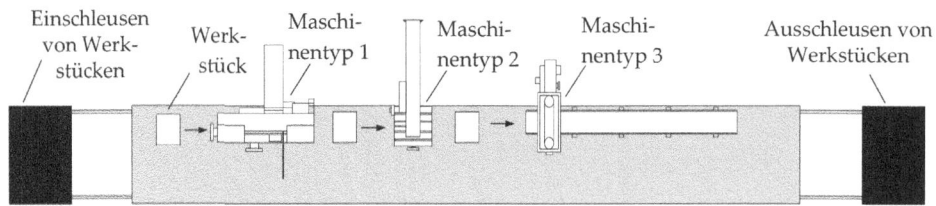

Abbildung 1.8: Organisationstyp II.

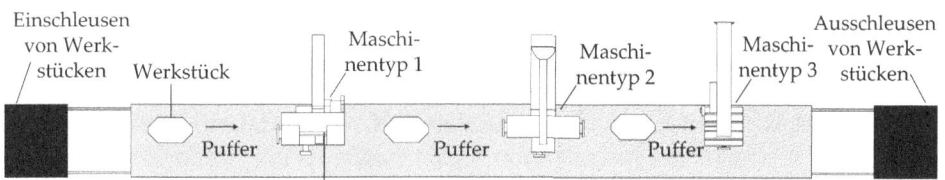

Abbildung 1.9: Organisationstyp III.

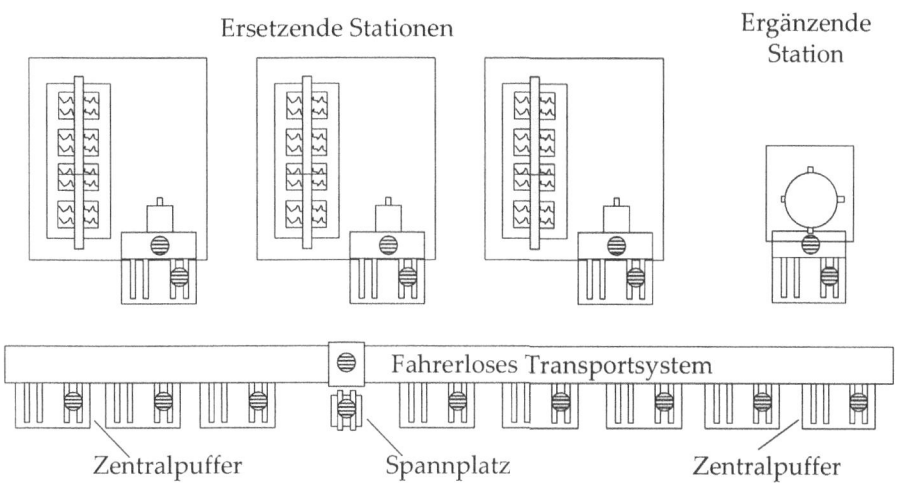

Abbildung 1.10: Organisationstyp IV.

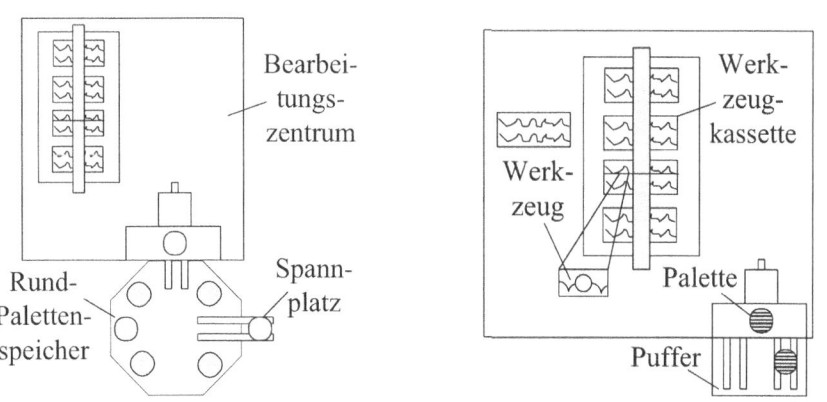

Abbildung 1.11: Organisationstyp V.   Abbildung 1.12: Organisationstyp VI.

(v) Tragen Sie die verschiedenen Organisationstypen der Produktion in die Produkt-

Prozess-Matrix ein, die in der folgenden Abbildung 1.13 dargestellt ist.

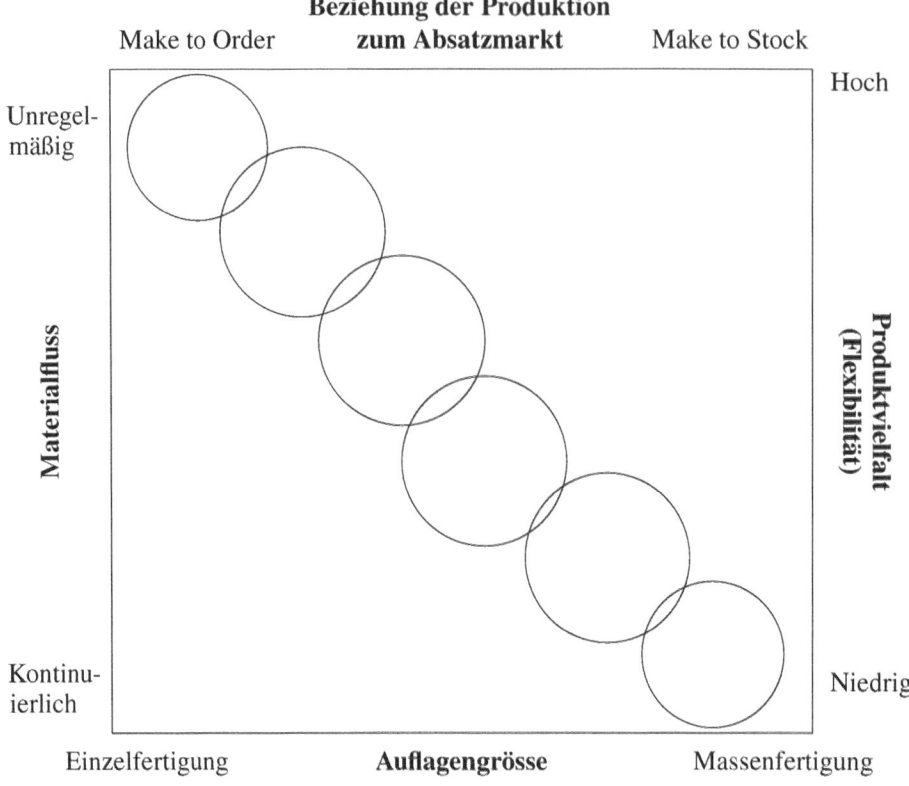

Abbildung 1.13: Produkt-Prozess-Matrix mit Lücken.

Lösungsvorschlag

(a) In der industriellen Praxis tritt die Produktion in unterschiedlichen Erscheinungs-
formen auf. Ihre Planungsprobleme erfordern strukturell unterschiedliche Lösungsverfahren und die Entscheidungsmodelle zu ihrer Beschreibung sind ebenso strukturell unterschiedlich. Für diese existieren spezifische Standardsoftwaresysteme zur
Produktionsplanung und –steuerung (PPS-Systeme). Somit hilft eine Klassifikation
bei der Auswahl und Einstellung (bzw. Konfiguration) von solchen PPS-Systemen.

(b) Die gesuchten vier Produktionstypen mit einer Erklärung, einem bzw. zwei Beispielen und den auftretenden Planungsproblemen lauten:

Produktionstyp	Erklärung	Beispiel (-e)	Planungsproblem
Massenproduktion.	Ständige, zeitlich unbegrenzte Produktion eines Gutes in großen Mengen.	VW-Käfer.	Keines.
Sortenproduktion.	Ist ein Spezialfall der Massenproduktion. Mehrere Varianten eines Grundproduktes werden hintereinander auf einer Anlage hergestellt, die nur geringe Unterschiede hinsichtlich Größe, Gestalt, Qualität oder Format aufweisen.	Waschpulver und Glasfaser.	Auftragsgröße und Sortenreihenfolge.
Serienproduktion.	Herstellung einer begrenzten Anzahl identischer Erzeugnisse (= Serie) und danach wird umgerüstet.	Autos.	Auftragsgröße und Produktionstermine.
Einzelproduktion.	Herstellung individueller Produkte aufgrund eines individuellen Kundenauftrags.	Schiffe und der Großmaschinenbau.	Geringe Vorhersagbarkeit des Auftragseingangs; lange Lieferzeiten bei keiner Vorratsproduktion.

(c) Die gesuchten drei Produktionstypen mit einer Erklärung und einem bzw. zwei Beispielen lauten:

Produktionstyp	Erklärung	Beispiel (-e)
Kundenauftragsproduktion (make to order).	Die Produktion erfolgt erst nach Eingang eines Kundenauftrags bzw. einer Bestellung. Der Produktionsprozess läuft gleichzeitig mit dem Auftragsabwicklungsprozess.	Schiffbau und der Großmaschinenbau.
Lagerproduktion (make to stock).	Die Produktion erfolgt auf Basis von Prognosen. Beim Eingang eines Auftrages ist der Produktionsprozess bereits abgeschlossen und die Ware liegt (lieferfähig) im Lager.	Brauerei, Textilfabrik.

Produktionstyp	Erklärung	Beispiel (-e)
Auftragsbezogene Montage (assemble bzw. build to order).	Nach dem Eingang eines Kundenauftrags wird das Produkt hergestellt, Einzelteile werden vorproduziert (und gelagert), wodurch eine Verringerung der Lieferzeit möglich ist.	Kunden können online Laptops konfigurieren.

(d) Bei den unterschiedlichen Arten der Bereitstellung von Wurstsemmeln in der Feinkostabteilung eines Supermarktes liegen folgende Produktionstypen vor:

Produktion	Produktionstyp
Der Kunde nimmt sich die fertig verpackte Wurstsemmel aus dem Regal.	Lagerproduktion.
Die Wurstsemmel wird aus vorab geschnittenen Semmeln und geschnittener Wurst auf Kundenwunsch zusammengestellt.	Auftragsbezogene Fertigstellung.
Die gewünschte Semmel und auch die gewünschte Wurst werden auf Kundenwunsch geschnitten und zusammengestellt.	Kundenauftragsproduktion.

(e) Bei der auftragsbezogenen Montage (assemble bzw. build to order) werden Komponenten auf Basis von Prognosen vorgefertigt. Aus diesen Komponenten werden dann beim Eintreffen eines Kundenauftrages individuelle Endprodukte erstellt. Der Vorteil gegenüber einer Kundenauftragsproduktion besteht in einer kürzeren Lieferzeit, die aufgrund der bereits vorgefertigten Komponenten möglich ist. Gegenüber einer Lagerproduktion sind die Lagerkosten geringer, da nicht jede Endproduktvariante gelagert wird, sondern nur Standardkomponenten.

(f) Der idealtypische Zusammenhang zwischen Auflagengröße und der Beziehung der Produktion zum Absatzmarkt ist in der folgenden Abbildung dargestellt.

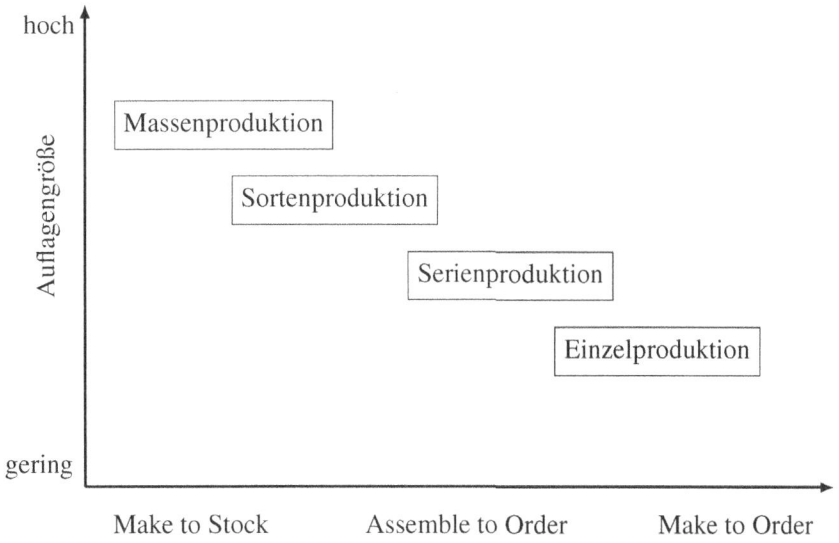

(g) Das Funktionsprinzip bedeutet, dass Arbeitssysteme, die gleichartige Funktionen (Operationen, Arbeitsgänge) durchführen, räumlich in einer Werkstatt zusammengefasst werden. Ein Beispiel mit den Arbeitsgängen Bohren, Fräsen, Drehen und Montieren ist in der nachfolgenden Abbildung 1.14 angegeben. Die eingehenden Produkte (Rohmaterialien, Werkstücke) durchlaufen die einzelnen Werkstätten aufgrund der in ihrem jeweiligen Arbeitsplan festgelegten Reihenfolge, wobei es im allgemeinen Fall durchaus vorkommen kann, dass ein Werkstück mehrmals zu derselben Werkstatt transportiert wird.

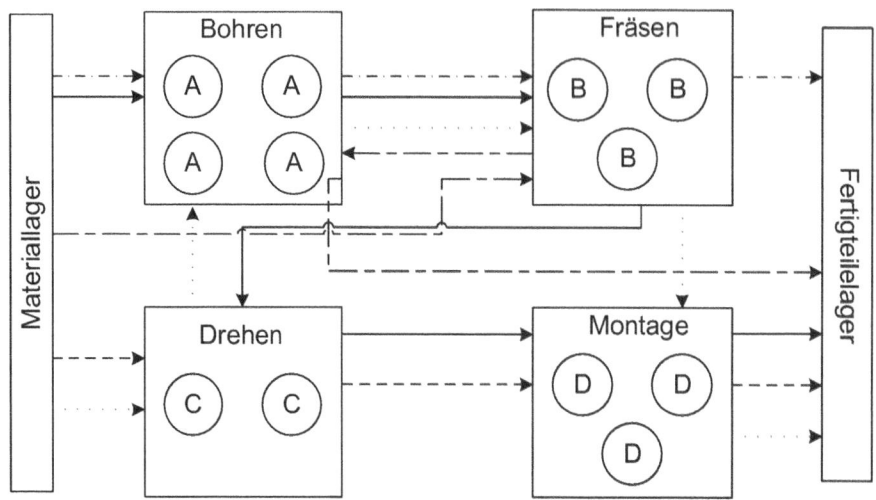

Abbildung 1.14: Beispiel für unterschiedliche Materialflüsse (durch Pfeile dargestellt) bei der Werkstattfertigung.

Das Objektprinzip bedeutet, dass die Arbeitssysteme entsprechend ihrer Position in den Arbeitsplänen der zu produzierenden Produkte angeordnet sind und ein einheitlicher Materialfluss vorliegt. Es ist nur bei einem einheitlichen Grundprodukt bzw. einer begrenzten Anzahl von Produktvarianten anwendbar. Ein Beispiel aus den Arbeitsplätzen Bohren, Fräsen, Drehen und Montage, bei dem alle eingehenden Produkte (Rohmaterialien, Werkstücke) diese Arbeitsplätze in der gleichen Reihenfolge durchlaufen, ist in der nachfolgenden Abbildung 1.15 angegeben.

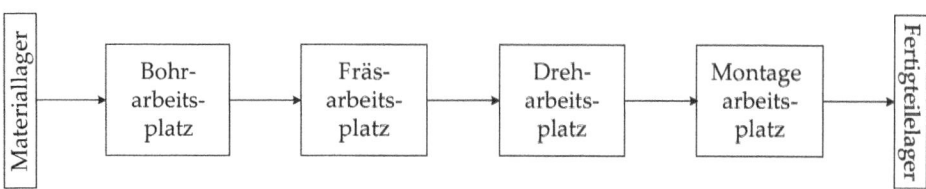

Abbildung 1.15: Beispiel für einen einheitlichen Materialfluss (der durch einen Pfeil dargestellt ist) beim Objektprinzip.

(h) Bei der Reihenproduktion erfolgt der Arbeitsfortschritt ohne zeitliche Bindung zwischen den Arbeitsgängen. Mittels Fördereinrichtungen (z.B. Transportwagen) werden Werkstücke von einem Arbeitssystem zum nächsten Arbeitssystem transportiert. Dabei können Arbeitssysteme übersprungen werden, Rücksprünge sind nicht erlaubt. Ein Beispiel bei dem alle eingehenden Produkte (Rohmaterialien, Werkstücke) an den hintereinanderstehenden Arbeitsplätzen Bohren, Fräsen, Drehen und Montieren bearbeitet werden oder einen oder mehrere überspringen ist in der nachfolgenden Abbildung 1.16 angegeben.

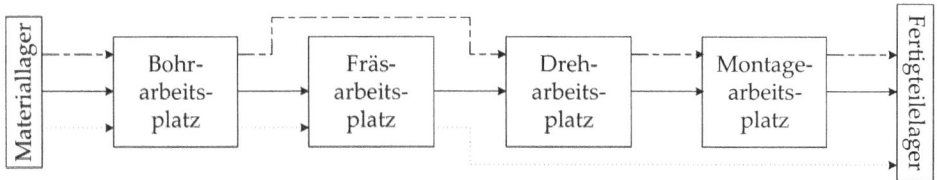

Abbildung 1.16: Beispiel für eine Reihenproduktion (unterschiedliche Materialflüsse sind durch Pfeile dargestellt).

(i) Die Aussage ist falsch.
     In der industriellen Praxis werden oft sehr hohe Zwischenlagerbestände beobachtet.

(j) Die folgende Abbildung 1.17 stellt die verwendeten Organisationstypen der Produktion aufgrund der organisatorischen Anordnung von Arbeitssystemen und der Struktur von Produktionsprozessen dar.

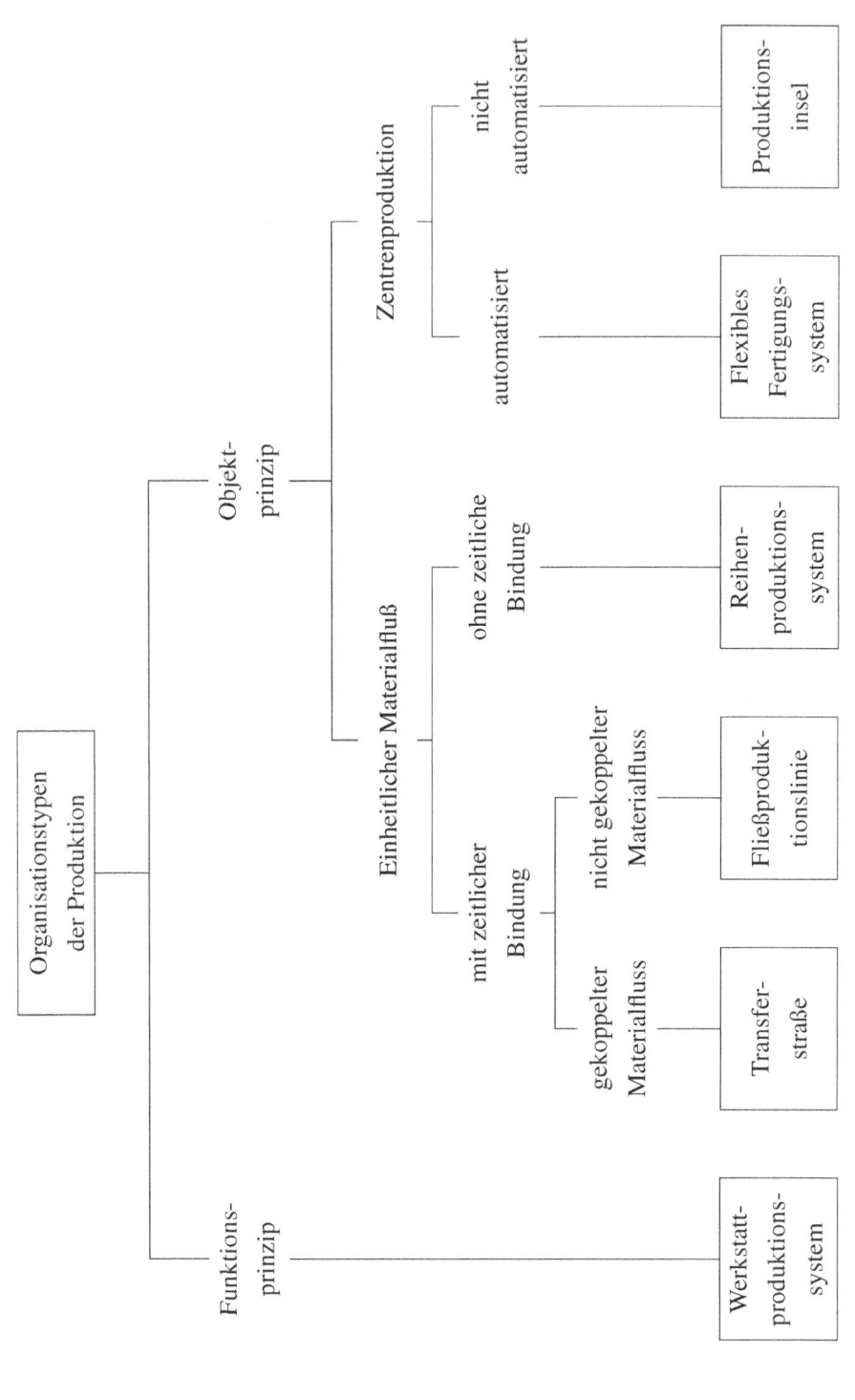

Abbildung 1.17: Organisationstypen der Produktion.

(k) Die komplette Abbildung zu den Organisationstypen der Produktion befindet sich in der obigen Abbildung 1.17.

(l) Zur Korrektheit der Aussagen:

    a) Richtig.

    b) Teilweise falsch.

       In der Regel führt eine Fließproduktionslinie im Vergleich zu einer Werkstattproduktion zu niedrigeren Transportkosten sowie höheren Investitionen und einem höheren Kapitalbedarf.

(m) Zur Korrektheit der Aussagen:

    a) Richtig.

    b) Falsch.

       In der Regel führt eine Fließproduktionslinie im Vergleich zu einer Werkstattproduktion zu einer besseren Kalkulierbarkeit der Ausbringungsmenge sowie einer höheren Effizienz.

(n) Eine Beschreibung einer Werkstattfertigung und einer Fließfertigung sowie ihre Vor- und Nachteile sind in der folgenden Tabelle angegeben:

Merkmal	Werkstattfertigung	Fließfertigung
Beschreibung	Maschinen und Arbeitsplätze mit gleichartigen Arbeitsverrichtungen sind in einer Werkstatt zusammengefasst. (Verrichtungsprinzip)	Anordnung der Betriebsmittel / Arbeitsplätze nach dem Produktionsablauf. (Objekt- / Fließprinzip)
Vorteile	– Flexibilität bei Nachfrageschwankungen. – Flexibilität in Bezug auf Produktvarianten. – Vielseitige Einsatzmöglichkeiten der Arbeitskräfte.	– Verkürzung der Durchlaufzeiten. – Minimale Zwischenlagerung. – Geringe Zins- und Lagerkosten. – Niedrige Qualifikationsanforderungen an die Arbeitnehmer. – Überschaubarer Fertigungsprozess.

Merkmal	Werkstattfertigung	Fließfertigung
Nachteile	– Lange Durchlaufzeiten. – Hohe Bestände an Halbfabrikaten. – Hohe Zins- und Lagerkosten.	– Geringe Flexibilität der Fertigung. – Hohe Investitionen und hoher Kapitalbedarf.

(o) Eine grundsätzliche Voraussetzung besteht darin, dass die einzelnen Arbeitsgänge zeitlich aufeinander abgestimmt sind. Die zeitliche Abstimmung kann durch den technologischen Prozess bedingt sein (Zwangslauffertigung), oder sie wird durch eine Zerlegung des Herstellungsprozesses in zeitlich gleiche Arbeitstakte (Taktzeit) erreicht. Der Organisationstyp der Transferstraße bedarf eines Fördersystems (z.B. Fließband), das einen gleichmäßigen Produktionsfluss ermöglicht.

(p) Ein gekoppelter Materialfluss wird auch als synchroner Materialfluss bezeichnet und bedeutet, dass die Werkstücke mit dem Transportsystem verbunden sind und nur gleichzeitig fortbewegt werden können. Ein gekoppelter Materialfluss kommt nur bei einer Transferstraße (Fließband) vor.

(q) Sowohl die Transferstraße als auch die Fließproduktionslinie haben eine zeitliche Bindung zwischen den Arbeitsgängen. Bei einer Transferstraße sind die Werkstücke in der Regel fest mit dem Transportsystem verbunden und können nur simultan von Arbeitssystem zu Arbeitssystem transportiert werden (synchroner bzw. gekoppelter Materialfluss). Bei einer Fließproduktionslinie erfolgt die Verbindung der einzelnen Arbeitsgänge durch selbstständige Fördereinrichtungen, wobei die einzelnen Werkstücke auch unabhängig voneinander bewegt werden können (asynchroner bzw. nicht gekoppelter Materialfluss).

(r) Bei der Zentrenproduktion sind verschiedene Arbeitssysteme unter Anwendung des Objektprinzips angeordnet. Im Unterschied zur Produktion mit einheitlichem Materialfluss können in der Zentrenproduktion beliebige Materialflüsse vorkommen. Die Motorenfertigung ist ein Beispiel.

(s) Eine Produktionsinsel ist im Gegensatz zu einem flexiblen Fertigungssystem nicht automatisiert.

(t) Eine Bewertung der einzelnen Organisationstypen zu den Kriterien Zeit, Flexibilität, Qualität und Wirtschaftlichkeit lautet:

Organisationstypen	Zeit	Flexibilität	Qualität	Wirtschaftlichkeit
Werkstattproduktion	−	+	+/−	+ bei kleinen Los-größen und großer Variantenvielfalt
Produktionsinsel Flexibles Fertigungssystem	+/−	+	+/−	+ bei mittleren Losgrößen und mittlerer Varian-
Reihenproduktion	+/−	+/−	+/−	tenvielfalt
Fließproduktionslinie Transferstraße	+	−	+/−	+ bei großen Los-größen und geringer Variantenvielfalt

Folgende Symbolik wurde zur Bewertung verwendet:

+: Vorteile gegenüber anderen Organisationstypen.

+/−: weder Vor- noch Nachteile.

−: Nachteile gegenüber anderen Organisationstypen.

(u) Die Produktionstypen zu den sechs Abbildungen lauten:

Organisationstyp in Abbildung	Produktionstyp
Organisationstyp I.	Werkstattproduktion.
Organisationstyp II.	Transferstraße.
Organisationstyp III.	Fliessproduktionslinie.
Organisationstyp IV.	Flexibles Fertigungssystem.
Organisationstyp V.	Flexible Fertigungszelle.
Organisationstyp VI.	Bearbeitungszentrum.

(v)   Nachfolgende Abbildung 1.18 zeigt die Produkt-Prozess-Matrix.

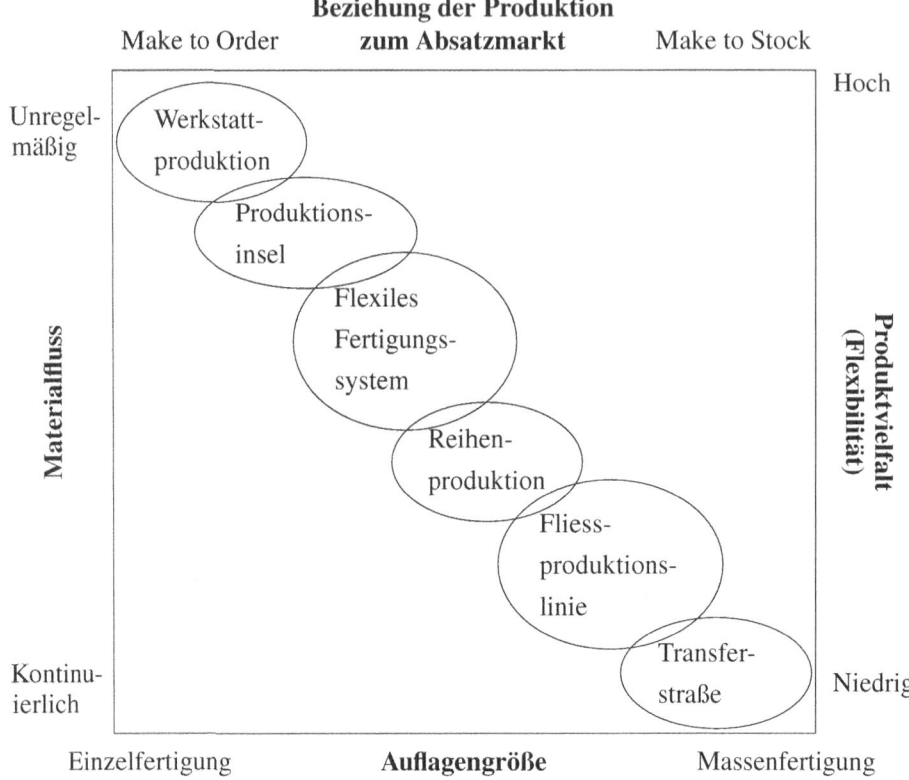

Abbildung 1.18: Produkt-Prozess-Matrix.

1.3. Entscheidungsebenen

(a)   Geben Sie jeweils ein Beispiel für die strategische, die taktische, die operative und die dispositive Planung an. Nennen Sie die jeweiligen Planungs- und Realisierungszeiträume sowie den Aggregationsgrad. Welche Bedeutung für das Gesamtunternehmen liegt vor und warum?

(b)   Nennen Sie zu den folgenden Entscheidungen die jeweiligen Planungs- und Realisierungszeiträume sowie den Aggregationsgrad. Welche Bedeutung für das Gesamtunternehmen liegt vor und warum?

• Korrektur des Belegungsplans infolge eines Werkzeugsbruchs.

• Bau einer neuen Werkshalle.

• Festlegung der Losgröße eines Planauftrags.

- Einführung eines neuen Enterprise Ressource Planning Systems (ERP-Systems).

- Änderung eines Kundenauftrags.

- Erweiterung eines vorhandenen Flexiblen Fertigungssystems.

(c) Grenzen Sie die strategische, die taktische, die operative und die dispositive Planung im Hinblick auf die Bedeutung für das Gesamtunternehmen, den Planungshorizont, den Aggregationsgrad und der Managementebene voneinander ab.

(d) Füllen Sie die Lücken in der folgenden Abbildung 1.19:

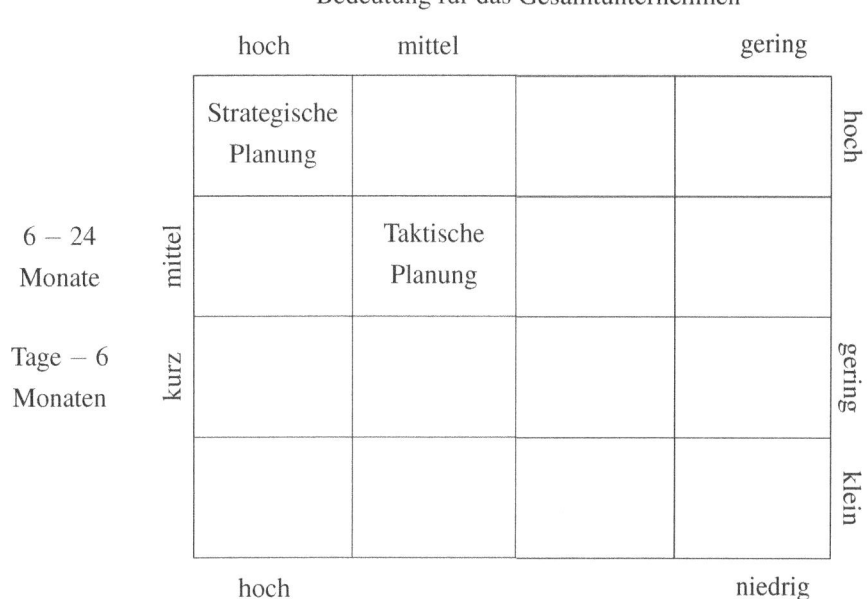

Abbildung 1.19: Kennzeichen von Entscheidungsebenen mit Lücken.

(e) Welche Aufgaben haben die strategische, die taktische, die operative und die dispositive Planung? Nennen Sie jeweils ein konkretes Beispiel.

Lösungsvorschlag

(a) Ein Beispiel für die strategische Planung ist der Einstieg in eine neue hochautomatisierte Produktionsanlage mit dem Ziel, Wettbewerbsvorteile zu erzielen. Zeit- und kostenintensiv sind

- ihre Konzeption und ihre Herstellung, in der Regel bei einem Werkzeugmaschinenhersteller,

- die Inbetriebnahme (im Unternehmen selbst) einer solchen Anlage, die kundenspezifisch sein kann, sowie

- die Umstellung der Produktion (im Unternehmen selbst), die unter anderem große Änderungen für die Mitarbeiter bedeuten dürfte.

Dies dürfte mehrere bis viele Monate dauern. Die relevanten Daten (beispielsweise für die Konzeption) betreffen unter anderem zu produzierende Produkte, wobei keine Einzelprodukte, sondern wenige aggregierte Produkte mit den charakteristischen Eigenschaften relevant sind.

Diese Punkte belegen bereits eine hohe Bedeutung für das Gesamtunternehmen. Ein weiteres auch finanzielles Risiko besteht darin, dass nicht nur die beabsichtigten Produktionsziele verfehlt werden, sondern selbst die bisherige Produktionsqualität nicht mehr erreicht wird.

Bei der Erweiterung einer vorhandenen Produktionskapazität durch eine neue Anlage treten die gerade genannten Punkte ebenfalls auf, aber deutlich weniger ausgeprägt. Daher ist dies ein Beispiel für die taktische Planung.

Beispiele für die operative Planung ergeben sich unmittelbar aus den Aufgaben der Produktionsprogrammplanung, der Materialbedarfsplanung und der Losgrößenplanung (, da diese in der operativen Planung angesiedelt sind). Ein Beispiel ist die Festlegung der Losgröße eines Planauftrags – als Teil der Materialbedarfsplanung. Der Planungshorizont der Materialbedarfsplanung in vielen Unternehmen beträgt Tage bis zu ein oder zwei Wochen und das mittlere Management ist verantwortlich. Aggregiert wird beispielsweise von den konkreten Arbeitsgängen im Arbeitsplan und daher ist die Aggregation wenig ausgeprägt. Eine ungünstige Losentscheidung kann zu höheren Rüst- oder Lagerkosten führen, gegebenenfalls sogar zu Fehlmengen, und dies impliziert eine entsprechende Bedeutung für ein Unternehmen. (Natürlich sind sehr häufige schlechte Entscheidungen der Materialbedarfsplanung in ihrer Bedeutung gravierender und deswegen sogar ein Beispiel für die taktische Planung.)

Nach der Planungshierarchie gehört die Fertigungssteuerung zur dispositiven Planung und ihre Aufgaben sind folglich Beispiele für diese Planungsebene. Ein konkretes Beispiel ist die Belegung einer Station durch einen Arbeitsvorgang. Dies erfolgt auf der Werkerebene und die Daten zum Arbeitsvorgang sind nicht aggregiert. Eine mögliche Fehlentscheidung hat eine geringe Bedeutung für das Unternehmen (bei vielen Fehlentscheidungen gilt das, was bereits zur Materialbedarfsplanung festgestellt wurde).

(b) Zu „Korrektur des Belegungsplans infolge eines Werkzeugsbruchs":
Mit einer solchen Entscheidung wird ein Werker konfrontiert. Basierend auf seiner Erfahrung wird er das Problem lösen, einschließlich der Umplanung einiger weniger Arbeitsvorgänge. Damit handelt es sich strukturell um das gleiche Problem (bzw. Entscheidung) wie die „Belegung einer Station durch einen Arbeitsvorgang", welches in der Antwort zuvor (im Sinne dieser Aufgabenstellung) vollständig diskutiert wurde.

Zu „Bau einer neuen Werkshalle":
Hierbei handelt es sich um strukturell die gleiche Entscheidung wie bei der Entscheidung über den „Einstieg in eine neue hochautomatisierte Produktionsanlage mit dem Ziel, Wettbewerbsvorteile zu erzielen", die in der Antwort zuvor (im Sinne dieser Aufgabenstellung) vollständig diskutiert wurde.

Zu „Festlegung der Losgröße eines Planauftrags":
Diese Entscheidung wurde in der Antwort zuvor (im Sinne dieser Aufgabenstellung) vollständig diskutiert.

Zu „Ablösung eines vorhandenen Enterprise Ressource Planning Systems (ERP-Systems) durch ein neues ERP-System":
Diese Entscheidung hat eine hohe Bedeutung für das (betroffene) Unternehmen, ist aber, aufgrund der Ablösung eines vorhandenen Systems nicht strategisch, sondern taktisch – oftmals am Rand von taktisch zu strategisch. Die aufgrund dieser Einschätzung zu erwartenden typischen Realisierungszeiträume sind für manche Unternehmen sogar zu ambitioniert.

Zu „Änderung eines Kundenauftrags":
Hierbei handelt es sich um strukturell die gleiche Entscheidung wie bei der Entscheidung über die „Festlegung der Losgröße eines Planauftrags", die bereits diskutiert wurde.

Zu „Erweiterung eines vorhandenen Flexiblen Fertigungssystems":
Hierbei handelt es sich um strukturell die gleiche Entscheidung wie bei der Entscheidung über die „Erweiterung einer vorhandenen Produktionskapazität durch eine neue Anlage", die in der Antwort zuvor (im Sinne dieser Aufgabenstellung) vollständig diskutiert wurde.

(c) Die Kennzeichen der strategischen, taktischen, operativen und dispositiven Planung im Hinblick auf die Bedeutung für das Gesamtunternehmen, den Planungshorizont, den Aggregationsgrad und die Managementebene sind in der folgenden Abbildung 1.20 dargestellt.

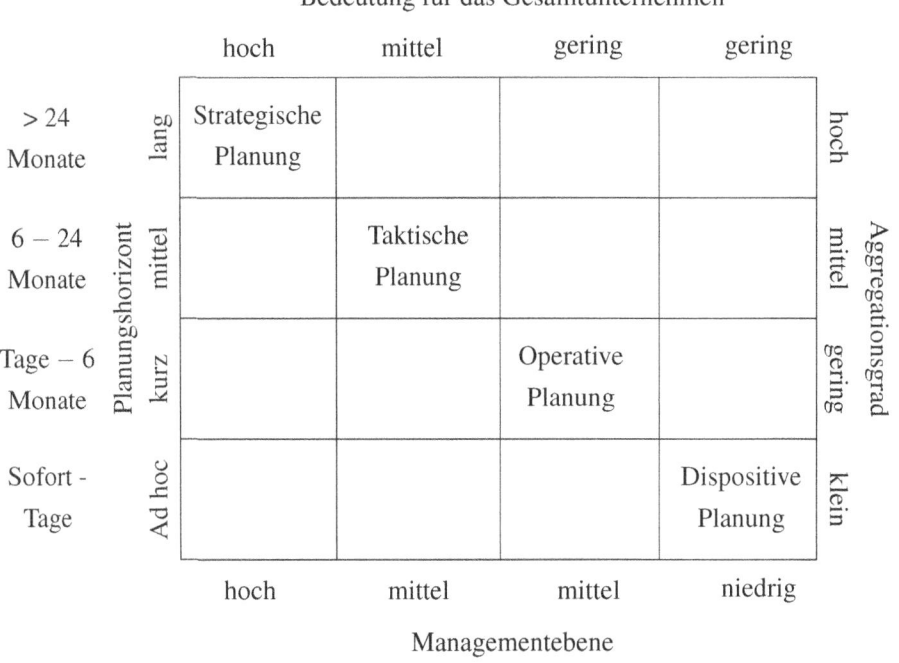

Abbildung 1.20: Kennzeichen von Entscheidungsebenen.

(d) Die komplette Abbildung zu den Kennzeichen von Entscheidungsebenen befindet sich in der obigen Abbildung 1.20.

(e) Die Aufgabe der strategischen Planung besteht darin, die langfristigen Rahmenbedingungen zu schaffen, unter denen sich eine Unternehmung erfolgreich entwickeln kann. Ein Beispiel ist die Entscheidung über den Einstieg in eine neue hochautomatisierte Produktionstechnik, mit dem Ziel, Wettbewerbsvorteile zu erzielen.

Die taktische Planung soll dazu beitragen, die in der strategischen Planung gesetzten Ziele schrittweise zu verwirklichen und die angestrebte Leistungsstärke nachhaltig aufzubauen. Dies geschieht vor allem durch die Umgestaltung und Weiterentwicklung der Produktionsinfrastruktur. Ein Beispiel ist die Dimensionierung der Produktionskapazitäten.

Durch die operative Planung erfolgt die Ausschöpfung der zuvor geschaffenen Leistungspotentiale. Eingesetzt werden, vor allem, die Produktionsprogrammplanung, die Materialbedarfsplanung und die Losgrößenplanung. Ein Beispiel ist das Aufstellen von einem Produktionsprogramm zur wirtschaftlichen Nutzung der Kapazitäten.

Auf der dispositiven Planungsebene sind lokale Managemententscheidungen für die konkrete Umsetzung der operativen Produktionsprogramme (aus der operativen Planung) angesiedelt. Hierzu gehören unter anderem die Fertigungssteuerung. Ein Beispiel ist die Planung der Bearbeitung der wartenden Werkstücke (bzw. Arbeitsgänge) in den nächsten beiden Stunden.

2. Nachfrageprognose

2.1. Verständnis- und Wiederholungsfragen

(a) Was wird unter einer (Zeitfolgen-) Prognose verstanden?

(b) Welche Voraussetzungen haben Prognose-Verfahren in Enterprise Ressource Planning Systemen (ERP System) wie dem SAP System?

(c) Was wird unter einem stationären Bedarfsverlauf verstanden?

(d) Nennen Sie sechs Bedarfsverläufe, die von Prognose-Verfahren in ERP Systemen prognostiziert werden.

(e) Nennen Sie wenigstens drei Anwendungen von Prognoseverfahren in ERP Systemen?

(f) Zeitreihen werden im Allgemeinen in 4 Komponenten zerlegt. Nennen Sie diese und zwei relevante Verknüpfungen. Welche Komponenten sind prognostizierbar und welche nicht?

(g) Was wird unter einem Prognosemodell verstanden?

(h) Erläutern Sie den Zusammenhang zwischen Prognoseverfahren und Prognosemodell. Geben Sie ein Beispiel an.

(i) Nennen Sie das Prognosemodell, für welches die exponentielle Glättung erster Ordnung entwickelt worden ist.

(j) Eine Prognose erfolge durch eine exponentielle Glättung erster Ordnung. Angenommen, der aktuelle Prognosefehler beträgt 30 Einheiten. Wie verändert sich der Prognosewert in der nächsten Periode? Bitte geben Sie zentrale Formeln an.

(k) Eine Prognose erfolge durch eine exponentielle Glättung erster Ordnung.

- Was bedeutet eine Erhöhung des Glättungsparameters für den Einfluss der letzten Beobachtungswerte auf den nächsten Prognosewert?
- Was bedeutet eine Verringerung des Glättungsparameters für den Einfluss der letzten Beobachtungswerte auf den nächsten Prognosewert?
- Was passiert an den Grenzen?

(l) Was haben die Prognoseverfahren gleitender Durchschnitt und exponentielle Glättung erster Ordnung gemeinsam und worin unterscheiden sie sich?

© Der/die Autor(en), exklusiv lizenziert an Springer Fachmedien Wiesbaden GmbH, ein Teil von Springer Nature 2023
F. Herrmann, *Produktionsplanung*, https://doi.org/10.1007/978-3-658-40218-1_2

(m) Eine Folge von Periodenbedarfen habe einen konstanten Bedarfsverlauf; i.e. diese Folge hat eine Konstante als Prognosemodell. Diese Folge wird durch eine exponentielle Glättung erster Ordnung prognostiziert. Als Kennzahl wird der erwartete quadrierte Prognosefehler betrachtet.

Wann liefert ein sehr kleiner Glättungsparameter und wann einer von 0.2 oder höher den besten erwarteten quadrierten Prognosefehler?

Geben Sie ein Beispiel an. (Hinweis: dies sollte so konkret sein, dass eine konkrete Bedarfsfolge sich unmittelbar ergibt.)

(n) Nennen Sie zwei Gründe für eine geringe Prognosequalität? Geben Sie jeweils ein Beispiel an.

(o) Was wird bei Prognoseverfahren unter systematische Abweichung verstanden?

(p) Was bedeutet eine echt positive systematische Abweichung von konstant e (Einheiten)?

(q) Nennen Sie eine notwendige Bedingung für ein gutes Prognoseverfahren?

(r) Welche Aussage erlaubt eine bestimmte Streuung der Prognosefehler?

(s) Wie können ein Prognoseverfahren und seine Parameter eingestellt werden?

(t) Welche Bedarfsverläufe, die von Prognose-Verfahren in Enterprise Ressource Planning Systemen (ERP Systemen) prognostiziert werden, dürften sich wie gut prognostizieren lassen. Nennen Sie Beispiele.

(u) Angenommen ein konstanter Bedarfsverlauf habe einen Strukturbruch. Bei welchem Verfahren überschreitet der Betrag vom Tracking-Signal von Trigg eher den Grenzwert von 0.5: bei einer exponentiellen Glättung mit einem Glättungsparameter zwischen 0.1 und 0.3 oder beim adaptiven Verfahren von Trigg und Leach?

(v) Welche beiden Schwächen von dem adaptiven Verfahren von Trigg und Leach kennen Sie?

(w) Bei welchen konstanten Bedarfsverläufen empfehlen Sie das adaptive Verfahren von Trigg und Leach? Welche Produkte nach einer ABC-Klassifikation sollten nicht durch ein adaptives Verfahren von Trigg und Leach prognostiziert werden (bei Vorliegen eines konstanten Bedarfsverlaufs).

Lösungsvorschlag

(a) Eine (Zeitfolgen-) Prognose schätzt den Bedarf eines Produkts, wie beispielsweise einer Schraube, in zukünftigen Perioden (wie Tage, Wochen oder Monate).

(b) Prognose-Verfahren in ERP Systemen unterstellen ein gleichmäßiges zeitliches Verlaufsmuster der Bedarfe je Periode, wie beispielsweise dem Schwanken um eine Konstante.

(c) Stationäre Bedarfsverläufe haben ein gleichmäßiges zeitliches Verlaufsmuster. Stationär bedeutet beispielsweise bei einem konstanten Bedarfsverlauf, dass der Mittelwert und die Streuung der Periodenbedarfe im Zeitverlauf konstant sind.

(d) Bedarfsverläufe, die von Prognose-Verfahren in Enterprise Ressource Planning Systemen (ERP Systemen) prognostiziert werden, sind in der folgenden Abbildung angegeben. Grundsätzlich handelt es sich um stationäre Bedarfsverläufe.

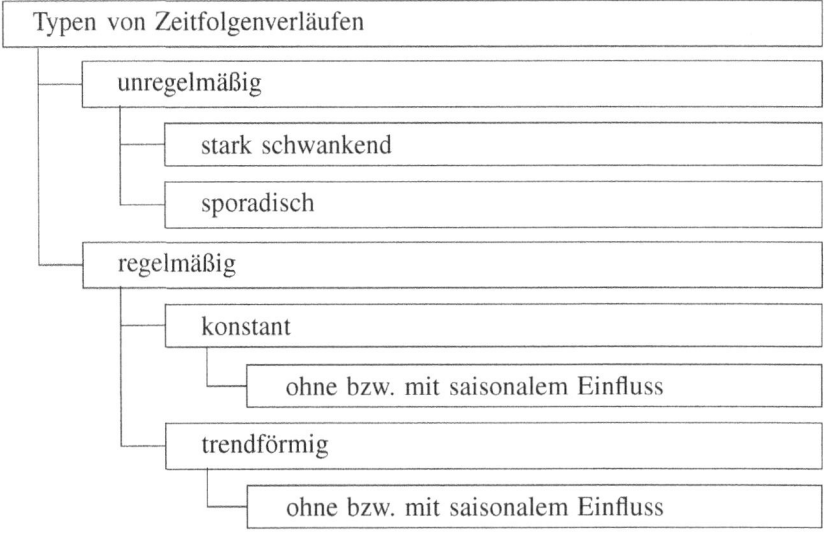

Abbildung 2.1: Typen von Bedarfsverläufen.

(e) Hauptsächlich werden sie bei Nachfrageprognosen für Endprodukte angewendet.

Zusätzlich werden sie angewendet:

- bei geringwertigen Gütern. Solche sind z.B. Hilfsstoffe, Betriebsstoffe und Verschleißwerkzeuge – also in der Regel sogenannte C-Produkte der betrieblichen Praxis, da programmorientierte Verfahren, vor allem die Bedarfsplanung, zu aufwendig sind.

- bei untergeordneten Erzeugnissen, wenn diese in sehr vielen unterschiedlichen Baugruppen und Endprodukten eingebaut werden, so dass kumuliert ein regelmäßiger Verlauf vorliegt, der mit einem geeigneten Prognose-Verfahren bei geringem Aufwand hinreichend genau prognostiziert werden kann – oder, natürlich, wenn jedes von diesen sich eben durch ein geeignetes Prognose-Verfahren mit geringem Aufwand hinreichend genau prognostizieren lässt.

- wenn programmorientierte Verfahren, vor allem die Bedarfsplanung, nicht anwendbar sind; beispielsweise, weil die zum Einsatz dieser Verfahren notwendigen Informationen nicht verfügbar sind – z.B. beim Ersatzteilbedarf.

(f) Zeitreihen bestehen üblicherweise aus vier Komponenten:

- T   langfristiger Trend.
- C   mittelfristige zyklische Schwankungen.
- S   saisonale Schwankungen.
- I   unregelmäßige zufällige Schwankungen (irreguläre Komponente).

Diese 4 Größen sind in der Regel entweder additiv oder multiplikativ verknüpft; i.e. $T + C + S + I$ oder $T \cdot C \cdot S \cdot I$. Die Komponenten T, C und S sind prognostizierbar und die Komponente I nicht.

(g) Für die Anwendung eines Prognoseverfahrens wird ein gleichmäßiges zeitliches (i.e. stationäres) Verlaufsmuster der Bedarfe je Periode unterstellt. Ihre mathematische Beschreibung ist ein Prognosemodell. Ein Beispiel ist der lineare Trend. Sein Prognosemodell ist eine Gerade mit Achsenabschnitt β_0 und Steigung β_1, also mit t für Periode: $\beta_0 + t \cdot \beta_1$. Die Beobachtungswerte schwanken zufällig um dieses Prognosemodell; m.a.W. die Beobachtungswerte (y_t) sind: $y_t = \beta_0 + t \cdot \beta_1 + \varepsilon_t$ mit zufälligen Werte ε_t ($\forall\, t$).

(h) Zu jedem Prognoseverfahren existiert ein Prognosemodell, welches durch das Prognoseverfahren approximiert wird.

Beispielsweise ist (mit t für Periode) $\beta_0 + t \cdot \beta_1$ ein Prognosemodell für den linearen Trend. Ist bekannt bzw. wird unterstellt, dass ein linearer Trend vorliegt, so existieren diese Parameter, aber diese sind nicht bekannt (und die Beobachtungswerte schwanken zufällig um dieses Prognosemodell). Mit einem Prognoseverfahren wird nun versucht, diese Parameter zu approximieren. Ein geeignetes Verfahren ist die exponentielle Glättung 2. Ordnung.

(i) Das Prognosemodell zur exponentiellen Glättung erster Ordnung ist eine Konstante.

(j) Mit dem Glättungsparameter α und der alternativen Bestimmungsgleichung einer exponentiellen Glättung erster Ordnung von $p_{t+1} = p_t + \alpha \cdot e_t$, mit Periode t, Beobachtungswert y_t in Periode t, Prognosewert p_t in Periode t sowie Prognosefehler $e_t = y_t - p_t$ in Periode t, wird der aktuelle Prognosewert um $\alpha \cdot 30$ Einheiten erhöht.

(k) Durch eine Erhöhung des Glättungsparameters nimmt der Einfluss der (zeitlich) weiter zurückliegenden Beobachtungswerte auf den nächsten Prognosewert ab und ist auf den aktuellen (Beobachtungswert) beschränkt, wenn der Glättungsparameter gegen 1 konvergiert.

Durch eine Verringerung des Glättungsparameters nimmt der Einfluss der (zeitlich) weiter zurückliegenden Beobachtungswerte auf den nächsten Prognosewert zu (im Hinblick auf die Anzahl der Beobachtungswerte und die Höhe) und ist am höchsten, wenn der Glättungsparameter gegen 0 konvergiert.

(l) Beide Prognoseverfahren unterstellen das gleiche Prognosemodell. Beim gleitenden Durchschnitt haben alle Beobachtungswerte das gleiche Gewicht. Bei der exponentiellen Glättung erster Ordnung haben die (zeitlich) jüngeren Beobachtungswerte ein höheres Gewicht als (zeitlich) weiter zurückliegende Beobachtungswerte.

(m) Sind die Schwankungen um die Konstante zufällig – mathematisch wird von einem reinen Zufallsprozess gesprochen – so liefert ein sehr kleiner Glättungsparameter den geringsten erwarteten quadrierten Prognosefehler; mathematisch liegt dies daran, dass der gleitende Durchschnitt für solche Bedarfsfolgen ein optimales Prognoseverfahren ist – für Details s. [Herr09a] – und ein sehr kleiner Glättungsparameter eine Ausgleichsgerade durch die Bedarfswerte legt.

Um so wichtiger es ist, die (zeitlich) jüngeren Bedarfswerte höher zu gewichten als die (zeitlich) weiter zurückliegenden, umso so höher ist der Glättungsparameter, der den geringsten erwarteten quadrierten Prognosefehler bewirkt; mathematisch liegt dies daran, dass die exponentielle Glättung erster Ordnung für solche Bedarfsfolgen ein optimales Prognoseverfahren ist – für Details s. [Herr09a].

Haben benachbarte Bedarfe nahezu die gleichen Werte und sind diese nicht in der Nähe der Konstante nach den Prognosemodell, so bewirkt ein hoher Glättungsparameter einen geringeren Prognosefehler als ein kleiner Glättungsparameter. Tritt dies öfters auf, so bewirkt ein Glättungsparameter von 0.2 oder höher den besten erwarteten quadrierten Prognosefehler.

Ein Beispiel ist ein Bedarfsverlauf, der einer Sinuskurve folgt.

Ergänzung: Für diesen Effekt müssen die Bedarfe nicht direkt benachbart sein. Ist der aktuelle Bedarfswert in der aktuellen Periode $(t + 2)$ nahe dem in der Periode t und weicht von dem in der Periode $(t + 1)$ ab, so kann ein höherer Glättungsparameter als 0.2 zu einem kleineren erwarteten quadrierte Prognosefehler führen als durch einen Glättungsparameter von 0.1 oder niedriger. Diese Eigenschaft lässt sich durch eine entsprechende Änderung benachbarter Bedarfswerte in einem sinusförmigen Verlauf der Bedarfswerte erreichen. Bei einer entsprechenden systematischen Änderung ist dadurch der erwartete quadrierte Prognosefehler bei einem Glättungsparameter von wenigstens 0.2 geringer als der bei einem Glättungsparameter von höchstens 0.1.
(Es sei angemerkt, dass bei einer Sinuskurve oft ein sehr hoher Glättungsparameter vorteilhaft ist.)

Ergänzungsaufgabe zum Selbststudium:
Konstruieren Sie eine solche Bedarfsfolge.
Es reicht, sich auf eine endliche Bedarfsfolge für circa 20 Perioden zu beschränken. Für diese Beschränkung ist es wesentlich, dass Sie als Startwert den Mittelwert Ihrer Bedarfsfolge verwenden.

Anmerkung:
Eine Sinuskurve lässt sich als saisonaler Verlauf interpretieren. Über eine Zeitreihendekomposition (s. [Herr11]) dürften sich die Saisonfaktoren so genau ermitteln lassen, dass mit einer exponentiellen Glättung erster Ordnung deutlich bessere Ergebnisse erzielt werden.

(n) Gründe für eine geringe Prognosequalität sind:

- ein ungeeignetes Prognosemodell. Für ein Beispiel liegt ein trendförmig ansteigender Bedarf vor. Als Prognosemodell wird ein konstanter Zeitreihenverlauf unterstellt und als Folge davon wird z.B. eine exponentielle Glättung erste Ordnung (zur Prognose) eingesetzt.

- ein Strukturbruch in einer Zeitreihe. Beispielsweise ändert sich das Verbrauchsverhalten der Menschen zu einem Produkt durch eine Steuererhöhung oder die

Menge der Abnehmer verändert sich, z.B. durch Zusammenschluss von Wirtschaftsräumen, oder ein neuartiges Produkt verdrängt ein früheres – ggf. auch nur teilweise wie bei Analog- und Digitaluhren.

(o) Unter systematischer Abweichung bei Prognoseverfahren wird ein von 0 verschiedener erwarteter Prognosefehler verstanden.

(p) Eine echt positive systematische Abweichung von konstant e (Einheiten) bedeutet, dass der Prognosewert systematisch um e (Einheiten) zu niedrig ist. Eine Erhöhung aller Prognosewerte um e (Einheiten) bewirkt einen erwarteten Prognosefehler von 0 (Einheiten) und damit, dass der mittlere Prognosefehler im Zeitablauf um Null schwankt; damit ist die notwendige Bedingung an ein Prognoseverfahren erfüllt.

(q) Für ein gutes Prognoseverfahren ist zu fordern, dass bei den prognostizierten Werten keine systematische Abweichung auftritt. Mathematisch bedeutet dies, dass der Erwartungswert des Prognosefehlers Null ist. Aus dieser Eigenschaft folgt, dass der mittlere Prognosefehler im Zeitablauf um Null schwanken muss.
Hinweis: Dies gilt deswegen als notwendige Bedingung für ein gutes Prognoseverfahren.

(r) Die Streuung der Prognosefehler erlaubt eine Aussage über den Sicherheitsgrad, mit dem prognostizierte Beobachtungswerte, z.B. Bedarfsmengen, in der Zukunft auch tatsächlich realisiert werden. Wäre er, im Extremfall, gleich Null, so würde der zukünftige Bedarfswert exakt prognostiziert werden. Ist er klein, so liegen die prognostizierten Werte „in der Nähe" der zukünftigen Bedarfswerte. Ist er hoch, so haben die Prognosefehler hohe Beträge. (Zur Ergänzung: Betrachtungen dazu enthalten [Herr09a] und [Herr11].)

(s) Zur Einstellung der Parameter eines Prognoseverfahrens bietet es sich an, dieses Prognoseverfahren auf eine (sehr) hohe Anzahl aufeinanderfolgender Vergangenheitswerte anzuwenden und den Mittelwert sowie die Streuung der Prognosefehler (im Zeitablauf) zu analysieren. In diesem Sinne erlaubt das SAP System, dass zusätzlich zum verwendeten Prognoseverfahren auch Alternativen berechnet und mit den Verwendeten verglichen werden. M.a.W. dieses Vorgehen zur Verfahrenseinstellung erfolgt simultan zum Einsatz (vom verwendeten Prognoseverfahren) und erlaubt eine Anpassung (des Prognoseverfahrens); z.B. dann, wenn, wie bei der statistischen Qualitätskontrolle, ein zulässiger Schwankungsbereich für die Qualitätskennzahl (-en) des Prognoseverfahrens (für einen längeren Zeitraum) überschritten worden ist.

(t) Die Bedarfsverläufe, die von Prognose-Verfahren in Enterprise Ressource Planning Systemen (ERP Systemen) prognostiziert werden, dürften sich wie folgt prognostizieren lassen.

- Bedarfsverläufe mit einem regelmäßigen Verbrauch haben in der Regel eine hohe Prognosegenauigkeit. Verantwortlich dafür sind die geringen Schwankungen, so dass, im Falle des konstanten Bedarfsverlaufs und keiner (bzw. höchstens einer marginalen) Korrelation zwischen den Bedarfen von Perioden, der Mittelwert über einen langen Zeitraum das beste Prognoseverfahren ist und wegen der geringen Schwankungen ist zugleich der Sicherheitsgrad (also die Abweichung vom Beobachtungswert) sehr hoch (sehr gering). In der Literatur werden solche Produkte als X-(R-)Güter bezeichnet. Beispiele sind Mehl und Zucker in einer Bäckerei.

- Bedarfsverläufe mit einem regelmäßigen Verbrauch und mit saisonalen Schwankungen haben in der Regel eine mittlere Prognosegenauigkeit. Eine Schwierigkeit ist das Erkennen von saisonalen Unterschieden. Solche Produkte werden in der Literatur als Y-(S-)Güter bezeichnet. Ein Beispiel sind Ernteprodukte.

- Produkte mit einem unregelmäßigen Verbrauch haben in der Regel eine niedrige Prognosegenauigkeit.
  Bei stark schwankenden Bedarfsverläufen und keiner (bzw. höchstens einer marginalen) Korrelation zwischen den Bedarfen von Perioden ist sein Mittelwert über einen langen Zeitraum ein Prognoseverfahren mit einem mittleren Prognosefehler von Null, aber die Streuung der Prognosefehler ist so hoch, dass sein Sicherheitsgrad (also die Abweichung vom Beobachtungswert) sehr gering (sehr hoch) ist.
  Beim sporadischen Verbrauch besteht eine Schwierigkeit in dem Erkennen der Perioden mit einem Beobachtungswert von Null gegenüber denen mit einem echt positiven Beobachtungswert.
  Diese Produkte werden als Z-(U-)Güter bezeichnet. Beispielsweise kann es bei Rohstoffen Zeiträume mit sehr hohen Schwankungen in den periodenspezifischen Preisen geben. Ersatzteile für Anlagen werden wenig und oft gar nicht nachgefragt.

(u) Für die Anwendung einer exponentiellen Glättung 1. Ordnung auf einen konstanten Bedarfsverlauf mit Strukturbruch gilt generell: desto höher der Glättungsparameter ist, desto zeitlich später wird der Strukturbruch erkannt. Da der Betrag des Tracking-Signals bei einem Strukturbruch ansteigt, verwendet das adaptive Verfahren von Trigg und Leach ab einem Strukturbruch einen hohen Glättungsparameter.

Bei vielen Bedarfsverläufen dürfte sein Betrag zunächst kleiner als der Grenzwert von 0.5 sein. Dies verzögert die Erkennung des Strukturbruchs oder verhindert es sogar. Demgegenüber wird dieser Grenzwert bei einem Glättungsparameter von 0.1 und auch noch von 0.3 oft sehr zeitnah verletzt. Deswegen dürfte eine exponentielle Glättung 1. Ordnung mit einem Glättungsparameter im empfohlenen Bereich zwischen 0.1 und 0.3 in vielen Fällen einen Strukturbruch früher erkennen als das adaptive Verfahren von Trigg und Leach.

(v) Ein Nachteil vom adaptiven Verfahren von Trigg und Leach sind schwankende Glättungsparameter bei konstanten Bedarfsverläufen. Dies führt beispielsweise bei konstanten Bedarfsverläufen, bei denen eine exponentielle Glättung 1. Ordnung mit einem (sehr) kleinen Glättungsparameter den geringsten erwarteten quadrierten Prognosefehler liefert, zu schlechteren erwarteten quadrierten Prognosefehler; ergänzende Informationen befinden sich in [Herr09a].

Beim Auftreten eines Ausreißers verwendet das adaptive Verfahren von Trigg und Leach hohe Glättungsparameter und dadurch dauert es einige Perioden, bis die Prognosewerte sich wieder im üblichen Verlauf bewegen. Oftmals sind diese Glättungsparameter so hoch, dass das Tracking-Signal nach Trigg das Vorliegen eines nicht vorhandenen Strukturbruchs anzeigt; Details befinden sich in der Aufgabe 2.10 zum adaptiven Verfahren mit einem Ausreißer.

Daraus ergibt sich insgesamt: Die Verwendung des besten Glättungsparameters liefert immer die besten Ergebnisse. In den Perioden, in denen der beste Glättungsparameter – oder eine hinreichend genaue Näherung – nicht bekannt ist, sollte das adaptive Verfahren von Trigg und Leach verwendet werden.

Schließlich ist die Bestimmung des besten Glättungsparameters aufwendig. Die dadurch verursachten Kosten werden bei besonders kostenintensiven Produkten, vor allem in Form von Lagerhaltungs- und Fehlmengenkosten, kompensiert. In der Regel trifft dies auf A-Teile und teilweise auch auf B-Teile zu, aber sicher nicht auf C-Teile.

2.2. Exponentielle Glättung erster Ordnung: Einfluss vom Startwert

Die Nachfrage nach einem Produkt in den vergangenen 7 Perioden hat die in der folgenden Tabelle 2.1 angegebenen Werte:

t in Perioden	1	2	3	4	5	6	7
Nachfrage y_t in ME	200	180	225	220	170	190	215

Tabelle 2.1: Bedarfe in Mengeneinheiten (ME).

Prognostizieren Sie die Nachfrage für die Perioden 1 bis 7 mit Hilfe der exponentiellen Glättung erster Ordnung. Verwenden Sie den Glättungsparameter $\alpha = 0.5$ und die Startwerte 180 Mengeneinheiten (ME), 185 ME und 200 ME. Geben Sie die Berechnungsformel an. Stellen Sie die Nachfragewerte und die Prognoseergebnisse der 3 Verfahren graphisch geeignet dar. Begründen Sie die auftretenden Unterschiede anhand einer Formel.

Lösungsvorschlag

Die exponentielle Glättung erster Ordnung berechnet zu einem Beobachtungswert y_t in einer Periode t einen Prognosewerte p_t in der Periode t nach der Formel:

$$p_{t+1} = \alpha \cdot y_t + (1 - \alpha) \cdot p_t \text{ mit dem Glättungsparameter } \alpha \in (0,1).$$

Das Verfahren wird durch einen Startwert p_1 initialisiert.
Hinweis: Zum Teil wurde im Folgenden auf zwei Stellen gerundet.

Für den Startwert $p_1 = 180$ ME ergeben sich die folgenden Prognosewerte:
$p_1 = 180$ ME.
$p_2 = 0.5 \cdot 200$ ME $+ 0.5 \cdot 180$ ME $= 190$ ME.
$p_3 = 0.5 \cdot 180$ ME $+ 0.5 \cdot 190$ ME $= 185$ ME.
$p_4 = 0.5 \cdot 225$ ME $+ 0.5 \cdot 185$ ME $= 205$ ME.
$p_5 = 0.5 \cdot 220$ ME $+ 0.5 \cdot 205$ ME $= 212.5$ ME.
$p_6 = 0.5 \cdot 170$ ME $+ 0.5 \cdot 212.5$ ME $= 191.25$ ME.
$p_7 = 0.5 \cdot 190$ ME $+ 0.5 \cdot 191.25$ ME $= 190.63$ ME.

Beim Startwert $p_1 = 185$ ME lauten die Prognosewerte:

$p_1 = 185$ ME.

$p_2 = 0.5 \cdot 200$ ME $+ 0.5 \cdot 185$ ME $= 192.5$ ME.

$p_3 = 0.5 \cdot 180$ ME $+ 0.5 \cdot 192.5$ ME $= 186.25$ ME.

$p_4 = 0.5 \cdot 225$ ME $+ 0.5 \cdot 186.25$ ME $= 205.63$ ME.

$p_5 = 0.5 \cdot 220$ ME $+ 0.5 \cdot 205.63$ ME $= 212.82$ ME.

$p_6 = 0.5 \cdot 170$ ME $+ 0.5 \cdot 212.82$ ME $= 191.41$ ME.

$p_7 = 0.5 \cdot 190$ ME $+ 0.5 \cdot 191.41$ ME $= 190.71$ ME.

Und schließlich lauten die Prognosewerte für den Startwert $p_1 = 200$ ME:

$p_1 = 200$ ME.

$p_2 = 0.5 \cdot 200$ ME $+ 0.5 \cdot 200$ ME $= 200$ ME.

$p_3 = 0.5 \cdot 180$ ME $+ 0.5 \cdot 200$ ME $= 190$ ME.

$p_4 = 0.5 \cdot 225$ ME $+ 0.5 \cdot 190$ ME $= 207.5$ ME.

$p_5 = 0.5 \cdot 220$ ME $+ 0.5 \cdot 207.5$ ME $= 213.75$ ME.

$p_6 = 0.5 \cdot 170$ ME $+ 0.5 \cdot 213.75$ ME $= 191.88$ ME.

$p_7 = 0.5 \cdot 190$ ME $+ 0.5 \cdot 191.88$ ME $= 190.94$ ME.

Die folgende Abbildung enthält die Nachfragewerte, dargestellt durch Säulen, und die Prognoseergebnisse der 3 Verfahren.

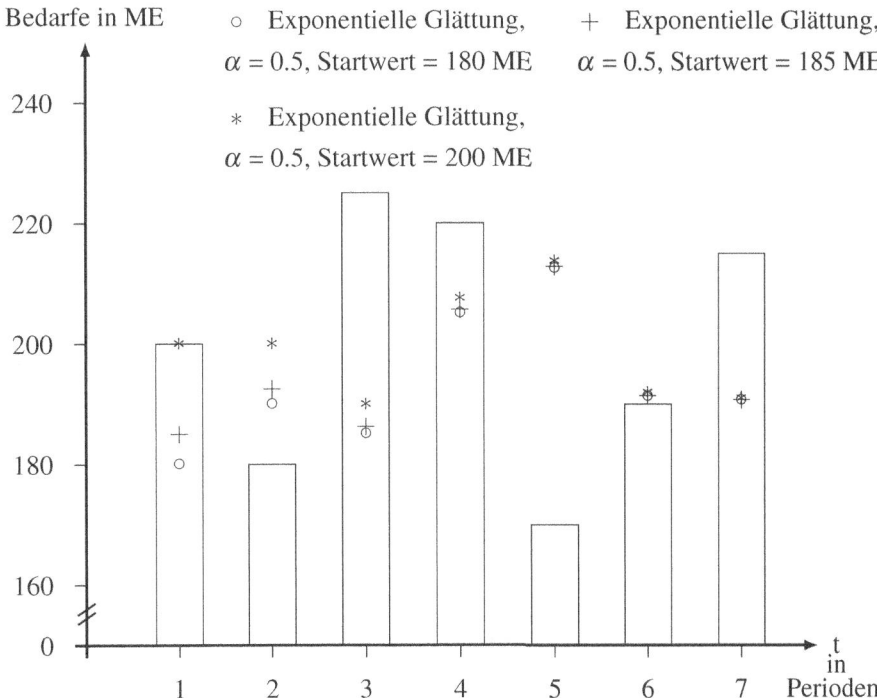

Abbildung 2.2: Graphik zum Fallbeispiel – exponentielle Glättung 1. Ordnung mit dem Glättungsfaktor $\alpha = 0.5$ und den Startwerten $p_1 = 180$ ME, $p_1 = 185$ ME und $p_1 = 200$ ME; mit ME für Mengeneinheiten.

Die starken Unterschiede in den Startwerten zeigen sich in zunächst stark unterschiedlichen Prognosewerten. Mit jeder zusätzlichen Prognose reduzieren diese sich sehr und sind nach wenigen Perioden nur noch marginal.

Verantwortlich dafür ist der Einfluss des Startwerts auf den aktuellen Prognosewert. Dieser lässt sich durch iteratives Einsetzen der Berechnungsformel $p_{t+1} = \alpha \cdot y_t + (1 - \alpha) \cdot p_t$ bestimmen. Mit p_1 als Startwert ergeben sich:

$$
\begin{aligned}
p_2 &= \alpha \cdot y_1 + (1 - \alpha) \cdot p_1. \\
p_3 &= \alpha \cdot y_2 + (1 - \alpha) \cdot p_2 \\
&= \alpha \cdot y_2 + (1 - \alpha) \cdot (\alpha \cdot y_1 + (1 - \alpha) \cdot p_1) \\
&= \alpha \cdot y_2 + \alpha \cdot (1 - \alpha) \cdot y_1 + (1 - \alpha)^2 \cdot p_1. \\
p_4 &= \alpha \cdot y_3 + (1 - \alpha) \cdot p_3 \\
&= \alpha \cdot y_3 + (1 - \alpha) \cdot (\alpha \cdot y_2 + \alpha \cdot (1 - \alpha) \cdot y_1 + (1 - \alpha)^2 \cdot p_1) \\
&= \alpha \cdot y_3 + \alpha \cdot (1 - \alpha) \cdot y_2 + \alpha \cdot (1 - \alpha)^2 \cdot y_1 + (1 - \alpha)^3 \cdot p_1.
\end{aligned}
$$

$$p_5 = \alpha \cdot y_4 + (1 - \alpha) \cdot p_4$$
$$= \alpha \cdot y_4 + (1 - \alpha) \cdot (\alpha \cdot y_3 + \alpha \cdot (1 - \alpha) \cdot y_2 + \alpha \cdot (1 - \alpha)^2 \cdot y_1 + (1 - \alpha)^3 \cdot p_1)$$
$$= \alpha \cdot y_4 + \alpha \cdot (1 - \alpha) \cdot y_3 + \alpha \cdot (1 - \alpha)^2 \cdot y_2 + \alpha \cdot (1 - \alpha)^3 \cdot y_1 + (1 - \alpha)^4 \cdot p_1.$$

$$\ldots$$

$$p_{n+1} = \alpha \cdot y_n + (1 - \alpha) \cdot p_n$$
$$= \alpha \cdot y_n + \alpha \cdot (1 - \alpha) \cdot y_{n-1} + \alpha \cdot (1 - \alpha)^2 \cdot y_{n-2} + \ldots + \alpha \cdot (1 - \alpha)^i \cdot y_{n-i} + \ldots$$
$$+ \alpha \cdot (1 - \alpha)^{n-1} \cdot y_1 + (1 - \alpha)^n \cdot p_1.$$

Damit lautet die allgemeine Formel:
$$p_{n+1} = \sum_{i=0}^{n-1} \alpha \cdot (1 - \alpha)^i \cdot y_{n-i} + (1 - \alpha)^n \cdot p_1, \, \forall \, n \in \mathbb{N}^+.$$

Ihre Bedeutung wird anhand der Prognose für die 7. Periode aufgezeigt. Dazu ist in der folgenden Tabelle 2.2 das Gewicht vom Startwert zu verschiedenen Glättungsparametern (α) angegeben, als Formel und für konkrete Werte von α; und zwar in der letzten Zeile. Für weitere Analysen enthält diese Tabelle 2.2 zusätzlich die Gewichte zu allen bisherigen Nachfragewerten (Bedarfen) – $y_1, ..., y_6$.

Bedarf	Gewicht	0.1	0.3	0.5	0.7	0.9
y_6	α	0.1	0.3	0.5	0.7	0.9
y_5	$\alpha \cdot (1 - \alpha)$	0.09	0.21	0.25	0.21	0.09
y_4	$\alpha \cdot (1 - \alpha)^2$	0.081	0.147	0.125	0.063	0.009
y_3	$\alpha \cdot (1 - \alpha)^3$	0.0729	0.1029	0.0625	0.0189	0.0009
y_2	$\alpha \cdot (1 - \alpha)^4$	0.06561	0.07203	0.03125	0.00567	$9 \cdot 10^{-5}$
y_1	$\alpha \cdot (1 - \alpha)^5$	0.059049	0.050421	0.015625	0.001701	$9 \cdot 10^{-6}$
Startwert	$(1 - \alpha)^6$	0.531441	0.117649	0.015625	0.000729	10^{-6}

Tabelle 2.2: Einfluss der Bedarfe und des Startwerts auf den Prognosewert in der Periode 7.

Der Einfluss des Startwerts (p_1) auf den Prognosewert in der Periode $n + 1$, $n \in \mathbb{N}^+$, beträgt – nach der obigen Formel – $(1 - \alpha)^n \cdot p_1$. Bei einem Glättungsparameter von 0.5 halbiert sich somit der Einfluss je Periode. Da bei einem Glättungsparameter von 0.9 sich dieser Einfluss sogar um 90 % je Periode verringert, beträgt er bereits nach zwei Perioden (i.e der Prognose für die Periode 3) nur noch 1 % und nach drei Perioden 0.1 %. Beim anderen Extrem, einem Glättungsparameter von 0.1, verringert sich der Einfluss nur sehr langsam und zwar um 10 % je Periode, so dass er nach 6 Perioden (i.e. der

Prognose für die Periode 7) immer noch über 53 % (tatsächlich bei 53.1 %) liegt.

2.3. Prognosefehler

Die Nachfrage nach Tablets in den Monaten Januar bis Juni in hundert Mengeneinheiten (ME) wurde mit den Verfahren des gleitenden Durchschnitts und der exponentiellen Glättung 1. Ordnung erstellt. Die Ergebnisse befinden sich in der folgenden Tabelle 2.3.

t	y_t [ME]	p_t^{GD} [ME]	p_t^{EG} [ME]
Januar (1)	39000		34000
Februar (2)	30200		34500
März (3)	36400	34600	34070
April (4)	32000	33300	34303
Mai (5)	34100	34200	34072.7
Juni (6)	32300	33050	34075.43

Tabelle 2.3: Prognose von Tablets durch den gleitenden Durchschnitt (p_t^{GD}) und die exponentielle Glättung 1. Ordnung (p_t^{EG}); mit ME für Mengeneinheiten.

Analysieren Sie die Prognosequalität aufgrund der Kennzahlen: mittlerer quadrierter Prognosefehler, mittlerer absoluter Prognosefehler, mittlerer relativer absoluter Prognosefehler, Mittelwert der Prognosefehler und Varianz der Prognosefehler.
(Hinweis: Mit e für Fehler, t für eine Periode und n für eine Anzahl an Perioden und dem Mittelwert der letzten n Prognosefehler $\mu_{e,t,n}$ ist $Var_{e,t,n} = \frac{1}{n-1} \cdot \sum_{k=t-n+1}^{t} (e_k - \mu_{e,t,n})^2$ die Varianz der letzten n Prognosefehler.)
Als Basis für Ihre Analyse geben Sie diese Kennzahlen für eine Periode an, bei der so viele Werte wie möglich berücksichtigt werden. Schließlich geben Sie bitte auch die Berechnungsformeln für die Kennzahlen an.

Lösungsvorschlag

Die benötigten Formeln lauten, mit t für eine Periode, Prognosefehler $e_t = y_t - p_t$ in Periode t und n für die Anzahl an berücksichtigten Perioden:

— $MSE_{e,t,n} = \dfrac{1}{n} \cdot \displaystyle\sum_{k=t-n+1}^{t} e_k^2$ für den mittleren quadrierten Prognosefehler.

— $MAD_{e,t,n} = \dfrac{1}{n} \cdot \displaystyle\sum_{k=t-n+1}^{t} |e_k|$ für den mittleren absoluten Prognosefehler.

— $MAD_{e,t,n}^{N} = \dfrac{1}{n} \cdot \displaystyle\sum_{k=t-n+1}^{t} \dfrac{|e_k|}{|y_k|}$ für den mittleren relativen absoluten Prognosefehler.

— $\mu_{e,t,n} = \dfrac{1}{n} \cdot \displaystyle\sum_{k=t-n+1}^{t} e_k$ für den mittleren Prognosefehler.

Um möglichst viele Werte zu berücksichtigen, werden die letzte mögliche Periode $t = 6$ und die maximal verfügbare Anzahl an Prognosefehlern bei beiden Verfahren betrachtet, also $n = 4$. Nach den Formeln werden Einzelwerte benötigt, die in der folgenden Tabelle 2.4 angegeben sind.

Hinweis: Zum Teil wurde im Folgenden gerundet.

t [Monaten]	y_t [ME]	p_t^{GD} [ME]	p_t^{EG} [ME]	e_t^{GD} und $\lvert e_t^{GD}\rvert$ [ME]	e_t^{EG} und $\lvert e_t^{EG}\rvert$ [ME]
Januar (1)	39000		34000		5000
(1)					5000
Februar (2)	30200		34500		-4300
(2)					4300
März	36400	34600	34070	1800	2330
(3)				1800	2330
April	32000	33300	34303	- 1300	-2303
(4)				1300	2303
Mai	34100	34200	34072.7	-100	27.3
(5)				100	27.3
Juni	32300	33050	34075.43	-750	-1775.43
(6)				750	1775.43
Sum-me*				-350	-1721.13
				3950	6435.73

t [Monaten]	$(e_t^{GD})^2$ [ME^2]	$(e_t^{EG})^2$ [ME^2]	$\dfrac{\lvert e_t^{GD}\rvert}{y_t}$	$\dfrac{\lvert e_t^{EG}\rvert}{y_t}$
Januar (1)		25000000		0.128
Februar (2)		18490000		0.142
März (3)	3240000	5428900	0.049	0.064
April (4)	1690000	5303809	0.041	0.072
Mai (5)	10000	745.29	0.0029	0.0008
Juni (6)	562500	3152151.685	0.023	0.055
Summe*	5502500	13885605.98	0.116	0.192

Tabelle 2.4: Einzelwerte für die Kennzahlen und der Summe über die letzten 4 Perioden; mit ME für Mengeneinheiten.

Damit ergeben sich die folgenden Kennzahlen für die beiden Prognoseverfahren einschließlich ihrer Beurteilung:

- Für den mittleren quadrierten Prognosefehler (*MSE*):

$$MSE_{e,6,4}^{GD} : \frac{1}{4} \cdot 5502500 \text{ ME} = 1375625 \text{ ME}.$$

$$MSE_{e,6,4}^{EG} : \frac{1}{4} \cdot 13885605.98 \text{ ME} = 3471401.495 \text{ ME}.$$

Auf Basis der mittleren quadrierten Prognosefehler würde der gleitende Durchschnitt gegenüber der einfachen exponentiellen Glättung bevorzugt.

- Für den mittleren absoluten Prognosefehler (*MAD*):

$$MAD_{e,6,4}^{GD} : \frac{1}{4} \cdot 3950 \text{ ME} = 987.5 \text{ ME}.$$

$$MAD_{e,6,4}^{EG} : \frac{1}{4} \cdot 6435.73 \text{ ME} = 1608.9325 \text{ ME}.$$

Auf Basis der mittleren absoluten Abweichung der Prognosefehler würde wieder der gleitende Durchschnitt gegenüber der einfachen exponentiellen Glättung bevorzugt.

- Für den mittleren relativen absoluten Prognosefehler (*MAD*^{N}):

$$MAD_{e,6,4}^{N,GD} = \frac{1}{4} \cdot 0.116 = 0.029.$$

$$MAD_{e,6,4}^{N,EG} = \frac{1}{4} \cdot 0.192 = 0.048.$$

Auf Basis der mittleren relativen absoluten Abweichung der Prognosefehler würde wieder der gleitende Durchschnitt gegenüber der einfachen exponentiellen Glättung bevorzugt.

- Für den Mittelwert der Prognosefehler ($\mu_{e,6,4}$):

$$\mu_{e,6,4}^{GD} = \frac{1}{4} \cdot (1800 \text{ ME} - 1300 \text{ ME} - 100 \text{ ME} - 750 \text{ ME}) = -87.5 \text{ ME}.$$

$$\mu_{e,6,4}^{EG} = \frac{1}{4} \cdot (2330 \text{ ME} - 2303 \text{ ME} + 27.3 \text{ ME} - 1775.43 \text{ ME}) = -430.2825 \text{ ME}.$$

Auf Basis des Mittelwerts der Prognosefehler würde wieder der gleitende Durchschnitt gegenüber der einfachen exponentiellen Glättung bevorzugt.

- Für die Varianz der Prognosefehler ($Var_{e,t,n}$):

$$Var_{e,6,4}^{GD} = \frac{1}{3} \cdot ((1800\ \text{ME} - (-87.5\ \text{ME}))^2$$

$$+(-1300\ \text{ME} - (-87.5\ \text{ME}))^2 + (-100\ \text{ME} - (-87.5\ \text{ME}))^2$$

$$+(-750\ \text{ME} - (-87.5\ \text{ME}))^2) = 1823958.33\ \text{ME}^2.$$

$$Var_{e,6,4}^{EG} = \frac{1}{3} \cdot ((2330\ \text{ME} - (-430.2825\ \text{ME}))^2$$

$$+(-2303\ \text{ME} - (-430.2825\ \text{ME}))^2 + (27.3\ \text{ME} - (-430.2825\ \text{ME}))^2$$

$$+(-1775.43\ \text{ME} - (-430.2825\ \text{ME}))^2) = 4381677.95\ \text{ME}^2.$$

Auf Basis der Varianz der Prognosefehler würde wieder der gleitende Durchschnitt gegenüber der einfachen exponentiellen Glättung bevorzugt.

Insgesamt erzielt bei allen Kennzahlen die Prognose durch den gleitenden Durchschnitt bessere Ergebnisse als die durch die exponentielle Glättung 1. Ordnung.

2.4. Exponentielle Glättung: Parameter-Festlegung

Die Nachfrage nach einem Produkt in den vergangenen 10 Perioden hat die in der folgenden Tabelle 2.5 angegebenen Werte:

t [Perioden]	1	2	3	4	5	6	7	8	9	10
Bedarf y_t [ME]	90	99	100	90	85	90	97	103	105	103
t [Perioden]	11	12	13	14	15	16	17	18	19	20
Bedarf y_t [ME]	102	95	98	95	108	96	98	103	108	105

Tabelle 2.5: Bedarfe in Mengeneinheiten (ME).

Welches nach dem Prinzip der exponentiellen Glättung arbeitende Prognoseverfahren dürfte den geringsten mittleren quadrierten Fehler über die 20 Perioden bewirken? Begründen Sie Ihre Entscheidung detailliert. Berechnen Sie mit dem gewählten Verfahren die ersten beiden Prognosewerte; bitte geben Sie die Berechnungsformel bzw. (-n) an.

Lösungsvorschlag

Zur leichteren Nachvollziehbarkeit der folgenden Überlegungen ist die obige Bedarfsfolge in der folgenden Abbildung 2.3 dargestellt.

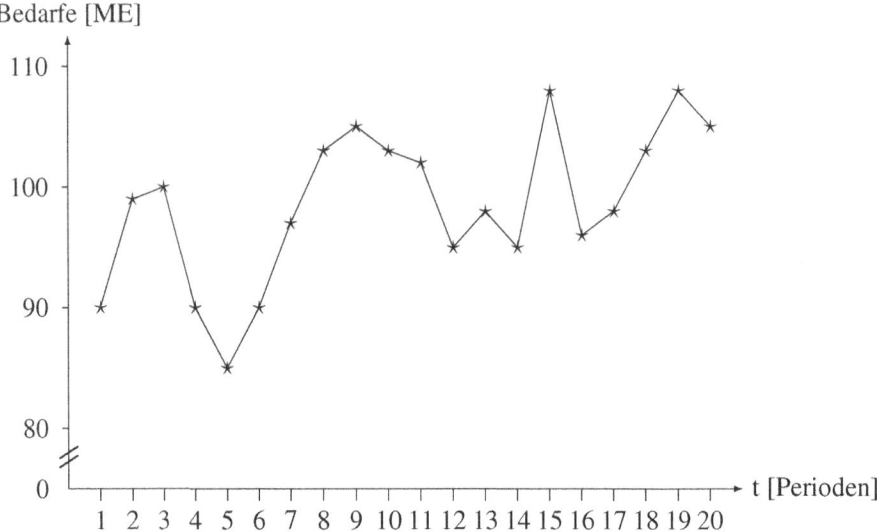

Abbildung 2.3: Zeitlicher Verlauf der Bedarfe in Mengeneinheiten (ME).

Die Bedarfsfolge hat bis zur 7 Periode zunächst Werte, die fast alle kleiner als 100 sind, z.T. sogar deutlich kleiner. Danach liegen die Werte überwiegend etwas über 100 ME, aber die Abweichung von 100 ME ist nicht so deutlich wie zuvor. Dies impliziert eine deutliche Streuung. Daher dürfte ein konstanter Bedarfsverlauf vorliegen und eine exponentielle Glättung 1. Ordnung sollte angewendet werden.
(Hinweis: Ein linearer Trend bei einer kleineren Streuung ist möglich.)

Ein sehr kleiner Glättungsparameter ist vorteilhaft, sofern die Bedarfe zufällig um eine Konstante schwanken. Dies trifft auf diese Folge nicht zu. Weswegen das für einen Glättungsparameter oftmals als günstig angesehene Intervall von [0.1, 0.3] nicht nach unten unterschritten werden sollte. In vielen Perioden ist es günstiger, den Bedarfswert der Vorperiode zu wählen, statt einer Konstante für alle Perioden, auch dann, wenn die Konstante des Prognosemodells bekannt ist. Daher dürfte ein hoher Glättungsparameter günstig sein. Wegen dem Wechsel von Teilfolgen mit ansteigenden und abfallenden Bedarfswerten sollte der Glättungsparameter nicht so hoch sein. Weswegen das für einen Glättungsparameter oftmals als günstig angesehene Intervall von [0.1, 0.3] nicht nach oben überschritten werden sollte. Daher sollte 0.3 als Glättungsparameter gewählt werden.

Wegen der Wahl von 0.3 als Glättungsparameter hat der Startwert nur in den ersten Perioden einen höheren Einfluss auf die Prognosewerte. Die Werte in den ersten 10 Perioden steigen zunächst an, fallen dann ab, um dann wieder anzusteigen. Ihr Mittelwert liegt unter 100 ME, aber klar über 90 ME. Aus diesen beiden Überlegungen bietet sich der Mittelwert der Bedarfe aus den ersten 4 Perioden als Startwert an. Er beträgt 94.75 ME. Da dieser fast gleich dem Mittelwert der ersten beiden Bedarfe ist, nämlich 94.5 ME, kann auch dieser gewählt werden.

Es sei angemerkt, dass bei diesem Startwert, von 94.5 ME, die folgenden mittleren quadrierten Prognosefehler für einzelne Glättungsparameter auftreten:

α	0.1	0.2	0.3	0.4	0.5	0.6	0.7	0.8	0.9
MSE [ME]	40.07	36.58	35.96	36.01	36.22	36.48	36.84	37.39	38.22

Tabelle 2.6: Mittlere quadrierte Prognosefehler (MSE) bei der exponentiellen Glättung 1. Ordnung mit Startwert von 94.5 ME und verschiedenen Glättungsparametern; mit ME für Mengeneinheiten.

Der beste Glättungsparameter von 0.3 verbessert den mittleren quadrierten Prognosefehler zum Glättungsparameter von 0.1 um 10.26 %. Eine Variation verschiedener Startwerte bestätigt die vorgeschlagene Wahl als beste. Zusätzlich zeigt Tabelle 2.6, dass alle angegebenen Glättungsparameter bessere mittlere quadrierte Prognosefehler bewirken als der Glättungsparameter von 0.1. Verantwortlich sind viele starke Korrelationen zwischen benachbarten Periodenbedarfen; die Glättungsparameter 0.4 bis 0.6 sind eine bessere Alternative als der Glättungsparameter von 0.2. Ein hoher Glättungsparameter ist eine deutlich bessere Wahl als ein niedriger von um 0.1 oder sogar noch niedrigerer.

Ergänzend enthält die folgende Abbildung 2.4 die Prognose mit den beiden Glättungsparametern von 0.1 und 0.3 sowie den Startwert von 94.5 ME. Die Kurve zeigt deutlich

(a) die Vorteilhaftigkeit vom Glättungsparameter $\alpha = 0.3$ bei Teilfolgen mit ansteigenden Bedarfen oder solchen mit fallenden Bedarfen; vor allem, wenn diese länger sind.

(b) die Vorteilhaftigkeit vom Glättungsparameter $\alpha = 0.1$ beim Wechsel von Teilfolgen mit ansteigenden Bedarfen zu solchen mit fallenden Bedarfen und umgekehrt.

Da in der Gesamtfolge Teilfolgen mit ansteigenden Bedarfen (und solche mit fallenden Bedarfen gegenüber) dem Wechsel solcher Teilfolgen dominieren, bewirkt der Glättungsparameter $\alpha = 0.3$ den besten mittleren quadrierten Prognosefehler.

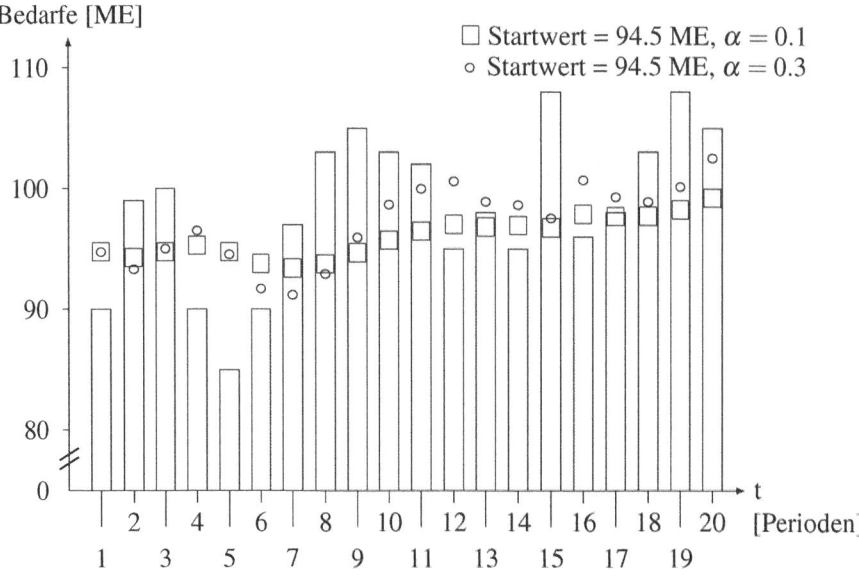

Abbildung 2.4: Bedarfe sowie exponentiellen Glättung 1. Ordnung mit dem Startwert von 94.5 ME und den Glättungsparametern $\alpha = 0.1$ und $\alpha = 0.3$ in Mengeneinheiten (ME).

Der erste Prognosewert ist eben der (gewählte) Startwert und die Berechnung des zweiten Prognosewerts erfolgt durch die Formel $p_{t+1} = \alpha \cdot y_t + (1 - \alpha) \cdot p_t$, mit Nachfragewert y_t und Prognosewert p_t in einer Periode t.

Also sind:

$p_1 = 94.5$ ME.

$p_2 = 0.3 \cdot 90$ ME $+ 0.7 \cdot 94.5$ ME $= 93.15$ ME.

2.5. Alternierende Bedarfe

Die Nachfrage alterniert um 100 Mengeneinheiten (ME) mit einem Wert von 20 ME.

Bitte lösen Sie die folgenden Prognoseaufgaben:

(a) Unterstellen Sie die Anwendung der exponentiellen Glättung erster Ordnung.

   (1) Welcher erwartete absolute Prognosefehler wird erreicht, wenn der Glättungsparameter gegen 1 konvergiert.

   (2) Welcher erwartete absolute Prognosefehler wird erreicht, wenn der Glättungsparameter gegen 0 konvergiert.

(b) Mit welchen Parametern wird der kleinste zu erwartende quadrierten Prognosefehler erzielt? Begründen Sie Ihr Ergebnis. (Hinweis: Es ist ausreichend, dies anhand von wenigen Prognose (-Berechnungen) zu begründen.) Geben Sie den erwarteten quadrierten Prognosefehler an.

(c) Konzipieren Sie ein Prognoseverfahren, der den kleinsten möglichen zu erwartenden quadrierten Prognosefehler bewirkt? Geben Sie diesen an. Können Sie eine Aussage über die tatsächlichen Prognosefehler machen und wenn ja, welche?

Lösungsvorschlag

Ohne Beschränkung der Allgemeinheit tritt der Bedarf von 80 Mengeneinheiten (ME) in ungeraden und der von 120 ME in geraden Perioden auf.

Zur Illustration der Nachfrage im Zeitablauf ist diese in der folgenden Tabelle 2.7 und Abbildung 2.5 über 20 Perioden dargestellt.

t [Perioden]	1	2	3	4	5	6	7	8	9	10
Bedarf y_t [ME]	80	120	80	120	80	120	80	120	80	120
t [Perioden]	11	12	13	14	15	16	17	18	19	20
Bedarf y_t [ME]	80	120	80	120	80	120	80	120	80	120

Tabelle 2.7: Bedarfe wechseln zwischen 80 Mengeneinheiten (ME) und 120 ME.

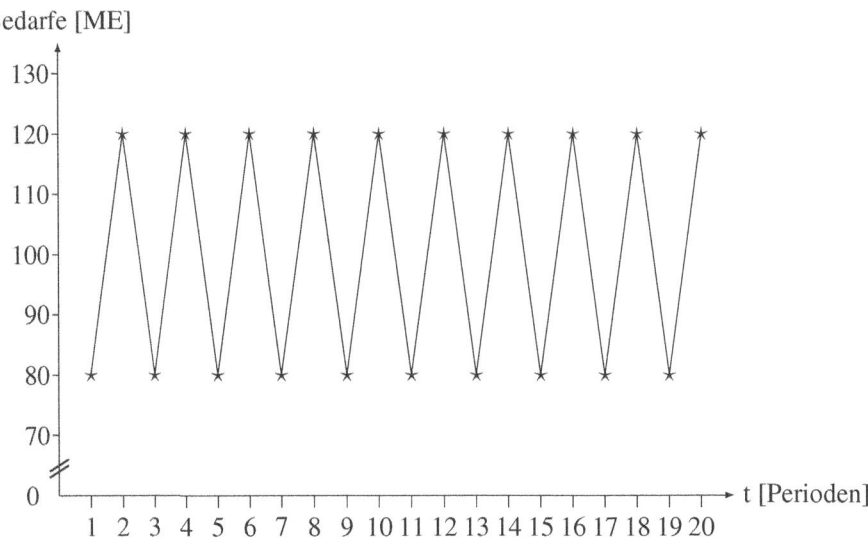

Abbildung 2.5: Zeitlicher Verlauf der zwischen 80 Mengeneinheiten (ME) und 120 ME wechselnden Bedarfe.

Die exponentielle Glättung erster Ordnung mit einem Glättungsparameter α ($\in (0,1)$) und einem Startwert p_1 berechnet zu einem Bedarfswert y_t in einer beliebigen Periode t einen Prognosewerte p_t durch: $p_{t+1} = \alpha \cdot y_t + (1 - \alpha) \cdot p_t$.

Zu (a) (1):

Nach der Bestimmungsgleichung der exponentiellen Glättung erster Ordnung bewirkt eine Konvergenz des Glättungsparameters gegen 1, dass der Einfluss des aktuellen Prognosewerts verschwindet. Da der Einfluss des Startwerts auf die Prognosewerte im Zeitablauf abnimmt, konvergiert das Verfahren gegen $p_{t+1} = y_t$ in dem Sinne, dass ab einer beliebigen, aber festen Periode t_0, $p_{t+1} = y_t$ für alle Perioden t mit $t \geq t_0$ gilt. Dies ist für die Berechnung des zu erwartenden absoluten Prognosefehlers maßgeblich. Sein Wert ist damit: $|y_{t+1} - y_t| = 40$ ME für alle Perioden t mit $t \geq t_0$.

Zu (a) (2):

Nach der Bestimmungsgleichung der exponentiellen Glättung erster Ordnung bewirkt eine Konvergenz des Glättungsparameters gegen 0, dass der Einfluss des aktuellen Bedarfswerts verschwindet. Daher konvergiert das Verfahren gegen $p_{t+1} = p_t$. Da der Einfluss des Startwerts auf die Prognosewerte im Zeitablauf abnimmt, konvergiert das Verfahren gegen $p_{t+1} = p_t = 100$ ME in dem Sinne, dass ab einer beliebigen, aber festen

Periode t_0, $p_{t+1} = p_t = 100$ ME für alle Perioden t mit $t \geq t_0$ gilt. Dies ist für die Berechnung des zu erwartenden absoluten Prognosefehlers maßgeblich. Sein Wert ist damit: $|y_t - 100\,\text{ME}| = 20\,\text{ME}$ für alle Perioden t mit $t \geq t_0$.

Zu (b):

Aufgrund von Teilaufgabe (a) ist bekannt, dass bei einem sehr kleinen Glättungsparameter der zu erwartende absolute Prognosefehler 20 ME beträgt. Bei einem sehr hohen Glättungsparameter beträgt der zu erwartende absolute Prognosefehler 40 ME.

Um zu ermitteln, wie sich der zu erwartende absolute Prognosefehler verändert, werden die Prognosewerte für 5 Perioden mit einem Glättungsparameter (α) von 0.1 und einem von 0.01 berechnet. Da der Einfluss des Startwerts auf die Prognosewerte im Zeitablauf abnimmt, ist von dem idealen Startwert auszugehen (, da der Einfluss des aktuellen Bedarfswerts verschwindet); also von 100 ME.

t	y_t	p_t mit $\alpha = 0.1$	e_t mit $\alpha = 0.1$	p_t mit $\alpha = 0.01$	e_t mit $\alpha = 0.01$
1	80	100	-20	100	-20
2	120	98	22	99.8	20.2
3	80	100.2	-20.2	100.002	-20.002
4	120	98.18	21.82	99.80198	20.19802
5	80	100.36	-20.362	100.0039602	-20.0039602

Tabelle 2.8: Für die Perioden t von 1 bis 5: Bedarfe (y_t), Prognosen (p_t) sowie Fehler (e_t) in Mengeneinheiten zu den beiden Glättungsparameter (α) von 0.1 und von 0.01.

In beiden Fällen schwanken die Prognosewerte um 100 ME so, dass der periodenspezifische absolute Prognosefehler größer als 20 ME ist. Ferner ist in jeder Periode der absolute Prognosefehler beim Glättungsparameter von 0.1 höher als beim Glättungsparameter von 0.01.

Damit ist zu erwarten, dass der erwartete quadrierte Prognosefehler mit abnehmendem Glättungsparameter von $40^2\,\text{ME}^2$ auf $20^2\,\text{ME}^2$ streng monoton fällt. Dann bewirkt 100 ME als Startwert und 10^{-5} als Glättungsparameter den kleinsten möglichen zu erwartenden quadrierten Prognosefehler und er beträgt $20^2\,\text{ME}^2$.
(Hinweis: Für einen Beweis der Optimalität wäre diese strenge Monotonie zu beweisen;

die Abnahme des Einflusses des Startwerts auf die Prognosewerte im Zeitablauf ist in der Aufgabe 2.2 – eben über den Einfluss vom Startwert bei der exponentiellen Glättung erster Ordnung – bereits bewiesen worden.)

Zu (c):

Definiere die folgende Funktion: $f_t = \begin{cases} 80, \text{ falls t eine ungerade Zahl ist} \\ 120, \text{ falls t eine gerade Zahl ist} \end{cases} \quad \forall\, t \in \mathbb{N}.$

Diese Funktion ist berechenbar und damit als Prognoseverfahren möglich. Seine Verwendung bedeutet: $f(t) = y_t \; \forall\, t \in \mathbb{N}$. Damit ist der tatsächliche Prognosefehler in jeder Periode 0 ME und 0 ME^2 ist auch der zu erwartende quadrierte Prognosefehler.

2.6. Möglicher Strukturbruch

Die in der folgenden Tabelle 2.9 angegebene Nachfragefolge ist gegeben und ihr zeitlicher Verlauf ist in der Abbildung 2.6 dargestellt:

t [Perioden]	1	2	3	4	5	6	7	8	9	10
Bedarf y_t [ME]	118	120	117	114	119	116	113	115	118	116
t [Perioden]	11	12	13	14	15	16	17	18	19	20
Bedarf y_t [ME]	119	117	113	114	120	115	117	114	119	137
t [Perioden]	21	22	23	24	25	26	27	28	29	30
Bedarf y_t [ME]	105	95	115	150	120	100	130	140	98	135

Tabelle 2.9: Bedarfe in Mengeneinheiten (ME).

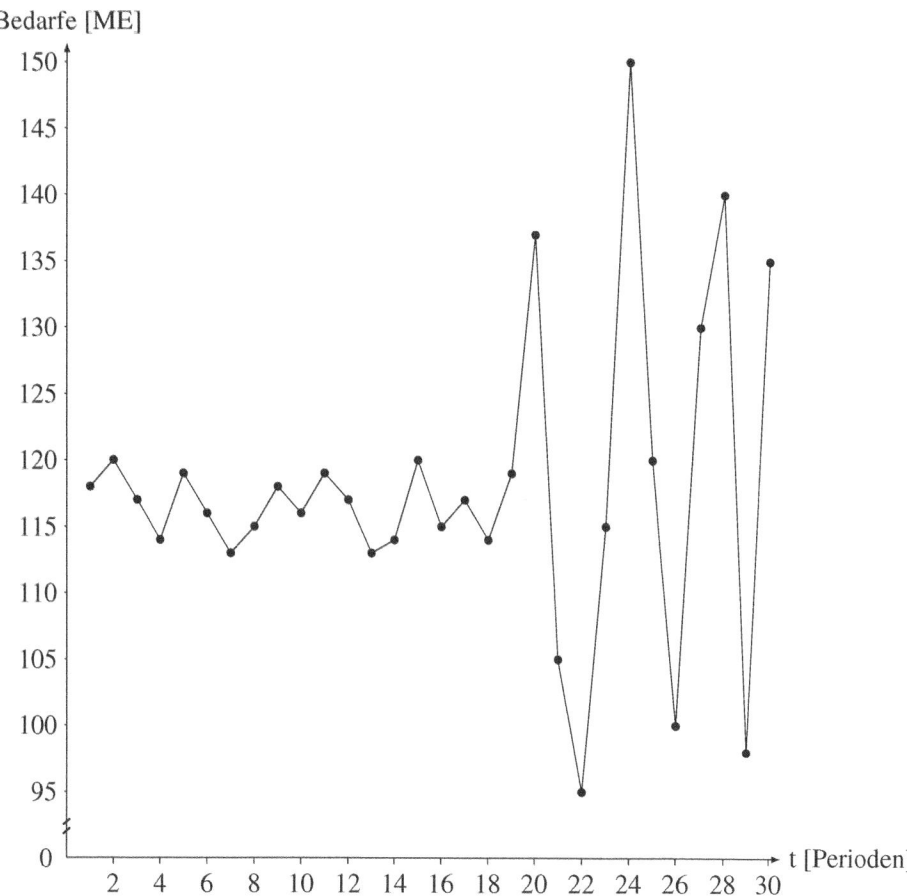

Abbildung 2.6: Zeitlicher Verlauf der Bedarfe in Mengeneinheiten (ME).

Auf diese Bedarfsfolge wurde die exponentielle Glättung erster Ordnung mit einem Glättungsparameter (α) von 0.1 angewendet. Das Ergebnis bis zur Periode 19 befindet sich in der folgenden Tabelle 2.10. Diese enthält auch die Berechnung des Tracking-Signals.

t [Perioden]	1	2	3	4	5	6	7
y_t [ME]	118	120	117	114	119	116	113
p_t mit $\alpha = 0.1$ [ME]	118.00	118.00	118.20	118.08	117.67	117.80	117.62
Fehler e_t [ME]	0.00	2.00	-1.20	-4.08	1.33	-1.80	-4.62
SE_t [ME]	0.27	0.24	0.42	0.25	-0.18	-0.03	-0.21
SAE_t [ME]	1.07	0.96	1.06	1.08	1.38	1.37	1.42
TS_t	0.25	0.25	0.39	0.24	-0.13	-0.02	-0.15
t [Perioden]	8	9	10	11	12	13	14
y_t [ME]	115	118	116	119	117	113	114
p_t mit $\alpha = 0.1$ [ME]	117.16	116.95	117.05	116.95	117.15	117.14	116.72
Fehler e_t [ME]	-2.16	1.05	-1.05	2.05	-0.15	-4.14	-2.72
SE_t [ME]	-0.65	-0.80	-0.61	-0.66	-0.39	-0.36	-0.74
SAE_t [ME]	1.74	1.78	1.71	1.64	1.68	1.53	1.79
TS_t	-0.37	-0.45	-0.36	-0.40	-0.23	-0.24	-0.41
t [Perioden]	15	16	17	18	19		
y_t [ME]	120	115	117	114	119		
p_t mit $\alpha = 0.1$ [ME]	116.45	116.81	116.62	116.66	116.40		
Fehler e_t [ME]	3.55	-1.81	0.38	-2.66	2.60		
SE_t [ME]	-0.94	-0.49	-0.62	-0.52	-0.74		
SAE_t [ME]	1.88	2.05	2.03	1.86	1.94		
TS_t	-0.50	-0.24	-0.31	-0.28	-0.38		

Tabelle 2.10: Prognose durch die exponentielle Glättung erster Ordnung mit einem Glättungsparameter (α) von 0.1 und Berechnung des Tracking-Signals jeweils bis zur Periode 19; mit ME für Mengeneinheiten.

Bitte lösen Sie die folgenden Aufgaben:

(a) Setzen Sie die Berechnung des Tracking-Signals für die Perioden 20 bis 22 fort. Geben Sie alle Berechnungsformeln an.

(b) Stellen Sie alle Tracking-Signale graphisch dar. Integrieren Sie die Tracking-Signale der Perioden 23 bis 30, die wie folgt lauten: $-0.32, -0.32, 0.20, 0.22, -0.03, 0.11,$ $0.29, 0.05$.

(c) Geben Sie eine Definition eines Strukturbruchs an. Liegt danach ein Strukturbruch vor? Ist dies in Einklang mit den angegebenen und Ihren berechneten Tracking-Signalen? (Hinweis: Detaillierte Begründungen sind entscheidend.)

Lösungsvorschlag

Zu (a):

Die exponentielle Glättung erster Ordnung berechnet zu einem Beobachtungswert y_t in einer Periode t einen Prognosewert p_t in der Periode t nach der Formel:

$$p_{t+1} = \alpha \cdot y_t + (1 - \alpha) \cdot p_t \text{ mit dem Glättungsparameter } \alpha \in (0, 1).$$

Das Verfahren wird durch einen Startwert p_1 initialisiert.

Das Tracking-Signal nach Trigg wird für jede Periode t berechnet durch:

- Glättungsparameter $\phi \in (0, 1)$.

- Prognosefehler: $e_t = y_t - p_t$.

- Glättung des Prognosefehlers: $SE_{t+1} = \phi \cdot e_t + (1 - \phi) \cdot SE_t$.

- Glättung des absoluten Prognosefehlers: $SAE_{t+1} = \phi \cdot |e_t| + (1 - \phi) \cdot SAE_t$.

- Tracking-Signal: $TS_{t+1} = \dfrac{SE_{t+1}}{SAE_{t+1}}$.

Das Verfahren wird durch die Startwerte SE_1 und SAE_1 initialisiert.

Hinweis: Zum Teil wurde im Folgenden auf zwei Stellen gerundet.

Das Einsetzen in diese Formeln ergibt:

$t + 1 = 20$ $(t = 19)$:

- $p_{20} = 0.1 \cdot 119 \text{ ME} + (1 - 0.1) \cdot 116.4 \text{ ME} = 116.66 \text{ ME}$,

- $SE_{20} = 0.1 \cdot (119 \text{ ME} - 116.4 \text{ ME}) + 0.9 \cdot -0.74 \text{ ME} = -0.4 \text{ ME}$,

- $SAE_{20} = 0.1 \cdot |119 \text{ ME} - 116.4 \text{ ME}| + 0.9 \cdot 1.94 \text{ ME} = 2.01 \text{ ME}$ und

- $TS_{20} = \dfrac{-0.4}{2.01} = -0.2$.

$t + 1 = 21$ $(t = 20)$:

- $p_{21} = 0.1 \cdot 137 \text{ ME} + (1 - 0.1) \cdot 116.66 \text{ ME} = 118.69 \text{ ME}$,

- $SE_{21} = 0.1 \cdot (137 \text{ ME} - 116.66 \text{ ME}) + 0.9 \cdot -0.4 \text{ ME} = 1.67 \text{ ME}$,

- $SAE_{21} = 0.1 \cdot |137 \text{ ME} - 116.66 \text{ ME}| + 0.9 \cdot 2.01 \text{ ME} = 3.84 \text{ ME}$ und

- $TS_{21} = \dfrac{1.67}{3.84} = 0.43$.

$t + 1 = 22\ (t = 21)$:

- $p_{22} = 0.1 \cdot 105\ \text{ME} + (1 - 0.1) \cdot 118.69\ \text{ME} = 117.32\ \text{ME}$,

- $SE_{22} = 0.1 \cdot (105\ \text{ME} - 118.69\ \text{ME}) + 0.9 \cdot 1.67\ \text{ME} = 0.13\ \text{ME}$,

- $SAE_{22} = 0.1 \cdot |105\ \text{ME} - 118.69\ \text{ME}| + 0.9 \cdot 3.84\ \text{ME} = 4.83\ \text{ME}$,

- $TS_{22} = \dfrac{0.13}{4.83} = 0.03$.

Zu (b):

In der Abbildung 2.7 ist das Tracking-Signal im Zeitablauf angegeben.

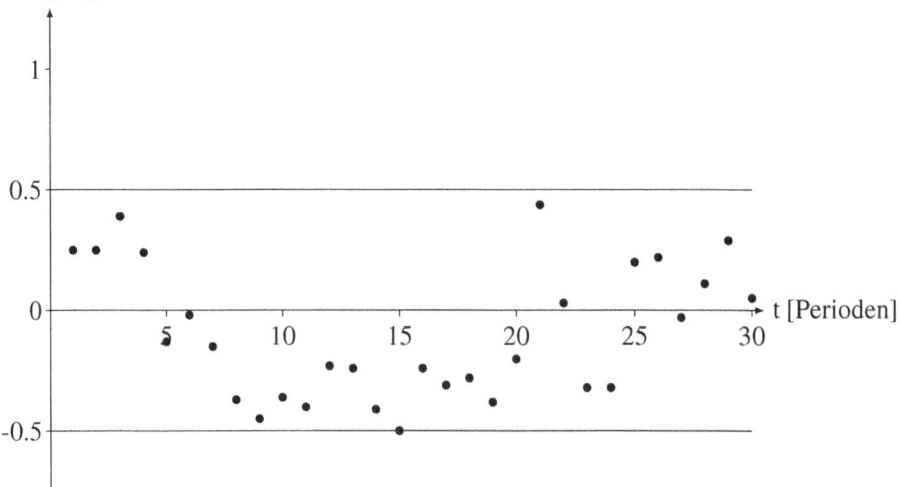

Abbildung 2.7: Zeitlicher Verlauf der Tracking-Signale zu der Bedarfsfolge.

Zu (c):

Eine Bedarfsfolge hat ab einer Periode t einen Strukturbruch, wenn vor und nach der Periode t unterschiedliche Prognosemodelle vorliegen.

In diesem Fall liegt durchgehend das Prognosemodell aus einer Konstanten vor, die aufgrund der ersten fünf Perioden bei 118 ME liegen könnte; dies ist tatsächlich so, da es sich um den Mittelwert über alle 30 Perioden handelt. Daher liegt kein Strukturbruch vor. Dies ist auch im Einklang mit allen Tracking-Signalen, da die Grenze von 0.51 bzw. -0.51 nicht überschritten bzw. unterschritten wird.

2.7. Adaptives Verfahren

Es liegt die in der folgenden Tabelle 2.14 gegebene Nachfrage eines Produktes vor:

t [Perioden]	1	2	3	4	5	6	7	8
Bedarf y_t [ME]	98	80	83	111	85	250	121	92

Tabelle 2.11: Nachfragewerte in Mengeneinheiten (ME).

Folgende Prognoseergebnisse für das Produkt liegen bereits vor:

t [Perioden]	1	2	3	4	5	6
Prognose p_t [ME]	100.00	99.96	95.73	91.82	93.49	92.16

Tabelle 2.12: Prognose für die ersten sechs Perioden in Mengeneinheiten (ME).

Setzen Sie diese Prognose mit dem adaptiven Verfahren von Trigg und Leach fort. Geben Sie Ihre verwendeten Prognose-Formeln an.

Lösungsvorschlag

Das adaptive Verfahren nach Trigg und Leach berechnet zu einem Beobachtungswert y_t in einer Periode t einen Prognosewerte p_t in der Periode t nach den Formeln:

- Glättungsparameter für die Glättung der (absoluten) Prognosefehler: $\phi \in (0,1)$.

- Prognosefehler: $e_t = y_t - p_t$.

- Glättung des Prognosefehlers: $SE_{t+1} = \phi \cdot e_t + (1 - \phi) \cdot SE_t$.

- Glättung des absoluten Prognosefehlers: $SAE_{t+1} = \phi \cdot |e_t| + (1 - \phi) \cdot SAE_t$.

- Tracking-Signal: $TS_{t+1} = \dfrac{SE_{t+1}}{SAE_{t+1}}$.

- Glättungsparameter: $\alpha_{t+1} = |TS_{t+1}|$.

- Prognosewert: $p_{t+1} = \alpha_{t+1} \cdot y_t + (1 - \alpha_{t+1}) \cdot p_t$.

Das Verfahren wird durch die Startwerte SE_1, SAE_1 und p_1 initialisiert.

Die Anwendung der exponentiellen Glättung 1. Ordnung auf die Prognosefehler (SE_t) und die absoluten Prognosefehler (SAE_t) bewirkt aufgrund des niedrigen Glättungsparameters von 0.1 (im Verfahren nach Trigg und Leach), dass eine Ausgleichsgerade durch die Prognosefehler und die absoluten Prognosefehler approximiert wird. Deswegen sind der mittlere Prognosefehler und der mittlere absolute Prognosefehler eine sehr gute Wahl für die Initialisierung von SE_t und SAE_t. Sie sind in der folgenden Tabelle 2.13 angegeben:

Hinweis: Zum Teil wurde im Folgenden auf zwei Stellen gerundet.

t [Perioden]	1	2	3	4	5	Mittelwert
Bedarf [ME]	98	80	83	111	85	
Prognose [ME]	100	99.96	95.73	91.82	93.49	
Prognosefehler [ME]	-2	-19.96	-12.73	19.18	-8.49	-4.8
absoluter Prognose-fehler [ME]	2	19.96	12.73	19.18	8.49	12.47

Tabelle 2.13: (Absolute) Prognosefehler und deren Mittelwerte in Mengeneinheiten (ME).

Da eine Prognose für Periode 6 bereits existiert und die Mittelwerte die Perioden 1 bis 5 berücksichtigen, bietet es sich an, SE_6 und SAE_6 durch diese Initialisierung zu belegen. Also ergeben sich insgesamt:

$SE_6 = -4.8$ ME, $SAE_1 = 12.47$ ME, $TS_6 = \dfrac{-4.8}{12.47} = -0.38$ und $\alpha_6 = 0.38$.

Für die weiteren Perioden ergeben sich:

$t + 1 = 7$ $(t = 6)$:

- $SE_7 = 0.1 \cdot (250\,\text{ME} - 92.16\,\text{ME}) + 0.9 \cdot (-4.8)\,\text{ME} = 11.46\,\text{ME}$,

- $SAE_7 = 0.1 \cdot |250\,\text{ME} - 92.16\,\text{ME}| + 0.9 \cdot 12.47\,\text{ME} = 27.01\,\text{ME}$,

- $TS_7 = \dfrac{11.46}{27.01} = 0.42$,

- $\alpha_7 = 0.42$ und

- $p_7 = 0.42 \cdot 250\,\text{ME} + 0.58 \cdot 92.16\,\text{ME} = 158.45\,\text{ME}$.

$t + 1 = 8$ $(t = 7)$:

- $SE_8 = 0.1 \cdot (121\,\text{ME} - 158.45\,\text{ME}) + 0.9 \cdot 11.46\,\text{ME} = 6.57\,\text{ME}$,

- $SAE_8 = 0.1 \cdot |121\,\text{ME} - 158.45\,\text{ME}| + 0.9 \cdot 27.01\,\text{ME} = 28.05\,\text{ME}$,

- $TS_8 = \dfrac{6.57}{28.05} = 0.23,$

- $\alpha_8 = 0.23$ und

- $p_8 = 0.23 \cdot 121\,\text{ME} + 0.77 \cdot 158.45\,\text{ME} = 149.84\,\text{ME}.$

2.8. Analyse von Prognosewerte

Es liegen die folgenden Prognoseergebnisse für ein Produkt vor:

t [Perioden]	1	2	3	4	5	6
Bedarf [ME]	98	80	83	111	85	250
Prognose 1 [ME]	100.00	99.80	97.82	96.34	97.80	96.52
Prognose 2 [ME]	100.00	99.40	93.58	90.41	96.58	93.11
Prognose 3 [ME]	100.00	99.00	89.50	86.25	98.62	91.81
Prognose 4 [ME]	100.00	99.96	95.73	91.82	93.49	92.16

t [Perioden]	7	8	9	10
Bedarf [ME]	121	92	139	105
Prognose 1 [ME]	111.87	112.78	110.71	113.54
Prognose 2 [ME]	140.18	134.42	121.70	126.89
Prognose 3 [ME]	170.91	145.95	118.98	128.99
Prognose 4 [ME]	179.24	165.25	162.95	160.49

Tabelle 2.14: Nachfragen und Prognosewerte zu vier Prognoseverfahren in Mengeneinheiten (ME).

Im Einzelnen erfolgten die Prognosen durch:

- das adaptive Verfahren nach Trigg und Leach,

- die exponentielle Glättung erster Ordnung mit dem Glättungsparameter von 0.3,

- die exponentielle Glättung erster Ordnung mit dem Glättungsparameter von 0.1 und

- die exponentielle Glättung erster Ordnung mit dem Glättungsparameter von 0.5.

Welche Prognose erfolgte durch welches Verfahren?

Lösungsvorschlag

Nur zur leichteren Nachvollziehbarkeit der folgenden Überlegungen sind die Nachfragewerte und Prognosewerte im Zeitablauf in der folgenden Abbildung 2.8 visualisiert.

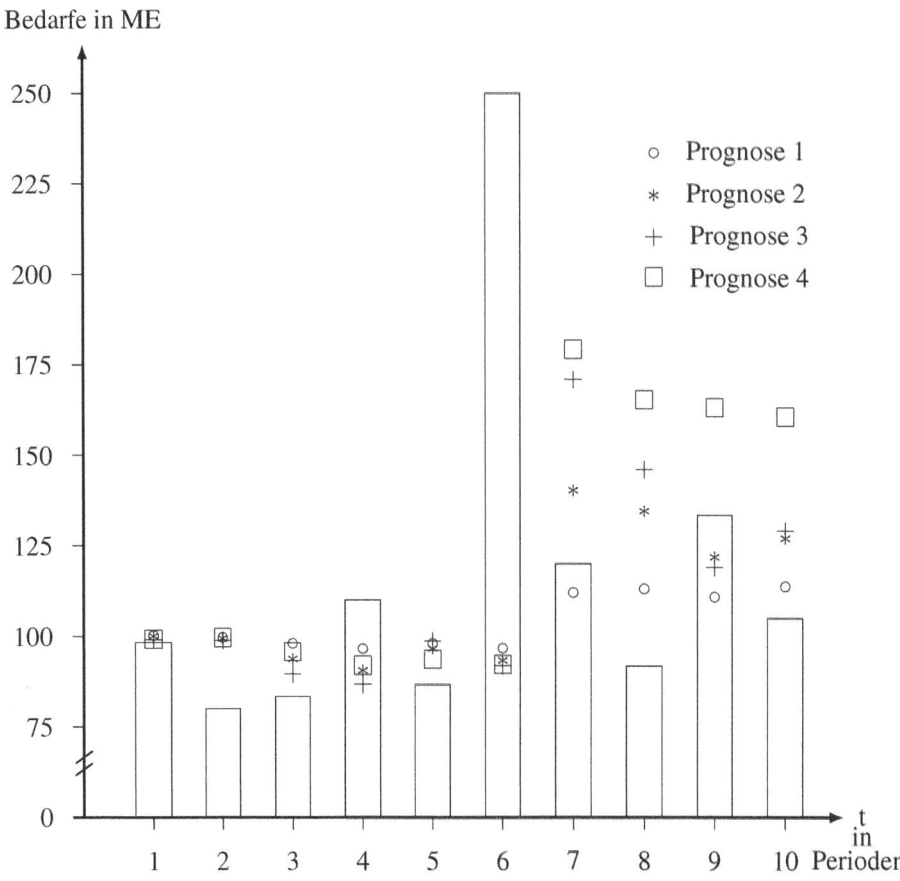

Abbildung 2.8: Nachfragewerte und Prognosewerte der einzelnen Verfahren im zeitlichen Verlauf; ME steht für Mengeneinheiten.

Ab der Periode 7 unterscheiden sich die Prognosewerte der Verfahren deutlich, so dass sich dieser Zeitraum zur Analyse anbietet. Die kleinsten Schwankungen haben die Werte durch Prognose 1. Dies ist für einen niedrigen Glättungsparameter typisch. Außerdem sind seine Werte deutlich niedriger als die der anderen Verfahren, da er den hohen Wert in Periode 6 quasi „wegglättet". Deswegen erfolgt die erste Prognose durch die exponentielle Glättung erster Ordnung mit dem Glättungsparameter von 0.1.

Die anderen drei Prognosen liefern alle in Periode 7 einen hohen Wert. Da seine Höhe bestimmt ist durch den Grad der Erhöhung des Beobachtungswerts in Periode 6 gegenüber den in den Vorperioden, müssen die drei Prognosen in dieser Reihenfolge ansteigende Glättungsparameter haben: Prognose 2, Prognose 3 und Prognose 4. Bei Prognose 4 nehmen die Prognosewerte in den Perioden 8 und 9 weniger stark ab als bei den Prognosen 2 und 3, was auf einen niedrigeren Glättungsparameter hindeutet. Dies wird verstärkt durch den Anstieg der Prognosewerte zu den Prognosen 2 und 3 in Periode 10, aber nicht bei der Prognose 4. Deswegen erfolgt die Prognose 4 durch das Verfahren nach Trigg und Leach. Da die Prognosewerte für die Perioden 8 und 10 bei Prognose 3 deutlich stärker auf die Ab- und Zunahme des letzten Beobachtungswerts gegenüber dem vorletzten Beobachtungswert reagieren, hat die Prognose 3 einen höheren Glättungsparameter als die Prognose 2.

Zusammengefasst erfolgt

- die erste Prognose durch die exponentielle Glättung erster Ordnung mit dem Glättungsparameter von 0.1,

- die zweite Prognose durch die exponentielle Glättung erster Ordnung mit dem Glättungsparameter von 0.3,

- die dritte Prognose durch die exponentielle Glättung erster Ordnung mit dem Glättungsparameter von 0.5 und

- die vierte Prognose durch das Verfahren nach Trigg und Leach.

2.9. Adaptives Verfahren: Verlauf der Glättungsparameter

Die Nachfrage alterniert um 100 Mengeneinheiten (ME) mit einem Wert von 10 ME, beginnend mit 110 ME in der ersten Periode. Ab der 12. Periode ist die Folge durch 9 Perioden mit Bedarfen von 110 ME unterbrochen.

Gehen Sie von einer Prognose nach dem adaptiven Verfahren von Trigg und Leach aus.

Begründen Sie die Wahl von 0.1 als Glättungsparameter und von 1 ME sowie 10 ME als Startwerte für die Glättung des Prognosefehlers (SE_t) und des absoluten Prognosefehlers (SAE_t).

Welche Glättungsparameter erwarten Sie bei einer Prognose mit dem adaptiven Verfahren von Trigg und Leach bei den vorgeschlagenen Parametereinstellungen?

Lösungsvorschlag

Beim adaptiven Verfahren von Trigg und Leach wird eine exponentielle Glättung erster Ordnung durchgeführt, wobei der Glättungsparameter durch das Tracking-Signal festgelegt wird. Eine gute Einstellung einer exponentielle Glättung erster Ordnung wird einen erwarteten Prognosefehler von Null haben. Wegen der Arbeitsweise einer exponentiellen Glättung erster Ordnung und da die Bedarfe um 100 ME alternieren, dürfte ein gutes Prognoseverfahren Werte nahe bei 100 ME prognostizieren und deswegen alternierende Prognosefehler von circa 10 ME und circa -10 ME verursachen. Deswegen dürfte der mittlere absolute Prognosefehler bei 10 ME liegen und der mittlere Prognosefehler dürfte leicht positiv oder leicht negativ sein. Da beim adaptiven Verfahren von Trigg und Leach die Prognosefehler und ihre Absolutwerte geglättet werden, sind der mittlere Prognosefehler und sein Absolutwert gute Startwerte, also die vorgeschlagenen Startwerte 10 ME für SAE_1 und von 1 ME für SE_1. Trigg und Leach schlagen generell 0.1 als Glättungsparameter für die Glättung des (absoluten) Prognosefehlers vor.

Aufgrund dieser Überlegungen ist zu erwarten, dass, bis zur Periode 11, die Glättung des absoluten Prognosefehlers, also SAE_t, bei 10 ME ist und die Glättung des Prognosefehlers, also SE_t, bei 1 ME oder eher weniger ist. Der verwendete Glättungsparameter, für das adaptive Verfahren, ist dann eher geringer als 0.1. Ab der Periode 12 ist zu erwarten, dass die Prognosewerte ansteigen und kleiner als 110 ME sind, aber gegen 110 ME konvergieren. Dadurch sind die Prognosefehler stets positiv und werden (im Zeitablauf) kleiner, wodurch auch die Abstände zwischen der Glättung des Prognosefehlers und der Glättung des absoluten Prognosefehlers abnehmen. Dies bewirkt ein zunehmendes Ansteigen des Glättungsparameters (für das adaptive Verfahren). Ab der Periode, ab der wieder die bisherige alternierende Bedarfsfolge vorliegt, ist zu erwarten, dass der verwendete Glättungsparameter wieder abnimmt und schließlich in etwa die Werte annimmt, die er vor dem Auftreten des Bedarfs von 110 ME über mehrere Perioden hatte.

Ergänzung:
Zur Bestätigung der obigen Überlegungen ist im Folgenden die Prognose für eine solche Bedarfsfolge mit dem adaptiven Verfahren von Trigg und Leach angegeben; mit den genannten Parametereinstellungen. Sie ist in Tabelle 2.15 und Abbildung 2.9 dargestellt.

Die Folge (F) von Bedarfen über 110 ME führt zu einem Anstieg der Prognosewerte auf fast 110 ME. Ab der Periode 22 (bzw. 21) ist die Bedarfsfolge wieder alternierend. Mit einer leichten Verzögerung nehmen die Prognosewerte wieder ab, wozu zum Teil höhere Glättungsparameter, für das adaptive Verfahren, beitragen. Ab Periode 32 sind die Glättungsparameter ähnlich zu denen vor dem Auftreten der Folge F. Die Prognosewerte sind ab Periode 32 (30) zunächst unter 100 ME und ab Periode 40 sind sie ähnlich zu denen vor dem Auftreten der Folge F. Dies impliziert einen langen Einfluss der Folge F. Da die Glättungsparameter (vom adaptiven Verfahren) mit dem Tracking-Signal nach Trigg übereinstimmen, wird kein potenzieller Strukturbruch angezeigt und es liegt auch tatsächlich keiner vor.

Hinweis: Zum Teil wurde im Folgenden auf zwei Stellen gerundet.

t [Periode]	1	2	3	4	5	6	7	8
y_t [ME]	110	90	110	90	110	90	110	90
p_t [ME]	100	101.9	101.29	102.45	102.4	102.95	102.14	102.3
α_t	0.1	0.19	0.05	0.13	0	0.07	0.06	0.02
t [Periode]	9	10	11	12	13	14	15	16
y_t [ME]	110	90	110	110	110	110	110	110
p_t [ME]	101.05	101.09	99.85	99.87	100.85	102.49	104.30	105.94
α_t	0.1	0	0.11	0	0.1	0.18	0.24	0.29
t [Periode]	17	18	19	20	21	22	23	24
y_t [ME]	110	110	110	110	110	90	110	90
p_t [ME]	107.24	108.18	108.83	109.26	109.54	109.72	109.69	109.69
α_t	0.32	0.34	0.36	0.37	0.38	0.38	0	0.01
t [Periode]	25	26	27	28	29	30	31	32
y_t [ME]	110	90	110	90	110	90	110	90
p_t [ME]	104.81	105.65	100.66	102.28	98.74	100.19	97.89	98.72
α_t	0.25	0.16	0.32	0.17	0.29	0.13	0.22	0.07
t [Periode]	33	34	35	36	37	38	39	40
y_t [ME]	110	90	110	90	110	90	110	90
p_t [ME]	97.37	97.44	96.82	97.63	97.46	98.80	98.73	100.08
α_t	0.15	0.01	0.08	0.06	0.02	0.11	0.01	0.12

Tabelle 2.15: Prognose mit dem adaptiven Verfahren von Trigg und Leach (wird fortgesetzt).

t [Periode]	41	42	43	44	45	46	47	48
y_t [ME]	110	90	110	90	110	90	110	90
p_t [ME]	100.02	101.08	100.90	101.60	101.07	101.49	100.67	100.93
α_t	0.01	0.11	0.02	0.08	0.05	0.05	0.07	0.03

t [Perioden]	49	50	51
y_t [ME]	110	90	
p_t [ME]	100.03	100.26	99.45
α_t	0.08	0.02	0.08

Tabelle 2.15: Prognose mit dem adaptiven Verfahren von Trigg und Leach.

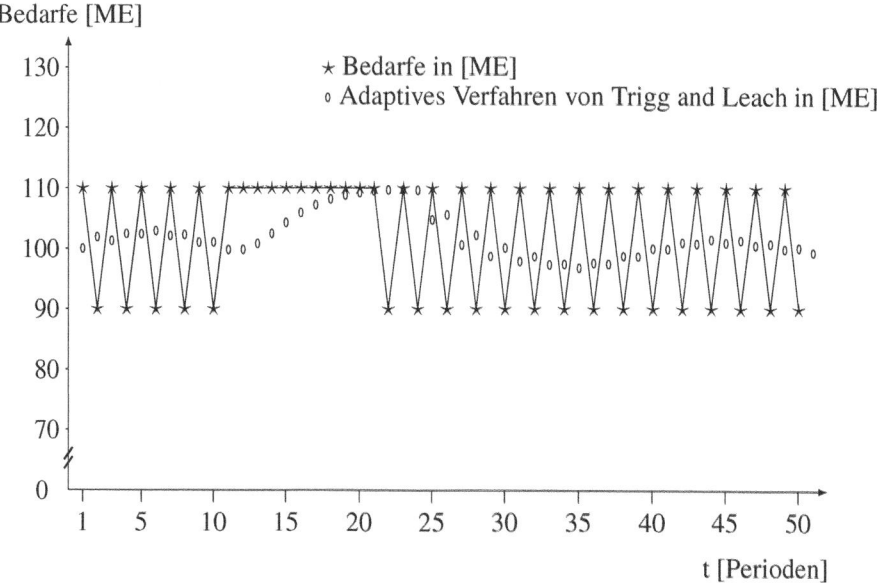

Abbildung 2.9: Bedarfsfolge versus Prognose mit dem adaptiven Verfahren von Trigg
und Leach.

2.10. Adaptives Verfahren: Ausreißer

Die Nachfrage alterniert um 100 Mengeneinheiten (ME) mit einem Wert von 10 ME,
beginnend mit 110 ME in der ersten Periode. In der 11. Periode tritt ein Ausreißer über
1100 ME auf.

Gehen Sie von einer Prognose nach dem adaptiven Verfahren von Trigg und Leach aus.

Begründen Sie die Wahl von 0.1 als Glättungsparameter und von 1 ME sowie 10 ME als Startwerte für die Glättung des Prognosefehlers (SE_t) und des absoluten Prognosefehlers (SAE_t).

Welche Glättungsparameter erwarten Sie bei einer Prognose mit dem adaptiven Verfahren von Trigg und Leach bei den vorgeschlagenen Parametereinstellungen? Belegen Sie Ihre Angaben ab der Periode 12 dadurch, in dem Sie hinreichend viele konkrete Berechnungen angeben. Das langfristige Verhalten der Prognosewerte brauchen Sie so nicht zu belegen.

Lösungsvorschlag

Da die Bedarfe um 100 ME alternieren, dürfte – eine detailliertere Diskussion ist in Aufgabe 2.9 – ein gutes Prognoseverfahren Werte nahe bei 100 ME prognostizieren und deswegen alternierende Prognosefehler von circa 10 ME und circa -10 ME verursachen. Der mittlere absolute Prognosefehler dürfte bei 10 ME liegen und der mittlere Prognosefehler ist leicht positiv oder leicht negativ. Da beim adaptiven Verfahren von Trigg und Leach die Prognosefehler und ihre Absolutwerte geglättet werden, sind der mittlere Prognosefehler und sein Absolutwert gute Startwerte, also die vorgeschlagenen Startwerte 10 ME für SAE_1 und von 1 ME für SE_1. Trigg und Leach schlagen generell 0.1 als Glättungsparameter für die Glättung des (absoluten) Prognosefehlers vor.

Aufgrund dieser Überlegungen ist zu erwarten, dass, bis zur Periode 11, die Glättung des absoluten Prognosefehlers, also SAE_t, bei 10 ME ist und die Glättung des Prognosefehlers, also SE_t, bei 1 ME oder eher geringer ist. Die durch das adaptive Verfahren ermittelten Glättungsparameter sind dann eher geringer als 0.1. Bis zur Periode 11 deswegen, weil der Glättungsparameter für die Periode 11 aus den Werten der Periode 10 berechnet wird.

Nun werden zunächst Prognosewerte für die nächsten fünf Perioden durch das adaptive Verfahren berechnet. Die dabei verwendeten Startwerte sind nach den genannten Überlegungen plausibel und die Ergebnisse wurden nicht gerundet, da so einfacher diese (Ergebnisse) mit einem Excel-Tool, beispielsweise, nachvollzogen werden können. Da es sich um ein gutes Prognoseverfahren handelt, wird 100 ME als letzten Prognosewert angenommen.

$SE_{12} = 0.1 \cdot (1100 \text{ ME} - 100 \text{ ME}) + 0.9 \cdot 1 \text{ ME} = 100.9 \text{ ME},$

$SAE_{12} = 0.1 \cdot |(1100 \text{ ME} - 100 \text{ ME})| + 0.9 \cdot 10 \text{ ME} = 109 \text{ ME},$

$TS_{12} = \dfrac{100.9}{109} = 0.9256880734,$

$\alpha_{12} = 0.9256880734$ und

$p_{12} = 0.9256880734 \cdot 1100 \text{ ME} + (1 - 0.925688073) \cdot 100 \text{ ME}$
$= 1025.6880733945 \text{ ME}.$

$SE_{13} = 0.1 \cdot (90 \text{ ME} - 1025.6880733945 \text{ ME}) + 0.9 \cdot 100.9 \text{ ME}$
$= -2.7588073394 \text{ ME},$

$SAE_{13} = 0.1 \cdot |(90 \text{ ME} - 1025.6880733945 \text{ ME})| + 0.9 \cdot 109 \text{ ME}$
$= 191.6688073394 \text{ ME},$

$TS_{13} = \dfrac{-2.7588073394}{191.6688073394} = -0.0143936167,$

$\alpha_{13} = 0.0143936167$ und

$p_{13} = 0.0143936167 \cdot 90 \text{ ME} + (1 - 0.0143936167) \cdot 1025.6880733945 \text{ ME}$
$= 1012.2201379482 \text{ ME}.$

$SE_{14} = 0.1 \cdot (110 \text{ ME} - 1012.2201379482 \text{ ME}) + 0.9 \cdot (-2.7588073394) \text{ ME}$
$= -92.7049404003 \text{ ME},$

$SAE_{14} = 0.1 \cdot |(110 \text{ ME} - 1012.2201379482 \text{ ME})| + 0.9 \cdot 191.6688073394 \text{ ME}$
$= 262.7239404003 \text{ ME},$

$TS_{14} = \dfrac{-92.7049404003}{262.7239404003} = -0.3528606501,$

$\alpha_{14} = 0.3528606501$ und

$p_{14} = 0.3528606501 \cdot 110 \text{ ME} + (1 - 0.3528606501) \cdot 1012.2201379482 \text{ ME}$
$= 693.8621535597 \text{ ME}.$

$SE_{15} = 0.1 \cdot (90 \text{ ME} - 693.8621535597 \text{ ME}) + 0.9 \cdot (-92.7049404003) \text{ ME}$
$= -143.8206617163 \text{ ME},$

$SAE_{15} = 0.1 \cdot |(90 \text{ ME} - 693.8621535597 \text{ ME})| + 0.9 \cdot 262.7239404003 \text{ ME}$
$= 296.8377617163 \text{ ME},$

$TS_{15} = \dfrac{-143.8206617163}{296.8377617163} = -0.4845093188,$

$\alpha_{15} = 0.4845093188$ und

$$p_{15} = 0.4845093188 \cdot 90 \text{ ME} + (1 - 0.4845093188) \cdot 693.8621535597 \text{ ME}$$
$$= 401.2853129036 \text{ ME}.$$

$$SE_{16} = 0.1 \cdot (110 \text{ ME} - 401.2853129036 \text{ ME}) + 0.9 \cdot (-143.8206617163) \text{ ME}$$
$$= -158.5671268350 \text{ ME},$$
$$SAE_{16} = 0.1 \cdot |(110 \text{ ME} - 401.2853129036 \text{ ME})| + 0.9 \cdot 296.8377617163 \text{ ME}$$
$$= 296.2825168350 \text{ ME},$$
$$TS_{16} = \frac{-158.5671268350}{296.2825168350} = -0.5351889424,$$
$$\alpha_{16} = 0.5351889424 \text{ und}$$
$$p_{16} = 0.5351889424 \cdot 110 \text{ ME} + (1 - 0.5351889424) \cdot 401.2853129036 \text{ ME und}$$
$$= 245.3926343556 \text{ ME}.$$

Aufgrund der gewählten Startwerte sind diese Berechnungen realistisch, die tatsächlich auftretenden dürften jedoch davon abweichen. Durch diese Beispielrechnungen ist zu erwarten, dass in der Periode 11 ein, im Vergleich zu den bisherigen Prognosefehlern, extrem hoher positiver Prognosefehler von um 1000 ME auftritt. Wegen dem Glättungsparameter von 0.1 dürften die Glättungen der (absoluten) Prognosefehler für die Periode 12 erstens deutlich höher sein sowie bei etwa 100 ME liegen und zweitens dürfte sich ihre Differenz (i.e. zwischen der Glättung des Prognosefehlers und der Glättung des absoluten Prognosefehlers) in der gleichen Größenordnung wie bisher bewegen, also bei etwa 10 ME. Damit ist ein Glättungsparameter (für das adaptive Verfahren) von etwa 0.9 zu erwarten; in der Beispielrechnung sind es 0.93. Der Prognosewert dürfte bei 1000 ME liegen; in der Beispielrechnung wurden 1025.69 ME prognostiziert. Ab dann nehmen die Prognosewerte wieder ab. Da die Bedarfe bei 100 ME liegen, sind diese deutlich niedriger und es tritt ein Wechsel von einem positiven Prognosefehler zu einem negativen Prognosefehler auf. Da dieser in Periode 13 betragsmäßig nicht sehr viel kleiner als der vorhergehende sein dürfte, dürfte eine kleine Glättung des Prognosefehlers und relativ dazu eine hohe Glättung des absoluten Prognosefehlers vorliegen, wodurch ein sehr niedriger Glättungsparameter (für das adaptive Verfahren) zu erwarten ist; in der Beispielrechnung ist −2.76 ME der geglättete Prognosefehler und 191.67 ME ist der absolute geglättete Prognosefehler. In der nächsten Periode ist ein hoher negativer Prognosefehler zu erwarten, wodurch ein betragsmäßig hoher geglätteter Prognosefehler zu erwarten ist, wodurch der betragsmäßige Abstand zwischen der Glättung des Prognosefehlers und der Glättung des absoluten Prognosefehlers abnimmt und ein höherer Glättungsparameter auftritt; in der Beispielrechnung ist −92.7049404003 ME der geglättete Prognosefehler, 262.7239404003 ME ist der absolute geglättete Prognosefehler und 0.3528606501 ist der Glättungsparameter. Es ist zu erwarten, dass betragsmäßig die Prognosefehler im Zeitablauf abnehmen, wodurch auch die absoluten betragsmäßigen Abstände zwischen der Glättung des Prognosefehlers und der Glättung des absoluten Prognosefehlers abnehmen. Dadurch dürften die Glättungsparameter (für das adaptive Verfahren) zunehmend stärker ansteigen. Es sind (schließlich) Werte über 0.5 zu erwarten; in der Beispielrechnung ist 0.54 der Glättungsparameter (für das adaptive Verfahren) in der Periode 16. Diese hohen Glättungsparameter dürften eine zunehmende Abnahme der Prognosefehler bewirken. Mit zunehmender Angleichung der Prognosewerte an denen vor dem Auftreten des Ausreißers dürften die Glättungsparameter wieder abnehmen und schließlich ebenfalls das Niveau vor dem Auftreten des Ausreißers erreichen.

Ergänzung:

Zur Bestätigung der obigen Überlegungen ist im Folgenden die Prognose der Perioden 12 bis 16 bis zur Periode 40 fortgesetzt worden; es sei betont, dass gerundete Werte angegeben wurden, aber nicht mit gerundeten Werten gerechnet wurde. Tabelle 2.16 enthält den Bedarfsverlauf und die Entwicklung des verwendeten Glättungsparameters ab der Periode 11. Das dabei auftretende Tracking-Signals im Zeitablauf ist in der Abbildung 2.10 dargestellt. Erst ab Periode 34, bei optimistischer Betrachtung ab der Periode 32, – also nach 21 oder 23 Perioden – ist und bleibt das Tracking-Signal im zulässigen Bereich. Dies ist ein deutlicher Indikator für einen Strukturbruch, der aber nicht vorliegt. Hinweis: Zum Teil wurde im Folgenden auf zwei Stellen gerundet.

t [Periode]	11	12	13	14	15	16	17
y_t [ME]	1100	90	110	90	110	90	110
p_t [ME]	100.00	1025.69	1012.22	693.86	401.29	245.39	158.25
SE_t [ME]	1.00	100.90	-2.76	-92.70	-143.82	-158.57	-158.25
SAE_t [ME]	10.00	109.00	191.67	262.72	296.84	296.28	282.19
TS_t	0.10	0.93	-0.01	-0.35	-0.48	-0.54	-0.56

Tabelle 2.16: Prognose mit dem adaptiven Verfahren von Trigg und Leach bei einem Ausreißer (mit dem Faktor 10) in der Periode 11 (wird fortgesetzt).

t [Periode]	18	19	20	21	22	23	24
y_t [ME]	90	110	90	110	90	110	90
p_t [ME]	130.80	107.28	108.84	97.94	104.79	96.33	103.94
SE_t [ME]	-147.25	-136.60	-122.67	-112.29	-99.85	-91.35	-80.85
SAE_t [ME]	258.80	237.00	213.57	194.10	175.89	159.78	145.17
TS_t	-0.57	-0.58	-0.57	-0.58	-0.57	-0.57	-0.56

t [Periode]	25	26	27	28	29	30	31
y_t [ME]	110	90	110	90	110	90	110
p_t [ME]	96.11	103.66	96.16	103.46	96.26	103.26	96.39
SE_t [ME]	-74.16	-65.35	-60.18	-52.78	-48.85	-42.59	-39.66
SAE_t [ME]	132.05	120.23	109.58	100.00	91.35	83.59	76.55
TS_t	-0.56	-0.54	-0.55	-0.53	-0.53	-0.51	-0.52

t [Periode]	32	33	34	35	36	37	38
y_t [ME]	90	110	90	110	90	110	90
p_t [ME]	103.04	96.53	102.80	96.69	102.53	96.84	102.23
SE_t [ME]	-34.33	-32.20	-27.64	-26.15	-22.20	-21.24	-17.80
SAE_t [ME]	70.26	64.54	59.43	54.77	50.62	46.81	43.45
TS_t	-0.49	-0.50	-0.46	-0.48	-0.44	-0.45	-0.41

t [Periode]	39	40
y_t [ME]	110	90
p_t [ME]	97.00	101.92
SE_t [ME]	-17.24	-14.22
SAE_t [ME]	40.33	37.59
TS_t	-0.43	-0.38

Tabelle 2.16: Prognose mit dem adaptiven Verfahren von Trigg und Leach bei einem Ausreißer (mit dem Faktor 10) in der Periode 11.

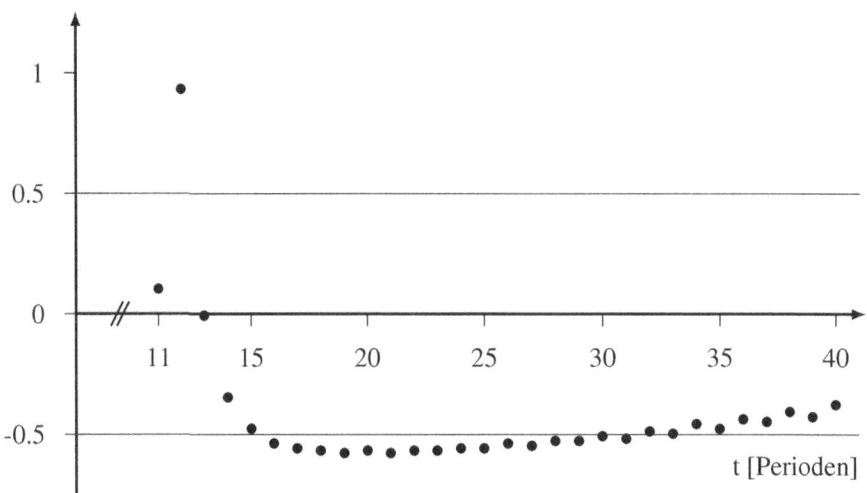

Abbildung 2.10: Zeitliche Entwicklung des Tracking-Signals bei einem Ausreißer (mit dem Faktor 10) in der Periode 11.

3. Produktionsprogrammplanung

3.1. Verständnis- und Wiederholungsfragen

(a) Welches Problem wird durch die Produktionsprogrammplanung gelöst?

(b) Nennen Sie Maßnahmen der Produktionsprogrammplanung.

(c) Nennen Sie das Ergebnis der Produktionsprogrammplanung.

(d) Synchronisation und Emanzipation sind zwei mögliche (Basis-) Strategien für die Produktionsplanung.

- Erläutern Sie diese.

- Nennen Sie deren Vor- und Nachteile.

(e) Weswegen erfolgt eine Aggregation? Geben Sie ein konkretes Beispiel an.

(f) Nennen Sie drei Anwendungen von Aggregation.

(g) Nennen Sie drei Quellen für zusätzliche Kapazität.

(h) Ein Unternehmen beschäftigt Werker, erlaubt Überstunden und Leiharbeiter. Welche Kapazitätsarten hat das Unternehmen für die Produktionsprogrammplanung und sind diese gleichwertig?

(i) Nennen Sie ein optimales Verfahren für die Produktionsprogrammplanung für ein Produkt. Wie viele Kapazitätsalternativen kann das Verfahren berücksichtigen.

(j) Löst das Spaltenminimumverfahren die Produktionsprogrammplanung für mehrere Produkte optimal? Nennen Sie gegebenenfalls ein Vorgehen.

(k) Das Spaltenminimumverfahren erlaubt keine Fehlmengen. Erweitern Sie es so, dass eine Fehlmenge nur bei mangelnder Kapazität auftritt.

(l) Was wird unter einem Kundenauftrag verstanden?

(m) Welche Spezifikation muss ein vollständiger Kundenauftrag zwingend enthalten? (Aus [KGJ13], S. 109, entnommen.)

(n) Weswegen wird eine Preisfindung benötigt und wie heißt die im SAP-System implementierte Technik?

(o) Enterprise-Ressource-Planning-Systeme (ERP-Systeme) speichern Daten über Kunden. Nennen Sie zwei zentrale Kundendaten, zwei kundenindividuelle Daten und einen Verkaufsbeleg. Werden, und wenn ja wofür, Kreditdaten benötigt?

© Der/die Autor(en), exklusiv lizenziert an Springer Fachmedien Wiesbaden GmbH, ein Teil von Springer Nature 2023
F. Herrmann, *Produktionsplanung*, https://doi.org/10.1007/978-3-658-40218-1_3

Lösungsvorschlag

(a) Viele Unternehmen haben schwankende Nachfragemengen nach ihren Produkten. Beispielsweise haben sehr großen Brauereien eine schwankende Nachfrage nach Bier über mehrere Milliarden $. Gleichzeitig soll die Kapazität (i.e. Ressourcen) dieser Brauereien gleichmäßig ausgelastet sein. Die Produktionsprogrammplanung stimmt die Nachfrage mit den Möglichkeiten der Produktion ab.

(b) Im Kern erfolgt eine Anpassung der Kapazität oder eine Vorratsproduktion. Ein Verzicht auf die Erfüllung von Nachfrage ist auch möglich.

(c) Das Ergebnis der Produktionsprogrammplanung sind Produktionsvorgaben in den Werken für die Produkttypen und Vorgaben für die Beschaffung von zusätzlicher Kapazität (Personal usw.). Bei einem Netzwerk von Produktionsstandorten liegt eine Vorschau der zu erwartenden Transportströme zwischen den einzelnen Produktionsstandorten vor.

(d) Bei einer Synchronisation ist die Produktionsmenge in jeder Periode identisch mit der Periodennachfragemenge in dieser Periode. Dies setzt voraus, dass eine ausreichende personelle und technische Produktionskapazität für jede Nachfragespitze vorhanden ist. Es führt zu sehr unregelmäßigem Ressourceneinsatz in Form von schwankenden Auslastungen der Anlagen.

Vorteilhaft ist, dass keine Lagerkosten anfallen.

Nachteilhaft ist eine Abweichung von der kostenminimalen Intensität (der Anlagen). Dies erhöht die variablen Produktionskosten z.B. durch erhöhten Ausschuss, erhöhten Verschleiß der Aggregate usw..

Bei einer Emanzipation liegt eine konstante Produktionsmenge in jeder Periode des ganzen Planungszeitraums vor.

Vorteilhaft ist, dass die Anlagen mit kostenoptimaler Intensität betrieben werden können.

Nachteilhaft sind Lagerkosten und eventuell verzögerte Belieferungen von Kunden.

(e) Eine Aggregation erfolgt, um keine Details zu planen wie einzelne Produkte, einen genauen Mitarbeitereinsatz oder einzelne Maschinenkapazitäten. Es wird zu einigen wenige Größen wie z.B. Produktgruppen oder Gesamtanzahl an Mitarbeitern aggregiert.

Beispielsweise werden bei BMW über 1000 verschiedene Varianten eines Autos pro Tag produziert. Diese Varianten werden zu einem Auto aggregiert und es wird ein Werk betrachtet.

(f) Aggregationen werden angewendet bei

- der Kapazitätsplanung in sehr großen Bierbrauereien.

- der Kapazitätsplanung in der Automobilindustrie.

- der Kapazitätsplanung der Nachfrage in Hotels.

- der Planung der Beraterkapazitäten in Unternehmensberatungen.

- der Planung von Transportkapazitäten in Logistiknetzwerken.

- der Planung von Flottenkapazitäten in Luftfahrtunternehmen.

(g) Mögliche zusätzliche Kapazitäten sind

- Überstunden.

- Sonder- und Teilzeitergänzungsschicht(-en).

- Urlaubssperre.

- Einsatz von Zeitarbeitskräften.

- Innerbetriebliche Umsetzungen aus weniger stark ausgelasteten Betriebsbereichen.

- Einstellen und Entlassen von Mitarbeitern.

- Fremdbezug von Sub-Unternehmer(-n).

(h) Das Unternehmen hat für die Produktionsprogrammplanung durch die Werker eine reguläre Kapazität und durch Überstunden und Leiharbeiter zwei Zusatzkapazitätsarten. Da die Kosten für das fest angestellte Personal durch die Produktionsprogrammplanung nicht beeinflusst werden kann, ist die reguläre Kapazität vorrangig zu nutzen.

(i) Das Spaltenminimumverfahren ermittelt ein kostenminimales Produktionsprogramm für ein Produkt. Es sind beliebig viele Kapazitätsalternativen möglich.

(j) Das Spaltenminimumverfahren löst nur die Produktionsprogrammplanung für ein Produkt optimal.
Ein Ansatz – bei mehreren Produkten – ist die Aufstellung eines Optimierungsproblems wie eines zur aggregierten Gesamtplanung und seine Lösung durch ein kommerziell verfügbares Tool wie ILOG.

(k) Eine Möglichkeit ist die Verwendung einer weiteren Zusatzkapazität „Fehlmenge". Damit diese Zusatzkapazität „Fehlmenge" nur genutzt wird, wenn alle anderen Alternativen (i.e. Zusatzkapazitäten) ausgeschöpft sind, sind die Kosten dieser Zusatzkapazität „Fehlmenge" stets höher als die der Alternativen. Konkret möglich ist dies dadurch, dass ihr periodenspezifischer Kostensatz gleich dem maximal auftretenden (von allen Zusatzkapazitäten – in allen Perioden) plus 1 ist. Damit wird sie nur genutzt, wenn keine Alternative in allen Vorperioden besteht. Ferner ist sie unlimitiert, wodurch diese Kapazität nur in der aktuellen Periode verwendet werden würde. Dass diese Zusatzkapazität „Fehlmenge" eine höhere Menge als die tatsächliche Fehlmenge produziert, ist ausgeschlossen, da in jeder Folgeperiode die reguläre Kapazität günstiger ist (ggf. muss wiederum diese Zusatzkapazität „Fehlmenge" genutzt werden).

(l) Ein Kundenauftrag ist ein Vertrag zwischen einem Unternehmen bzw. einer Verkaufsorganisation und einem Auftraggeber (Geschäftspartner) über die Lieferung einer bestimmten Menge von Materialien (oder Dienstleistungen) zu einem bestimmten Termin und für einen bestimmten Preis.

(m) Ein vollständiger Kundenauftrag muss das zu kaufende Objekt hinsichtlich Art, Qualität und Menge, Preis, Lieferzeit und Lieferort sowie Liefer- und Zahlungsbedingungen spezifizieren. In vielen Branchen bestehen Usancen (z.B. betreffend Liefermengen, Qualitäten), welche die Bestimmung vereinfachen. Die rechtlichen Bestimmungen finden sich hauptsächlich in den Allgemeinen Geschäftsbedingungen, wobei die Marktmacht entscheidet, ob die des Lieferanten oder die des Abnehmers gelten.

(n) Der Preis einer Auftragsposition hängt von verschiedenen Faktoren ab, u.a. Mengenrabatt, Aktionsrabatt, Frachtzuschlag und Materialzuschlag. Diese liegen in einem Enterprise-Ressource-Planning-System (ERP-System) vor oder werden eingegeben. Eine Preisfindung berechnet den Preis. Ein SAP-System ermittelt mithilfe der Konditionstechnik die Preise.

(o) Typische Daten über Kunden in einem Enterprise-Ressource-Planning-System (ERP-System) lauten:

- Zentrale Daten sind unter anderem (u.a.): Auftraggeber, Warenempfänger, Regulierer, Rechnungsempfänger.

- Kundenindividuelle Daten sind u.a.: Materialnummern bzw. –bezeichnungen, Lieferdaten und Liefertoleranzen, Vertriebstexte.

- Es werden Verkaufsbelege wie Anfragen oder Angebote gespeichert.

Es werden für spezielle Bereiche, wie ein Kreditmanagement, Daten gespeichert. Beispielsweise handelt es sich beim Kreditmanagement u.a. um Kreditdaten und Kreditlimits.

3.2. Spaltenminimumverfahren

Eine Möbel AG produziert unter anderem Tische. Für die nähere Zukunft wird ein Produktionsprogramm erstellt. Statt den einzelnen Tischarten wird ein aggregierter Tisch betrachtet. Im 9. Monat erhob und prognostizierte die Möbel AG Nachfragedaten für diese Produktgruppe „Tisch". Dies führte insgesamt zu den in der folgenden Tabelle 3.1 angegebenen zukünftigen Bedarfen:

Monat	11	12	13	14	15	16
Nachfrage an Tischen in Anzahlen	2700	3800	3500	3600	3300	3200

Tabelle 3.1: Nachfrage an Tischen.

Generell stehen 80 Werker ausschließlich für die Fertigung dieser Tische zur Verfügung. Die durchschnittlichen Arbeitstage pro Monat liegen bei 20 mit einer Arbeitszeit von acht Stunden pro Tag. Die Produktion eines Tischs dauert vier Stunden. Sollte die Kapazität nicht ausreichen, sind die Werker bereit Überstunden zu leisten. Mit dem Betriebsrat besteht eine grundsätzliche Vereinbarung, dass die reguläre Arbeitszeit pro Monat um höchstens 5 % (der regulären Arbeitszeit) aufgestockt werden darf (und 10 Stunden an einem Tag nicht überschreiten darf). Eine Stunde in der regulären Arbeitszeit kostet 30 GE und pro Überstunde fallen zusätzlich 10 GE an.

Zu Beginn vom 10. Monat wurden Fehler bei den Nachfragedaten der Möbel AG entdeckt. Die aktuellen Daten befinden sich in der folgenden Tabelle 3.2.

Monat	11	12	13	14	15	16
Nachfrage an Tischen in Anzahlen	2800	4200	3300	3900	3300	3700

Tabelle 3.2: Nachfrage an Tischen (fehlerfrei).

Durch die höhere Nachfrage wird mehr Zusatzkapazität benötigt. Möglicherweise reichen die erlaubten Überstunden nicht aus, um die Aufträge erfüllen zu können. Ferner möchte die Geschäftsleitung mittelfristig die Abhängigkeit von Überstunden reduzieren. Eine Leiharbeitsfirma bietet der Möbel AG an, 5 Mitarbeiter pro Tag in den nächsten Monaten per Abruf zur Verfügung zu stellen. Es können nur ganze Tage gebucht werden. Allerdings können, aufgrund anderer vertraglicher Verpflichtungen der Leiharbeitsfirma, im 12. Monat nur 4 Mitarbeiter der Möbel AG zur Verfügung gestellt werden. Zum Ausgleich stehen in den folgenden beiden Monaten 6 Mitarbeiter zur Verfügung. Der Stundensatz beträgt 20 GE.

Bitte lösen Sie die folgenden Aufgaben:

(a) Reicht die Kapazität für die beiden Nachfragen? Soll die Möbel AG das Angebot annehmen? Geben Sie eine Anzahl an Leiharbeitern pro Monat an, mit denen der Bedarf ohne Überstunden gedeckt werden kann? (Hinweis: eine möglichst einheitliche Anzahl ist ausreichend.)

(b) Geben Sie ein kostenminimales Produktionsprogramm durch das Spaltenminimumverfahren an. Nennen Sie explizit die erforderlichen Vereinbarungen. Nennen Sie die wesentlichen Schritte des Verfahrens, wobei Sie die Struktur der Kostentabellen und der Produktionsmengentabelle als bekannt voraussetzen dürfen. Geben Sie für jeden Monat den Lagerbestand an und nennen kumuliert alle anfallenden Kostenarten sowie auch die Gesamtkosten.

Lösungsvorschlag

Zu (a):

Zur Beurteilung ausreichender Kapazität sind bis zu jedem Monat die kumulierten Kapazitätsbedarfe mit den kumulierten Kapazitätsangeboten zu vergleichen. Dazu bietet es sich an, die vorhandene Kapazität in produzierbaren Tischen anzugeben. Da lediglich die Anzahl der durchschnittlichen Arbeitstage pro Monat bekannt ist, wird mit 20 Arbeitstagen gerechnet. Deswegen beträgt die reguläre Kapazität $80 \cdot 20 \cdot 8 \cdot \frac{1}{4}$ Tische (3200 Tische) pro Monat. Die möglichen Überstunden sind 5% davon, also 160 Tische und ein Werker kann höchstens 8 Überstunden pro Monat leisten. Ein Leiharbeiter produziert (folglich) je Monat $1 \cdot 20 \cdot 8 \cdot \frac{1}{4}$ Tische (40 Tische). Die folgende Tabelle 3.3 enthält diese Gegenüberstellung von Kapazitätsangebot und -bedarf. Bei ausschließlicher Verwendung von Überstunden kommt es im 14. und 15. Monat zu Fehlmengen, da bis zum Ende des 14. bzw. 15. Monats (kumuliert) 13600 bzw. 16900 Tische produziert werden müssen, aber nur 13440 bzw. 16800 Tische produziert werden können. Bei ausschließlicher

Verwendung von Leiharbeitern treten keine Fehlmengen auf. Beide Arten von Zusatzkapazität sind bei der korrigierten Bedarfsfolge notwendig. Kumuliert können von der Überstunden-Kapazität von 960 Tischen ($160 \cdot 6$ Tische) die (Überstunden-Kapazität) für 160 Tische eingespart werden. Im Durchschnitt ist eine Erhöhung um $3\frac{1}{3}$ Leiharbeiter (i.e. $\frac{800}{6} \cdot \frac{4}{20 \cdot 8}$) nötig. Möglich ist eine Erhöhung um 3 Leiharbeiter (auf 8) in den ersten 5 Perioden und um 5 (auf 10) in der letzten Periode; auch dies ist in der Tabelle 3.3 angegeben, wobei 8 bzw. 10 Leiharbeiter 320 bzw. 400 Tische produzieren.

1. Bedarfsfolge:						
Monat t	11	12	13	14	15	16
Bedarf [Tische]	2700	3800	3500	3600	3300	3200
nur mit Überstunden als Zusatzkapazität:						
kumulierter Bedarf bis t [Tische]	2700	6500	10000	13600	16900	20100
kumulierte Kapazität bis t [Tische]	3360	6720	10080	13440	16800	20160
nur mit Zusatzkapazität durch Leiharbeiter:						
kumulierter Bedarf bis t [Tische]	2700	6500	10000	13600	16900	20100
kumulierte Kapazität bis t [Tische]	3400	6760	10160	13600	17000	20400

2. (korrigierte) Bedarfsfolge:						
Monat t	11	12	13	14	15	16
Bedarf [Tische]	2800	4200	3300	3900	3300	3700
nur mit Überstunden als Zusatzkapazität:						
kumulierter Bedarf bis t [Tische]	2800	7000	10300	14200	17500	21200
kumulierte Kapazität bis t [Tische]	3360	6720	10080	13440	16800	20160
nur mit Zusatzkapazität durch Leiharbeiter:						
kumulierter Bedarf bis t [Tische]	2800	7000	10300	14200	17500	21200
kumulierte Kapazität bis t [Tische]	3400	6760	10160	13600	17000	20400
mit Zusatzkapazität durch Leiharbeiter und Überstunden:						
kumulierter Bedarf bis t [Tische]	2800	7000	10300	14200	17500	21200
kumulierte Kapazität bis t [Tische]	3560	7080	10640	14240	17800	21360
Erhöhte Zusatzkapazität (und keine Verwendung von Überstunden):						
kumulierter Bedarf bis t [Tische]	2800	7000	10300	14200	17500	21200
Erhöhung kumuliert bis t [Tische]	3520	7040	10560	14080	17600	21120

Tabelle 3.3: Gegenüberstellung von kumulierter Nachfrage an Tischen und verfügbarer Kapazität und zwar jeweils bis zu einem bestimmten Monat einschließlich.

Zu (b):

Zunächst handelt es sich um eine Aufgabe der Produktionsprogrammplanung. Generell erfolgt eine periodengenaue Planung und damit eben monatsgenau. Daher erfolgt die genaue Buchung von Leiharbeitern an ganz konkreten Tagen nicht auf dieser (Planungs-) Ebene (eben der Produktionsprogrammplanungs-Ebene), sondern auf einer detaillierteren Planungsebene. Das Gleiche gilt auch für die Überstunden.

Nach der Literatur liefert das „column minima procedure" bzw. Spaltenminimumverfahren einen kostenminimalen Produktionsplan für dieses Planungsproblem. Nach dem Vorgehen der Literatur, wie z.B. in [GüTe12] beschrieben, gibt es eine Kostenmatrix und eine Matrix, in der schrittweise die Lösung eingetragen wird – wie gesagt dürfen Sie dies als bekannt voraussetzen, weswegen das Folgende nur zur Vollständigkeit angegeben worden ist. Beide sind in die eine Tabelle 3.4 integriert. Ihr Aufbau entspricht dem in [GüTe12] beispielsweise. Abweichend davon ist ein inneres Feld, welches anhand der beiden Beispiele in der Zeile und Spalte zur Periode 14 sowie in der Zeile zur Periode 11 und in der Spalte zur Periode 14 näher erläutert wird. Beide Felder lauten im Detail:

3200 (1)	0
160 (3)	160
240 (2)	80

	270
40 (6)	430
	350

In der letzten Spalte der beiden Felder stehen die Kostenkoeffizienten, nach den Regeln der Literatur, s. z.B. [GüTe12]; im linken Feld in der oberen Zeile 0 (GE) (da die Kosten für das fest angestellte Personal durch die Produktionsprogrammplanung nicht beeinflusst werden kann und daher seine Kapazität vorrangig zu nutzen ist, wodurch diese Setzung dient) und in der nächsten Zeile 160 (GE) für die Überstunden-Kosten sowie in der darauf folgenden Zeile 80 (GE) für die Kosten für Leiharbeiter. Bei der zweiten, rechten, Tabelle kommen noch die Lagerkosten bei einer Lagerdauer von $(4-1)$ Perioden hinzu. Dies führt zu den Lagerkosten von $3 \cdot 90$ (GE), den Überstunden-Kosten von $270 + 160$ (GE) und den Kosten für Leiharbeiter von $270 + 80$ (GE). In der jeweils ersten Spalte steht die Produktionsmenge und in Klammern, in welcher Iteration die Zuteilung erfolgte (dies ergibt sich aus der folgenden Beschreibung der Verfahrensanwendung). Über die Spaltennummer der Gesamttabelle ergibt sich, zu welcher Periodenbedarfsdeckung diese (Produktionsmenge) beiträgt sowie über die Zeilennummer, in welcher Periode diese (Produktionsmenge) produziert wird. Zur Vollständigkeit sei genannt, dass die vorletzte Spalte die verfügbare Kapazität enthält und die unteren beiden Zeilen die zu erfüllende Nachfrage angibt sowie den Bestand am Ende der einzelnen Perioden.

Der Kostenkoeffizienten bilden eine Kostenmatrix, die nach der folgenden Formel berechnet werden. (Hinweis: dies ist im Sinne der Aufgabenstellung relevant.)

Parameter:

$u_{\ddot{U}}$ Überstundenkostensatz von 160 GE je Tisch.

u_L Leiharbeiterkostensatz von 80 GE je Tisch.

l Lagerkostensatz von 80 GE je Tisch und Monat.

Für eine Nachfrageperiode (τ) und eine Produktionsperiode (t) berechnen sich die drei Kostenkoeffizienten in der Tabelle 3.4 für einen Tisch durch (mit der Lagerdauer ($\tau - t$)):

$c_{t,\tau} = l \cdot (\tau - t)$ für seine Lagerung.

$c_{t,\tau,\ddot{U}} = u_{\ddot{U}} + l \cdot (\tau - t)$ für seine Produktion durch Überstunden und seine Lagerung.

$c_{t,\tau,L} = u_L + l \cdot (\tau - t)$ für seine Produktion durch Leiharbeiter und seine Lagerung.

Das Spaltenminimumverfahren lautet:

Beginnend mit der ersten Nachfrageperiode (Spalte) erfülle die Nachfrage durch die kostengünstigste Alternative so weit wie möglich. Bleibt aufgrund der Kapazitätsbeschränkung eine Restnachfrage übrig, verfahre mit der nächstgünstigen Alternative innerhalb der Spalte genauso. Iteriere dieses Verfahren so lange, bis die Nachfrage vollständig gedeckt ist. Ist dies nicht möglich, so existiert kein Produktionsplan.

Iteriere dieses Vorgehen über die nächsten Nachfrageperioden, bis zur letzten.

Bestimme die Kosten, in dem für jedes Feld seine Produktionsmenge mit seinem Kostenkoeffizienten multipliziert wird und alle diese Einzelkosten aufsummiert werden.

Die Bestände ergeben sich durch die Lagerbilanzgleichungen: der Lagerbestand am Ende einer Periode (t) ist gleich dem Lagerbestand am Ende der Vorperiode ($t - 1$) minus dem zu deckenden Bedarf in der aktuellen Periode (t) plus der Produktionsmenge in der Periode (t).

Ergebnis: Ein kostenminimaler Produktionsplan oder es existiert keiner.

Eine Verfahrensanwendung führt zu der folgenden Tabelle 3.4; mit dem bereits erläuterten Aufbau.

	11	12	13	14	15	16	Kapazität	Produktion
11	2800 (1) 0	400 (3) 90	180	270	360	450	3200	3200
	160	80 (6) 250	340	40 (6) 430	520	610	160	120
	80	200 (5) 170	260	350	440	530	200	200
12		3200 (1) 0	90	180	270	360	3200	3200
		160 (4) 160	250	340	430	520	160	160
		160 (2) 80	170	260	350	440	160	160
13			3200 (1) 0	90	180	270	3200	3200
			160	160 (5) 250	340	430	160	160
			100 (2) 80	100 (4) 170	260	350	200	200
14				3200 (1) 0	90	180	3200	3200
				160 (3) 160	250	340	160	160
				240 (2) 80	170	260	240	240
15					3200 (1) 0	90	3200	3200
					160	250	160	40
					100 (2) 80	170	200	200
16						3200 (1) 0	3200	3200
						160 (3) 160	160	160
						200 (2) 80	200	200
Nachfrage	2800	4200	3300	3900	3300	3700		
Bestand	720	40	300	0	140	0		

Tabelle 3.4: Produktionsprogramm in Tischen nach dem Spaltenminimumverfahren; mit Kostensätzen in Geldeinheiten je Tisch.

Aus den letzten beiden Spalten ist ersichtlich, dass die gesamte über Leiharbeiter verfügbare Kapazität genutzt wird. Die verfügbaren Überstunden werden in den Perioden 12, 13, 14 und 16 komplett gebraucht und in den Perioden 11 bzw. 15 werden von der verfügbaren (Überstunden-)Kapazität 75% bzw. 25% benötigt. Die unterste Zeile enthält den Bestand je Monat.

Die Kosten setzen sich aus den Werten der befüllten Felder der Tabelle 3.4 zusammen, wie oben beschrieben. Dadurch ergeben sich Kosten von 332000 GE. Davon entfallen 128000 GE für Überstunden, 96000 GE für Leiharbeiter, die vollständig verbraucht werden, und 108000 GE für die Lagerung aufgrund der Vorratsproduktion. Für die regulären Arbeitskräfte werden zusätzlich 576000 GE benötigt. Damit werden insgesamt 908000 GE ausgegeben.

3.3. Spaltenminimumverfahren für mehrere Produkte

Belegen Sie durch ein Beispiel, dass das Spaltenminimumverfahren die Produktionsprogrammplanung nicht für mehrere Produkte optimal löst.

Lösungsvorschlag

Gesucht ist ein Produktionsprogramm für die Deckung von 20 Mengeneinheiten (ME) sowohl für Produkt P als auch für Produkt Q. Es gibt zwei Zusatzkapazitäten K1 und K2 (für beide Produkte) mit Kapazitäten von jeweils 20 ME. Die Normalkapazität ist bereits anderweitig verbraucht worden. Die Kostensätze lauten:

- 5 Geldeinheiten (GE) für die Produktion von einer ME von P mit K1.

- 6 GE für die Produktion von einer ME von P mit K2.

- 10 GE für die Produktion von einer ME von Q mit K1.

- 15 GE für die Produktion von einer ME von Q mit K2.

Nach dem Spaltenminimumverfahren wird so viel wie möglich von der kostengünstigsten Kombination aus Produkt und Zusatzkapazität produziert. Also von P 20 ME mit der Zusatzkapazität K1. Danach 20 ME von Q mit der Zusatzkapazität K2. Die Kosten betragen:

$$20 \, \text{ME} \cdot 5 \frac{\text{GE}}{\text{ME}} + 20 \, \text{ME} \cdot 15 \frac{\text{GE}}{\text{ME}} = 100 \, \text{GE} + 300 \, \text{GE} = 400 \, \text{GE}.$$

Folgende Alternative der Produktion von 20 ME von Q mit der Zusatzkapazität K1 und von 20 ME von P mit der Zusatzkapazität K2 ist mit den Kosten von

$$20 \text{ ME} \cdot 10 \frac{\text{GE}}{\text{ME}} + 20 \text{ ME} \cdot 6 \frac{\text{GE}}{\text{ME}} = 200 \text{ GE} + 120 \text{ GE} = 320 \text{ GE}.$$

günstiger.

3.4. Einperiodige Produktionsprogrammplanung, ein Engpass

Laut dem Vertrieb können maximal 16 Kopfhörer und 18 Handyhüllen zu 30 Geldeinheiten (GE) pro Kopfhörer bzw. zu 23 GE pro Handyhülle verkauft werden. Die Produktionskosten betragen für einen Kopfhörer 18 GE und für eine Handyhülle 8 GE. Kopfhörer sind in den Produktionssystemen A, B, D und E in dieser Reihenfolge zu bearbeiten und bei Handyhüllen sind es die Produktionssysteme A, B, C und E. Der Kapazitätsbedarf pro Stück liegt für die Produktionssysteme A und B bei 0.9 Zeiteinheiten (ZE) für Handyhüllen und bei 0.6 ZE für Kopfhörer, für die Produktionssysteme C und D jeweils bei 0.4 ZE für Handyhüllen und 0.3 ZE für Kopfhörer und für das Produktionssystem E bei 0.3 ZE für Handyhüllen und 0.2 ZE für Kopfhörer. Die maximalen Produktionskapazitäten der Produktionssysteme A, B, C, D und E betragen 13 ZE, 14 ZE, 8 ZE, 6 ZE und 4 ZE.

Lösen Sie bitte die folgenden Aufgaben:

(a) Stellen Sie den Materialfluss geeignet graphisch dar.

(b) Formulieren Sie ein lineares Optimierungsproblem zur Bestimmung eines Produktionsprogramms mit einem möglichst hohen Deckungsbeitrag.

(c) Lösen Sie dieses lineare Optimierungsproblem.

Lösungsvorschlag

Zu (a):

Die Abbildung 3.1 ist eine graphische Visualisierung des Materialflusses der Kopfhörer und Handyhüllen über die Produktionssysteme A, B, C, D und E.

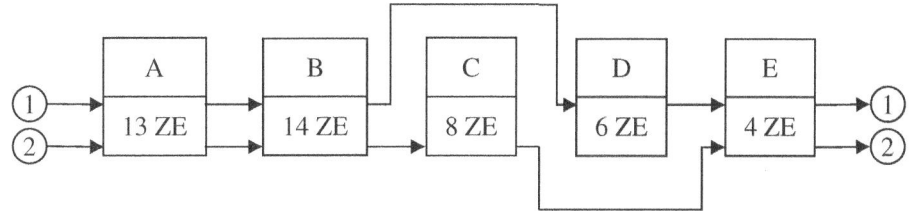

Abbildung 3.1: Materialfluss und Kapazitätsangebot für Kopfhörer und für Handyhüllen. Die Pfeile geben den Materialfluss an und zwar (1) für Kopfhörer und (2) für Handyhüllen. Die Knoten enthalten den Namen des Produktionssystems (oben) und die verfügbare Kapazität in Zeiteinheiten (ZE) (unten).

Zu (b):

Gesucht sind die Produktionsmengen für Kopfhörer und Handyhüllen. Dies wird im linearen Optimierungsproblem durch die Entscheidungsvariablen x_1 und x_2 modelliert. Um das erstmalige Lösen einer solchen Aufgabe zu erleichtern, werden ausführliche Erläuterungen angegeben – dies erfolgt bei den weiteren Aufgaben dieses Buches in der Regel nicht. Eine Kapazitätsrestriktion ergibt sich aus der Kapazitätsbelastung durch das Produktionsprogramm und die vorhandene Kapazität. So ist beispielsweise für das Produktionssystem A die Kapazitätsbelastung bestimmt durch die Summe aus der Kapazitätsbelastung durch die Produktionsmengen für Kopfhörer und der für Handyhüllen. Wegen dem Kapazitätsbedarf für einen Kopfhörer von 0.6 Zeiteinheiten (ZE) und für eine Handyhülle von 0.9 ZE berechnet sich diese Summe durch: $0.6 \cdot x_1 + 0.9 \cdot x_2$. Sie ist durch die Produktionskapazität von Produktionssystem A von 13 ZE beschränkt. Damit lautet die Kapazitätsrestriktion für Produktionssystem A: $0.6 \cdot x_1 + 0.9 \cdot x_2 \leq 13$. Für die Begrenzung des Absatzes von Kopfhörern durch 16 Stück ist lediglich die entsprechende Entscheidungsvariable durch eine Ungleichung zu begrenzen; also $x_1 \leq 16$. Der Deckungsbeitrag je Kopfhörer ist die Differenz aus seinem Umsatz und seinen Produktionskosten und beträgt damit (30 GE – 18 GE =) 12 GE. Entsprechend ist 15 GE (= 23 GE – 8 GE) der Deckungsbeitrag je Handyhülle. Für die Zielfunktion sind diese Deckungsbeiträge je Kopfhörer und Handyhülle mit den Produktionsmengen (d.h. den Entscheidungsvariablen) der Kopfhörer und Handyhüllen zu multiplizieren. Damit lautet die Zielfunktion: $12 \cdot x_1 + 15 \cdot x_2$ in GE. Um einen möglichst hohen Gesamt-Deckungsbeitrag zu erzielen, ist diese Zielfunktion zu maximieren.

Das lineare Optimierungsproblem lautet nun insgesamt:

Variablen:

x_1 Produktionsmenge für Kopfhörer in Anzahlen.
x_2 Produktionsmenge für Handyhüllen in Anzahlen.

Max $(30 - 18) \cdot x_1 + (23 - 8) \cdot x_2 = 12 \cdot x_1 + 15 \cdot x_2$ in GE

unter den Restriktionen

$0.6 \cdot x_1 + 0.9 \cdot x_2 \leq 13$ in ZE	Kapazitätsrestriktion für Produktionssystem A (1).
$0.6 \cdot x_1 + 0.9 \cdot x_2 \leq 14$ in ZE	Kapazitätsrestriktion für Produktionssystem B (2).
$0.4 \cdot x_2 \leq 8$ in ZE	Kapazitätsrestriktion für Produktionssystem C (3).
$0.3 \cdot x_1 \leq 6$ in ZE	Kapazitätsrestriktion für Produktionssystem D (4).
$0.2 \cdot x_1 + 0.3 \cdot x_2 \leq 4$ in ZE	Kapazitätsrestriktion für Produktionssystem E (5).

$x_1 \leq 16$ in Anzahlen   Absatzhöchstmenge für Kopfhörer (6).
$x_2 \leq 18$ in Anzahlen   Absatzhöchstmenge für Handyhüllen (7).

$x_1 \geq 0$ Nicht- (8).
$x_2 \geq 0$ negativität. (9).

Zu (c):

Vor der Lösung des linearen Optimierungsproblems aus Aufgabenteil (b) bietet es sich an, redundante Nebenbedingungen zu entfernen. Folgende redundante Nebenbedingungen liegen vor:

- Die Kapazitätsrestriktion (2) ist weniger streng als (1). Die Kapazitätsrestriktion (1) ist weniger streng als die Kapazitätsrestriktion (5).

- Die Absatzhöchstmengenrestriktion (6) ist strenger als die Kapazitätsrestriktion (4).

- Die Absatzhöchstmengenrestriktion (7) ist strenger als die Kapazitätsrestriktion (3).

Durch die Entfernung der redundanten Nebenbedingungen ergibt sich das folgende (reduzierte) lineare Optimierungsproblem:

Max $12 \cdot x_1 + 15 \cdot x_2$ in GE

unter den Restriktionen

$0.2 \cdot x_1 + 0.3 \cdot x_2 \leq 4$ in ZE   Kapazitätsrestriktion für Produktionssystem E

$x_1 \leq 16$ in Anzahlen $\qquad\qquad$ Absatzhöchstmenge für Kopfhörer

$x_2 \leq 18$ in Anzahlen $\qquad\qquad$ Absatzhöchstmenge für Handyhüllen

$x_1 \geq 0$ und $x_2 \geq 0$ $\qquad\qquad\qquad\qquad\qquad$ Nichtnegativität.

Es besteht nur noch aus einer einzigen Engpassressource, nämlich die Kapazität des Produktionssegmentes E, und Obergrenzen für die beiden Produktionsmengen (Entscheidungsvariablen).

Bei einem Engpass-Produktionssystem ist von dem Produkt am meisten zu produzieren, welches den Gesamt-Deckungsbeitrag am stärksten erhöht. Die restliche Kapazität vom Engpass-Produktionssystem wird durch das zweite Produkt so gut wie möglich genutzt. (Bei weiteren Produkten würde dies entsprechend iteriert; s. dazu den Algorithmus in der Aufgabe 3.5 zur „Deckungsbeitragsrechnung bei mehreren Produkten".) Der Beitrag eines Produkts für den Gesamt-Deckungsbeitrag ist bestimmt durch seinen Deckungsbeitrag und durch die Höhe der durch das Engpass-Produktionssystem möglichen Produktionsmenge (für das Produkt). Maßgeblich für letzteres ist der Kapazitätsbedarf pro Stück im Engpass-Produktionssystem. Der Quotient aus beidem ist der relative Deckungsbeitrag aufgrund dieses Engpass-Produktionssystems.

In diesem Fall liegen folgende relative Deckungsbeiträge an dem Engpass-Produktionssystem E vor:

- $d_1 = \dfrac{12}{0.2}$ GE $= 60$ GE (für Kopfhörer) und
- $d_2 = \dfrac{15}{0.3}$ GE $= 50$ GE (für Handys).

Daher werden möglichst viele Kopfhörer produziert. Die maximale Absatzmenge von Kopfhörern von 16 verbraucht die Kapazität im Produktionssystem E nur teilweise. Seine Restkapazität lautet $(4 - 0.2 \cdot 16)$ ZE $= 0.8$ ZE. Mit 0.8 ZE können, wegen der Kapazitätsbelastung von 0.3 ZE für eine Handyhülle, 2 Handyhüllen im Produktionssystem E noch produziert werden, wodurch eine Restkapazität von 0.2 ZE übrigbleibt.

Damit lautet das optimale Produktionsprogramm: Es sind 16 Kopfhörer und 2 Handyhüllen zu produzieren. Dies führt zu einem Deckungsbeitrag von $(16 \cdot 12$ GE $+ 2 \cdot 15$ GE $=)$ 222 Geldeinheiten.

3.5. Deckungsbeitragsrechnung bei mehreren Produkten

Zur Lösung einer einperiodigen Produktionsprogrammplanung wird der folgende Algorithmus vorgeschlagen.

Schritt 1: Es wird von dem Produkt am meisten produziert, welches den Gesamt-Deckungsbeitrag am stärksten erhöht. Bei Alternativen wird eine beliebige gewählt.

Schritt 2: Ist noch Restkapazität vorhanden, so wende Schritt 1 auf die restlichen Produkte an. Ansonsten liegt ein Produktionsprogramm vor.

Belegen Sie durch ein Beispiel, dass dieser Algorithmus das Produktionsprogrammplanungsproblem für zwei Produkte nicht optimal löst.
Hinweis: Sollten Sie dies über ein lineares Optimierungsproblem nachweisen, so ist eine Zeichnung des Lösungsraums ausreichend, in der Sie die optimale Lösung und die durch den obigen Algorithmus einzeichnen.

Lösungsvorschlag

Zunächst sei angemerkt, dass mit dem genannten Algorithmus die Aufgabe 3.4 gelöst wurde und ganz allgemein damit ein einperiodiges Produktionsprogrammplanungsproblem mit einem Engpass optimal gelöst wird.

Die Idee für das folgende Gegenbeispiel ergibt sich daraus, dass der Algorithmus im 2-dimensionalen Raum bedeutet, im übertragenden Sinne, dass an einer Achse „entlanggelaufen" wird, bis die (dazu gehörende) Entscheidungsvariable nicht mehr erhöht werden kann.

Weiter unten ist aus methodischen Überlegungen ein umfangreicheres Beispiel angegeben, u.a. demonstriert es den Algorithmus besser. Das folgende ist jedoch völlig ausreichend.

Mit den Entscheidungsvariablen x und y bewirken die beiden Restriktionen
- $x + 2 \cdot y \leq 2$ und
- $2 \cdot x + y \leq 2$

die einzigen beiden möglichen optimalen Produktionsprogramme (nach dem obigen Algorithmus) von

- 1 (Mengeneinheit) für x und 0 für y – Produktionsprogramm A.
- 0 (Mengeneinheiten) für x und 1 für y – Produktionsprogramm B.

In der graphischen Darstellung der zulässigen Lösungen zu den beiden Restriktionen ist das Produktionsprogramm A der Punkt $(1,0)$ und das Produktionsprogramm B der Punkt $(0,1)$.

Nun ist eine Zielfunktion so festzulegen, dass der Schnittpunkt der Geraden zu den beiden genannten Restriktionen einen höheren Zielfunktionswert hat als die Punkte $(1,0)$ und $(0,1)$. Dies wird durch $x+y$ als zu maximierende Zielfunktion erreicht. Verantwortlich dafür ist, dass die Steigung der Geraden $x+y=1$ (von -1) zwischen den Steigungen der Geraden zu den beiden Restriktionen liegt; konkret -2 und $-\frac{1}{2}$. Dem Leser sei es überlassen, die Richtigkeit durch eine graphische Lösung dieses linearen Optimierungsproblems nachzuweisen.

Ein (umfangreicheres) Beispiel ist das folgende lineare Optimierungsproblem. Eine Interpretation ist, dass seine Variablen beliebig teilbare Produkte repräsentieren und ihre Produktionsmengen enthalten, seine Zielfunktionskoeffizienten die Deckungsbeiträge darstellen und die Restriktionen (1) bis (4) Kapazitätsbegrenzungen sind. (Hinweis: in Aufgabe 3.6 ist zu diesem Optimierungsproblem ein konkretes Produktionsprogrammplanungsproblem zu formulieren.)

Variablen:
$x \in \mathbb{R}$
$y \in \mathbb{R}$

Maximiere $100 \cdot x + 150 \cdot y$
unter den Restriktionen

$x+y \leq 100$	(1)
$0.5 \cdot x + y \leq 75$	(2)
$x \leq 75$	(3)
$y \leq 70$	(4)
$x \geq 0$	(5) Nicht-
$y \geq 0$	(6) negativität.

Seinen Lösungsraum enthält die folgende Abbildung 3.2.

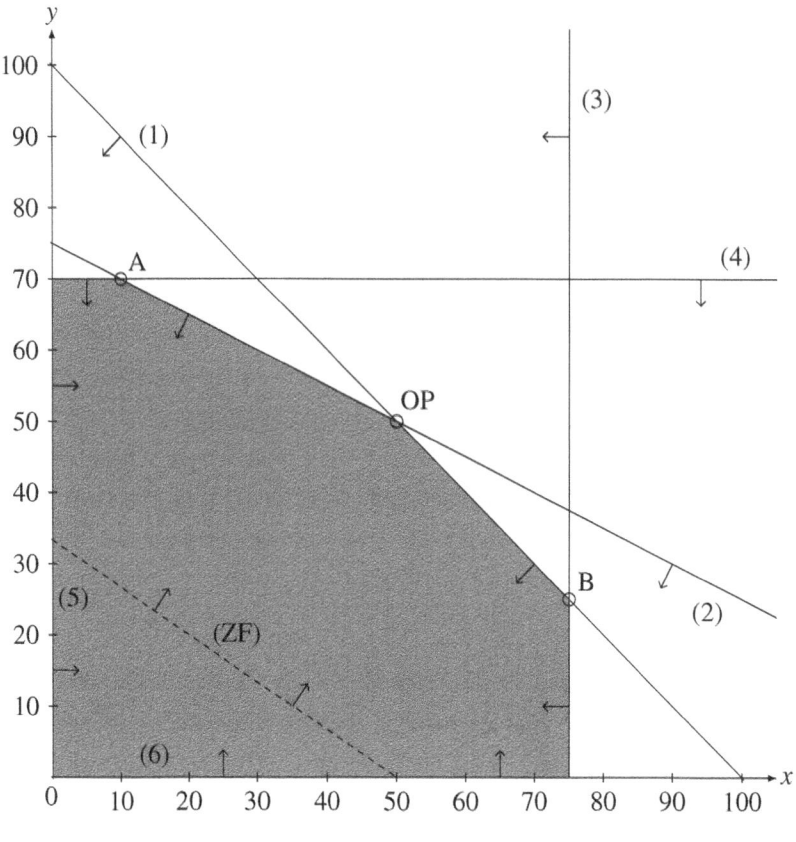

OP: Optimaler Punkt;   ZF: Zielfunktion;   ▨ Lösungsraum;
A: Lösung vom Algorithmus;   B: (ungünstigere) Alternative.

Abbildung 3.2: Graphische Darstellung zum linearen Optimierungsproblem.

Der obige Algorithmus liefert den mit A markierten Punkt. Das graphische Lösungsverfahren liefert den mit „OP" markierten Punkt und nach dem graphischen Lösungsverfahren ist sein Zielfunktionswert höher als der Zielfunktionswert von A. Deswegen ist
der Algorithmus kein optimales Verfahren.

Ergänzung: Zur Vollständigkeit werden diese beiden Punkte noch berechnet. Zusätzlich
wird noch der Punkt B berechnet, bei der bevorzugt das alternative Produkt x produziert
wird. Schließlich wird das lineare Optimierungsproblem noch in ILOG implementiert.

Der optimale Punkt ist der Schnittpunkt der Geraden zu den Restriktionen (1) und (2).
Dies bestimmt das folgende lineare Gleichungssystem:

$$\begin{bmatrix} x & + & y & = & 100 \\ 0.5x & + & y & = & 75 \end{bmatrix} \begin{matrix} (1) \\ (2) \end{matrix}$$

Seine Lösung durch das Gaußsche Eliminationsverfahren führt zu den folgenden Äquivalenzumformungen:

$$\Leftrightarrow \begin{bmatrix} x & + & y & = & 100 \\ & & 0.5 \cdot y & = & 25 \end{bmatrix} \quad \text{durch } (2) - \tfrac{1}{2} \cdot (1) \quad \begin{matrix} | \, (1) \\ | \, (2) \end{matrix}$$

$$\Leftrightarrow \begin{bmatrix} x & + & y & = & 100 \\ & & y & = & 50 \end{bmatrix} \quad \text{durch } (2) \cdot 2 \quad \begin{matrix} | \, (1) \\ | \, (2) \end{matrix}$$

$$\Leftrightarrow \begin{bmatrix} x & & & = & 50 \\ & & y & = & 50 \end{bmatrix} \quad \text{Einsetzen von } y = 50 \text{ in } (1) \text{ und umformen} \quad .$$

Damit ist $(50, 50)$ der optimale Punkt. Ein Einsetzen in die Zielfunktion ergibt $100 \cdot 50 + 150 \cdot 50$.

Damit ist der optimale, d.h. größte, Wert gleich 12500.

Der Punkt A ist der Schnittpunkt der Geraden zu den Restriktionen (2) und (4). Dies bestimmt das folgende lineare Gleichungssystem:

$$\begin{bmatrix} 0.5x & + & y & = & 75 \\ & & y & = & 70 \end{bmatrix} \begin{matrix} (2) \\ (4) \end{matrix}$$

Seine Lösung durch das Gaußsche Eliminationsverfahren führt zu den folgenden Äquivalenzumformungen:

$$\Leftrightarrow \begin{bmatrix} 0.5x & + & 70 & = & 75 \\ & & y & = & 70 \end{bmatrix} \quad \text{durch } (4) \text{ in } (2) \quad \begin{matrix} | \, (2) \\ | \, (4) \end{matrix}$$

$$\Leftrightarrow \begin{bmatrix} x & & & = & 10 \\ & & y & = & 70 \end{bmatrix} \quad \text{durch Umformen} \quad .$$

Damit ist $(10, 70)$ der Punkt A und das Einsetzen in die Zielfunktion ergibt den Wert:

$100 \cdot 10 + 150 \cdot 70 = 11500.$

Wird in dem Algorithmus zunächst von dem Produkt x so viel wie möglich produziert und die Restkapazität für die Produktion von Produkt y genutzt, so ergibt sich der mit B markierte Punkt. Es handelt sich um den Schnittpunkt der Geraden zu den Restriktionen (1) und Gleichung (3). Dies bestimmt das folgende lineare Gleichungssystem.

$$\begin{bmatrix} x & + & y & = & 100 \\ x & & & = & 75 \end{bmatrix} \begin{matrix} (1) \\ (3) \end{matrix}$$

Seine Lösung durch das Gaußsche Eliminationsverfahren führt zu den folgenden Äquivalenzumformungen:

$$\Leftrightarrow \begin{bmatrix} 75 & + & y & = & 100 \\ x & & & = & 75 \end{bmatrix} \quad \begin{matrix} \text{durch } (3) \text{ in } (1) & | (1) \\ & | (3) \end{matrix}$$

$$\Leftrightarrow \begin{bmatrix} & y & = & 25 \\ x & & = & 75 \end{bmatrix} \quad \text{durch Umformen} \quad .$$

Damit ist $(75, 25)$ der Punkt B und das Einsetzen in die Zielfunktion ergibt den Wert: $100 \cdot 75 + 150 \cdot 25 = 11250.$

Die Umsetzung dieses linearen Optimierungsproblems in ILOG lautet:

```
1  // Deckungsbeitragsrechnung bei mehreren Produkten
2
3  // Entscheidungsvariablen
4  dvar float x;
5  dvar float y;
6
7  // Zielfunktion:
8  maximize 100*x + 150*y;
9
10  // Restriktionen:
11  subject to {
12    x + y <= 100;     // (1)
13    0.5*x + y <= 75;  // (2)
14    x <= 75;          // (3)
15    y <= 70;          // (4)
16    x >= 0;           // (5) Nicht-
```

```
17    y >= 0;              // (6) negativität
18  };
```

Listing 3.1: Implementierung des Optimierungsproblems in ILOG.

3.6. Produktionsprogrammplanungsproblem zu einem linearen Optimierungsproblem

Gegeben ist das folgende lineare Optimierungsproblem:

Variablen:

$x \in \mathbb{R}$

$y \in \mathbb{R}$

Maximiere $100 \cdot x + 150 \cdot y$
unter den Restriktionen

$x + y \leq 100$	(1)
$0.5 \cdot x + y \leq 75$	(2)
$x \leq 75$	(3)
$y \leq 70$	(4)
$x \geq 0$	(5) Nicht-
$y \geq 0$	(6) negativität.

Formulieren Sie ein Produktionsprogrammplanungsproblem, welches durch das obige lineare Optimierungsproblem gelöst wird.

Lösungsvorschlag

Eine Problemformulierung lautet:
Betrachtet werde die Produktionsprogrammplanung aus zwei Produkten x und y. (Hinweis: es wird, zum einfachen Nachvollziehen, nicht zwischen Produktbezeichnung und Produktionsmenge in Stück unterschieden.) Als Aufgabe der Produktionsprogrammplanung wird keine ganzzahlige Lösung benötigt (aufgrund der Planungshierarchie, s. z.B. [CHM21]). Zwei Produktionssysteme I und II stehen zur Verfügung. Produkt x hat auf dem Produktionssystem I einen Kapazitätsbedarf von 1 Zeiteinheit (ZE) pro Stück und auf dem Produktionssystem II einen Kapazitätsbedarf von 0.5 ZE pro Stück. Produkt y hat auf beiden Produktionssystemen einen Kapazitätsbedarf von 1 Zeiteinheit pro Stück.

Die Kapazitätsgrenze beträgt beim ersten Produktionssystemen 100 Zeiteinheiten (ZE) und beim zweiten 75 ZE. Jeder Verkauf von Produkt x bewirkt einen Gewinn über 100 Geldeinheiten (GE) pro Stück und maximal 75 Stück können verkauft werden. Beim Produkt y beträgt der Gewinn je Stück 150 GE und maximal 70 Stück können abgesetzt werden.

3.7. Möbelproduktion

Ein Möbelproduzent überlegt zur Ergänzung seines primären Angebots an Möbeln (mit denen er weit über 90 % von seinem Gewinn erzielt) zwei Konferenztische A und B herzustellen, von denen in einem langen zukünftigen Betrachtungszeitraum maximal 100 bzw. 125 Stück zu einem Einzelpreis von 500 Geldeinheiten (GE) bzw. 220 GE abgesetzt werden können. Die Produktionskapazität für die Herstellung der beiden Produkte beträgt insgesamt 950 Kapazitätseinheiten (KE). Zur Herstellung eines Konferenztischs vom Typ A bzw. B werden jeweils 9 bzw. 2 KE benötigt. Der wesentliche Unterschied der Konferenztische liegt in der Beschichtung. Hierzu wird jedem Tisch zwei Liter (l) einer speziellen Flüssigkeit aus Öl, Lack und einem Verdünnungsmittel aufgetragen. Diese Flüssigkeit setzt sich beim Konferenztisch A zu 15 Prozent aus Öl und zu 55 Prozent aus Lack zusammen. Die Beschichtung von Konferenztisch B besteht zu 45 Prozent aus Öl und zu 35 Prozent aus Lack. 120 l Öl und 150 l Lack stehen zur Verfügung. Verdünnungsmittel steht in ausreichenden Mengen zur Verfügung. Die Herstellung der Konferenztische A und B verursacht Material- und Fertigungskosten von insgesamt 50 GE und 20 GE je Konferenztisch. Wegen dem langen und zukünftigen Planungszeitraum wird eine Produktionsprogrammplanung (als Teil der Planungshierarchie, s. z.B. [CHM21]) unterstellt, für die keine ganzzahlige Lösung benötigt wird; konkret kann durch die Dekomposition entlang der Hierarchie (und wird in der Regel) die Ganzzahligkeit eliminiert werden – dies ist in der Diskussion zu Problemklassen von linearen Optimierungsproblemen im Rahmen von Verständnisfragen (dazu) im zweiten Band meines Übungsbuchs (i.e. [Herr24]) zur Produktionsplanung erläutert.

Bitte lösen Sie die folgenden Aufgaben:

(a) Formulieren Sie ein lineares Optimierungsproblem zur Bestimmung eines Produktionsprogramms mit einem möglichst hohen Deckungsbeitrag. Lösen Sie dieses lineare Optimierungsproblem nach dem graphischen Verfahren. Bitte geben Sie gegebenenfalls Brüche für die Produktionsmengen an.

(b) Formulieren Sie das in (a) erstellte Optimierungsproblem in ILOG. Verifizieren Sie damit Ihre Lösung aus (a).

Lösungsvorschlag

Zu (a):

Das lineare Optimierungsproblem für die Produktion der Konferenztische ist nachfolgend angegeben.

Zuvor sei eine ausführlichere Beschreibung angegeben, um das erstmalige Lösen einer solchen Aufgabe zu erleichtern – dies erfolgt bei den weiteren Aufgaben dieses Buches in der Regel nicht.

Die Entscheidungsvariablen, die Zielfunktion in Geldeinheiten (GE) und die Kapazitätsrestriktion in Kapazitätseinheiten (KE) sowie die Restriktionen zu den Absatzhöchstmengen in Anzahlen erfolgen wie in der Aufgabe 3.4 (zur einperiodigen Produktionsprogrammplanung mit einem Engpass), die auch eine ausführliche Erläuterung enthält. Der Verbrauch an Öl in Liter (l) für alle Konferenztische vom Typ A bzw. B ist die Anzahl an herzustellenden Konferenztischen vom Typ A bzw. B multipliziert mit 2 (, da jeder Tisch mit 2 l beschichtet wird,) und multipliziert mit dem für A bzw. B spezifischen prozentualen Anteil an Öl von 15 % bzw. 45 %. Deren Summe ist durch die Verfügbarkeit von Öl über 120 l beschränkt, und dies bildet die Rohstoffeinsatz-Restriktion (i.e. (2) s.u.) für den Öl-Verbrauch – entsprechendes gilt für den Lackverbrauch.

Damit ergibt sich das folgende lineare Optimierungsproblem für die Produktion der Konferenztische:

Variablen:

x_A Produktionsmenge von Konferenztisch A in Anzahl (im Betrachtungszeitraum).

x_B Produktionsmenge von Konferenztisch B in Anzahl (im Betrachtungszeitraum).

$$\max \ (500 - 50) \cdot x_A + (220 - 20) \cdot x_B \text{ in GE}$$

unter den Restriktionen (im Betrachtungszeitraum)

$$9 \cdot x_A + 2 \cdot x_B \leq 950 \qquad \text{(1) Produktionskapazität in KE.}$$

$$\frac{3}{20} \cdot 2 \cdot x_A + \frac{9}{20} \cdot 2 \cdot x_B \leq 120 \quad \text{(2) Beschichtung durch Öl in l.}$$

$$\frac{11}{20} \cdot 2 \cdot x_A + \frac{7}{20} \cdot 2 \cdot x_B \leq 150 \quad \text{(3) Beschichtung durch Lack in l.}$$

$x_A \leq 100$ (4) Absatzhöchstmenge von Konferenztisch A und

$x_B \leq 125$ (5) die für Konferenztisch B jeweils in Anzahlen.

$x_A \geq 0$ (6) Nichtne-

$x_B \geq 0$ (7) gativität.

Die graphische Darstellung zu diesem linearen Optimierungsproblem ist in der folgenden Abbildung 3.3 angegeben.

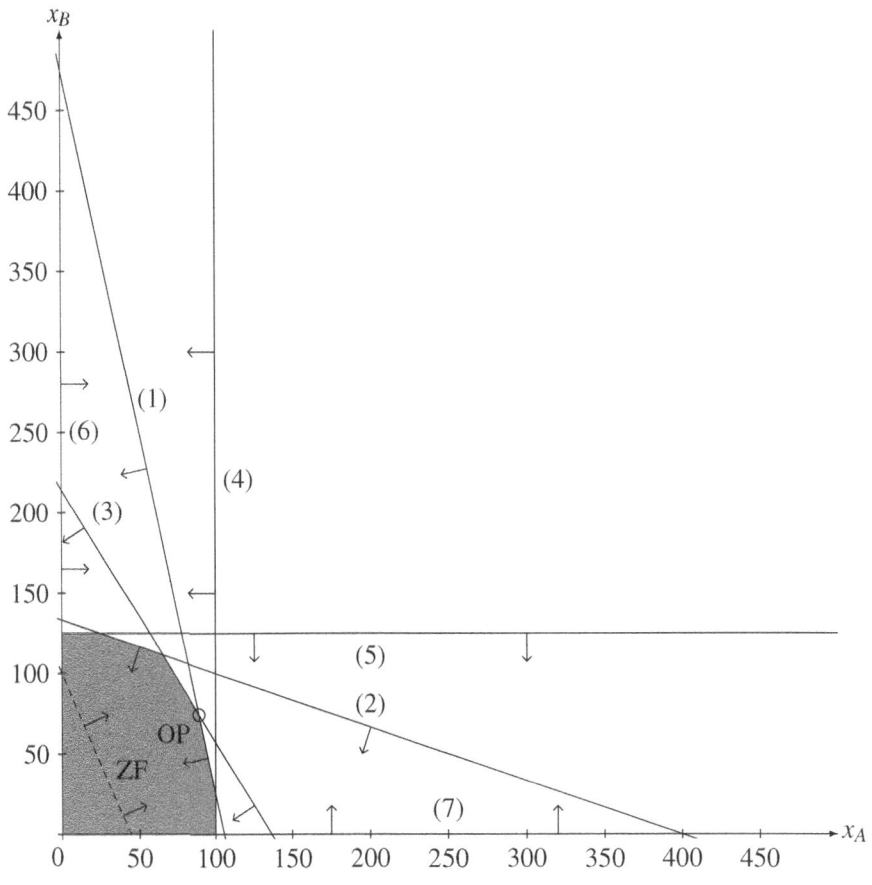

OP: Optimaler Punkt;   ZF: Zielfunktion;   ▒ Lösungsraum

Abbildung 3.3: Graphische Darstellung zum linearen Optimierungsproblem für die Produktion der Konferenztische.

Nach dem graphischen Lösungsverfahren wird nun die Zielfunktion in Richtung steigender Zielfunktionswerte (d.h. nach oben) verschoben. Der letzte Punkt vor dem Verlassen des Lösungsraums ist der in der Abbildung 3.3 eingezeichnete und mit „Optimaler Punkt" markierte Punkt. Es handelt sich um den Schnittpunkt der Restriktionen (1) und (3). Dies bestimmt das folgende lineare Gleichungssystem:

$$
\begin{bmatrix}
9x_A & + & 2x_B & = & 950 \\[2mm]
\dfrac{11}{20}x_A & + & \dfrac{7}{20}x_B & = & 75
\end{bmatrix}
\begin{array}{l} (1) \\[4mm] (3) \end{array}
$$

Die Lösung durch das Gaußsche Eliminationsverfahren führt zu den folgenden Äquivalenzumformungen:

$$
\Leftrightarrow
\begin{bmatrix}
\dfrac{41}{7}x_A & & = & \dfrac{3650}{7} \\[4mm]
\dfrac{11}{20}x_A & + \dfrac{7}{20}x_B & = & 75
\end{bmatrix}
\quad
\begin{array}{l}
\text{durch } (1) + (-\dfrac{40}{7}) \cdot (3) \ \mid (1) \\[4mm]
\hspace{4.5cm} \mid (3)
\end{array}
$$

$$
\Leftrightarrow
\begin{bmatrix}
x_A & & = & \dfrac{3650}{41} \\[4mm]
\dfrac{11}{20}x_A & + \dfrac{7}{20}x_B & = & 75
\end{bmatrix}
\quad
\begin{array}{l}
\text{durch } (1) : \dfrac{41}{7} \ \mid (1) \\[4mm]
\hspace{2.8cm} \mid (3)
\end{array}
$$

$$
\Leftrightarrow
\begin{bmatrix}
x_A & & = & \dfrac{3650}{41} \\[4mm]
\dfrac{11}{20} \cdot \dfrac{3650}{41} & + \dfrac{7}{20}x_B & = & 75
\end{bmatrix}
\quad
\begin{array}{l}
\hspace{5cm} \mid (1) \\[4mm]
\text{durch Einsetzen von } x_A = \dfrac{3650}{41} \ \mid (3)
\end{array}
$$

$$
\Leftrightarrow
\begin{bmatrix}
x_A & = & \dfrac{3650}{41} \\[4mm]
& x_B & = & \dfrac{3050}{41}
\end{bmatrix}
\quad \text{durch Umformen von } (3).
$$

Durch das Lösen des linearen Gleichungssystems ist $\left(\dfrac{3650}{41}, \dfrac{3050}{41} \right)$ der optimale Punkt.

Ein Einsetzen in die Zielfunktion ergibt $(500 - 50) \cdot \frac{3650}{41} + (220 - 20) \cdot \frac{3050}{41}$. Damit

ist der optimale, d.h. größte, Wert gleich $\frac{2252500}{41} = 54939\frac{1}{41}$. Somit ist das optimale

Produktionsprogramm im Betrachtungszeitraum für den Möbelhersteller die Fertigung

von $\frac{3650}{41} \approx 89.02$ Konferenztischen von Typ A und $\frac{3050}{41} \approx 74.39$ Konferenztischen

von Typ B. Mit diesen Produktionsmengen erzielt das Unternehmen den maximalen

Deckungsbeitrag von $\frac{2252500}{41}$ GE = ≈ 54939.02 GE.

Zu (b):

Das oben angegebene lineare Optimierungsproblem lässt sich in ILOG implementieren. Eine Implementierung ist das in 3.2 angegebene Listing.

Seine Ausführen in ILOG bestätigt die in Teilaufgabe (a) ermittelte Lösung.

```
1   // Möbelproduktion für Konferenztische.
2
3   // Entscheidungsvariablen:
4   dvar float xA;  // Produktionsmenge von Konferenztisch A.
5   dvar float xB;  // Produktionsmenge von Konferenztisch B.
6
7   // Zielfunktion:
8   maximize
9   (500−50)*xA+(220−20)*xB;
10
11  // Restriktionen
12  constraints{
13      9 * xA + 2 * xB <= 950; // Produktionskapazität.
14      // Rohstoffeinsatz von Öl für die Beschichtung:
15      0.15 * 2 * xA + 0.45 * 2 * xB <= 120;
16      // Rohstoffeinsatz von Lack für die Beschichtung:
17      0.55 * 2 * xA + 0.35 * 2 * xB <= 150;
18      xA <= 100; // Absatzhöchstmenge von Konferenztisch A.
19      xB <= 125; // Absatzhöchstmenge von Konferenztisch B.
20
21      // Nichtnegativität:
22      xA >= 0;
23      xB >= 0;
```

Listing 3.2: Implementierung des Optimierungsproblems zur Möbelproduktion in ILOG.

3.8. Möbelproduktion – Analyse eines linearen Optimierungsproblems

Ein Möbelproduzent überlegt zur Ergänzung seines primären Angebots an Möbeln (mit denen er weit über 90 % von seinem Gewinn erzielt) zwei Konferenztische A und B herzustellen, von denen in einem langen zukünftigen Betrachtungszeitraum maximal 100 bzw. 125 Stück zu einem Einzelpreis von 500 Geldeinheiten (GE) bzw. 220 GE abgesetzt werden können. Die Produktionskapazität für die Herstellung der beiden Produkte beträgt insgesamt 950 Kapazitätseinheiten (KE). Zur Herstellung eines Konferenztischs vom Typ A bzw. B werden jeweils 9 bzw. 2 KE benötigt. Der wesentliche Unterschied der Konferenztische liegt in der Beschichtung. Hierzu wird jedem Tisch zwei Liter (l) einer speziellen Flüssigkeit aus Öl, Lack und einem Verdünnungsmittel aufgetragen. Diese Flüssigkeit setzt sich beim Konferenztisch A zu 15 Prozent aus Öl und zu 55 Prozent aus Lack zusammen. Die Beschichtung von Konferenztisch B besteht zu 45 Prozent aus Öl und zu 35 Prozent aus Lack. 120 l Öl und 150 l Lack stehen zur Verfügung. Verdünnungsmittel steht in ausreichenden Mengen zur Verfügung. Die Herstellung der Konferenztische A und B verursacht Material- und Fertigungskosten von insgesamt 50 GE und 20 GE je Konferenztisch. Wegen dem langen und zukünftigen Planungszeitraum wird eine Produktionsprogrammplanung (als Teil der Planungshierarchie, s. z.B. [CHM21]) unterstellt, für die keine ganzzahlige Lösung benötigt wird; konkret kann durch die Dekomposition entlang der Hierarchie (und wird in der Regel) die Ganzzahligkeit eliminiert werden – dies ist in der Diskussion zu Problemklassen von linearen Optimierungsproblemen im Rahmen von Verständnisfragen (dazu) im zweiten Band meines Übungsbuchs (i.e. [Herr24]) zur Produktionsplanung erläutert.

Die Restriktionen in dieser Aufgabenstellung lassen sich durch die folgenden linearen Ungleichungen (einschließlich der folgenden Entscheidungsvariablen) abbilden.

103

Variablen:

x_A Produktionsmenge von Konferenztisch A in Anzahl (im Betrachtungszeitraum).

x_B Produktionsmenge von Konferenztisch B in Anzahl (im Betrachtungszeitraum).

Restriktionen:

$$9 \cdot x_A + 2 \cdot x_B \leq 950 \qquad (1) \text{ Produktionskapazität in KE.}$$

$$\frac{3}{20} \cdot 2 \cdot x_A + \frac{9}{20} \cdot 2 \cdot x_B \leq 120 \quad (2) \text{ Beschichtung durch Öl in l.}$$

$$\frac{11}{20} \cdot 2 \cdot x_A + \frac{7}{20} \cdot 2 \cdot x_B \leq 150 \quad (3) \text{ Beschichtung durch Lack in l.}$$

$x_A \leq 100$ (4) Absatzhöchstmenge von Konferenztisch A und

$x_B \leq 125$ (5) die für Konferenztisch B jeweils in Anzahlen.

$x_A \geq 0$ (6) Nichtne-

$x_B \geq 0$ (7) gativität.

Diese Restriktionen bestimmen einen Lösungsraum, der graphisch in der folgenden Abbildung 3.4 angegeben ist. Diese enthält einen markierten Punkt (P). Geben Sie ein lineares Optimierungsproblem mit diesem Punkt als optimale Lösung an. Geben Sie seine optimale Lösung vollständig an. Bitte geben Sie gegebenenfalls Brüche für die Produktionsmengen an. Gehen Sie von Ihrer optimalen Lösung aus. Welche Rohstoffe werden verbraucht? Wird die verfügbare Kapazität benötigt?

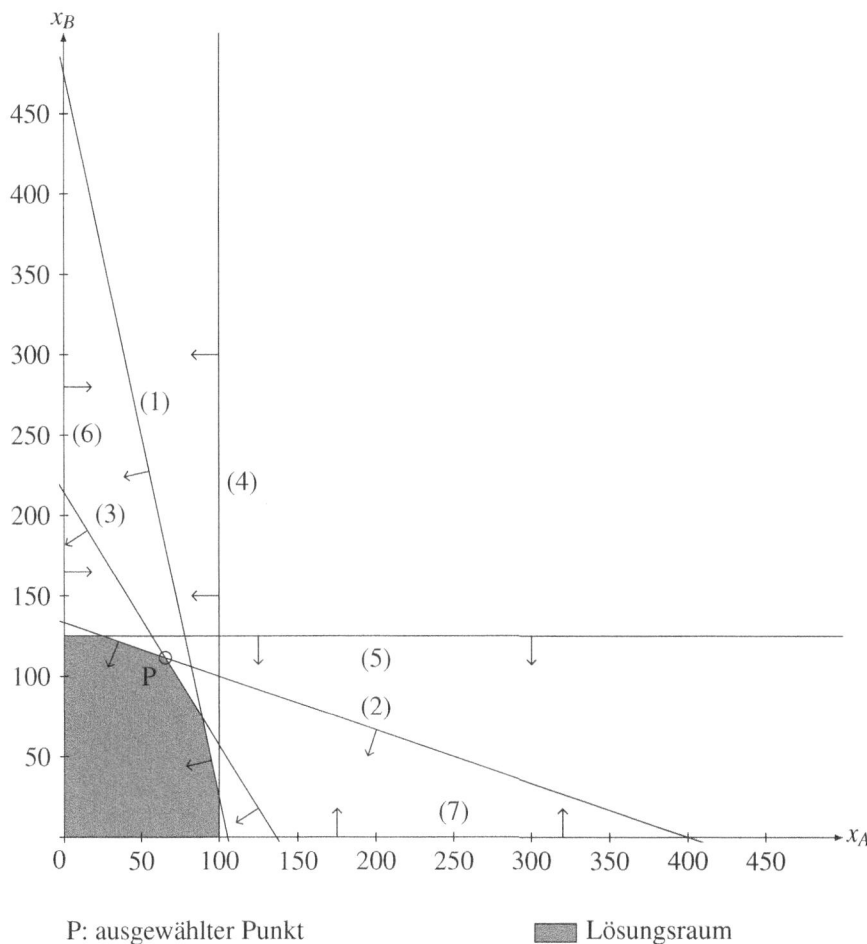

P: ausgewählter Punkt   ▨ Lösungsraum

Abbildung 3.4: Graphische Darstellung zum Lösungsraum für die Produktion von Konferenztischen.

Lösungsvorschlag

Mit den genannten Restriktionen, den Einzelpreisen von 200 Geldeinheiten (GE) für Konferenztisch A und 220 GE für Konferenztisch B liegt bei der Maximierung des Deckungsbeitrags, also

max $(200 - 50) \cdot x_A + (220 - 20) \cdot x_B$ in GE,

ein lineares Optimierungsproblem vor. Seine graphische Darstellung ist in der folgenden Abbildung 3.5 angegeben. Dass sein optimaler Punkt der Gewünschte ist, belegt das Verschieben der Zielfunktion in Richtung steigender Zielfunktionswerte (d.h. nach oben). Nach dem graphischen Lösungsverfahren ist der letzte Punkt vor dem Verlassen des Lösungsraums der optimale Punkt und damit der in der Abbildung 3.5 eingezeich-

105

nete und mit „P" markierte Punkt. Es handelt sich um den Schnittpunkt der (Geraden zu den) Restriktionen (2) und (3).

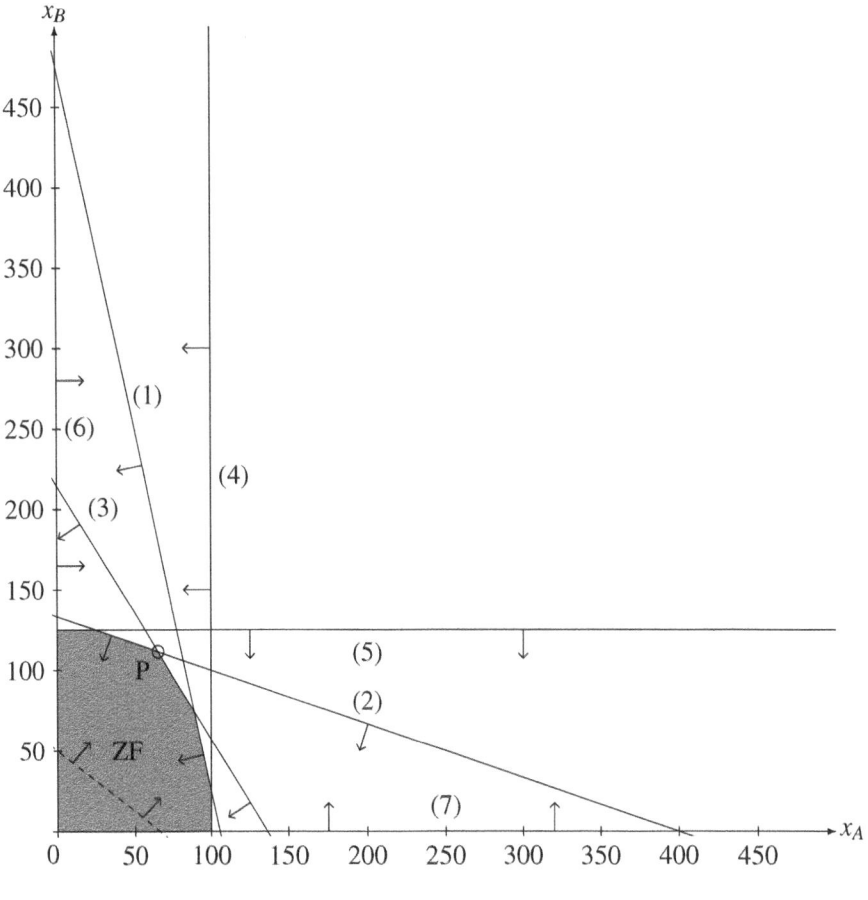

P: Optimaler Punkt;   ZF: Zielfunktion;   ■ Lösungsraum

Abbildung 3.5: Graphische Darstellung zum linearen Optimierungsproblem für die Produktion der Konferenztische.

Der Schnittpunkt der (Geraden zu den) Restriktionen (2) und (3) bestimmt das folgende lineare Gleichungssystem:

$$\begin{bmatrix} \dfrac{11}{20}x & + & \dfrac{7}{20}y & = & 75 \\[2mm] \dfrac{3}{20}x & + & \dfrac{9}{20}y & = & 60 \end{bmatrix} \begin{matrix} (3) \\[2mm] (2) \end{matrix}$$

Die Lösung durch das Gaußsche Eliminationsverfahren führt zu den folgenden Äquivalenzumformungen:

$$\Leftrightarrow \begin{bmatrix} \dfrac{13}{30}x & & & = & \dfrac{85}{3} \\[2ex] \dfrac{3}{20}x & + & \dfrac{9}{20}y & = & 60 \end{bmatrix} \quad \begin{array}{l} \text{durch } (3) + -\dfrac{7}{9} \cdot (2) \quad | \, (3) \\[2ex] \hspace{3.5cm} | \, (2) \end{array}$$

$$\Leftrightarrow \begin{bmatrix} x & & & = & \dfrac{850}{13} \\[2ex] \dfrac{3}{20}x & + & \dfrac{9}{20}y & = & 60 \end{bmatrix} \quad \begin{array}{l} \text{durch } (3) : \dfrac{13}{30} \quad | \, (3) \\[2ex] \hspace{2.5cm} | \, (2) \end{array}$$

$$\Leftrightarrow \begin{bmatrix} x & & & = & \dfrac{850}{13} \\[2ex] \dfrac{3}{20}\cdot\dfrac{850}{13} & + & \dfrac{9}{20}y & = & 60 \end{bmatrix} \quad \begin{array}{l} \hspace{2.5cm} | \, (3) \\[2ex] \text{durch Einsetzen von } x = \dfrac{850}{13} \quad | \, (2) \end{array}$$

$$\Leftrightarrow \begin{bmatrix} x & = & \dfrac{850}{13} \\[2ex] y & = & \dfrac{1450}{13} \end{bmatrix} \quad \text{durch Umformen von } (2).$$

Durch das Lösen des linearen Gleichungssystems ist $\left(\dfrac{850}{13}, \dfrac{1450}{13} \right)$ der optimale Punkt. Ein Einsetzen in die Zielfunktion ergibt $(200 - 50) \cdot \dfrac{850}{13} + (220 - 20) \cdot \dfrac{1450}{13}$. Damit ist der optimale, d.h. größte, Wert gleich $\dfrac{417500}{13} = 32115\dfrac{5}{13}$.

Somit ist das optimale Produktionsprogramm im Betrachtungszeitraum für den Möbelhersteller die Fertigung von $\dfrac{850}{13} \approx 65.38$ Konferenztischen von Typ A und $\dfrac{1450}{13} \approx$ 111.54 Konferenztischen von Typ B. Mit diesen Produktionsmengen erzielt das Unternehmen den maximalen Deckungsbeitrag von $\frac{417500}{13}$ GE ≈ 32115.38 GE.

Da diese optimale Lösung der Schnittpunkt der (Geraden zu den) Restriktionen (2) und (3) ist, werden die durch diese Restriktionen begrenzten Rohstoffe (und somit alle) komplett verbraucht. Im Fall der Produktionskapazität ergibt sich durch Einsetzen des optimalen Punkts in die Restriktion (1):

$$9 \cdot \frac{850}{13} + 2 \cdot \frac{1450}{13} \leq 950 \text{ in KE} \quad \Leftrightarrow \quad 811\frac{7}{13} \leq 950 \text{ in KE}.$$

Also ist 950 KE $- 811\frac{7}{13}$ KE $= 138\frac{6}{13}$ KE die verfügbare Produktionskapazität.

3.9. Juwelier

Ein Juwelier hat zwei neue mit kleinen Edelsteinen besetzte Halsketten entworfen. Die erste Kette, genannt Brillant, besteht aus drei Diamanten und einem Opal. Die zweite Kette, genannt Crystal, enthält zwei Diamanten und zwei Opale. Der Juwelier kennt den Markt für Schmuckstücke und seine Kunden sehr gut und geht für die neue Kollektion davon aus, dass sich in jedem Quartal die erste Kette höchstens siebenmal und die zweite Kette höchstens fünfmal verkaufen lässt. Für die Kette Brillant kann er einen Deckungsbeitrag von 350 Geldeinheiten (GE) und für die Kette Crystal einen von 600 GE erzielen. Aufgrund der Seltenheit und der hohen Preise der verarbeiteten Edelsteine kann der Juwelier in jedem Quartal nur eine begrenzte Anzahl an Edelsteinen beziehen. Für die neue Kollektion ist es durch geschicktes Verhandeln gelungen, eine Liefervereinbarung über 30 Diamanten und 14 Opale in jedem Quartal zu vereinbaren. Der Juwelier strebt durch das Anfertigen einer bestimmten Anzahl an Halsketten einen maximalem Deckungsbeitrag in jedem Quartal an. Als Aufgabe der Produktionsprogrammplanung wird keine ganzzahlige Lösung benötigt (aufgrund der Planungshierarchie, s. z.B. [CHM21]); nicht ganzzahlige Produktionsmengen werden je Quartal im Mittel produziert – dies ist in der Diskussion zu Problemklassen von linearen Optimierungsproblemen im Rahmen von Verständnisfragen (dazu) im zweiten Band meines Übungsbuchs (i.e. [Herr24]) zur Produktionsplanung erläutert.

Bitte lösen Sie die folgenden Aufgaben:

(a) Formulieren Sie ein lineares Optimierungsproblem zur Lösung dieser Optimierungsaufgabe und lösen Sie es nach dem graphischen Verfahren. Bitte geben Sie gegebenenfalls Brüche für die Produktionsmengen an.

(b) Formulieren Sie das in (a) erstellte Optimierungsproblem in ILOG. Verifizieren Sie damit Ihre Lösung aus (a).

(c) Sollte der Juwelier seine Liefervereinbarung ändern? Wenn ja, wie?

Lösungsvorschlag

Zu (a):

Das lineare Optimierungsproblem für die Halsketten-Herstellung lautet:
Variablen:

$x_1 \in \mathbb{R}$ Herzustellende Anzahl von der Kette Brillant in einem Quartal.

$x_2 \in \mathbb{R}$ Herzustellende Anzahl von der Kette Crystal in einem Quartal.

$\max 350 \cdot x_1 + 600 \cdot x_2$ in jedem Quartal in GE

unter den Restriktionen in jedem Quartal

$3 \cdot x_1 + 2 \cdot x_2 \leq 30$	(1)	Verfügbare Anzahl an Diamanten.
$x_1 + 2 \cdot x_2 \leq 14$	(2)	Verfügbare Anzahl an Opale.
$x_1 \leq 7$	(3)	Absatzbeschränkung für die Kette Brillant in Anzahlen.
$x_2 \leq 5$	(4)	Absatzbeschränkung für die Kette Crystal in Anzahlen.
$x_1 \geq 0$	(5)	Nichtnega-
$x_2 \geq 0$	(6)	tivität.

Es sei darauf hingewiesen, dass des Vorgehens bei den Verfügbarkeit-Restriktionen an Edelsteinen in allgemeinerer Form bei der programmorientierten Bedarfsermittlung verwendet wird.

Die graphische Darstellung zu diesem linearen Optimierungsproblem ist in der folgenden Abbildung 3.6 angegeben.

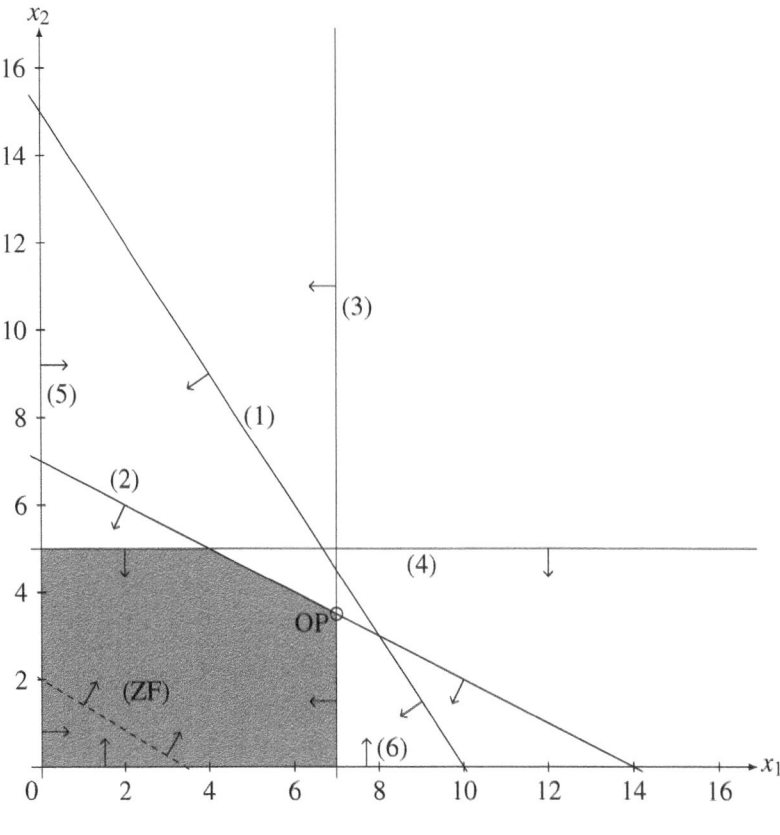

OP: Optimaler Punkt;   ZF: Zielfunktion;   ▨ Lösungsraum

Abbildung 3.6: Graphische Darstellung zum linearen Optimierungsproblem für die Halsketten-Herstellung.

Nach dem graphischen Lösungsverfahren bestimmt das Verschieben der Zielfunktion (ZF) in Richtung steigender Zielfunktionswerte (d.h. nach oben) den optimalen Punkt, der in der Abbildung 3.6 eingezeichnet ist und mit „OP" markiert ist. Es handelt sich um den Schnittpunkt der Restriktionen (2) und (3).

Es sei angemerkt, dass ein etwas ungenaues Zeichnen dazu führen dürfte, dass der Schnittpunkt der Restriktionen (2) und (4) als optimaler Punkt identifiziert werden würde. Generell könnte zu mindestens Unsicherheit über den richtigen optimalen Punkt herrschen. Da die Zielfunktion mit einer Steigung von $-0.58\overline{3}$ steiler als die Steigung von -0.5 der Restriktion (2) ist, lässt sich die Zielfunktion, wenn diese durch den Schnittpunkt der Restriktionen (2) und (4) gezeichnet ist, noch weiter in Richtung steigender Zielfunktionswerte (d.h. nach oben) verschieben.

Der Schnittpunkt der Restriktionen (2) und (3) bestimmt nun das folgende lineare Gleichungssystem:

$$\begin{bmatrix} x_1 & + & 2x_2 & = & 14 \\ x_1 & & & = & 7 \end{bmatrix} \begin{matrix} (2) \\ (3) \end{matrix}$$

Seine Lösung durch das Gaußsche Eliminationsverfahren führt zu den folgenden Äquivalenzumformungen:

$$\Leftrightarrow \begin{bmatrix} 7 & + & 2x_2 & = & 14 \\ x_1 & & & = & 7 \end{bmatrix} \quad \text{durch Einsetzen von } x_1 = 7 \text{ in (2)} \quad | \, (2)$$
$$\qquad\qquad\qquad\qquad\qquad\qquad\qquad\qquad\qquad\qquad\qquad\quad\ | \, (3)$$

$$\Leftrightarrow \begin{bmatrix} & x_2 & = & \dfrac{7}{2} \\[2mm] x_1 & & = & 7 \end{bmatrix} \quad \text{durch Umformen von (2).}$$

Durch das Lösen des linearen Gleichungssystems wurde somit ermittelt, dass $\left(7, \frac{7}{2}\right)$ der optimale Punkt ist. Ein Einsetzen in die Zielfunktion ergibt $350 \cdot 7 + 600 \cdot \frac{7}{2}$. Damit ist der optimale, d.h. größte, Wert gleich 4550.

Somit ist das optimale Produktionsprogramm für den Juwelier die Herstellung von 7 Brillant-Halsketten und $\frac{7}{2}$ Crystal-Halsketten in einem Quartal. Mit diesen Produktionsmengen erzielt das Unternehmen in einem Quartal einen Deckungsbeitrag von 4550 GE. (Hinweis: Nach den in der Aufgabenstellung genannten Überlegungen handelt es sich um das Ergebnis je Quartal im Mittel.)

Zu (b):
Die Implementierung dieses linearen Optimierungsproblems in ILOG lautet:

```
1   // Juwelier mit 2 Halsketten.
2
3   // Variablen
4   dvar float x1;      // Herzustellende Anzahl an Brillant-Ketten.
5   dvar float x2;      // Herzustellende Anzahl an Crystal-Ketten.
6
```

```
7   // Zielfunktion:
8   maximize 350*x1 + 600*x2;

9
10  // Restriktionen:
11  subject to {
12      3*x1 + 2*x2  <= 30;  // (1): Verfügbare Diamanten.
13      x1 + 2*x2  <= 14;    // (2): Verfügbare Opale.
14      x1 <= 7;             // (3): Absatzbeschränkung Brillant.
15      x2 <= 5;             // (4): Absatzbeschränkung Crystal.
16      x1 >= 0;             // (5): Nichtne-
17      x2 >= 0;             // (6): gativität.
18  };
```

Listing 3.3: Implementierung des Optimierungsproblems zur Halskettenherstellung in ILOG.

Ein Ausführen in ILOG bestätigt die in (a) ermittelte Lösung.

Zu (c):

Da der optimale Punkt der Schnittpunkt der beiden Geraden zu den Restriktionen (2) und (3) ist, werden alle Opale für die Herstellung der Halsketten benötigt. Das Einsetzen des optimalen Punkts in die Restriktion (1) ergibt, dass zwei Diamanten nicht benötigt werden. Der Juwelier sollte lediglich 28 Diamanten (und weiterhin 14 Opale) in jedem Quartal kaufen.

4. Bedarfsplanung

4.1. Verständnis- und Wiederholungsfragen

(a) Was wird unter einem Los verstanden?

(b) Betrachten Sie das Materialbereitstellungsprinzip der Vorratshaltung und die Materialbereitstellung im Bedarfsfall. Sind hohe oder niedrige Lager- bzw. Rüstkosten zu erwarten? Geben Sie eine Begründung an.

(c) Nennen Sie die relevanten Kosten der Losbildung.

(d) Nennen Sie die charakteristische Annahme für die Losgrößenplanung.

(e) Nennen Sie die charakteristischen Annahmen für das Andler'sche oder Wilson'sche Losgrößenmodell.

(f) Unterstellen Sie das Andler'sche oder Wilson'sche Losgrößenmodell. Sind die folgenden Aussagen richtig? Bitte korrigieren Sie jede falsche Aussage.

    a) Die Bestellmenge schwankt im Zeitablauf.

    b) Der Lagerbestand ist konstant im Zeitablauf.

(g) Erläutern Sie in Worten das Vorgehen bei Lagerbilanzgleichungen in einer periodengenauen Planung. Unterstellen Sie ein lineares Optimierungsproblem mit solchen Lagerbilanzgleichungen. Geben Sie Lagerbilanzgleichungen in allgemeiner Form an.
(Hinweis: Sie können die Lagerbilanzgleichungen in einem Single-Level Uncapacitated Lot Sizing Problem angeben.)

(h) Beispielsweise bei linearen Optimierungsproblemen zu deterministischen Losgrößenverfahren wird in Abhängigkeit von einer Losgröße ein Rüstzustand gesetzt und zwar durch Rüstbedingungen. Geben Sie Rüstbedingungen an und erläutern, dass diese korrekt arbeiten.
(Hinweis: Sie können die Rüstbedingungen in einem Single-Level Uncapacitated Lot Sizing Problem angeben.)

(i) Geben Sie die zentrale grundsätzliche Eigenschaft einer optimalen Lösung des einstufigen unkapazitierten Losgrößenproblems mit deterministisch-dynamischem Bedarf an.

(j) Warum berücksichtigen die Losgrößenheuristiken in Enterprise-Ressource-Planning-Systemen wie dem SAP-System nur Lose mit einer (beliebigen) Reichweite?

(k) Nennen Sie die prinzipielle Arbeitsweise einer Losgrößenheuristik in Enterprise-Ressource-Planning-Systemen wie dem SAP-System.

(l) Erläutern Sie die prinzipielle Arbeitsweise der beiden Losgrößenheuristiken von Silver und Meal sowie von Groff. (Hinweis: Formeln sind möglich, aber nicht erforderlich.)

(m) Was enthält eine Mengenübersichtsstückliste und wozu dient sie?

(n) Grenzen Sie Mengenübersichtsstückliste, Erzeugnisbaum und Gozintograph gegeneinander ab.

(o) Was wird unter einen Direktbedarfskoeffizienten verstanden?

(p) Welche Merkmale sind zur exakten Bestimmung des Bedarfs notwendig?

(q) Welche beiden zentralen Fragen werden durch die Materialbedarfsplanung (bzw. die programmorientierte Bedarfsermittlung) gelöst?

(r) Unter welchen Bedingungen eignet sich die programmorientierte Bedarfsermittlung?

(s) Auf welche vier wichtigen Informationsquellen greift die programmorientierte Bedarfsermittlung zurück?

(t) Nennen Sie das Ergebnis der programmorientierten Bedarfsermittlung.

(u) Erläutern Sie die Bedarfsarten Primärbedarf, Sekundärbedarf und Tertiärbedarf und geben Sie an, wie diese ermittelt werden.

(v) Welchen Sinn hat die Verwendung von Dispositionsstufen bei der Materialbedarfsrechnung (bzw. der programmorientierten Bedarfsermittlung)? (Aus [GüTe05], S. 125, entnommen.)

(w) Ist es bei der Materialbedarfsplanung sinnvoll, die Nettobedarfsrechnung zunächst für alle Produkte über alle Dispositionsstufen einer Erzeugnisstruktur durchzuführen, bevor dann Produkt für Produkt die Auftragsgrößen ermittelt werden? (Aus [GüTe05], S. 125, entnommen.)

(x) Bringen Sie die Begriffe „Losgrößenbestimmung", „Nettobedarfsrechnung", „Primärbedarfsrechnung", „Vorlaufzeitverschiebung", „Bruttobedarfsrechnung", „Sekundärbedarfsrechnung" in eine logisch richtige Reihenfolge und stellen Sie die Abarbeitung dieser Schritte über die einzelnen Dispositionsstufen in Pseudocode dar. (Aus [GüTe05], S. 125, entnommen.)

(y) Nennen die zentrale Schwäche der programmorientierten Bedarfsermittlung.

(z) Gehen Sie auf das prinzipielle Vorgehen von verbrauchsorientierten Methoden der Bedarfsermittlung näher ein. Welche Verfahren existieren in Enterprise Ressource Planning Systemen wie dem SAP System?

Lösungsvorschlag

(a) Ein Los (auch Produktionslos bzw. Bestellmenge) ist eine Anzahl gleichartiger Objekte (Bedarfe, Aufträge etc.), die von einem Arbeitssystem unmittelbar hintereinander ohne Rüstvorgänge gefertigt werden bzw. durch einen Beschaffungsvorgang eingekauft bzw. geliefert werden.

(b) Bei einer Materialbereitstellung im Bedarfsfall werden keine Lose gebildet. Dies impliziert geringe durchschnittliche Lagerbestände und deswegen sind niedrige Lagerkosten zu erwarten. Ferner impliziert es eine hohe Anzahl an Beschaffungs- bzw. Rüstvorgängen, weswegen hohe Beschaffungs- bzw. Rüstkosten zu erwarten sind.

Bei dem Materialbereitstellungsprinzip der Vorratshaltung liegt die umgekehrte Situation vor. Es werden große Lose gebildet. Dies impliziert hohe durchschnittliche Lagerbestände und deswegen sind hohe Lagerkosten zu erwarten. Ferner impliziert es eine geringe Anzahl an Beschaffungs- bzw. Rüstvorgängen, weswegen niedrige Beschaffungs- bzw. Rüstkosten zu erwarten sind.

(c) Die relevanten Kosten der Losbildung lauten:

- Lagerkosten.

- Rüst- bzw. Bestellkosten.

- Variablen Produktionskosten (z.B. Fertigungslöhne, Materialkosten), sofern sie zeitabhängig oder von der Losgröße abhängig sind.

(d) Die charakteristische Annahme für die Losgrößenplanung lauten: Alle Bedarfe sollen termingerecht bereitgestellt werden. (M.a.W.: Fehlmengen dürfen nicht auftreten.)

(e) Die charakteristischen Annahmen für das Andler'sche oder Wilson'sche Losgrößenmodell lauten:

- Es tritt ein kontinuierlicher und konstanter Bedarf mit der Bedarfsrate d Mengeneinheiten (ME) pro Zeiteinheit (ZE) auf.

- Die Rüstkosten betragen K Geldeinheiten (GE) pro Rüstvorgang.

- Jede gelagerte Produkteinheit verursacht Lagerkosten in Höhe von h GE pro ME und ZE.

- Der Lagerzugang durch ein produziertes Los erfolgt unendlich schnell.

(f) Beim Andler'sche oder Wilson'sche Losgrößenmodell ist die Bestellmenge konstant und die Entwicklung des Lagerbestands hat einen „sägezahnähnlichen" Verlauf. (Damit sind alle Aussagen falsch.)

(g) Bei einer periodengenauen Planung wie bei Losgrößenproblemen mit deterministisch-dynamischem Bedarf oder der programmorientierten Bedarfsermittlung wird der Bestand am Ende oder am Anfang einer Periode betrachtet, um beispielsweise Lagerungskosten zu berechnen.

Eine Ausprägung einer Lagerbilanzgleichung arbeitet nach dem Schubkastenprinzip. Für Tage als Perioden lautet es: Zu Beginn eines Tages liegt etwas in der Schublade. Innerhalb eines Tages kommt es zu (beliebig vielen) Entnahmen und Hinzufügungen. Am Ende des Tages liegt eine bestimmte Menge in der Schublade. Dabei sind der Beginn und das Ende eines Tages (bzw. einer Periode) identische Zeitpunkte.

Ein Beispiel für Lagerbilanzgleichungen in einem linearen Optimierungsproblem sind die in einem Single-Level Uncapacitated Lot Sizing Problem (SLULSP). Sie lauten:

Parameter:

T   Länge des Planungszeitraums.

d_t Nettobedarfsmenge in Periode t $\forall\ 1 \leq t \leq T$ für Auslagerungen.

Variablen:

y_t Lagerbestand am Ende der Periode t $\forall\ 0 \leq t \leq T$.

q_t Losgröße in Periode t $\forall\ 1 \leq t \leq T$ für Einlagerungen.

$$y_{t-1} + q_t - d_t = y_t \ \forall\ 1 \leq t \leq T \qquad\qquad \text{Lagerbilanzgleichungen.}$$

(h) Die Rüstbedingungen werden anhand dem einstufigen unkapazitierten Losgrößenproblem mit deterministisch-dynamischem Bedarf, also dem Single-Level Uncapacitated Lot Sizing Problem (SLULSP), erläutert. Durch Rüstbedingungen soll eine binäre periodenspezifische Rüstvariable γ_t, zur Periode t, auf 1 gesetzt werden, wenn in der Periode t ein echt positives Los q_t verwendet wird. Anderenfalls – i.e. ein Los von 0 wird verwendet – soll die Rüstvariable den Wert 0 haben. Zunächst werden die Rüstbedingungen angegeben und danach erläutert:

Parameter:

T	Länge des Planungszeitraums.
s	Rüstkostensatz.
M	große Zahl (M muss größer als die maximal mögliche Losgröße sein).

Variablen:

$\gamma_t \in \{0,1\} \quad \forall\, 1 \leq t \leq T$	binäre Rüstungsvariablen.

$q_t - M \cdot \gamma_t \leq 0 \quad \forall\, 1 \leq t \leq T$	Rüstbedingungen.

Die Richtigkeit der Rüstbedingungen ergibt sich aufgrund den folgenden Überlegungen:

Bei $q_t > 0$ und $\gamma_t = 0$ (für ein t) wird nicht gerüstet, aber ein Los aufgesetzt. Dieser nicht erlaubte Fall wird durch die Rüstbedingungen ausgeschlossen.

Ist $q_t = 0$, so ist die Rüstbedingung für $\gamma_t = 0$ erfüllt, was beabsichtigt ist, aber auch für $\gamma_t > 0$, was nicht korrekt ist. Der letzte Fall tritt nicht auf, wenn für ein unnötiges Rüsten vermeidbare Kosten anfallen. Dies wird im SLULSP durch eine zu minimierende Zielfunktion erreicht, die Rüstkosten von $s \cdot \gamma_t$ enthält.

(i) Eine optimale Lösung des einstufigen unkapazitierten Losgrößenproblems mit deterministisch-dynamischem Bedarf, also dem Single-Level Uncapacitated Lot Sizing Problem (SLULSP), hat die Eigenschaft:
der Lagerbestand am Ende einer Periode reicht zur Deckung des Bedarfs der nächsten Periode oder ist Null.

Dies bedeutet, dass in einer optimalen Lösung ein Los aus der Summe an Bedarfen von einer Anzahl an aufeinanderfolgenden Perioden besteht. Diese Anzahl heißt Reichweite des Loses.

(j) Eine optimale Lösung des einstufigen unkapazitierten Losgrößenproblems mit deterministisch-dynamischem Bedarf besteht ausschließlich aus Losen, in der die Bedarfe von aufeinanderfolgenden Perioden zusammengefasst sind; es wird in der Literatur von einer Reichweite gesprochen. Daher werden nur diese in Losgrößenheuristiken berücksichtigt.

(k) Eine Losgrößenheuristik bestimmt für eine Periode (mit einem echt positiven Bedarf) ein Los mit einer Reichweite (gleich der Summe an Bedarfen von aufeinanderfolgenden Perioden); Perioden ohne Lose sind (damit) auch möglich. In einer solchen Periode wird die Reichweite so lange erhöht, bis ein Kostenkriterium (in der Regel) größer als eine Vergleichsgröße ist. In dieser Periode wird das Los mit der so ermittelten Reichweite verwendet. Die gerade betrachtete Periode plus die so ermittelte Reichweite ist die als nächstes zu betrachtende Periode.

(l) Nach dem in der Lösung zur vorhergehenden Aufgabe angegebenen Vorgehen von Losgrößenheuristiken wird für eine Periode (mit einem echt positiven Bedarf) die Reichweite des Loses in dieser Periode schrittweise erhöht.

Beim Verfahren von Silver und Meal erfolgt dies so lange, wie die durchschnittlichen Gesamtkosten pro Periode monoton fallen (also, bis diese zunehmen).

(Ergänzung: Dies korreliert mit einem entsprechenden Vorgehen beim Andler'schen oder Wilson'schen Losgrößenmodell, bei dem eine schrittweise Erhöhung eines zu kleinen Loses (gegenüber dem optimalen) zu immer kleineren Gesamtkosten führt, bis schließlich das absolute Minimum erreicht ist und diese Losvergrößerung beendet wird.)

Das Verfahren von Groff basiert auf dem folgenden Ansatz:
Eine (solche) Loserhöhung wird so lange fortgesetzt, bis die Grenzrüstkosten, also die Rüstkosten pro Zeit- und Mengeneinheit, kleiner als die konstanten Grenzlagerkosten, also Lagerkosten pro Zeit- und Mengeneinheit, sind.
Statt der wirklichen Grenzkosten werden Approximationen verwendet.

(Ergänzung: Dies korreliert mit einem entsprechenden Vorgehen beim Andler'schen oder Wilson'schen Losgrößenmodell, wobei in diesem Fall das optimale Los erreicht wird, wenn die Grenzrüstkosten gleich den Grenzlagerkosten sind.)

(m) Eine Mengenübersichtsstückliste wird für ein Erzeugnis (in der Regel für ein Endprodukt) aufgestellt. Es ist eine Auflistung der Bestandteile von diesem Erzeugnis einschließlich der eingehenden Mengen für die Produktion einer Mengeneinheit von diesem Erzeugnis. (Beachte: gegebenenfalls werden die Bedarfsmengen über mehrere Fertigungsstufen kumuliert.)

Deswegen bietet eine Mengenübersichtsstückliste einen schnellen Überblick über den gesamten Verbrauchsfaktorbedarf, der mit der Produktion einer Mengeneinheit des betrachteten Erzeugnisses verbunden ist. Sie liefert damit wertvolle Informationen für die Kalkulation.

(n) Eine Mengenübersichtsstückliste zu einem Erzeugnis E informiert über die Art und Anzahl der Bestandteile von E. Zusätzlich informiert der Erzeugnisbaum (zu E) auch über die Fertigungsstufen; in der Literatur wird auch von einer Strukturstückliste gesprochen. Bei einem Gozintograph hingegen werden alle Baugruppen und Einzelteile nur einmal erfasst. Dies qualifiziert einen Gozintograph als Datenstruktur für die programmorientierte Bedarfsermittlung. Allerdings geht dadurch die Information über die Fertigungsstruktur verloren.

(o) Ein Direktbedarfskoeffizient wird für die programmorientierte Bedarfsermittlung benötigt und beschreibt den Erzeugniszusammenhang zwischen zwei Produkten i und j ($a_{i,j}$). Er gibt an, wie viele Mengeneinheiten von Produkt i zur Produktion einer Mengeneinheit von Produkt j benötigt wird.

(p) Zur exakten Bestimmung des Bedarfs sind folgende Merkmale der Güter notwendig: Art und Menge, Qualität, Zeitpunkt und Ort des Bedarfs.

(q) Die zentrale Aufgabe der Materialbedarfsplanung (bzw. der programmorientierten Bedarfsermittlung) ist die Sicherstellung der Materialverfügbarkeit. Der Ausgangspunkt ist ein Produktionsprogramm, welches periodenspezifische Bedarfe an Produkten (für den Verkauf) angibt. Folgende beiden Fragen sind maßgeblich:

- Kann der Bedarf je Periode gedeckt werden?

- Was muss dafür in bestimmten Perioden produziert bzw. beschafft werden?

(r) Für die programmorientierte Bedarfsermittlung müssen die folgenden Daten bekannt und konstant sein:

- die Kenntnis der geplanten Absatzmengen – in Form eines Produktionsprogramms und/oder als vorhandene Kundenaufträge.

- die Bestandteile der jeweiligen Erzeugnisse.

- die geplanten Durchlaufzeiten bzw. Beschaffungszeiten der Erzeugnisse.

- die Zu- und Abgänge bei den Lagerbeständen im Zeitablauf.

(s) Die programmorientierte Bedarfsermittlung greift auf die folgenden vier wichtigen Informationsquellen zurück:

- das Ergebnis der übergeordneten Planung (i.e. Produktionsprogrammplanung) – bei Vorliegen der Planungshierarchie – für absatzbestimmte Produkte, d.h. Endprodukte und Ersatzteile.

- den Erzeugniszusammenhang.

- die geplanten Durchlaufzeiten bzw. Beschaffungszeiten (i.e. Wiederbeschaffungszeiten bei Zukaufteilen) der Erzeugnisse (Endprodukte, Baugruppen, Einzelteile).

- die Entwicklung der periodenbezogenen Lagerbestände (im Zeitablauf).

(t) Das Ergebnis der programmorientierten Bedarfsermittlung sind Planaufträge. Jeder Planauftrag enthält zu einem Produkt die Produktionsmenge sowie den Start- und den Endtermin, wobei die Termine auf den Beginn (oder das Ende) einer Periode fallen.

(u) Unter Primärbedarf wird der Bedarf an absatzbestimmten Endprodukten und Ersatzteilen verstanden; Erzeugnissen also, die nicht mehr in nach gelagerte Produktionsprozesse eingehen.
Der Primärbedarf wird sowohl mengenmäßig als auch in seiner zeitlichen Struktur durch die übergeordnete Produktionsprogrammplanung, festgelegt und für die programmorientierte Bedarfsermittlung als Datum vorgegeben.

Der Sekundärbedarf umfasst die Bedarfsmengen an Rohstoffen, Einzelteilen und Baugruppen, die zur Herstellung des Primärbedarfs notwendig sind.
Der Sekundärbedarf kann bei Kenntnis der Erzeugnisstruktur direkt aus dem Primärbedarf abgeleitet werden.

Tertiärbedarf ist der Bedarf an Hilfs- und Betriebsstoffen sowie an billigen Verschleißwerkzeugen für die Produktion. Der Tertiärbedarf wird ermittelt durch eine Vorhersage über technologische Kennzahlen (z.B. Schmiermittelverbrauch pro Betriebsstunde einer Maschine) oder Prognoseverfahren.

(v) Das Grundverfahren (aus drei produktspezifischen Schritten) der programmorientierten Bedarfsplanung wird auf die einzelnen Produkte angewendet. Dies ist erst dann für ein Produkt P möglich, wenn dies für alle Produkte erfolgte, in die P eingeht. Durch Dispositionsstufen wird dies erreicht, indem das Grundverfahren auf alle Produkte einer Dispositionsstufe angewendet wird.

(w) Die Losbildung zu einem Produkt P aus den Planaufträgen zu diesem Produkt auf einer Dispositionsstufe beeinflusst den Nettobedarf zu jedem Produkt Q auf der nächsthöheren Dispositionsstufe, sofern Q direkt in das Produkt P eingeht. Nach dem vorgeschlagenen Vorgehen müsste die Nettobedarfsrechnung von Q nach der Losbildung für P wiederholt werden, wodurch die erste Nettobedarfsrechnung von Q obsolet ist. Folglich ist das vorgeschlagene Vorgehen nicht sinnvoll.

(x) Die logisch richtige Reihenfolge der genannten Begriffe ist:

1. „Primärbedarfsrechnung",

2. „Sekundärbedarfsrechnung",

3. „Bruttobedarfsrechnung",

4. „Nettobedarfsrechnung",

5. „Vorlaufzeitverschiebung" und

6. „Losgrößenbestimmung".

Die Abarbeitung dieser Schritte in der programmorientierten Bedarfsplanung erfolgt nach dem folgenden Pseudocode. Die Primärbedarfsrechnung erfolgt im Rahmen der übergeordneten Produktionsprogrammplanung.

Durchlaufe die Dispositionsstufen (u) von 0 bis zur höchsten Dispositionsstufe:

Für jedes Produkt (k) auf der Dispositionstufe u:

1. Durchlaufe die Perioden (t) von der Anfangsperiode (t_A) bis zu der Endperiode (t_E) und berechne:

   • den Sekundärbedarf von Produkt k in Periode t,

   • den Bruttobedarf von Produkt k in Periode t,

   • den Nettobedarf von Produkt k in Periode t und

   • den Planauftrag (durch eine Vorlaufzeitverschiebung um z_k) von Produkt k in Periode ($t - z_k$).

2. Bestimme die Lose aus diesen Planaufträgen.

(y) Die Hauptschwäche der programmorientierten Bedarfsermittlung besteht darin, dass keine Ressourcen berücksichtigt werden. Diese Nicht-Berücksichtigung von beschränkter Kapazität verursacht in der industriellen Praxis sehr häufig nicht durchführbare Pläne. Dies impliziert erhebliche Lieferverzögerungen. Bei der gerne verwendeten Gegenmaßnahme werden Aufträge früher für die Produktion freigegeben, wodurch Zwischenerzeugnisse entstehen, die eingelagert werden. Dann sind hohe Lagerbestände zu beobachten.

(z) Die verbrauchsgesteuerte Disposition orientiert sich an den Verbräuchen aus der Vergangenheit (Materialbewegungsrechnungen und -statistiken) und/oder an Annahmen über den zukünftigen Verbrauch. Es müssen also Aufzeichnungen über den früheren Materialverbrauch vorhanden sein, die eine gute Erwartungsbildung des zukünftigen Verbrauchs erlauben.

Bei den konkreten Verfahren der verbrauchsgesteuerten Disposition wird unterschieden zwischen stochastischer Disposition und Verfahren des Bestandsmanagements. Bei der stochastischen Disposition wird der zukünftige Nettobedarf aus den Vergangenheitswerten mit Hilfe statistischer Verfahren berechnet. Es werden vor allem Prognoseverfahren wie die nach dem Prinzip der exponentiellen Glättung arbeitenden Verfahren eingesetzt. In Enterprise-Ressource-Planning-Systemen wie dem SAP-System sind in der Regel die exponentielle Glättung erster und zweiter Ordnung sowie das Verfahren von Winters implementiert. Beim Bestandsmanagement wird zwischen verschiedenen Lagerhaltungspolitiken unterschieden – für eine umfangreiche Darstellung mit ihrer Analyse sei auf [Herr09a] verwiesen. Beide Verfahrensklassen sind in ihrer Handhabung einfache Verfahren der Bedarfsplanung.

Es gibt verschiedene Vorschläge über Regeln zu ihrer Anwendung; s. [Herr11] für einen detaillierten Vorschlag. Für eine gewisse erste Orientierung diene die folgende Regel: Mit ihnen werden C-Teile und teilweise auch B-Teile, aufgrund einer ABC-Klassifizierung, s. z.B. [Herr11], sowie Hilfs- und Betriebsstoffe geplant.

4.2. Nettobedarfsrechnung, einstufig

Ein Unternehmen zur Herstellung von Kopfhörern benötigt den Nettobedarf für die nächsten sieben Wochen. Dazu ermittelt Frau Laura, verantwortlich für die Produktion von Kopfhörern, den prognostizierten Bruttobedarf zu Wochenbeginn. Er lautet: 75 Kopfhörer, 55 Kopfhörer, 80 Kopfhörer, 40 Kopfhörer, 60 Kopfhörer, 70 Kopfhörer und 50 Kopfhörer. Aufgrund eines offenen Produktionsauftrages wird zu Beginn der vierten Woche ein Lagerzugang von 120 Kopfhörern erwartet. Herr Manuell, verantwortlich für die Lagerhaltung, sagt Frau Laura, dass 250 Kopfhörer vorrätig sind und der Sicherheitsbestand auf 10 Kopfhörer festgelegt wurde. Eine Lagerbestandsreservierung in der vierten Woche über 45 Kopfhörer liegt vor.

Ermitteln Sie die benötigten wochenspezifischen Nettobedarfe. Zur Nachvollziehbarkeit geben Sie die Entwicklung des physischen und des disponiblen Lagerbestands im Zeitablauf an. Geben Sie die dabei verwendeten Formeln an.

Lösungsvorschlag

Für die Entwicklung des physischen und des disponiblen Lagerbestands im Zeitablauf werden die folgenden Formeln zu einer Woche t verwendet, mit $1 \leq t \leq 7$. Diese beziehen sich stets auf den Beginn einer Woche (t) – auch wenn dies nicht explizit genannt wird.

Zuerst wird der physische Lagerbestand berechnet.
Der physische Lagerbestand der ersten Woche (t = 1) ist der vorhandene Anfangslagerbestand. Für eine beliebige spätere Woche t (t > 1) besteht er aus der Summe aus dem Sicherheitsbestand und der Differenz aus dem disponiblen Bestand der Vorwoche (t − 1) und dem Bruttobedarf der Vorwoche, sofern diese positiv ist – ansonsten wird 0 verwendet. Also:

physischer Lagerbestand (t)
= max { disponibler Bestand (t − 1) − Bruttobedarf (t − 1) , 0 }
+ Sicherheitsbestand (t − 1).

Danach wird der disponible Lagerbestand berechnet.
Der disponible Lagerbestand in einer Woche t ist die Summe aus dem physischen La-

gerbestand in Woche t und dem Lagerzugang in dieser Woche ohne den reservierten Lagerbestand und den Sicherheitsbestand in eben dieser Woche, also:

disponibler Bestand (t)

= physischer Lagerbestand (t)

+ Lagerzugang (t)

− reservierter Lagerbestand (t)

− Sicherheitsbestand (t).

Damit wird als nächstes der Lagerabgang in einer Woche t ermittelt.

Dieser ist gleich dem disponiblen Lagerbestand (in der Woche), sofern der Bruttobedarf plus dem reservierten Lagerbestand höher als der (nicht-negative) disponible Lagerbestand ist, oder gleich dem Bruttobedarf plus dem reservierten Lagerbestand, im gegenteiligen Fall – der Bruttobedarf plus dem reservierten Lagerbestand ist nicht höher als der (nicht-negative) disponible Lagerbestand –, also:

$$\text{Lagerabgang (t)} = \min \{ \text{Bruttobedarf (t)} + \text{reservierter Lagerbestand (t)}, \max \{ \text{disponibler Lagerbestand (t)}, 0 \} \}.$$

(Hinweis: Sowohl der Bruttobedarf in Woche t als auch der reservierte Lagerbestand in Woche t werden in der Woche t gedeckt bzw. verbraucht und zwar bevorzugt von dem physischen Lagerbestand und danach durch den Nettobedarf (der zu Beginn der Woche t zur Verfügung steht).)

Damit ergibt sich abschließend der Nettobedarf einer Woche t durch:

$$\text{Nettobedarf (t)} = \max \{ \text{Bruttobedarf (t)} - \text{disponibler Lagerbestand (t)}, 0 \}.$$

Die Ergebnisse zur Anwendung dieser Formeln im Zeitablauf befinden sich in der folgenden Tabelle 4.1.

	Woche						
	1	2	3	4	5	6	7
physischer Lagerbestand	250	175	120	40	75	15	10
Lagerzugang	-	-	-	120	-	-	-
reservierter Lagerbestand	-	-	-	45	-	-	-
Sicherheitsbestand	10	10	10	10	10	10	10
disponibler Lagerbestand	240	165	110	105	65	5	0
Bruttobedarf	75	55	80	40	60	70	50
Lagerabgang	75	55	80	85	60	5	0
Nettobedarf	-	-	-	-	-	65	50

Tabelle 4.1: Lagerbestände und Nettobedarfe von Kopfhörern in den nächsten sieben Wochen.

4.3. Nettobedarfsrechnung mit negativem disponiblen Bestand

Bilden Sie ein Beispiel für eine Nettobedarfsrechnung mit einem negativen disponiblen Bestand.

Lösungsvorschlag

Für eine einstufig Nettobedarfsrechnung berechnet sich die Entwicklung des physischen und des disponiblen Lagerbestands im Zeitablauf durch die folgenden Formeln zu einer Periode t verwendet, mit $t \in \mathbb{N}$. Diese beziehen sich stets auf den Beginn einer Periode (t) – auch wenn dies nicht explizit genannt wird; eine Anwendung befindet sich in der Aufgabe 4.2 zur einstufigen Nettobedarfsrechnung.

Zuerst wird der physische Lagerbestand berechnet.
Der physische Lagerbestand der ersten Periode (t = 1) ist der vorhandene Anfangslagerbestand. Für eine beliebige spätere Periode t (t > 1) besteht er aus der Summe aus dem Sicherheitsbestand und der Differenz aus dem disponiblen Bestand der Vorperiode (t − 1) und dem Bruttobedarf der Vorperiode, sofern diese positiv ist – ansonsten wird 0 verwendet. Also:

physischer Lagerbestand (t)

= max { disponibler Bestand (t − 1) − Bruttobedarf (t − 1) , 0 }

+ Sicherheitsbestand (t − 1).

Danach wird der disponible Lagerbestand berechnet.

Der disponible Lagerbestand in einer Periode t ist die Summe aus dem physischen Lagerbestand in Periode t und dem Lagerzugang in dieser Periode ohne den Sicherheitsbestand in eben dieser Periode, also:

disponibler Bestand (t)

= physischer Lagerbestand (t)

+ Lagerzugang (t)

− Sicherheitsbestand (t).

Damit wird als nächstes der Lagerabgang in einer Periode t ermittelt.

Dieser ist gleich dem disponiblen Lagerbestand (in der Periode), sofern der Bruttobedarf höher als der (nicht-negative) disponible Lagerbestand ist, oder gleich dem Bruttobedarf, im gegenteiligen Fall – der Bruttobedarf ist nicht höher als der (nicht-negative) disponible Lagerbestand –, also:

Lagerabgang (t) = min { Bruttobedarf (t), max { disponibler Lagerbestand (t), 0 } }.

Damit ergibt sich abschließend der Nettobedarf einer Periode t durch:

Nettobedarf (t) = max { Bruttobedarf (t) − disponibler Lagerbestand (t), 0 }.

Für einen Bruttobedarf von jeweils 50 Mengeneinheiten (ME) in zwei Perioden, keinem Anfangslagerbestand, keinem Lagerzugang und einem Sicherheitsbestand von 10 ME bewirkt die Anwendung dieser Formeln im Zeitablauf die in der folgenden Tabelle 4.1 angegebenen Ergebnisse. Der Nettobedarf über 60 ME in der ersten Periode füllt den Lagerbestand, so dass der Sicherheitsbestand über 10 ME (im Lager) zur Verfügung steht.

	Periode	
	1	2
physischer Lagerbestand [ME]	0	0
Lagerzugang [ME]	-	-
Sicherheitsbestand [ME]	10	10
disponibler Lagerbestand [ME]	-10	0
Bruttobedarf [ME]	50	50
Lagerabgang [ME]	0	0
Nettobedarf [ME]	60	50

Tabelle 4.2: Lagerbestände und Nettobedarfe in Mengeneinheiten (ME) in den nächsten beiden Perioden.

4.4. Korrektur einer einstufigen Nettobedarfsrechnung

Ein Unternehmen zur Herstellung von Kopfhörern benötigt den Nettobedarf für die nächsten sieben Wochen. Dazu ermittelt Frau Laura, verantwortlich für die Produktion von Kopfhörern, den prognostizierten Bruttobedarf zu Wochenbeginn. Er lautet: 75 Kopfhörer, 55 Kopfhörer, 80 Kopfhörer, 40 Kopfhörer, 60 Kopfhörer, 70 Kopfhörer und 50 Kopfhörer. Aufgrund eines offenen Produktionsauftrages wird zu Beginn der vierten Woche ein Lagerzugang von 120 Kopfhörern erwartet. Herr Manuell, verantwortlich für die Lagerhaltung, sagt Frau Laura, dass 250 Kopfhörer vorrätig sind und der Sicherheitsbestand auf 10 Kopfhörer festgelegt wurde. Lagerbestandsreservierungen liegen keine vor.

Für die Entwicklung der benötigten wochenspezifischen Nettobedarfe wurden die folgenden Formeln zu einer Woche t (t > 1) verwendet, mit $1 \leq t \leq 7$. Diese beziehen sich stets auf den Beginn einer Woche (t) – auch wenn dies nicht explizit genannt wird.

Zuerst wird der physische Lagerbestand berechnet.
Der physische Lagerbestand der ersten Woche (t = 1) ist der vorhandene Anfangslagerbestand. Für eine beliebige spätere Woche t besteht er aus der Summe aus dem physischen Lagerbestand der Vorwoche (t – 1), dem Lagerzugang in der Vorwoche und dem Lagerabgang in der Vorwoche, also:

$$\text{physischer Lagerbestand (t)} = \text{physischer Lagerbestand (t} - 1)$$
$$+ \text{Lagerzugang (t} - 1)$$
$$- \text{Lagerabgang (t} - 1).$$

Danach wird der disponible Lagerbestand berechnet.

Der disponible Lagerbestand in einer Woche t ist die Summe aus dem physischen Lagerbestand in Woche t und dem Lagerzugang in dieser Woche ohne den reservierten Lagerbestand und den Sicherheitsbestand in eben dieser Woche, also:

$$\text{disponibler Bestand (t)} = \text{physischer Lagerbestand (t)}$$
$$+ \text{Lagerzugang (t)}$$
$$- \text{reservierter Lagerbestand (t)}$$
$$- \text{Sicherheitsbestand (t).}$$

Damit wird als nächstes der Lagerabgang in einer Woche t ermittelt.

Dieser ist gleich dem disponiblen Lagerbestand, sofern der Bruttobedarf höher als der disponible Lagerbestand ist, oder gleich dem Bruttobedarf, im gegenteiligen Fall – der Bruttobedarf ist nicht höher als der disponible Lagerbestand –, also:

$$\text{Lagerabgang (t)} = \min \{ \text{Bruttobedarf (t)} + \text{reservierter Lagerbestand (t),}$$
$$\max \{ \text{disponibler Lagerbestand (t)}, 0 \} \}.$$

Damit ergibt sich abschließend der Nettobedarf einer Woche t durch:

$$\text{Nettobedarf (t)} = \max \{ \text{Bruttobedarf (t)} - \text{disponibler Lagerbestand (t)}, 0 \}.$$

Die Ergebnisse der Anwendung dieser Formeln im Zeitablauf befinden sich in der folgenden Tabelle 4.3.

	Woche						
	1	2	3	4	5	6	7
Bruttobedarf	75	55	80	40	60	70	50
physischer Lagerbestand	250	175	120	40	120	60	10
Lagerzugang	-	-	-	120	-	-	-
Lagerabgang	75	55	80	40	60	50	0
reservierter Lagerbestand	-	-	-	-	-	-	-
Sicherheitsbestand	10	10	10	10	10	10	10
disponibler Lagerbestand	240	165	110	150	110	50	0
Nettobedarf	-	-	-	-	-	20	50

Tabelle 4.3: Lagerbestände und Nettobedarfe von Kopfhörern in den nächsten sieben Wochen.

Gehen Sie nun davon aus, dass kein Lagerzugang erfolgt und kein Anfangslagerbestand vorliegt. Der Bruttobedarf beträgt einheitlich 50 Kopfhörer.

Welche Ergebnisse liefern diese Formeln, sofern

- ein Sicherheitsbestand von 30 Kopfhörern erforderlich ist oder
- für die Woche 2 45 Kopfhörer zu reservieren sind?

Sie dürfen sich auf 4 Wochen beschränken.

Analysieren Sie Ihre Ergebnisse.

Lösungsvorschlag

Zunächst zum Sicherheitsbestand:
Die Ergebnisse der Anwendung dieser Formeln im Zeitablauf befinden sich in der folgenden Tabelle 4.4.

	Woche			
	1	2	3	4
Bruttobedarf	50	50	50	50
physischer Lagerbestand	0	0	0	0
Lagerzugang	-	-	-	-
Lagerabgang	0	0	0	0
reservierter Lagerbestand	-	-	-	-
Sicherheitsbestand	30	30	30	30
disponibler Lagerbestand	-30	-30	-30	-30
Nettobedarf	80	80	80	80

Tabelle 4.4: Lagerbestände und Nettobedarfe von Kopfhörern in den nächsten vier Wochen.

Der Nettobedarf von 80 Kopfhörern in der ersten Woche bewirkt die Deckung des Bruttobedarfs von 50 Kopfhörern in der ersten Woche und des geforderten Sicherheitsbestands von 50 Kopfhörern ebenfalls in der ersten Woche. Damit steht dieser Sicherheitsbestand ab dann in den Folgewochen zur Verfügung und wird (aufgrund seiner Definition) nicht abgebaut. Folglich lautet die korrekte Lösung:

	Woche			
	1	2	3	4
Bruttobedarf	50	50	50	50
physischer Lagerbestand	0	30	30	30
Lagerzugang	-	-	-	-
Lagerabgang	0	0	0	0
reservierter Lagerbestand	-	-	-	-
Sicherheitsbestand	30	30	30	30
disponibler Lagerbestand	-30	0	0	0
Nettobedarf	80	50	50	50

Tabelle 4.5: Korrekte Lagerbestände und Nettobedarfe von Kopfhörern in den nächsten vier Wochen.

Verantwortlich für die falsche Lösung in Tabelle 4.5 ist, dass mit den bisherigen Formeln eben keine Erhöhung des physischen Bestands, wie bei der korrekten Lösung, erfolgt: Dadurch ergeben sich unnötig hohe Nettobedarfe im Vergleich zur korrekten Lösung; konkret wird in jeder Woche für den Sicherheitsbestand ein Teil-Nettobedarf festgelegt.

Diese Eigenschaft, nämlich den Nettobedarf in jeder Woche zu erhöhen, ist korrekt im Fall des reservierten Lagerbestands, da dieser in der benötigten Woche verbraucht wird.

Die Ergebnisse der Anwendung obiger Formeln im Zeitablauf befinden sich in der folgenden Tabelle 4.6.

	Woche			
	1	2	3	4
Bruttobedarf	50	50	50	50
physischer Lagerbestand	0	0	0	0
Lagerzugang	-	-	-	-
Lagerabgang	0	0	0	0
reservierter Lagerbestand	-	45	-	-
Sicherheitsbestand	0	0	0	0
disponibler Lagerbestand	0	-45	0	0
Nettobedarf	50	95	50	50

Tabelle 4.6: Lagerbestände und Nettobedarfe von Kopfhörern in den nächsten vier Wochen.

Statt den hier verwendeten Formeln sind die der programmorientierten Bedarfsermittlung zu verwenden. Ihre formale Definition befindet sich in der Aufgabe 4.2 zur einstufigen Nettobedarfsrechnung.

4.5. Korrektur der Bedarfsplanung in PPS-Systemen

Ein Unternehmen hat in einer bestimmten Woche einen Kundenauftrag für ein Produkt in Höhe von 100 Mengeneinheiten (ME) auszuliefern. Das eingesetzte Produktionsplanungs- und -steuerungs-System (PPS-System) terminierte zusätzlich dazu einen Auftrag in dieser Woche zum Aufbau eines saisonal bedingten Lagerbestands von 70 ME. Der Lagerbestand zu Beginn der Woche beträgt 30 ME. Weiterhin soll ein Sicherheitsbestand von

20 ME vorliegen.

(a) Welcher Nettobedarf liegt in dieser Woche vor?

(b) Unterstellen Sie einen Lagerzugang in Höhe des Nettobedarfs. Geben Sie den Lagerbestand am Ende der Woche an. Analysieren Sie Ihr Ergebnis.

(c) Würden Sie eine Korrektur der in PPS-Systemen üblicherweise verwendeten Nettobedarfsformel empfehlen?

Lösungsvorschlag

Zu (a):

Der Nettobedarf in PPS-Systemen berechnet sich durch den Bruttobedarf minus dem disponiblen Lagerbestand. Dabei ist der Bruttobedarf in der Woche bestimmt durch den Kundenauftrag über 100 ME und den Lagerauftrag über 70 ME zum Aufbau des saisonal bedingten Lagerbestands und beträgt folglich 100 ME + 70 ME = 170 ME. Der disponible Lagerbestand ist 30 ME – 20 ME = 10 ME. Damit ist der Nettobedarf 170 ME – 10 ME = 160 ME.

Zu (b):

Der Lagerendbestand am Ende der Woche errechnet sich wie folgt:
Lageranfangsbestand + Lagerzugänge – Lagerabgänge = Lagerendbestand.
Dieser beträgt daher: 30 ME + 160 ME – 100 ME = 90 ME.

Da dieser Lagerendbestand (am Ende der Woche) höher als der beabsichtigte (über 70 ME) ist, hätte bei der Berechnung des Nettobedarfs in der Teilaufgabe (a) der Lagerauftrag über 70 ME mit dem Sicherheitsbestand über 20 ME verrechnet werden müssen. Daher müsste der Nettobedarf dann tatsächlich (nur noch) 100 ME + (70 ME – 20 ME) – 30 ME + 20 ME = 140 ME betragen. Und der Lagerbestand am Ende der Woche hätte mit (30 ME + 140 ME – 100 ME =) 70 ME dann die zu erwartende Höhe.

Zu (c):

Nach Teilaufgabe (b) wird ein zu hoher Nettobedarf berechnet. Verantwortlich dafür ist der Aufbau des saisonal bedingten Lagerbestands. Dieser bezieht sich nämlich auf zukünftige Wochen und dient auch zum Vermeiden einer Lieferunfähigkeit in zukünftigen Wochen beim Auftreten eines zufälligen Einflusses. Mit anderen Worten: der saisonal bedingte Lagerbestand ist teilweise ein Sicherheitsbestand. Konkret wird dadurch ein zusätzlicher Sicherheitsbestand von 20 ME aufgebaut, um den der Nettobedarf zu korrigieren ist. (Mit anderen Worten liegen zwei Sicherheitsbestände über jeweils 20 ME vor.)

Zur Korrektur wird folgende Modifikation empfohlen:

$$\text{Nettobedarf} = \max \{ \quad \text{Bruttobedarf} - \text{Lagerbestand}$$
$$+ \text{Nettosicherheitsbestand}, 0 \}$$
$$\text{mit Nettosicherheitsbestand} = \max \{ \text{Sicherheitsbestand} - \text{Lageraufträge}, 0 \}$$

Wird durch den Auftrag zum Aufbau eines saisonal bedingten Lagerbestands bereits ein Sicherheitsbestand aufgebaut, so wird kein zusätzlicher Nettosicherheitsbestand benötigt. Ist der Auftrag (zum Aufbau eines saisonal bedingten Lagerbestands) kleiner als der Sicherheitsbestand (, es wird nur teilweise oder gar kein Sicherheitsbestand aufgebaut), so wird der dann fehlende Sicherheitsbestand über den Nettosicherheitsbestand berücksichtigt.

4.6. Nettobedarfsrechnung, mehrstufig - I

Ein Unternehmen produziert zwei Endprodukte. Seine Komponenten und die Direktbedarfskoeffizienten sind in der folgenden Abbildung 4.1 als Gozintograph angegeben:

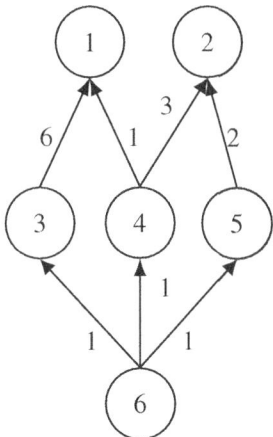

Abbildung 4.1: Gozintograph zu den beiden Endprodukten 1 und 2.

Frau Laura bittet Sie, den Nettobedarf zu berechnen und sendet Ihnen dafür das in der folgenden Tabelle 4.7 für eine Periode angegebene Produktionsprogramm:

Produkt	1	2	3	4	5	6
Primärbedarf	30 ME	25 ME	0 ME	10 ME	20 ME	5 ME

Tabelle 4.7: Produktionsprogramm für die Produkte in Mengeneinheiten (ME).

Herr Manuell berichtet Ihnen, dass von den Produkten 4 und 6 im Lager 10 und 20 Mengeneinheiten liegen und verwendet werden dürfen.

Beschreiben Sie Ihr Vorgehen, einschließlich der dabei verwendeten Formeln.

Lösungsvorschlag

Der Nettobedarf eines Produkts P wird durch die folgenden drei Schritte berechnet:

Schritt 1: Zunächst ist der Sekundärbedarf von P zu berechnen. Die Menge N_P bestehe aus allen Produkten, in die P direkt eingeht (also den Nachfolgern von P im Gozintographen) und für jedes Produkt Q in N_P ist $a_{P,Q}$ der Direktbedarfskoeffizient zwischen P und Q. Dann ist der Sekundärbedarf von P:

$$\sum_{Q \in N_P} a_{P,Q} \cdot \text{(Nettobedarf von Q)}.$$

Schritt 2: Berechnung des Bruttobedarfs von P durch:

Primärbedarf von P + Sekundärbedarf von P.

Schritt 3: Berechnung des Nettobedarfs von P durch:

max { Bruttobedarf von P − Lagerbestand von P, 0 }.

Bei der Anwendung von diesem Algorithmus ist zu berücksichtigen, dass dieser nur auf ein Produkt P angewendet werden darf, wenn die Nettobedarfe für alle Produkte berechnet worden sind, in die das Produkt P direkt eingeht. Ein, in Enterprise Ressource Planning Systemen (ERP Systemen) angewendetes, Vorgehen besteht darin, die Materialverflechtung der Produkte in einem Gozintographen mit Dispositionsstufen abzubilden und dann die Produkte entlang der Dispositionsstufen zu durchlaufen und in einer Dispositionsstufe die Produkte in einer beliebigen Reihenfolge (z.B. im Gozintographen von links nach rechts) zu behandeln. Dabei wird mit der höchsten Dispositionsstufe begonnen. Die Nummer der Dispositionsstufe gibt den „Abstand" zum fertigen Produkt an, weswegen die höchste Dispositionsstufe die Nummer 0 hat.

Für dieses Vorgehen ist der obige Gozintograph in der folgenden Abbildung 4.2 um Dispositionsstufen ergänzt worden.

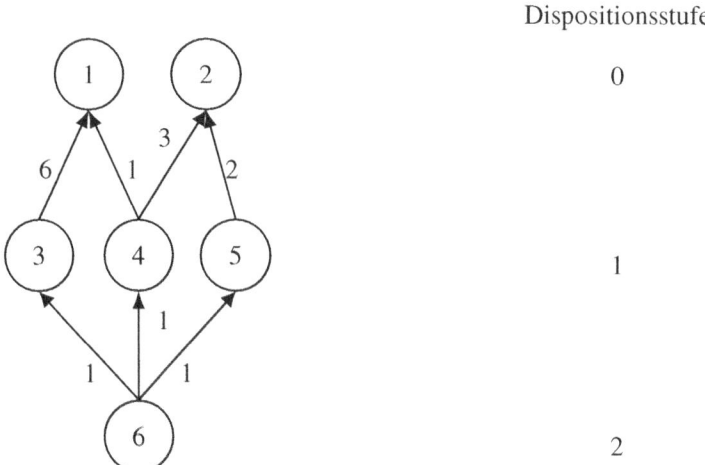

Dispositionsstufe

0

1

2

Abbildung 4.2: Gesamte Materialverflechtung als Gozintograph mit Dispositionsstufen.

Das Gesamtergebnis befindet sich in der folgenden Tabelle 4.8

Produkt	Primär-bedarf	Sekundär-bedarf	Brutto-bedarf	Lager-bestand	Netto-bedarf
1	30	-	30	-	30
2	25	-	25	-	25
3	0	$30 \cdot 6 = 180$	180	-	180
4	10	$30 \cdot 1 + 25 \cdot 3 = 105$	115	10	105
5	20	$25 \cdot 2 = 50$	70	-	70
6	5	$180 + 105 + 70 = 355$	360	20	340

Tabelle 4.8: Bedarfe und Bestände der Produkte nach der Nettobedarfsrechnung in Mengeneinheiten (ME).

4.7. Nettobedarfsrechnung, mehrstufig - II

Der Projektleiter Herr Daniel liefert die folgende Tabelle 4.9, die angibt, wie viele Einheiten eines Vorproduktes i benötigt werden, um eine Einheit des übergeordneten Produktes j herzustellen.

| | übergeordnetes Produkt j | | | | | | |
	1	2	3	4	5	6	7
Vorprodukt i 5	-	2	-	1	-	-	-
6	4	-	-	-	-	-	-
7	-	-	2	4	1	1	-

Tabelle 4.9: Direktbedarfsbeziehungen und -koeffizienten zwischen den Produkten.

Laut Herrn Daniel ist das folgende Produktionsprogramm, s. Tabelle 4.10, zu realisieren:

Produkt	1	2	3	4	5	6	7
Primärbedarf	50 ME	70 ME	5 ME	10 ME	-	-	10 ME

Tabelle 4.10: Produktionsprogramm für die Produkte in Mengeneinheiten (ME).

Nach Herrn Daniel kann der Lagerbestand in Tabelle 4.11 zur Erfüllung des obigen Produktionsprogramm (in Tabelle 4.10) genutzt werden.

Produkt	1	2	3	4	5	6	7
Lagerbestand	35 ME	20 ME	-	-	10 ME	-	50 ME

Tabelle 4.11: Lagerbestand für die Produkte in Mengeneinheiten (ME).

Bestimmen Sie für Herrn Daniel die dadurch bestimmten Nettobedarfe für alle Produkte. Beschreiben Sie Ihr Vorgehen, einschließlich der dabei verwendeten Formeln.

Lösungsvorschlag

Das Vorgehen, einschließlich der dabei verwendeten Formeln, ist das Gleiche wie bei der Aufgabe 4.6; im Detail ist es zu Beginn der Lösung von Aufgabe 4.6 beschrieben. Zur Lösung dieser Aufgabe ist zusätzlich der Gozintograph aus der obigen Tabelle 4.9 über die Beziehungen zwischen den einzelnen Produkten zu ermitteln. Er lautet, einschließlich der Dispositionsstufen, s. Abbildung 4.3:

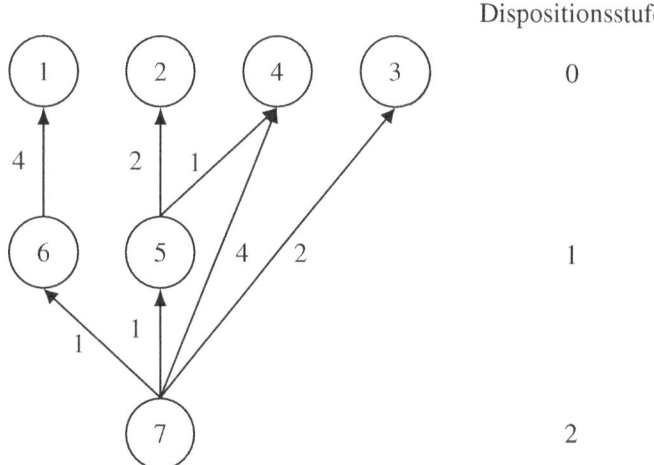

Abbildung 4.3: Gozintograph aller Produkte.

Die folgende Tabelle 4.12 enthält die benötigten Nettobedarfe sowie die für die Berechnung erforderlichen Größen.

Disposi-tionsstufe	Pro-dukt	Primär-bedarf	Sekundär-bedarf	Brutto-bedarf	Lager-bestand	Netto-bedarf
0	1	50	-	50	35	15
0	2	70	-	70	20	50
0	3	5	-	5	-	5
0	4	10	-	10	-	10
1	5	-	$100 + 10 = 110$	110	10	100
1	6	-	60	60	-	60
2	7	10	$60 + 100 + 10 + 40 = 210$	220	50	170

Tabelle 4.12: Bedarfe und Bestände der Produkte nach der Nettobedarfsrechnung mit Dispositionsstufen in Mengeneinheiten.

4.8. Nettobedarfsrechnung, mehrstufig - III

Gegeben sei die in der folgenden Abbildung 4.4 angegebene Produktstruktur.

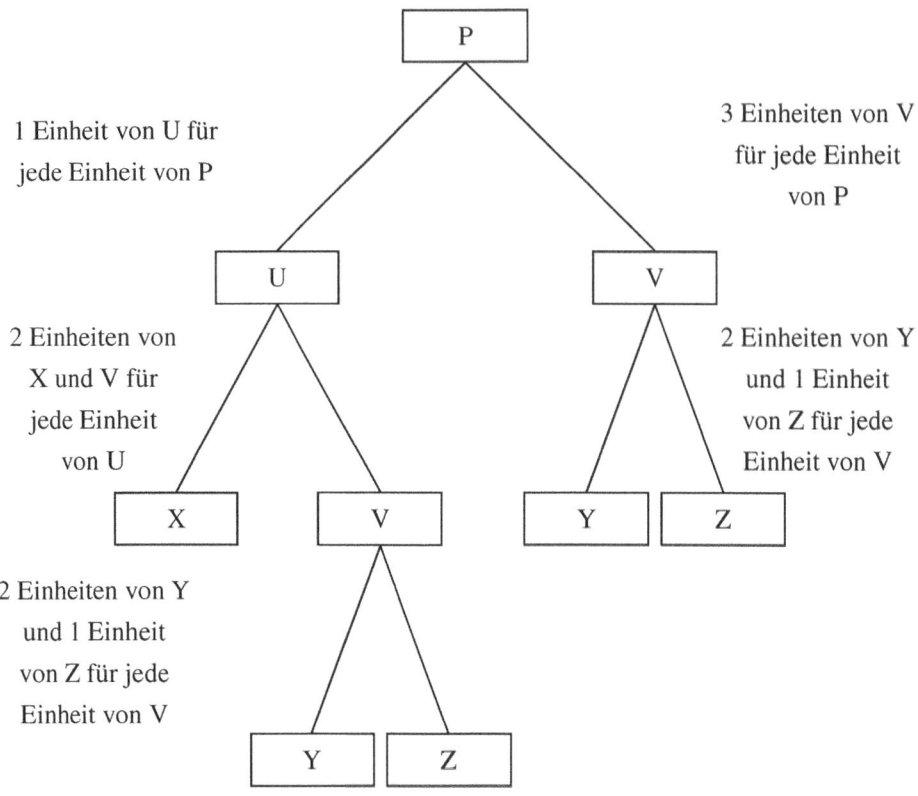

Abbildung 4.4: Produktstruktur zum Endprodukt P.

(a) Bestimmen Sie den Gozintographen und die Dispositionsstufen. Welche Mengeneinheiten von den Rohstoffen X, Y und Z sind zu beschaffen, sofern 20 Mengeneinheiten vom Endprodukt benötigt werden?

(b) Unterstellen Sie das in der Tabelle 4.13 angegebene Produktionsprogramm.

Wochen	6	7	8	9	10
Primärbedarf in ME	-	-	50	30	40

Tabelle 4.13: Produktionsprogramm für das Endprodukt P in Mengeneinheiten (ME).

Gehen Sie ferner von den in der nachfolgenden Tabelle 4.14 angegebenen Lagerbeständen und geschätzten Durchlaufzeiten aus.

Komponente	geschätzte Durchlaufzeit	Anfangslagerbestand
P	1 Woche	10 Mengeneinheiten
U	1 Woche	20 Mengeneinheiten
V	3 Wochen	0 Mengeneinheiten
X	1 Woche	100 Mengeneinheiten
Y	2 Wochen	10 Mengeneinheiten
Z	1 Woche	50 Mengeneinheiten

Tabelle 4.14: Vorlaufzeiten und Anfangslagerbestände zu den Produkten in der Produktstruktur von Endprodukt P.

Welche Planaufträge sind innerhalb dieses Planungszeitraums freizugeben?

Lösungsvorschlag

Zu (a):

Der Gozintograph einschließlich der Dispositionsstufen ist in der folgenden Abbildung 4.5 dargestellt.

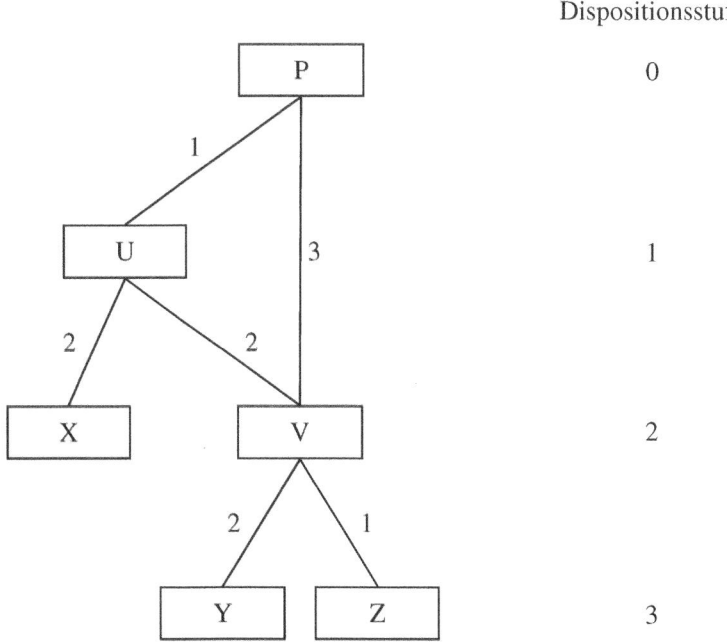

Abbildung 4.5: Gozintograph mit Dispositionsstufen zur Produktstruktur von Endprodukt P.

Aufgrund der Aufgabenstellung (unter anderem keine Perioden und keine Vorlaufzeiten – beides wird erst in der nächsten Teilaufgabe berücksichtigt) ist diese Aufgabe mittels einer Mengenübersichtsstückliste lösbar. Sie gibt die Menge von (jedem) Vorprodukt zur Herstellung einer Mengeneinheit vom Endprodukt an. Die Mengenübersichtsstückliste zum Endprodukt P ist in der folgenden Tabelle 4.15 angegeben:

Vorprodukt	Menge vom Vorprodukt für 1 ME vom Endprodukt
Bauteil U	1
Bauteil V	$5 \, (= 2 \cdot 1 + 3)$
Rohstoff X	$2 \, (= 2 \cdot 1)$
Rohstoff Y	$10 \, (= 2 \cdot 2 \cdot 1 + 2 \cdot 3)$
Rohstoff Z	$5 \, (= 1 \cdot 2 \cdot 1 + 1 \cdot 3)$

Tabelle 4.15: Mengenübersichtsstückliste zum Endprodukt P; ME für Mengeneinheit.

Bei einem (Brutto-) Bedarf von 20 Mengeneinheiten (ME) für Endprodukt P sind die in der Mengenübersichtsstückliste zum Endprodukt P, s. Tabelle 4.15, angegebenen Mengen mit 20 ME zu multiplizieren. Dies führt zu den in der folgenden Tabelle 4.16 angegebenen Beschaffungsmengen für die Rohstoffe X, Y und Z.

Rohstoff	Menge
X	40 Mengeneinheiten
Y	200 Mengeneinheiten
Z	100 Mengeneinheiten

Tabelle 4.16: Beschaffungsmengen für die Rohstoffe X, Y und Z für 20 Mengeneinheiten vom Endprodukt P.

Zu (b):

In der folgenden Tabelle 4.17 ist das Ergebnis vom Dispositionsstufenverfahren angegeben. Folgende Abkürzungen werden verwendet: $a_{i,j}$ für den Direktbedarfskoeffizienten zwischen den Produkten i und j, u für die Dispositionsstufe und z_k für die geschätzte Durchlaufzeit vom Produkt k.

(Hinweis: Die verwendeten Formeln sind im Detail in Aufgabe 4.14 angegeben.)

Endprodukt P mit $z_P = 1$ Woche, u = 0.										
Woche t	1	2	3	4	5	6	7	8	9	10
Primärbedarf = Bruttobedarf [ME]	0	0	0	0	0	0	0	50	30	40
Lagerbestand [ME]	10	10	10	10	10	10	10	10	0	0
Nettobedarf [ME]	0	0	0	0	0	0	0	40	30	40
Planauftrag [ME]	0	0	0	0	0	0	40	30	40	0
Komponente U mit $z_U = 1$ Woche, u = 1 und $a_{U,P} = 1$.										
Woche t	1	2	3	4	5	6	7	8	9	10
Sekundärbedarf = Bruttobedarf [ME]	0	0	0	0	0	0	40	30	40	0
Lagerbestand [ME]	20	20	20	20	20	20	20	0	0	0
Nettobedarf [ME]	0	0	0	0	0	0	20	30	40	0
Planauftrag [ME]	0	0	0	0	0	20	30	40	0	0
Komponente V mit $z_V = 3$ Wochen, u = 2, $a_{V,U} = 2$ und $a_{V,P} = 3$										
Woche t	1	2	3	4	5	6	7	8	9	10
Sekundärbedarf durch U [ME]	0	0	0	0	0	40	60	80	0	0
Sekundärbedarf durch P [ME]	0	0	0	0	0	0	120	90	120	0
Bruttobedarf [ME]	0	0	0	0	0	40	180	170	120	0
Lagerbestand [ME]	0	0	0	0	0	0	0	0	0	0
Nettobedarf [ME]	0	0	0	0	0	40	180	170	120	0
Planauftrag [ME]	0	0	40	180	170	120	0	0	0	0
Komponente X mit $z_X = 1$ Woche, u = 2 und $a_{X,U} = 2$										
Woche t	1	2	3	4	5	6	7	8	9	10
Sekundärbedarf durch U [ME] = Bruttobedarf [ME]	0	0	0	0	0	40	60	80	0	0
Lagerbestand [ME]	100	100	100	100	100	100	60	0	0	0
Nettobedarf [ME]	0	0	0	0	0	0	0	80	0	0
Planauftrag [ME]	0	0	0	0	0	0	80	0	0	0

Tabelle 4.17: Ergebnis vom Dispositionsstufenverfahren zum Produkt P in Mengeneinheiten (ME) (wird fortgesetzt).

Komponente Y mit $z_Y = 2$ Wochen, $u = 3$ und $a_{Y,V} = 2$										
Woche t	1	2	3	4	5	6	7	8	9	10
Sekundärbedarf (V) = Bruttobedarf [ME]	0	0	80	360	340	240	0	0	0	0
Lagerbestand [ME]	10	10	10	0	0	0	0	0	0	0
Nettobedarf [ME]	0	0	70	360	340	240	0	0	0	0
Planauftrag [ME]	70	360	340	240	0	0	0	0	0	0
Komponente Z mit $z_Z = 1$ Woche, $u = 3$ und $a_{Z,V} = 1$										
Woche t	1	2	3	4	5	6	7	8	9	10
Sekundärbedarf (V) = Bruttobedarf [ME]	0	0	40	180	170	120	0	0	0	0
Lagerbestand [ME]	50	50	50	10	0	0	0	0	0	0
Nettobedarf [ME]	0	0	0	170	170	120	0	0	0	0
Planauftrag [ME]	0	0	170	170	120	0	0	0	0	0

Tabelle 4.17: Ergebnis vom Dispositionsstufenverfahren zum Produkt P in Mengeneinheiten (ME).

Die in der Tabelle 4.17 angegebenen Planaufträge sind zu Beginn der Wochen, in denen diese eingetragen worden sind, freizugeben.

4.9. Bedarf für Rohmaterial

Gegeben ist der in der folgenden Tabelle 4.18 angegebene Gozintograph:

Startknoten i	Zielknoten j	Direktbedarfskoeffizient zwischen i und j
2	4	4
2	5	5
3	8	60
4	5	2
4	7	6
5	7	2
5	8	3

Tabelle 4.18: Gozintograph.

Von Produkt 8 werden 10 Mengeneinheiten (ME) benötigt. Wie viele Rohmaterialien müssen bestellt werden? (Erläutern Sie bitte Ihre Berechnungen.)

Lösungsvorschlag

Basierend auf dem Vorgehen bei Mengenübersichtsstücklisten (s. die Aufgabe 4.8), werden die erforderlichen Rohmaterialien wie folgt berechnet:

Für jedes Rohmaterial R werden zu jedem Pfad von R zu Produkt 8 im Gozintographen alle (seine) Direktbedarfskoeffizienten (entlang dieses Pfades) multipliziert und diese Ergebnisse werden aufsummiert. Das Ergebnis gibt an, wie viele Mengeneinheiten (ME) von R zur Herstellung von einer ME von Produkt 8 erforderlich ist.

Zum leichteren Nachvollziehen der auftretenden Pfade enthält die folgende Abbildung 4.6 eine graphische Darstellung des Gozintographen.

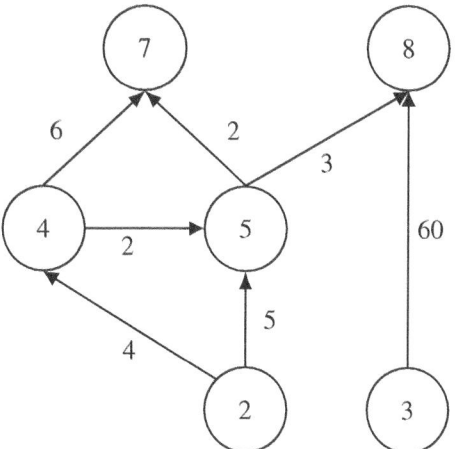

Abbildung 4.6: Gozintograph als Graph.

Die Anwendung des obigen Verfahrens führt zu den folgenden Berechnungen und damit Faktoren:

Bei Rohmaterial 2 der Faktor $4 \cdot 2 \cdot 3 + 5 \cdot 3 = 39$ und

bei Rohmaterial 3 der Faktor 60.

Nun sind diese Faktoren mit der Bedarfsmenge von 10 ME zu multiplizieren:

Dadurch sind $10 \cdot 39$ ME $= 390$ ME von Rohmaterial 2 und $10 \cdot 60$ ME $= 600$ ME von Rohmaterial 3 zu bestellen, um 10 ME von Produkt 8 herstellen zu können.

4.10. Einstufige unkapazitierte Losbildung mit deterministisch-dynamischen Bedarf

Für ein Produkt existieren die in der folgenden Tabelle 4.19 angegebenen, zu produzierenden, Bedarfe in den nächsten vier Wochen. Die Rüst- (K) und die Lagerkostensätze (h) betragen 600 Geldeinheiten (GE) und 2 GE pro Mengeneinheit (ME) und Woche.

Woche	1	2	3	4
Bedarf (d_{Woche})	100 ME	300 ME	150 ME	200 ME

Tabelle 4.19: Bedarfe; ME für Mengeneinheiten.

Bestimmen Sie eine kostenminimale Losbildung sowie eine durch die Verfahren von Groff und Silver-Meal. Geben Sie Zwischenschritte an, so dass die Berechnungen nachvollzogen werden können; bitte geben Sie zentrale Formeln an.

Lösungsvorschlag

Zur optimalen Lösung:

Die Bestimmung einer optimalen Lösung folgt nach dem in [Herr09b] und in [Herr18] angegebenen Vorgehen; mit der dort angegebenen Terminologie. Dies führt zu dem in der Abbildung 4.7 angegebenen „Kürzesten Wege"-Problem.

Die Beschriftungen der Pfeile sind die Kosten des zugehörigen Loses. Sie berechnen sich für einen Pfeil ($m_{\tau,t}$) vom Knoten τ zum Knoten t, also für das Los in der Woche τ, welches aus den Bedarfen der Wochen τ bis (t − 1) einschließlich besteht, durch die folgende Formel

$$m_{\tau,t} = K + h \cdot \sum_{j=\tau+1}^{t-1} (j - \tau) \cdot d_j$$

(Exemplarisch sei die Beschriftung des Pfeils vom Knoten 1 zum Knoten 4 näher erläutert. Er repräsentiert das Los in der Woche 1 über 550 ME mit Rüstkosten von 600 GE. Es werden in der ersten Woche 450 ME mit Kosten von $450 \cdot 2$ GE gelagert und in der zweiten Woche 150 ME mit Kosten von $150 \cdot 2$ GE.)

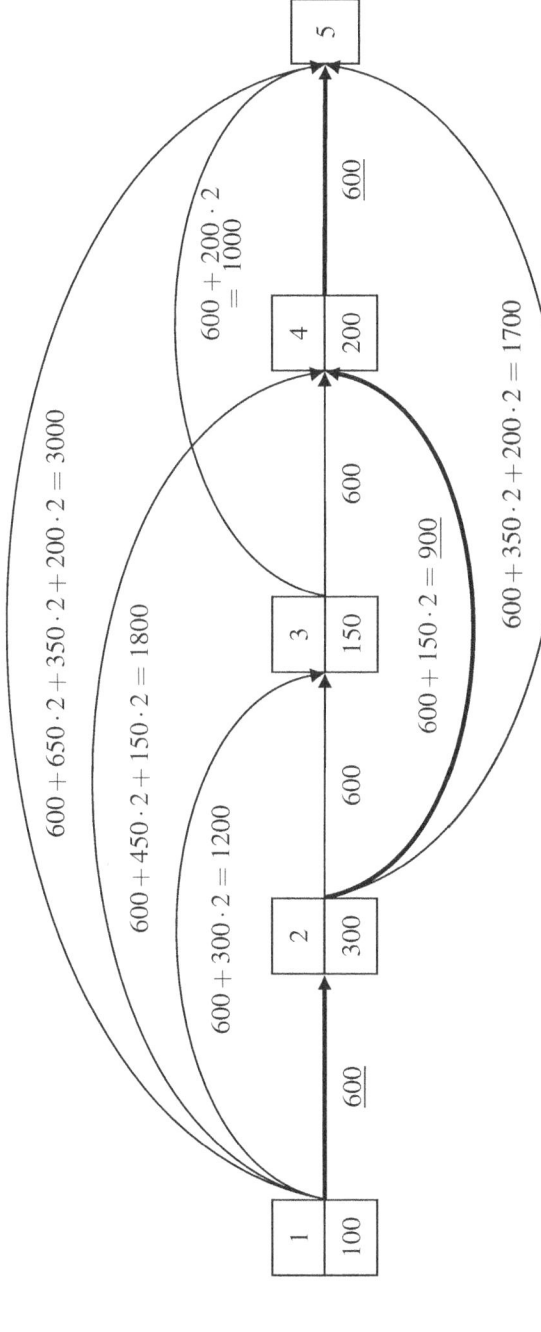

Abbildung 4.7: Darstellung aller Lose aus aufeinanderfolgenden Bedarfen mit ihren Kosten als „Kürzestes Wege"-Problem mit Mengen in Mengeneinheiten und Kosten in Geldeinheiten; die optimale Lösung ist der Pfad mit den „dickeren" Pfeilen und die optimalen Kosten sind unterstrichen.

Der in [Herr09b] und in [Herr18] angegebene Algorithmus berechnet die in der Tabelle 4.20 angegebenen Zwischenschritte.

Folge-knoten		$\tau = 1$	$\tau = 2$	$\tau = 3$	$\tau = 4$
t = 2	Weg	$1 \rightarrow 2$			
	Kosten [GE]	600			
	Summe [GE]	<u>600</u>			
t = 3	Weg	$1 \rightarrow 3$	$1 \rightarrow 2 \rightarrow 3$		
	Kosten [GE]	1200	$600 + 600$		
	Summe [GE]	<u>1200</u>	1200		
t = 4	Weg	$1 \rightarrow 4$	$1 \rightarrow 2 \rightarrow 4$	$1 \rightarrow 3 \rightarrow 4$	
	Kosten [GE]	1800	$600 + 900$	$1200 + 600$	
	Summe [GE]	1800	<u>1500</u>	1800	
t = 5	Weg	$1 \rightarrow 5$	$1 \rightarrow 2 \rightarrow 5$	$1 \rightarrow 3 \rightarrow 5$	$1 \rightarrow 4 \rightarrow 5$
	Kosten [GE]	3000	$600 + 1700$	$1200 + 1000$	$1500 + 600$
	Summe [GE]	3000	2300	2200	<u>2100</u>

Tabelle 4.20: Zwischenschritte zum Lösen des „Kürzesten Wege"-Problems in Abbildung 4.7; die optimale Lösung bis zum Knoten t ist unterstrichen.

Nach der Tabelle 4.20 lautet eine optimale Lösung:

- ein Los zu Beginn von der ersten Woche über 100 ME (d.h. $q_1^{opt} = 100$ ME) mit 600 GE an Rüstkosten und keinen Lagerkosten,

- ein Los zu Beginn von der zweiten Woche über 450 ME (d.h. $q_2^{opt} = 450$ ME) mit 600 GE an Rüstkosten und 300 GE an Lagerkosten sowie

- ein Los zu Beginn von der vierten Woche über 200 ME (d.h. $q_4^{opt} = 200$ ME) mit 600 GE an Rüstkosten und keinen Lagerkosten.

Die Gesamtkosten betragen daher: $(600\,\text{GE} + 600\,\text{GE} + 300\,\text{GE} + 600\,\text{GE} =)$ 2100 GE.

Zum Verfahren von Groff:

Nach dem in [Herr11] und in [Herr18] angegebenen Vorgehen werden, mit der dort angegebenen Terminologie, die in der Tabelle 4.21 genannten Verfahrensschritte durchgeführt, wobei für die Wochen j und τ sowie die in der Aufgabenstellung genannten Parameter

- $C_t = d_t \cdot j \cdot (j+1)$ das Kostenkriterium und

- $V_t = 2 \cdot \dfrac{K}{h}$ das Vergleichskriterium

sind.

τ	t	j	C_t [GE]	V_t [GE]	Bedarf d_t in Woche τ produzieren?
1	1	0	$100 \cdot 0 \cdot 1 = 0$	600	Ja, da $0 \leq 600$ ist.
1	2	1	$300 \cdot 1 \cdot 2 = 600$	600	Ja, da $600 \leq 600$ ist.
1	3	2	$150 \cdot 2 \cdot 3 = 900$	600	Nein, da $900 > 600$ ist.
Los $q_1 = 100\,\text{ME} + 300\,\text{ME} = 400\,\text{ME}$ mit Rüstkosten von 600 GE und Lagerkosten von $2 \cdot 0 \cdot 100\,\text{GE} + 2 \cdot 1 \cdot 300\,\text{GE} = 600\,\text{GE}$ ergeben sich Kosten von 1200 GE.					
3	1	0	$150 \cdot 0 \cdot 1 = 0$	600	Ja, da $0 \leq 600$ ist.
3	2	1	$200 \cdot 1 \cdot 2 = 400$	600	Ja, da $400 \leq 600$ ist.
Los $q_3 = 150\,\text{ME} + 200\,\text{ME} = 350\,\text{ME}$ mit Rüstkosten von 600 GE und Lagerkosten von $2 \cdot 0 \cdot 150\,\text{GE} + 2 \cdot 1 \cdot 200\,\text{GE} = 400\,\text{GE}$ ergeben sich Kosten von 1000 GE.					

Tabelle 4.21: Lösung durch das Verfahren von Groff.

Tabelle 4.21 enthält bereits die sich ergebenden Lose einschließlich ihrer Kosten, wodurch Gesamtkosten von 2200 GE anfallen.

Zur einfacheren Vergleichbarkeit sind im Folgenden diese Lose so wie bei der optimalen Lösung angegeben:

- ein Los zu Beginn von der ersten Woche über 400 ME (d.h. $q_1^{\text{Groff}} = 400\,\text{ME}$) mit 600 GE an Rüstkosten und 600 GE an Lagerkosten sowie

- ein Los zu Beginn von der dritten Woche über 350 ME (d.h. $q_3^{\text{Groff}} = 350\,\text{ME}$) mit 600 GE an Rüstkosten und 1000 GE an Lagerkosten.

Die Gesamtkosten betragen daher: $(600\,\text{GE} + 600\,\text{GE} + 600\,\text{GE} + 1000\,\text{GE} =)$ 2200 GE.

Zum Verfahren von Silver und Meal:
Nach dem in [Herr11] und in [Herr18] angegebenen Vorgehen werden, mit der dort angegebenen Terminologie, die in der Tabelle 4.22 genannten Verfahrensschritte durchgeführt, wobei für die Wochen j und τ sowie die in der Aufgabenstellung genannten Parameter

$$- \quad C_t = C_{\tau,t}^{\mathrm{Per}} = \frac{K + h \cdot \sum\limits_{j=\tau+1}^{t} (j - \tau) \cdot d_j}{t - \tau + 1} \quad \text{das Kostenkriterium und}$$

$- \quad V_t = C_{\tau,t-1}^{\mathrm{Per}}$ das Vergleichskriterium

sind.

τ	t	C_t [GE]	V_t [GE]	Bedarf d_t in Woche τ produzieren?
1	1	$\frac{600}{1} = 600$	/	/
1	2	$\frac{600 + 2 \cdot 1 \cdot 300}{2} = 600$	600	Ja, da $600 \leq 600$ ist.
1	3	$\frac{600 + 2 \cdot 1 \cdot 300 + 2 \cdot 2 \cdot 150}{3} = 600$	600	Ja, da $600 \leq 600$ ist.
1	4	$\frac{600 + 2 \cdot 1 \cdot 300 + 2 \cdot 2 \cdot 150 + 2 \cdot 3 \cdot 200}{4} = 750$	600	Nein, da $750 > 600$ ist.
Los $q_1 = 100$ ME $+ 300$ ME $+ 150$ ME $= 550$ ME mit Rüstkosten von 600 GE und Lagerkosten von $2 \cdot 0 \cdot 100$ GE $+ 2 \cdot 1 \cdot 300$ GE $+ 2 \cdot 2 \cdot 150$ GE $= 1200$ GE ergeben sich Kosten von 1800 GE.				
4	4	$\frac{600}{1} = 600$	/	/
Los $q_4 = 200$ ME mit Rüstkosten von 600 GE und Lagerkosten von $2 \cdot 0 \cdot 200$ GE $= 0$ GE ergeben sich Kosten von 600 GE.				

Tabelle 4.22: Lösung durch das Verfahren von Silver und Meal.

Tabelle 4.22 enthält bereits die sich ergebenden Lose einschließlich ihrer Kosten, wodurch Gesamtkosten von 2400 GE anfallen.

Zur einfacheren Vergleichbarkeit sind im Folgenden diese Lose so wie bei der optimalen Lösung angegeben:

- ein Los zu Beginn von der ersten Woche über 550 ME (d.h. $q_1^{\mathrm{SM}} = 550$ ME) mit 600 GE an Rüstkosten und 1200 GE an Lagerkosten sowie

- ein Los zu Beginn von der vierten Woche über 200 ME (d.h. $q_4^{\mathrm{SM}} = 200$ ME) mit 600 GE an Rüstkosten und keinen Lagerkosten.

Die Gesamtkosten betragen daher: (600 GE $+ 1200$ GE $+ 600$ GE $=$) 2400 GE.

Die optimale Losbildung vermeidet mehr als die beiden betrachteten Alternativen Lagerkosten durch geringere Reichweiten. Die größte verwendete Reichweite beim Silver-

Meal-Verfahren ist am höchsten.

4.11. Kostenminimale Losbildung

Für ein Produkt existieren die folgenden Bedarfe in den nächsten fünf Wochen.

Woche	1	2	3	4	5
Bedarf (d_{Woche}) [ME]	50	20	40	15	20

Tabelle 4.23: Bedarfe; ME für Mengeneinheiten.

Zu seiner Produktion ist ein Produktionssystem zu rüsten. Dazu fallen Rüstkosten über 400 Geldeinheiten (GE) an und die Lagerung einer Mengeneinheit (ME) in einer Woche kostet 3 GE.

Wie lauten die kostenminimalen Lose?

Geben Sie Zwischenschritte an, so dass die Berechnungen nachvollzogen werden können; bitte geben Sie zentrale Formeln an.

Lösungsvorschlag

Nach der Aufgabenstellung liegt ein einstufiges unkapazitiertes Losgrößenproblem mit deterministisch-dynamischen Bedarf, also ein Single-Level Uncapacitated Lot Sizing Problem (SLULSP), s. z.B. [Herr18], vor.

Die Bestimmung einer optimalen Lösung folgt nach dem in [Herr09b] und in [Herr18] angegebenen Vorgehen; mit der dort angegebenen Terminologie. Dies führt zu dem in der Abbildung 4.8 angegebenen „Kürzesten Wege"-Problem.

Die Beschriftungen der Pfeile sind die Kosten des zugehörigen Loses. Sie berechnen sich für einen Pfeil ($m_{\tau,t}$) vom Knoten τ zum Knoten t, also für das Los in der Woche τ, welches aus den Bedarfen der Wochen τ bis (t − 1) einschließlich besteht, durch die folgende Formel

$$m_{\tau,t} = K + h \cdot \sum_{j=\tau+1}^{t-1} (j - \tau) \cdot d_j$$

149

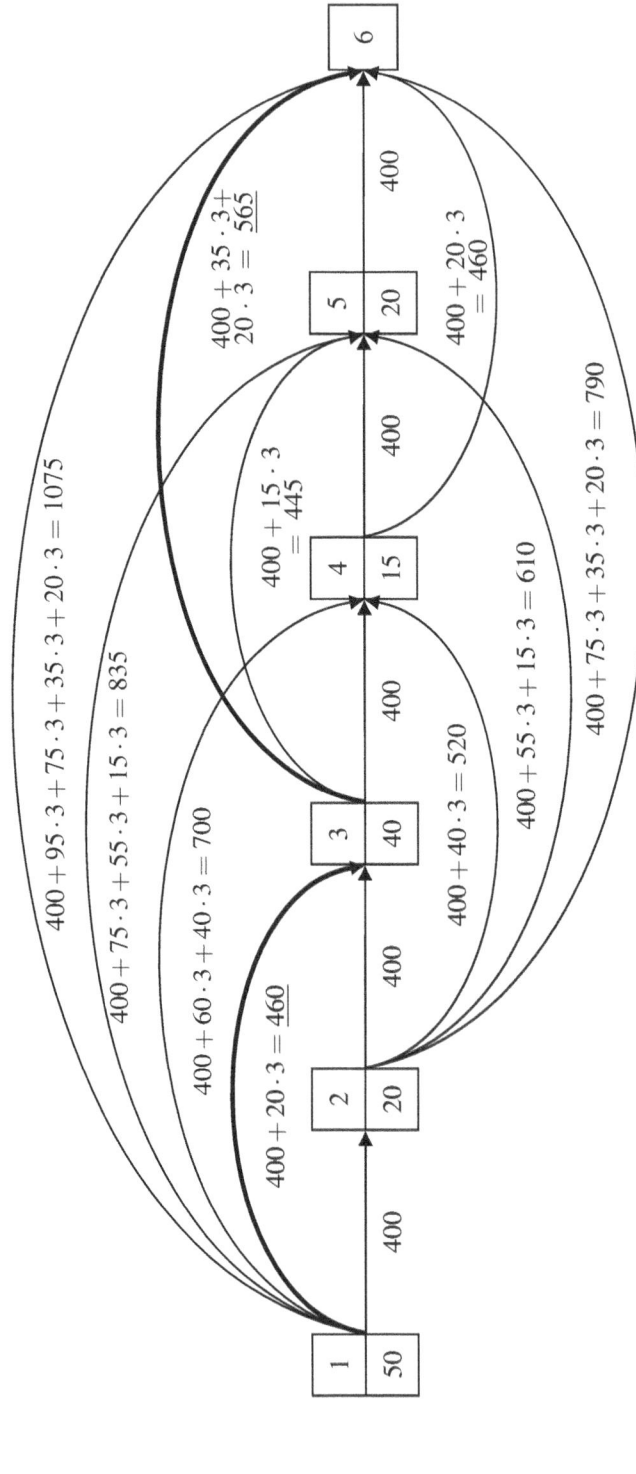

Abbildung 4.8: Darstellung aller Lose aus aufeinanderfolgenden Bedarfen mit ihren Kosten als „Kürzestes Wege"-Problem mit Mengen in Mengeneinheiten und Kosten in Geldeinheiten; die optimale Lösung ist der Pfad mit den „dickeren" Pfeilen.

Der in [Herr09b] und in [Herr18] angegebene Algorithmus berechnet die in der Tabelle 4.24 angegebenen Zwischenschritte.

Folge-knoten		$\tau = 1$	$\tau = 2$	$\tau = 3$	$\tau = 4$	$\tau = 5$
t = 2	Weg	$1 \to 2$				
	Kosten [GE]	400				
	Summe [GE]	<u>400</u>				
t = 3	Weg	$1 \to 3$	$1 \to 2 \to 3$			
	Kosten [GE]	460	400 + 400			
	Summe [GE]	<u>460</u>	800			
t = 4	Weg	$1 \to 4$	$1 \to 2 \to 4$	$1 \to 3 \to 4$		
	Kosten [GE]	700	400 + 520	460 + 400		
	Summe [GE]	<u>700</u>	920	860		
t = 5	Weg	$1 \to 5$	$1 \to 2 \to 5$	$1 \to 3 \to 5$	$1 \to 4 \to 5$	
	Kosten [GE]	835	400 + 610	460 + 445	700 + 400	
	Summe [GE]	<u>835</u>	1010	905	1100	
t = 6	Weg	$1 \to 6$	$1 \to 2 \to 6$	$1 \to 3 \to 6$	$1 \to 4 \to 6$	$1 \to 5 \to 6$
	Kosten [GE]	1075	400 + 790	460 + 565	700 + 460	835 + 400
	Summe [GE]	1075	1190	<u>1025</u>	1160	1235

Tabelle 4.24: Zwischenschritte zum Lösen des „Kürzesten Wege"-Problems in Abbildung 4.8; die optimale Lösung bis zum Knoten t ist unterstrichen.

Nach der Tabelle 4.24 lautet eine optimale Lösung:

- ein Los zu Beginn von der ersten Woche über 70 ME (d.h. $q_1^{opt} = 70$ ME) mit 400 GE an Rüstkosten und 60 GE an Lagerkosten,

- ein Los zu Beginn von der dritten Woche über 75 ME (d.h. $q_3^{opt} = 75$ ME) mit 400 GE an Rüstkosten und 165 GE an Lagerkosten.

Die Gesamtkosten betragen daher: $(400\,\text{GE} + 60\,\text{GE} + 400\,\text{GE} + 165\,\text{GE} =)$ 1025 GE.

4.12. Heuristik von Silver und Meal

Nach der Produktionsmanagerin Frau Lisa liegen für Handyhüllen die in der folgenden Tabelle 4.25 angegebenen Bedarfe vor.

Woche	1	2	3	4	5	6
Bedarf (d_{Woche}) [Handyhüllen]	250	310	370	300	160	250

Tabelle 4.25: Wochenbedarfe an Handyhüllen.

Für die Produktion von beliebig vielen Handyhüllen ist ein Produktionssystem einmalig zu rüsten, wodurch Kosten (K) von 800 Geldeinheiten (GE) anfallen. Um eine Handyhülle eine Woche lang zu lagern sind (h) 2 GE zu bezahlen.

Welche Lose werden durch die „Silver und Meal"-Heuristik bestimmt?
Geben Sie Zwischenschritte, einschließlich der dabei verwendeten Formeln, an, so dass die Berechnungen nachvollzogen werden können; bitte geben Sie zentrale Formeln an.

Lösungsvorschlag

Nach dem in [Herr11] und in [Herr18] angegebenen Vorgehen werden, mit der dort angegebenen Terminologie, die in der Tabelle 4.26 genannten Verfahrensschritte durchgeführt, wobei, für die Wochen j und τ sowie die in der Aufgabenstellung genannten Parameter,

$$- \quad C_t = C_{\tau,t}^{Per} = \frac{K + h \cdot \sum\limits_{j=\tau+1}^{t} (j-\tau) \cdot d_j}{t - \tau + 1} \quad \text{das Kostenkriterium und}$$

$$- \quad V_t = C_{\tau,t-1}^{Per} \quad \text{das Vergleichskriterium}$$

sind.

τ	t	C_t [GE]	V_t [GE]	Bedarf d_t in Woche τ produzieren?
1	1	$\frac{800}{1} = 800$	/	/
1	2	$\frac{800+2\cdot1\cdot310}{2} = 710$	800	Ja, da $710 \leq 800$ ist.
1	3	$\frac{800+2\cdot1\cdot310+2\cdot2\cdot370}{3} = 966.\overline{6}$	710	Nein, da $966.\overline{6} > 710$ ist.

Los $q_1 = 250$ Handyhüllen $+ 310$ Handyhüllen $= 560$ Handyhüllen mit Rüstkosten von 800 GE und Lagerkosten von $2 \cdot 0 \cdot 250$ GE $+ 2 \cdot 1 \cdot 310$ GE $= 620$ GE ergeben sich Kosten von 1420 GE.

τ	t	C_t [GE]	V_t [GE]	Bedarf d_t in Woche τ produzieren?
3	3	$\frac{800}{1} = 800$	/	/
3	4	$\frac{800+2\cdot1\cdot300}{2} = 700$	800	Ja, da $700 \leq 800$ ist.
3	5	$\frac{800+2\cdot1\cdot300+2\cdot2\cdot160}{3} = 680$	700	Ja, da $680 \leq 700$ ist.
3	6	$\frac{800+2\cdot1\cdot300+2\cdot2\cdot160+2\cdot3\cdot250}{4} = 885$	680	Nein, da $885 > 680$ ist.

Los $q_3 = 370$ Handyhüllen $+ 300$ ME $+ 160$ Handyhüllen $= 830$ Handyhüllen mit Rüstkosten von 800 GE und Lagerkosten von $2 \cdot 0 \cdot 370$ GE $+ 2 \cdot 1 \cdot 300$ GE $+ 2 \cdot 2 \cdot 160$ GE $= 1240$ GE ergeben sich Kosten von 2040 GE.

τ	t	C_t [GE]	V_t [GE]	Bedarf d_t in Woche τ produzieren?
6	6	$\frac{800}{1} = 800$	/	/

Los $q_6 = 250$ Handyhüllen mit Rüstkosten von 800 GE und Lagerkosten von $2 \cdot 0 \cdot 250$ GE $= 0$ GE ergeben sich Kosten von 800 GE.

Tabelle 4.26: Lösung durch das Verfahren von Silver und Meal.

Tabelle 4.26 enthält bereits die sich ergebenden Lose einschließlich ihrer Kosten, wodurch Gesamtkosten von 4260 GE anfallen.

4.13. Maximale Reichweite bei optimaler Losbildung

In der folgenden Tabelle ist der Bedarf eines Produktes während der nächsten sechs Wochen angegeben. Zu seiner Produktion ist ein Produktionssystem zu rüsten. Dazu fallen Rüstkosten über 150 Geldeinheiten (GE) an und die Lagerung einer Mengeneinheit (ME) in einer Woche kostet 2 GE.

Woche	1	2	3	4	5	6
Bedarf [ME]	19	25	31	26	13	25

Tabelle 4.27: Wochenbedarfe eines Produkts in Mengeneinheiten (ME).

Wie lautet die maximale Reichweite eines Loses in der ersten Woche bei einer optimalen Losbildung über alle sechs Wochen?

Lösungsvorschlag

Es wird das Los in der ersten Woche betrachtet. Ein optimales Los besteht stets aus einer aufeinanderfolgenden Folge von Bedarfen. Enthält das Los in der ersten Woche (q_1) den Bedarf in der Woche t, also d_t, so ist dieser $(t-1)$ Wochen zu lagern und es fallen Lagerkosten von $d_t \cdot (t-1) \cdot 2$ GE an. Sind diese höher als der Rüstkostensatz, so ist es bereits kostengünstiger, den Bedarf durch ein Los in der Woche t zu decken. Für die ersten Wochen führt dies zu den in der folgenden Tabelle 4.28 angegebenen Kosten, so dass die gesuchte maximale Reichweite (eines Loses in der ersten Woche bei einer optimalen Losbildung über alle sechs Wochen) gerade 3 Wochen beträgt.

Woche (t)	1	2	3	4
Bedarf (d_t) [ME]	19	25	31	26
Lagerkosten durch d_t in Los q_1 [GE]	0	50	124	156

Tabelle 4.28: Lagerkosten für einen Wochenbedarf in dem Los in der ersten Woche (q_1); mit ME für Mengeneinheiten und GE für Geldeinheiten.

4.14. Programmorientierte Bedarfsermittlung mit Silver-Meal-Heuristik

Zur Herstellung von zwei Endprodukten X und Y werden die Vorprodukte K, E und F benötigt. Eine (Mengen-) Einheit vom Endprodukt X benötigt zwei Einheiten des Vorprodukts K. Eine Einheit vom Endprodukt Y wird aus vier Einheiten des Vorprodukts K und aus zwei Einheiten des Vorprodukts F produziert. In das Vorprodukt K gehen zwei Einheiten des Vorprodukts E und drei Einheiten vom Vorprodukt F ein. Für die Produkte X und Y sind die folgenden Kundenaufträge zu erfüllen:

Unternehmen	Produkt	Menge	Endtermin
A	X	40 ME	Beginn von Periode 7
A	X	30 ME	Beginn von Periode 8
B	X	30 ME	Beginn von Periode 7
B	X	20 ME	Beginn von Periode 8
B	Y	8 ME	Beginn von Periode 7
B	Y	8 ME	Beginn von Periode 9
C	X	40 ME	Beginn von Periode 7
C	Y	10 ME	Beginn von Periode 7
C	Y	10 ME	Beginn von Periode 8
D	Y	15 ME	Beginn von Periode 9
E	Y	7 ME	Beginn von Periode 7
E	Y	7 ME	Beginn von Periode 9

Tabelle 4.29: Kundenaufträge zu den Produkten X und Y; mit ME für Mengeneinheiten.

Aus offenen Produktionsaufträgen sind zu Beginn der dritten Periode 100 Einheiten von Vorprodukt K verfügbar. Die Losbildung erfolgt durch die Silver-Meal-Heuristik. Weiterhin sind die folgenden Parameter gegeben:

Produkt	X	Y	K	E	F
Rüstkosten (K) in GE	100	80	500	100	100
Lagerkosten (h) in GE je ME und Periode	5	10	3	0.1	0.2
Vorlaufzeit in Perioden	1	2	1	2	1

Tabelle 4.30: Planungsparameter je Produkt; mit GE für Geldeinheiten und ME für Mengeneinheiten.

Führen Sie die programmorientierte Bedarfsermittlung durch. Geben Sie die erforderlichen Einzelschritte so an, dass die Berechnungen nachvollzogen werden können. Die Grundschritte der programmorientierten Bedarfsermittlung, nämlich die Sekundärbedarfsrechnung, die Bruttobedarfsrechnung, die Bestimmung des physischen und des disponiblen Lagerbestands sowie die Grobterminierung, dürfen Sie als bekannt voraussetzen.

Nennen Sie die so ermittelten terminierten Lose mit ihren Dauern.

Lösungsvorschlag

Der in der folgenden Abbildung 4.9 angegebene Gozintograph stellt die gesamte Materialverflechtung einschließlich der Dispositionsstufen dar:

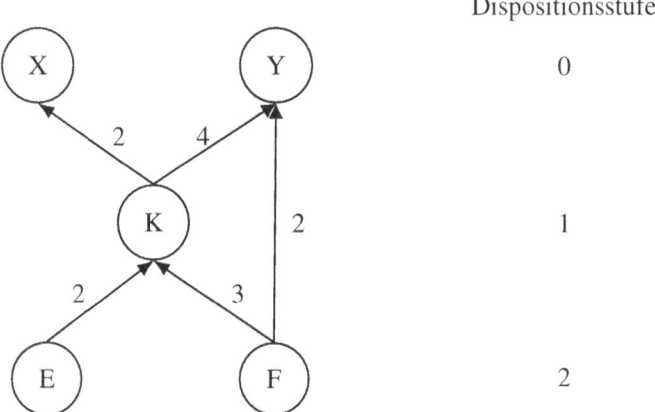

Abbildung 4.9: Gesamte Materialverflechtung als Gozintograph mit Dispositionsstufen.

Die genannten Kundenaufträge führen zu den in der folgenden Tabelle 4.31 angegebenen Primärbedarfen, die stets zu Beginn einer Periode zu erfüllen sind.

	Periode									
Produkte	1	2	3	4	5	6	7	8	9	10
X in ME	-	-	-	-	-	-	110	50	-	-
Y in ME	-	-	-	-	-	-	25	10	30	-

Tabelle 4.31: Primärbedarfe ($d_{k,t}$) je Produkt (k) und Periode (t); mit ME für Mengeneinheiten.

Nach der programmorientierten Bedarfsermittlung mit Losbildung, s. z.B. [Herr18], werden im Folgenden die Produkte nach den Dispositionsstufen und innerhalb einer Dispositionsstufe im Gozintographen von links nach rechts bearbeitet; also in der Reihenfolge X, Y, K, E und F; ergänzend dazu ist der komplette Algorithmus am Ende dieses Lösungsvorschlags angegeben. Die Losbildung beginnt mit der frühesten Periode mit einem echt positiven Bedarf (um vermeidbare Lagerkosten auszuschließen) und endet mit der spätesten Periode mit einem echt positiven Bedarf. Sie folgt dem in [Herr11] und in [Herr18] angegebenen Vorgehen, mit der dort angegebenen Terminologie, und verwendet die folgenden für das Verfahren von Silver und Meal spezifischen Kosten- und Vergleichskriterien, die für die Perioden j und τ sowie die in der Aufgabenstellung genannten Parameter lauten:

$$- \quad C_t = C_{\tau,t}^{Per} = \frac{K + h \cdot \sum\limits_{j=\tau+1}^{t} (j-\tau) \cdot d_j}{t - \tau + 1} \text{ ist das Kostenkriterium und}$$

$$- \quad V_t = C_{\tau,t-1}^{Per} \text{ ist das Vergleichskriterium.}$$

Zentrale Einzelschritte zur Ermittlung der Planaufträge für Produkt X sind in der folgenden Tabelle 4.32 dargestellt. Die Tabelle enthält bereits die Lose und zentrale Berechnungen sind in der anschließenden Tabelle 4.33 angegeben.

Produkt X										
Periode	1	2	3	4	5	6	7	8	9	10
Primärbedarf [ME]	0	0	0	0	0	0	110	50	0	0
Sekundärbedarf [ME]	0	0	0	0	0	0	0	0	0	0
Bruttobedarf [ME]	0	0	0	0	0	0	110	50	0	0
physischer Lagerbestand [ME]	0	0	0	0	0	0	0	0	0	0
disponibler Lagerbestand [ME]	0	0	0	0	0	0	0	0	0	0
Nettobedarf [ME]	0	0	0	0	0	0	110	50	0	0
Planauftrag (terminierter Nettobedarf) [ME]	0	0	0	0	0	110	50	0	0	0
Los (Planauftrag) [ME]	0	0	0	0	0	110	50	0	0	0

Tabelle 4.32: Stücklistenauflösung und Losbildung für Produkt X; mit ME für Mengeneinheiten.

τ	t	C_t [GE]	V_t [GE]	Bedarf d_t in Periode τ produzieren?
6	6	$\frac{100}{1} = 100$	/	/
6	7	$\frac{100+5\cdot1\cdot50}{2} = 175$	100	Nein, da 175 > 100 ist.
Los $q_6 = 110$ ME mit Rüstkosten von 100 GE und Lagerkosten von $5\cdot0\cdot110$ GE $=$ 0 GE ergeben sich Kosten von 100 GE.				
7	7	$\frac{100}{1} = 100$	/	/
Los $q_7 = 50$ ME mit Rüstkosten von 100 GE und Lagerkosten von $5\cdot0\cdot50$ GE $=$ 0 GE ergeben sich Kosten von 100 GE.				

Tabelle 4.33: Losbildung für Produkt X durch das Verfahren von Silver und Meal; mit GE für Geldeinheiten und ME für Mengeneinheiten.

Zentrale Einzelschritte zur Ermittlung der Planaufträge für Produkt Y sind in der folgenden Tabelle 4.34 dargestellt. Die Tabelle enthält bereits die Lose und zentrale Berechnungen sind in der anschließenden Tabelle 4.35 angegeben.

Produkt Y										
Periode	1	2	3	4	5	6	7	8	9	10
Primärbedarf [ME]	0	0	0	0	0	0	25	10	30	0
Sekundärbedarf [ME]	0	0	0	0	0	0	0	0	0	0
Bruttobedarf [ME]	0	0	0	0	0	0	25	10	30	0
physischer Lagerbestand [ME]	0	0	0	0	0	0	0	0	0	0
disponibler Lagerbestand [ME]	0	0	0	0	0	0	0	0	0	0
Nettobedarf [ME]	0	0	0	0	0	0	25	10	30	0
Planauftrag (terminierter Nettobedarf) [ME]	0	0	0	0	25	10	30	0	0	0
Los (Planauftrag) [ME]	0	0	0	0	25	10	30	0	0	0

Tabelle 4.34: Stücklistenauflösung und Losbildung für Produkt Y; mit ME für Mengeneinheiten.

τ	t	C_t [GE]	V_t [GE]	Bedarf d_t in Periode τ produzieren?
5	5	$\frac{80}{1} = 80$	/	/
5	6	$\frac{80+10\cdot1\cdot10}{2} = 90$	80	Nein, da 90 > 80 ist.

Los $q_5 = 25$ ME mit Rüstkosten von 80 GE und Lagerkosten von $10 \cdot 0 \cdot 25$ GE = 0 GE ergeben sich Kosten von 80 GE.

τ	t	C_t [GE]	V_t [GE]	Bedarf d_t in Periode τ produzieren?
6	6	$\frac{80}{1} = 80$	/	/
6	7	$\frac{80+10\cdot1\cdot30}{2} = 190$	80	Nein, da 190 > 80 ist.

Los $q_6 = 10$ ME mit Rüstkosten von 80 GE und Lagerkosten von $10 \cdot 0 \cdot 10$ GE = 0 GE ergeben sich Kosten von 80 GE.

τ	t	C_t [GE]	V_t [GE]	Bedarf d_t in Periode τ produzieren?
7	7	$\frac{80}{1} = 80$	/	/

Los $q_7 = 30$ ME mit Rüstkosten von 80 GE und Lagerkosten von $10 \cdot 0 \cdot 30$ GE = 0 GE ergeben sich Kosten von 80 GE.

Tabelle 4.35: Losbildung für Produkt Y durch das Verfahren von Silver und Meal; mit GE für Geldeinheiten und ME für Mengeneinheiten.

Zentrale Einzelschritte zur Ermittlung der Planaufträge für Produkt K sind in der folgenden Tabelle 4.36 dargestellt. Die Tabelle enthält bereits die Lose und zentrale Berechnungen sind in der anschließenden Tabelle 4.37 angegeben.

Produkt K										
Periode	1	2	3	4	5	6	7	8	9	10
Primärbedarf [ME]	0	0	0	0	0	0	0	0	0	0
Sekundärbedarf [ME]	0	0	0	0	100	260	220	0	0	0
Bruttobedarf [ME]	0	0	0	0	100	260	220	0	0	0
Lagerzugang [ME]	0	0	100	0	0	0	0	0	0	0
physischer Lagerbestand [ME]	0	0	0	100	100	0	0	0	0	0
disponibler Lagerbestand [ME]	0	0	100	100	100	0	0	0	0	0
Nettobedarf [ME]	0	0	0	0	0	260	220	0	0	0
Planauftrag (terminierter Nettobedarf) [ME]	0	0	0	0	260	220	0	0	0	0
Los (Planauftrag) [ME]	0	0	0	0	260	220	0	0	0	0

Tabelle 4.36: Stücklistenauflösung und Losbildung für Produkt K; mit ME für Mengeneinheiten.

τ	t	C_t [GE]	V_t [GE]	Bedarf d_t in Periode τ produzieren?
5	5	$\frac{500}{1} = 500$	/	/
5	6	$\frac{500+3 \cdot 1 \cdot 220}{2} = 580$	500	Nein, da $580 > 500$ ist.
Los $q_5 = 260$ ME mit Rüstkosten von 500 GE und Lagerkosten von $3 \cdot 0 \cdot 260$ GE $= 0$ GE ergeben sich Kosten von 500 GE.				
6	6	$\frac{500}{1} = 500$	/	/
Los $q_6 = 220$ ME mit Rüstkosten von 500 GE und Lagerkosten von $3 \cdot 0 \cdot 220$ GE $= 0$ GE ergeben sich Kosten von 500 GE.				

Tabelle 4.37: Losbildung für Produkt K durch das Verfahren von Silver und Meal; mit GE für Geldeinheiten und ME für Mengeneinheiten.

Zentrale Einzelschritte zur Ermittlung der Planaufträge für Produkt E sind in der folgenden Tabelle 4.38 dargestellt. Die Tabelle enthält bereits die Lose und zentrale Berechnungen sind in der anschließenden Tabelle 4.39 angegeben.

Produkt E										
Periode	1	2	3	4	5	6	7	8	9	10
Primärbedarf [ME]	0	0	0	0	0	0	0	0	0	0
Sekundärbedarf [ME]	0	0	0	0	520	440	0	0	0	0
Bruttobedarf [ME]	0	0	0	0	520	440	0	0	0	0
physischer Lagerbestand [ME]	0	0	0	0	0	0	0	0	0	0
disponibler Lagerbestand [ME]	0	0	0	0	0	0	0	0	0	0
Nettobedarf [ME]	0	0	0	0	520	440	0	0	0	0
Planauftrag (terminierter Nettobedarf) [ME]	0	0	520	440	0	0	0	0	0	0
Los (Planauftrag) [ME]	0	0	960	0	0	0	0	0	0	0

Tabelle 4.38: Stücklistenauflösung und Losbildung für Produkt E; mit ME für Mengeneinheiten.

τ	t	C_t [GE]	V_t [GE]	Bedarf d_t in Periode τ produzieren?
3	3	$\frac{100}{1} = 100$	/	/
3	4	$\frac{100 + 0.1 \cdot 1 \cdot 440}{2} = 72$	100	ja, da $72 \leq 100$ ist.
Los $q_3 = 520$ ME $+ 440$ ME $= 960$ ME mit Rüstkosten von 100 GE und Lagerkosten von $0.1 \cdot 0 \cdot 520$ GE $+ 0.1 \cdot 1 \cdot 440$ GE $= 44$ GE ergeben sich Kosten von 144 GE.				

Tabelle 4.39: Losbildung für Produkt E durch das Verfahren von Silver und Meal; mit GE für Geldeinheiten und ME für Mengeneinheiten.

Zentrale Einzelschritte zur Ermittlung der Planaufträge für Produkt F sind in der folgenden Tabelle 4.40 dargestellt. Die Tabelle enthält bereits die Lose und zentrale Berechnungen sind in der anschließenden Tabelle 4.41 angegeben.

Produkt F										
Periode	1	2	3	4	5	6	7	8	9	10
Primärbedarf [ME]	0	0	0	0	0	0	0	0	0	0
Sekundärbedarf [ME]	0	0	0	0	830	680	60	0	0	0
Bruttobedarf [ME]	0	0	0	0	830	680	60	0	0	0
physischer Lagerbestand [ME]	0	0	0	0	0	0	0	0	0	0
disponibler Lagerbestand [ME]	0	0	0	0	0	0	0	0	0	0
Nettobedarf [ME]	0	0	0	0	830	680	60	0	0	0
Planauftrag (terminierter Nettobedarf) [ME]	0	0	0	830	680	60	0	0	0	0
Los (Planauftrag) [ME]	0	0	0	830	740	0	0	0	0	0

Tabelle 4.40: Stücklistenauflösung und Losbildung für Produkt F; mit ME für Mengeneinheiten.

τ	t	C_t [GE]	V_t [GE]	Bedarf d_t in Periode τ produzieren?
4	4	$\frac{100}{1} = 100$	/	/
4	5	$\frac{100 + 0.2 \cdot 1 \cdot 680}{2} = 118$	100	Nein, da $118 > 100$ ist.
Los $q_4 = 830$ ME mit Rüstkosten von 100 GE und Lagerkosten von $0.2 \cdot 0 \cdot 830$ GE = 0 GE ergeben sich Kosten von 100 GE.				
5	5	$\frac{100}{1} = 100$	/	/
5	6	$\frac{100 + 0.2 \cdot 1 \cdot 60}{2} = 56$	100	Ja, da $56 \leq 100$ ist.
Los $q_5 = 680$ ME $+ 60$ ME $= 740$ ME mit Rüstkosten von 100 GE und Lagerkosten von $0.2 \cdot 0 \cdot 680$ GE $+ 0.2 \cdot 1 \cdot 60$ GE $= 12$ GE ergeben sich Kosten von 112 GE.				

Tabelle 4.41: Losbildung für Produkt F durch das Verfahren von Silver und Meal; mit GE für Geldeinheiten und ME für Mengeneinheiten.

Damit liegen folgende Lose vor:

Produkt	Menge	Starttermin	Endtermin	Dauer
X	110 ME	Beginn von Periode 6	Beginn von Periode 7	1 Periode
X	50 ME	Beginn von Periode 7	Beginn von Periode 8	1 Periode
Y	25 ME	Beginn von Periode 5	Beginn von Periode 7	2 Perioden
Y	10 ME	Beginn von Periode 6	Beginn von Periode 8	2 Perioden
Y	30 ME	Beginn von Periode 7	Beginn von Periode 9	2 Perioden
K	260 ME	Beginn von Periode 5	Beginn von Periode 6	1 Periode
K	220 ME	Beginn von Periode 6	Beginn von Periode 7	1 Periode
E	960 ME	Beginn von Periode 3	Beginn von Periode 5	2 Perioden
F	830 ME	Beginn von Periode 4	Beginn von Periode 5	1 Periode
F	740 ME	Beginn von Periode 5	Beginn von Periode 6	1 Periode

Tabelle 4.42: Lose mit Mengeneinheiten (ME), Terminen sowie Dauern.

Ergänzung:

Der vollständige Algorithmus zur programmorientierten Bedarfsermittlung ist im Folgenden angegeben. Es sei angemerkt, dass einige Formeln etwas umfangreicher sind, als dies für die Lösung dieser Aufgabe erforderlich ist; sie knüpfen vor allem an die Betrachtungen in den Aufgaben 4.2 zur einstufigen Nettobedarfsrechnung, 4.3 zur Nettobedarfsrechnung mit negativem disponiblen Bestand und 4.4 zur Korrektur einer einstufigen Nettobedarfsrechnung an.

Parameter:

k Produkt.

t Periode.

T Anzahl an zu planenden Perioden; damit geht ein Planungszeitraum bzw. -horizont von z.B. 1 bis T oder t_a – Startperiode – bis $t_a + T - 1$.

$a_{i,j}$ Für die Herstellung von einer Mengeneinheit von Produkt j werden $a_{i,j}$ Mengeneinheiten von Produkt i benötigt; $a_{i,j}$ heißt Direktbedarfskoeffizient zwischen Produkt i und j.

$Physisch_{k,t}^A$ Physischer Lagerbestand für Produkt k zu Beginn von Periode t.

$Sicher_{k,t}$ Sicherheitsbestand für Produkt k in Periode t; für die gesamte Periode.

$Vormerk_{k,t}^A$ Vormerkungen bzw. Reservierungen für Produkt k zu Beginn von Periode t.

$Bestell_{k,t}^A$ Kumulierte Menge von den zu Beginn der Periode t für Produkt k eintreffenden Bestellungen.

LA_k	Anfangslagerbestand für Produkt k.
$LZ_{k,t}^A$	Lagerzugang für Produkt k zu Beginn von Periode t.
$Dispon_{k,t}^A$	Disponibler Bestand für Produkt k zu Beginn von Periode t.
$Netto_{k,t}^A$	Nettobedarf für Produkt k zu Beginn von Periode t.
$Brutto_{k,t}^A$	Bruttobedarf für Produkt k zu Beginn von Periode t.
$\mathcal{N}_k$	Indexmenge der Nachfolger des Produkts k.
$y_{k,t}^A$	Sekundärbedarf für Produkt k zu Beginn von Periode t.
$d_{k,t}^A$	Primärbedarf für Produkt k zu Beginn von Periode t.
$PlAuf_{k,t}^A$	Planauftrag für Produkt k zu Beginn von Periode t (als Starttermin).
z_k	Vorlaufzeit für Produkt k. (Für einen Planauftrag $PlAuf_{k,t}^A$, mit t als Starttermin, ist $t + z_k$ sein Endtermin, der auch an einem Periodenbeginn liegt.)
$PB_{k,t}^A$	Prognostizierter Bedarf für Produkt k zu Beginn von Periode t.
$ZB_{k,t}^A$	Zusätzlicher Bedarf für Produkt k zu Beginn von Periode t.

Eingabe: Gozintograph mit Dispositionsstufen, Planungszeitraum aus Anzahl an Perioden T (von 1 bis T) sowie (mit Produkt k und Periode t) $Sicher_{k,t}$, $Vormerk_{k,t}^A$, $Bestell_{k,t}^A$, LA_k, $LZ_{k,t}^A$, $d_{k,t}^A$, z_k, $PB_{k,t}^A$ und $ZB_{k,t}^A$ $\forall$ $1 \leq k \leq K$ und $1 \leq t \leq T$ sowie $Sicher_{k,0}$.

Anweisungen:
- Initialisierung: $d_{k,0}^A = 0$, $PB_{k,0}^A = 0$, $ZB_{k,0}^A = 0$ und $PlAuf_{k,0}^A = 0$ $\forall$ $1 \leq k \leq K$.

- Durchlaufe die Dispositionsstufen (u) von 0 bis zur höchsten Dispositionsstufe:

  Für jedes Produkt (k) auf der Dispositionsstufe u:

  1. Durchlaufe die Perioden (t) von Periode 0 bis zu der Endperiode T und berechne (Periode 0 dient der Initialisierung):

     – Berechnung des Bruttobedarfs:

     $$Brutto^A_{k,t} = d^A_{k,t} + y^A_{k,t} + PB^A_{k,t} + ZB^A_{k,t}$$

     mit Sekundärbedarf $y^A_{k,t} = \sum_{j \in \mathcal{N}_k} a_{k,j} \cdot PlAuf^A_{j,t}$,

     – Berechnung des physischen Bestandes:

     $$Physisch^A_{k,t} = \begin{cases} max\{Dispon^A_{k,t-1} - Brutto^A_{k,t-1}, 0\} + \\ Sicher_{k,t-1}, & t > 0 \\ LA_k, & t = 0, \end{cases}$$

     – Berechnung des disponiblen Bestandes:

     $$Dispon^A_{k,t} = \begin{cases} Physisch^A_{k,t} + LZ^A_{k,t} - Sicher_{k,t} - \\ Vormerk^A_{k,t} + Bestell^A_{k,t}, & t > 0 \\ Physisch^A_{k,0}, & t = 0, \end{cases}$$

     – Berechnung des Nettobedarfes:

     $$Netto^A_{k,t} = max\{Brutto^A_{k,t} - Dispon^A_{k,t}, 0\} \text{ und}$$

     – Berechnung des Planauftrages – ohne Losbildung (Kennzeichnung: „oL"):

     $$PlAuf^{oL,A}_{k,t-z_k} = Netto^A_{k,t}.$$

     ($PlAuf^A_{k,t-z_k}$ bedeutet, dass der Auftrag zu Beginn der Periode $t - z_k$ beginnt und bei einer geschätzten Durchlaufzeit von z_k ist er zu Beginn von Periode t beendet; ein Planauftrag ist also terminiert.)

  2. Löse das einstufige Losgrößenproblem aus diesen $PlAuf^{oL,A}_{k,t}$; die Lose bilden die $PlAuf^A_{k,t}$.

Ausgabe: Planauftrag $PlAuf^A_{k,t}$ für jedes Produkt k und jede Periode t.

(Hinweis zur Vollständigkeit: $PlAuf^A_{k,t} > 0$ ist für Perioden $t \le 0$ möglich.)

4.15. Peggingstruktur und Kosten

Zur Herstellung von zwei Endprodukten X und Y wird die Komponente K benötigt. Das Einzelteil E geht in K ein und das Einzelteil F geht in K und Y ein. Die Produkte X, Y, K, E und F haben Rüstkostensätze von 100 Geldeinheiten (GE), 80 GE, 500 GE, 100 GE und 100 GE sowie Lagerkosten von 5 GE je Mengeneinheit (ME) und Periode, 10 GE je ME und Periode, 3 GE je ME und Periode, 0.1 GE je ME und Periode und 0.2 GE je ME und Periode.

Das Ergebnis der programmorientierten Bedarfsermittlung ist in den folgenden Tabellen angegeben – die Aufgabe 4.14 (programmorientierte Bedarfsermittlung mit Silver-Meal-Heuristik) hat diese Tabellen als Ergebnis. Die Lose haben Nummern, die im Folgenden verwendet werden sollen.

Produkt X										
Periode	1	2	3	4	5	6	7	8	9	10
Primärbedarf [ME]	0	0	0	0	0	0	110	50	0	0
Sekundärbedarf [ME]	0	0	0	0	0	0	0	0	0	0
Bruttobedarf [ME]	0	0	0	0	0	0	110	50	0	0
physischer Lagerbestand [ME]	0	0	0	0	0	0	0	0	0	0
disponibler Lagerbestand [ME]	0	0	0	0	0	0	0	0	0	0
Nettobedarf [ME]	0	0	0	0	0	0	110	50	0	0
Planauftrag (terminierter Nettobedarf) [ME]	0	0	0	0	0	110	50	0	0	0
Los (Planauftrag) [ME]	0	0	0	0	0	110	50	0	0	0
						(4)	(5)			

Produkt Y										
Periode	1	2	3	4	5	6	7	8	9	10
Primärbedarf [ME]	0	0	0	0	0	0	25	10	30	0
Sekundärbedarf [ME]	0	0	0	0	0	0	0	0	0	0
Bruttobedarf [ME]	0	0	0	0	0	0	25	10	30	0
physischer Lagerbestand [ME]	0	0	0	0	0	0	0	0	0	0
disponibler Lagerbestand [ME]	0	0	0	0	0	0	0	0	0	0
Nettobedarf [ME]	0	0	0	0	0	0	25	10	30	0
Planauftrag (terminierter Nettobedarf) [ME]	0	0	0	0	25	10	30	0	0	0
Los (Planauftrag) [ME]	0	0	0	0	25	10	30	0	0	0
					(6)	(7)	(8)			

Produkt K										
Periode	1	2	3	4	5	6	7	8	9	10
Primärbedarf [ME]	0	0	0	0	0	0	0	0	0	0
Sekundärbedarf [ME]	0	0	0	0	100	260	220	0	0	0
Bruttobedarf [ME]	0	0	0	0	100	260	220	0	0	0
Lagerzugang [ME]	0	0	100	0	0	0	0	0	0	0
physischer Lagerbestand [ME]	0	0	0	100	100	0	0	0	0	0
disponibler Lagerbestand [ME]	0	0	100	100	100	0	0	0	0	0
Nettobedarf [ME]	0	0	0	0	0	260	220	0	0	0
Planauftrag (terminierter Nettobedarf) [ME]	0	0	0	0	260	220	0	0	0	0
Los (Planauftrag) [ME]	0	0	0	0	260	220	0	0	0	0
					(9)	(10)				

Produkt E										
Periode	1	2	3	4	5	6	7	8	9	10
Primärbedarf [ME]	0	0	0	0	0	0	0	0	0	0
Sekundärbedarf [ME]	0	0	0	0	520	440	0	0	0	0
Bruttobedarf [ME]	0	0	0	0	520	440	0	0	0	0
physischer Lagerbestand [ME]	0	0	0	0	0	0	0	0	0	0
disponibler Lagerbestand [ME]	0	0	0	0	0	0	0	0	0	0
Nettobedarf [ME]	0	0	0	0	520	440	0	0	0	0
Planauftrag (terminierter Nettobedarf) [ME]	0	0	520	440	0	0	0	0	0	0
Los (Planauftrag) [ME]	0	0	960 (1)	0	0	0	0	0	0	0

Produkt F										
Periode	1	2	3	4	5	6	7	8	9	10
Primärbedarf [ME]	0	0	0	0	0	0	0	0	0	0
Sekundärbedarf [ME]	0	0	0	0	830	680	60	0	0	0
Bruttobedarf [ME]	0	0	0	0	830	680	60	0	0	0
physischer Lagerbestand [ME]	0	0	0	0	0	0	0	0	0	0
disponibler Lagerbestand [ME]	0	0	0	0	0	0	0	0	0	0
Nettobedarf [ME]	0	0	0	0	830	680	60	0	0	0
Planauftrag (terminierter Nettobedarf) [ME]	0	0	0	830	680	60	0	0	0	0
Los (Planauftrag) [ME]	0	0	0	830 (2)	740 (3)	0	0	0	0	0

Zu diesem Ergebnis der programmorientierten Bedarfsermittlung lösen Sie bitte die folgenden Aufgaben:

(a) Bestimmen Sie:

- die Direktbedarfskoeffizienten,

- die Peggingstruktur und

- das Gantt-Diagramm.

(b) Geben Sie eine Formel zur Berechnung der produkt- und periodenspezifischen Lager- und Fehlbestände an. Bestimmen Sie diese Größen. Geben Sie ferner die produkt- und periodenspezifischen Lager- und Rüstkosten einschließlich der Gesamtkosten an.

Lösungsvorschlag

Zu (a):

Eine zentrale Komponente der Durchführung einer programmorientierten Bedarfsermittlung ist die Sekundärbedarfsrechnung. Sie berechnet sich für ein Produkt P wie folgt: Die Menge N_P bestehe aus allen Produkten, in die P direkt eingeht (also den Nachfolgern von P im Gozintographen) und für jedes Produkt Q in N_P ist $a_{P,Q}$ der Direktbedarfskoeffizient zwischen P und Q. Dann ist der Sekundärbedarf von P:

$$\sum_{Q \in N_P} a_{P,Q} \cdot (\text{Nettobedarf von Q}).$$

Wird diese Formel für jedes Produkt gebildet, so ergibt sich ein lineares Gleichungssystem. Dessen Lösung ist die Sekundärbedarfsrechnung (bzw. Sekundärbedarfsauflösung); für Details sei auf [Herr09a] verwiesen.

In diesem linearen Gleichungssystem können die Direktbedarfskoeffizienten als Unbekannte gesetzt werden. Sind die Sekundärbedarfe bekannt, so liegt ein lineares Gleichungssystem zur Bestimmung der Direktbedarfskoeffizienten vor.

In diesem Fall ergibt sich das folgende lineare Gleichungssystem:

Da das Produkt K in X und Y direkt eingeht, ergibt sich der Sekundärbedarf für Produkt K von 100 ME in Periode 5 durch: Los von X in Periode 5 multipliziert mit $a_{K,X}$ plus Los von Y in Periode 5 multipliziert mit $a_{K,Y}$, also:
$100 = 0 \cdot a_{K,X} + 25 \cdot a_{K,Y}$.
Entsprechend für die Perioden 6 und 7:
$260 = 110 \cdot a_{K,X} + 10 \cdot a_{K,Y}$.
$220 = 50 \cdot a_{K,X} + 30 \cdot a_{K,Y}$.

Da das Produkt E in K direkt eingeht, ergeben sich entsprechend die folgenden Sekundärbedarfe:

Für Periode 5: $520 = 260 \cdot a_{E,k}$.

Für Periode 6: $440 = 220 \cdot a_{E,k}$.

Da das Produkt F in K und Y direkt eingeht, ergeben sich entsprechend die folgenden Sekundärbedarfe:

Für Periode 5: $830 = 260 \cdot a_{F,K} + 25 \cdot a_{F,Y}$.

Für Periode 6: $680 = 220 \cdot a_{F,K} + 10 \cdot a_{F,Y}$.

Für Periode 7: $60 = 0 \cdot a_{F,K} + 30 \cdot a_{F,Y}$.

Dies ergibt das folgende lineare Gleichungssystem:

$$
\begin{aligned}
0 \cdot a_{K,X} \quad &+ 25 \cdot a_{K,Y} &=& \quad 100 \quad &(1)\\
110 \cdot a_{K,X} \quad &+ 10 \cdot a_{K,Y} &=& \quad 260 \quad &(2)\\
50 \cdot a_{K,X} \quad &+ 30 \cdot a_{K,Y} &=& \quad 220 \quad &(3)\\
&\quad 260 \cdot a_{E,K} &=& \quad 520 \quad &(4)\\
&\quad 220 \cdot a_{E,K} &=& \quad 440 \quad &(5)\\
260 \cdot a_{F,K} \quad &+ 25 \cdot a_{F,Y} &=& \quad 830 \quad &(6)\\
220 \cdot a_{F,K} \quad &+ 10 \cdot a_{F,Y} &=& \quad 680 \quad &(7)\\
0 \cdot a_{F,K} \quad &+ 30 \cdot a_{F,Y} &=& \quad 60 \quad &(8)
\end{aligned}
$$

Die Gleichungen (1), (4) ((5) ist redundant zu (4)) und (8) enthalten nur einen Direktbedarfskoeffizienten, wodurch sich die folgenden Direktbedarfskoeffizienten ergeben:

- $a_{K,Y} = \dfrac{100}{25} = 4$.

- $a_{E,K} = \dfrac{520}{260} = 2$.

- $a_{F,Y} = \dfrac{60}{30} = 2.$

Diese Gleichungen können eliminiert werden und in die restlichen können diese Direkt-bedarfskoeffizienten eingesetzt werden. Ferner sind dadurch die Restriktionen (2) und (3) redundant, wie auch die Restriktionen (6) und (7), weswegen auf die Restriktionen (3) und (7) verzichtet werden kann. Dies führt zu dem folgenden linearen Gleichungs-system:

$$
\begin{bmatrix}
110 \cdot a_{K,X} & +10 \cdot 4 & = & 260 \\
260 \cdot a_{F,K} & +25 \cdot 2 & = & 830
\end{bmatrix}
\begin{matrix}
(2) \\
\\
(6)
\end{matrix}
$$

Diese beiden Gleichungen enthalten nur einen Direktbedarfskoeffizienten, wodurch sich die folgenden Direktbedarfskoeffizienten ergeben:

- $a_{K,X} = \dfrac{260 - 40}{110} = 2.$

- $a_{F,K} = \dfrac{830 - 50}{260} = 3.$

Alle Direktbedarfskoeffizienten sind in dem Gozintograph in der folgenden Abbildung 4.10 angegeben:

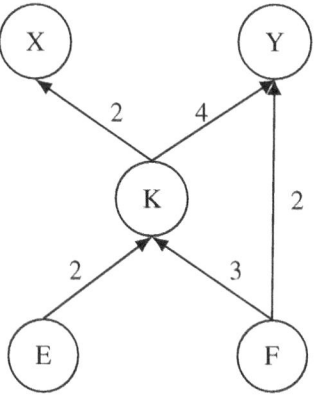

Abbildung 4.10: Gesamte Materialverflechtung als Gozintograph.

Alternativ können in diesem Fall die gesuchten Direktbedarfskoeffizienten durch folgende Überlegungen bestimmt werden:

- Direktbedarfskoeffizient zwischen Produkt K und Produkt Y:

  Das Produkt K geht direkt in die beiden Produkte X und Y ein. Da in der Periode 5 ein Los für Produkt Y über 25 ME und keines für Produkt X vorliegt, deckt der Sekundärbedarf für Produkt K über 100 ME in der Periode 5 den Bedarf von Produkt Y über 25 in der Periode 5. Damit ist ($\frac{100}{25} =$) 4 der Direktbedarfskoeffizient zwischen Produkt K und Produkt Y.

- Direktbedarfskoeffizient zwischen Produkt K und Produkt X:

  Das Produkt K geht direkt nur in die beiden Produkte X und Y ein. Da in der Periode 6 ein Los für Produkt X über 110 ME und eines für Produkt Y über 10 ME vorliegt, deckt der Sekundärbedarf für Produkt K über 260 ME in der Periode 6 diese beiden Bedarfe. Mit dem bereits bekannten Direktbedarfskoeffizienten zwischen Produkt K und Produkt Y von 4 ist damit ($\frac{260 - 10 \cdot 4}{110} =$) 2 der Direktbedarfskoeffizient zwischen Produkt K und Produkt X.

- Direktbedarfskoeffizient zwischen Produkt E und Produkt K:

  Das Produkt E geht direkt nur in das Produkt K ein. Da das Los für Produkt K über 260 ME in Periode 5 nur durch den Sekundärbedarf für Produkt E über 520 ME in dieser Periode gedeckt wird, ist ($\frac{520}{260} =$) 2 der Direktbedarfskoeffizient zwischen Produkt E und Produkt K.

- Direktbedarfskoeffizient zwischen Produkt F und Produkt Y:

  Das Produkt F geht direkt nur in die beiden Produkte K und Y ein. Da in der Periode 7 ein Los für Produkt Y über 30 ME und keines für Produkt K vorliegt, deckt der Sekundärbedarf für Produkt F über 60 ME in der Periode 7 diesen Bedarf. Damit ist ($\frac{60}{30} =$) 2 der Direktbedarfskoeffizient zwischen Produkt F und Produkt Y.

- Direktbedarfskoeffizient zwischen Produkt F und Produkt K:

  Das Produkt F geht direkt nur in die beiden Produkte K und Y ein. Da in der Periode 6 ein Los für Produkt Y über 10 ME und eines für Produkt K über 220 ME vorliegt, deckt der Sekundärbedarf für Produkt F über 680 ME in der Periode 6 diese beiden Bedarfe. Mit dem bereits bekannten Direktbedarfskoeffizienten zwischen Produkt F und Produkt Y von 2 ist damit ($\frac{680 - 10 \cdot 2}{220} =$) 3 der Direktbedarfskoeffizient zwischen Produkt F und Produkt K.

Die zu bestimmende Peggingstruktur, für eine Erläuterung s. [HeMa17], gibt die Deckung der Materialverfügbarkeit von Planaufträgen und Primärbedarfen durch Planaufträge und Lagerzugänge aufgrund der Durchführung einer programmorientierten Bedarfsermittlung mit dem in der Aufgabenstellung genannten Ergebnis an und es enthält die periodengenauen Start- und Endtermine. Üblicherweise erfolgt dies simultan zur programmorientierten Bedarfsermittlung beispielsweise mit dem in [HeMa17] angegebenen Algorithmus.

Eine programmorientierte Bedarfsermittlung ermittelt zu Planaufträgen (PM1) für alle Produkte auf einer Dispositionsstufe Planaufträge und Lagerzugänge für Produkte auf der nächsthöheren Dispositionsstufe, die die Planaufträge PM1 decken und zwar im Kern durch eine Sekundärbedarfsrechnung. Diese Lieferbeziehungen bilden die gesuchte Peggingstruktur. Dieses Konzept gilt auch für die Primärbedarfe und die Planaufträge für die Produkte auf der niedrigsten Dispositionsstufe (0).

Folglich ist die programmorientierte Bedarfsermittlung nachzuvollziehen. Mit den eben bestimmten Direktbedarfskoeffizienten ergeben sich die in der folgenden Tabelle 4.43 angegebenen Erzeugungsbeziehungen aufgrund einer programmorientierten Bedarfsermittlung mit dem in der Aufgabenstellung genannten Ergebnis. Entscheidend dabei sind die Primär- und Sekundärbedarfe, die Lose und die Lagerzugänge, so dass die Tabellen der Aufgabenstellung auf diese Informationen reduziert wurden. Die Erzeugungsbeziehungen sind durch gestrichelte Pfeile angegeben und ein Sekundärbedarf bzw. ein Los bzw. ein Lagerzugang ist der Wert, auf den ein Pfeil zeigt. Exemplarisch sei der Gesamtsekundärbedarf für Produkt K über 260 ME in der Periode 6 betrachtet. Dieser ergibt sich aus dem Planauftrag 4 (ebenfalls in Periode 6) über 110 ME von Produkt X multipliziert mit dem Direktbedarfskoeffizienten zwischen K und X ($a_{K,X}$) von 2, also 220 ME (= $110 \cdot 2$ ME) als Sekundärbedarf durch Planauftrag 4, plus dem Planauftrag 7 über 10 ME (ebenfalls in Periode 6) von Produkt Y multipliziert mit dem Direktbedarfskoeffizienten zwischen K und Y ($a_{K,Y}$) von 4, also 40 ME (= $10 \cdot 4$ ME) als Sekundärbedarf durch Planauftrag 7, wodurch der Gesamtsekundärbedarf von 260 ME für Produkt K in der Periode 6 entsteht. Diese 260 ME sind durch ein Los vor Periode 6 zu decken. Beachte, dass die Vorlaufzeiten – hier für Produkt K von einer Periode –, in den Tabellen aus der Aufgabenstellung enthalten sind. Das einzige Los ist das Los 9 in Periode 5. Das gleiche Prinzip ist beim Sekundärbedarf von F über 680 ME in Periode 6 anzuwenden. Es ist durch ein Los vor Periode 6 zu decken. Da die Losbildung durch die Silver-Meal-Heuristik erfolgt, ist von rechts nach links vorzugehen. Dann ist das Los

3 in Periode 5 das einzige mögliche Los. Beim Sekundärbedarf von F über 60 ME in Periode 7 führt dieses Vorgehen zur Betrachtung von dem Los 3 über 740 ME, so dass seine Restmenge (bezogen auf 680 ME – für Produkt F in Periode 6) von 60 ME zur Deckung genutzt wird. Die Primärbedarfsmengen der beiden Endprodukte wurden der Aufgabenstellung entnommen.

Periode	3	4	5	6	7	8	9
Produkt X							
Primär-bedarf [ME]	0	0	0	0	110	50	0
Los (Plan-auftrag) [ME]	0	0	0	110 (4)	50 (5)	0	0
Produkt Y							
Primär-bedarf [ME]	0	0	0	0	25	10	30
Los (Plan-auftrag) [ME]	0	0	25 (6)	10 (7)	30 (8)	0	0
Produkt K							
Sekundär-bedarf [ME]	0	0	100	220 + 40	120 + 100	0	0
Lager-zugang [ME]	100 (16)	0	0	0	0	0	0
Los (Plan-auftrag) [ME]	0	0	260 (9)	220 (10)	0	0	0
Produkt E							
Sekundär-bedarf [ME]	0	0	520	440	0	0	0
Los (Plan-auftrag) [ME]	960 (1)	0	0	0	0	0	0
Produkt F							
Sekundär-bedarf [ME]	0	0	780 + 50	660 + 20	60	0	0
Los (Plan-auftrag) [ME]	0	830 (2)	740 (3)	0	0	0	0
--▷ Erzeugungsbeziehungen zwischen Losen, einem Lagerzugang und Bedarfen							

Tabelle 4.43: Erzeugungsbeziehungen durch eine programmorientierte Bedarfsermittlung mit dem Ergebnis in der Aufgabenstellung; mit ME für Mengeneinheiten.

Durch die programmorientierte Bedarfsermittlung decken die Planaufträge 4 bis 8 die Primärbedarfe der beiden Endprodukte und führen zu entsprechenden Lieferbeziehungen in der Peggingstruktur. Zur leichteren Nachvollziehbarkeit sind diese in einer Kopie der Tabelle 4.43 und zwar in der Tabelle 4.44 durch dicker gezeichnete Pfeile eingezeichnet. Sie sind auch in der Peggingstruktur, die in Abbildung 4.11 und alternativ in der Tabelle 4.46 dargestellt ist, angegeben; es sei betont, dass beide Darstellungen einer Peggingstruktur gleichwertig sind.

Die Erzeugungsbeziehungen aufgrund einer programmorientierten Bedarfsermittlung mit dem in der Aufgabenstellung genannten Ergebnis bewirkt für die Planaufträge 4 bis 8 die in der Tabelle 4.44 angegebenen Sekundärbedarfe für das Produkt K und bewirkt seine Lose 9 und 10 sowie die Verwendung des Lagerzugangs 16. (Diese Erzeugungsbeziehungen sind wieder durch gestrichelte Pfeile dargestellt.) Damit existieren Lieferbeziehungen zwischen den Losen 9 und 10 sowie dem Lagerzugang 16 und den Planaufträge 4 bis 8, die eben die Peggingstruktur zwischen diesen Elementen bilden. So deckt der Lagerzugang 16 das Los 6. Diese Lieferbeziehung und die restlichen sind in der Tabelle 4.44 durch dicker gezeichnete Pfeile dargestellt und in der Peggingstruktur in Abbildung 4.11 bzw. in Tabelle 4.46 angegeben. Exemplarisch sei auf die Lieferbeziehungen I' und I genauer eingegangen. Die Sekundärbedarfsrechnung zum Planauftrag 4 führt zu dem Teilsekundärbedarf für Produkt K über 220 ME in Periode 6 und die Sekundärbedarfsrechnung zum Planauftrag 7 führt zu dem Teilsekundärbedarf für Produkt K über 40 ME in Periode 6. Der Gesamtsekundärbedarf für Produkt K über 260 ME in Periode 6 wird durch den Planauftrag 9 gedeckt. Er beliefert daher den Planauftrag 4 mit 220 ME und den Planauftrag 7 mit 40 ME; dies beschreiben die Pfeile I' und I in der Tabelle 4.44. Genauso erklären sich die Lieferbeziehungen II' und II; dies führt zu den entsprechenden Einträgen in der Peggingstruktur in Abbildung 4.11 bzw. in Tabelle 4.46. Entsprechend ergibt sich die Peggingstruktur zwischen den Planaufträgen 9 und 10 zum Produkt K sowie 1 zum Produkt E, welches in Produkt K direkt eingeht; diese ist ebenfalls in Tabelle 4.44 und in der Peggingstruktur in Abbildung 4.11 bzw. in Tabelle 4.46 angegeben.

Periode	3	4	5	6	7	8	9
Produkt X							
Primär-bedarf [ME]	0	0	0	0 **110**	110 **50**	50	0
Los (Plan-auftrag) [ME]	0	0	0	110 (4)	50 (5)	0	0
Produkt Y							
Primär-bedarf [ME]	0	0	0	0 **25**	25 **10**	10 **30**	30
Los (Plan-auftrag) [ME]	0	0	25 (6)	10 (7)	30 (8) **(II)**	0	0
Produkt K							
Sekundär-bedarf [ME]	0 **100**	0	100	220 + 40	120 + 100	0 **100, (II')**	0
Lager-zugang [ME]	100 (16)	0	0 **(I)**	0	0	0	0
Los (Plan-auftrag) [ME]	0	0	260 (9)	220 (10)	0	0	0
Produkt E							
Sekundär-bedarf [ME]	0	0 **520** **440**	520	440	0	0	0
Los (Plan-auftrag) [ME]	960 (1)	0	0	0	0	0	0
Produkt F							
Sekundär-bedarf [ME]	0	0	780 + 50	660 + 20	60	0	0
Los (Plan-auftrag) [ME]	0	830 (2)	740 (3)	0	0	0	0

→ Peggingstruktur --▷ Erzeugungsbeziehungen durch MRP

Tabelle 4.44: Teil-Peggingstruktur versus Sekundärbedarfsrechnung sowie Losbildung; mit MRP für Materialbedarfsplanung bzw. programmorientierte Bedarfs-ermittlung und ME für Mengeneinheiten sowie (I): 40 ME und (II): 120 ME.

Auf die gleiche Art und Weise ergibt sich die Peggingstruktur zwischen den Planaufträgen 6 bis 8 zum Produkt Y sowie 9 und 10 zum Produkt K und den beiden Planaufträgen 2 und 3 zum Produkt F, welches direkt sowohl in das Produkt Y als auch in das Produkt K eingeht. Dies ist, wie zuvor, in der Tabelle 4.45 und in der Peggingstruktur in Abbildung 4.11 bzw. in Tabelle 4.46 dargestellt.

Periode	3	4	5	6	7	8	9
Produkt X							
Primär-bedarf [ME]	0	0	0	0	110	50	0
Los (Plan-auftrag) [ME]	0	0	0	110 (4)	50 (5)	0	0
Produkt Y							
Primär-bedarf [ME]	0	0	0	0	25	10	30
Los (Plan-auftrag) [ME]	0	0	25 (6)	10 (7)	30 (8)	0	0
Produkt K							
Sekundär-bedarf [ME]	0 **50**	0 **20**	100	220 + 40	120 + 100	0	0
Lager-zugang [ME]	100 (16)	0	0	0	0	0	0
Los (Plan-auftrag) [ME]	0	0	260 (9)	220 (10)	0	0	0
Produkt E							
Sekundär-bedarf [ME]	0	0 **780**	520	440	0	0	0
Los (Plan-auftrag) [ME]	960 (1)	0	0	660 0	0	0	0
Produkt F							
Sekundär-bedarf [ME]	0	0	780 + 50	660 + 20	60	0	0
Los (Plan-auftrag) [ME]	0	830 (2)	740 (3)	0	0	0	0

→ Peggingstruktur ⇢ Erzeugungsbeziehungen durch MRP

60

Tabelle 4.45: Teil-Peggingstruktur versus Sekundärbedarfsrechnung sowie Losbildung; mit MRP für Materialbedarfsplanung bzw. programmorientierte Bedarfs-ermittlung und mit ME für Mengeneinheiten.

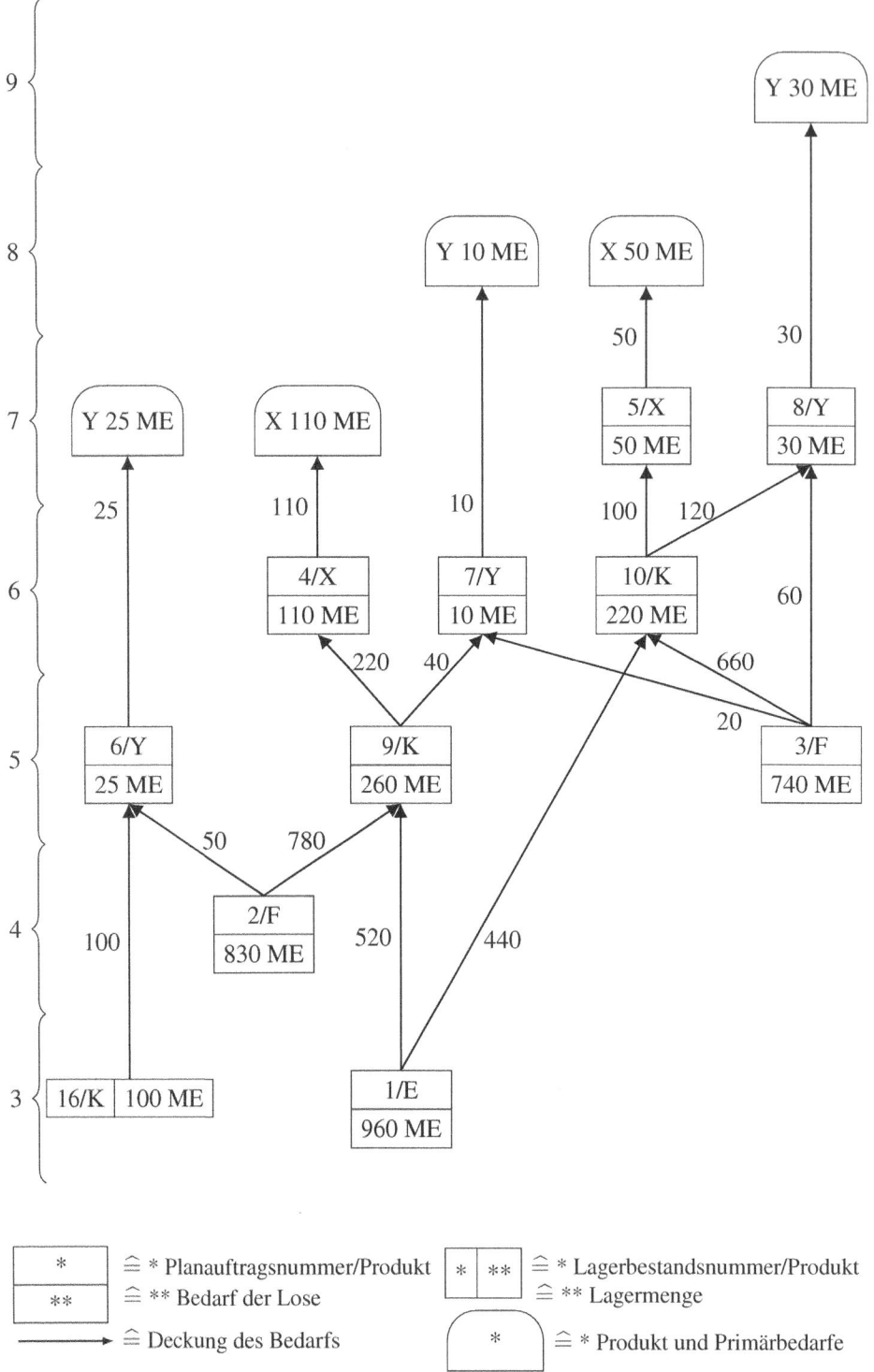

Abbildung 4.11: Peggingstuktur; mit ME für Mengeneinheiten.

Typ	Pro-dukt	Nr. (i)	Menge (i)	Startpe-riode (i)*	Endpe-riode (i)*	Nachfolger (i) (Liefermenge)
Planauftrag	E	1	960 ME	3	5	9 (520 ME), 10 (440 ME)
Planauftrag	F	2	830 ME	4	5	6 (50 ME), 9 (780 ME)
Planauftrag	F	3	740 ME	5	6	7 (20 ME), 10 (660 ME), 8 (60 ME)
Planauftrag	X	4	110 ME	6	7	$d_{X,7}$ (110 ME)
Planauftrag	X	5	50 ME	7	8	$d_{X,8}$ (50 ME)
Planauftrag	Y	6	25 ME	5	7	$d_{Y,7}$ (25 ME)
Planauftrag	Y	7	10 ME	6	8	$d_{Y,8}$ (10 ME)
Planauftrag	Y	8	30 ME	7	9	$d_{Y,9}$ (30 ME)
Planauftrag	K	9	260 ME	5	6	4 (220 ME), 7 (40 ME)
Planauftrag	K	10	220 ME	6	7	5 (100 ME) 8 (120 ME)
Lagerbestand	K	16	100 ME	3	3	6 (100 ME)

Tabelle 4.46: Tabellarische Peggingstuktur; mit ME für Mengeneinheiten und * für zu Periodenbeginn.

Das Ergebnis der programmorientierten Bedarfsermittlung enthält eine Abarbeitungs-reihenfolge ihrer Planaufträge, die in der anschließenden Abbildung 4.12 als Gantt-Dia-gramm angegeben ist; in [HeMa17] ist beschrieben, wie ein Gantt-Diagramm aussieht und wie es aus einem Ergebnis der programmorientierten Bedarfsermittlung oder einer Peggingstruktur erstellt werden kann.

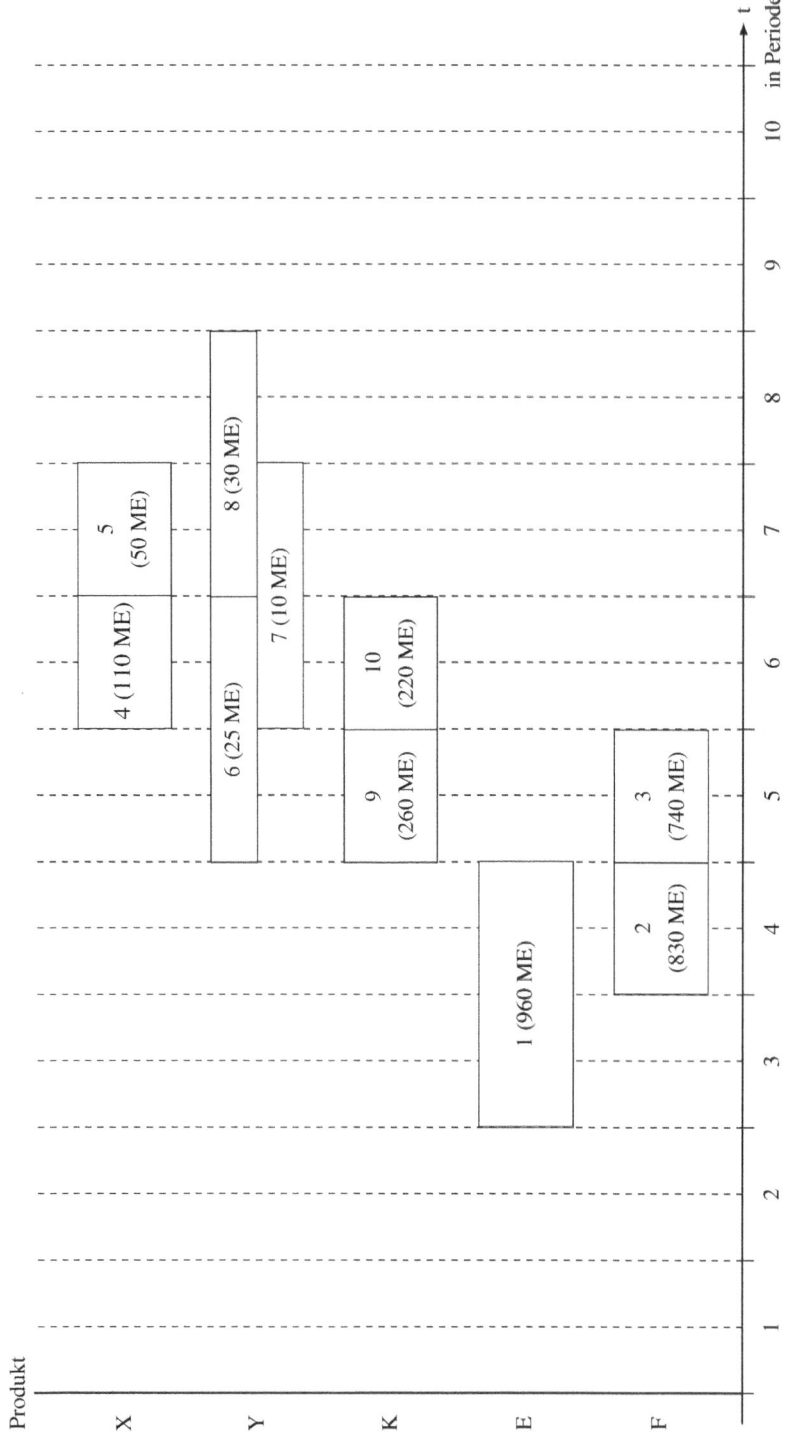

Abbildung 4.12: Gantt-Diagramm; mit ME für Mengeneinheiten.

Zu (b):

Eine Formel zur Berechnung der produkt- und periodenspezifischen Lager- und Fehlbestände für diese Aufgabe lautet mit den Parametern:

Physischer Bestand (t)	Physischer Bestand am Ende der Periode t, wobei ein negativer physischer Bestand ein Fehlbestand mit dem gleichen Betrag ist.
Anlieferung(t)	Verfügbarkeit von produzierten Mengen durch einen oder mehrere Planaufträge zu Beginn der Periode t; aufgrund des Gantt-Diagramms in Abbildung 4.12.
(Sekundär-)Bedarf(t)	(Sekundär-)Bedarf, der zu Beginn der Periode t zu decken ist.

wie folgt:

$$\text{Physischer Bestand } (t+1) = \text{Physischer Bestand } (t)$$
$$+ \text{ Anlieferung } (t+1)$$
$$- (\text{Sekundär-})\text{Bedarf } (t+1).$$

Die (Sekundär-)Bedarfe werden vom Ergebnis der programmorientierten Bedarfsermittlung übernommen; da dieses Ergebnis, s. das Gantt-Diagramm in Abbildung 4.12, so produziert wird.

Die folgenden Tabellen enthalten diese Größen, wobei Fehlbestände explizit ausgewiesen sind. Um die Anlieferungen einfach nachvollziehen zu können, enthalten diese Tabellen auch die Planaufträge in einer Periode. Für die Kosten enthalten die Tabellen die Anzahl an Rüstvorgängen in einer Periode sowie schließlich die resultierenden Rüst- und Lagerkosten in einer Periode und die Gesamtkosten in einer Periode. Die über alle Produkte kumulierten Kosten für die drei Kostenarten in einer Periode befinden sich in der letzten Tabelle, einschließlich den Gesamtkosten (auch für die Rüst- und Lagerkosten). ME steht für Mengeneinheiten, GE für Geldeinheiten und eine Zahl in Klammern ist die Nummer eines Planauftrags.

Produkt X									
Periode	1	2	3	4	5	6	7	8	9
Primärbedarf [ME]	-	-	-	-	-	-	110	50	-
Planauftragsmenge [ME]	-	-	-	-	-	110	50	-	-
(Planauftragsnummer)	-	-	-	-	-	(4)	(5)	-	-
Anlieferung [ME]	-	-	-	-	-	-	110	50	-
Physischer Bestand [ME]	-	-	-	-	-	-	-	-	-
Fehlbestand [ME]	-	-	-	-	-	-	-	-	-
Rüstvorgänge [Anzahl]	-	-	-	-	-	1	1	-	-
Rüstkosten [GE]	-	-	-	-	-	100	100	-	-
Lagerkosten [GE]	-	-	-	-	-	-	-	-	-
Gesamtkosten [GE]	-	-	-	-	-	100	100	-	-

Produkt Y									
Periode	1	2	3	4	5	6	7	8	9
Primärbedarf [ME]	-	-	-	-	-	-	25	10	30
Planauftragsmenge [ME]	-	-	-	-	25	10	30	-	-
(Planauftragsnummer)	-	-	-	-	(6)	(7)	(8)	-	-
Anlieferung [ME]	-	-	-	-	-	-	25	10	30
Physischer Bestand [ME]	-	-	-	-	-	-	-	-	-
Fehlbestand [ME]	-	-	-	-	-	-	-	-	-
Rüstvorgänge [Anzahl]	-	-	-	-	1	1	1	-	-
Rüstkosten [GE]	-	-	-	-	80	80	80	-	-
Lagerkosten [GE]	-	-	-	-	-	-	-	-	-
Gesamtkosten [GE]	-	-	-	-	80	80	80	-	-

Produkt K									
Periode	1	2	3	4	5	6	7	8	9
Sekundärbedarf [ME]	-	-	-	-	100	260	220	-	-
Planauftragsmenge [ME]	-	-	-	-	260	220	-	-	-
(Planauftragsnummer)	-	-	-	-	(9)	(10)	-	-	-
Anlieferung [ME]	-	-	-	-	-	260	220	-	-
Physischer Bestand [ME]	-	-	100	100	-	-	-	-	-
Fehlbestand [ME]	-	-	-	-	-	-	-	-	-
Rüstvorgänge [Anzahl]	-	-	-	-	1	1	-	-	-
Rüstkosten [GE]	-	-	-	-	500	500	-	-	-
Lagerkosten [GE]	-	-	300	300	-	-	-	-	-
Gesamtkosten [GE]	-	-	300	300	500	500	-	-	-

Produkt E									
Periode	1	2	3	4	5	6	7	8	9
Sekundärbedarf [ME]	-	-	-	-	520	440	-	-	-
Planauftragsmenge [ME]	-	-	960	-	-	-	-	-	-
(Planauftragsnummer)	-	-	(1)	-	-	-	-	-	-
Anlieferung [ME]	-	-	-	-	960	-	-	-	-
Physischer Bestand [ME]	-	-	-	-	440	-	-	-	-
Fehlbestand [ME]	-	-	-	-	-	-	-	-	-
Rüstvorgänge [Anzahl]	-	-	1	-	-	-	-	-	-
Rüstkosten [GE]	-	-	100	-	-	-	-	-	-
Lagerkosten [GE]	-	-	-	-	44	-	-	-	-
Gesamtkosten [GE]	-	-	100	-	44	-	-	-	-

Produkt F									
Periode	1	2	3	4	5	6	7	8	9
Sekundärbedarf [ME]	-	-	-	-	830	680	60	-	-
Planauftragsmenge [ME]	-	-	-	830	740	-	-	-	-
(Planauftragsnummer)	-	-	-	(2)	(3)	-	-	-	-
Anlieferung [ME]	-	-	-	-	830	740	-	-	-
Physischer Bestand [ME]	-	-	-	-	-	60	-	-	-
Fehlbestand [ME]	-	-	-	-	-	-	-	-	-
Rüstvorgänge [Anzahl]	-	-	-	1	1	-	-	-	-
Rüstkosten [GE]	-	-	-	100	100	-	-	-	-
Lagerkosten [GE]	-	-	-	-	-	12	-	-	-
Gesamtkosten [GE]	-	-	-	100	100	12	-	-	-

Alle Produkte										
Periode	1	2	3	4	5	6	7	8	9	Σ
Summe Rüstkosten [GE]	-	-	100	100	680	680	180	-	-	1740
Summe Lagerkosten [GE]	-	-	300	300	44	12	-	-	-	656
Gesamtkosten [GE]	-	-	400	400	724	692	180	-	-	2396

4.16. Peggingstruktur aus dem Ergebnis einer programmorientierten Bedarfsermittlung

In der Aufgabe 4.15 wurde eine Peggingstruktur aus dem Ergebnis einer programmorientierten Bedarfsermittlung ermittelt, in dem die programmorientierte Bedarfsermittlung nachvollzogen wurde; wodurch letztlich nachgewiesen wurde, dass diese mit der Peggingstruktur übereinstimmt, die parallel zur Durchführung eben dieser programmorientierten Bedarfsermittlung bestimmt wird (als Peggingstruktur zur programmorientierter Bedarfsermittlung bezeichnet), beispielsweise durch den in [HeMa17] angegebenen Algorithmus.

Zentral dafür war, dass die Sekundärbedarfsrechnung ein lineares Gleichungssystem bildet.

Im Einzelnen:

Die Sekundärbedarfsrechnung berechnet sich für ein Produkt P wie folgt:

Die Menge N_P bestehe aus allen Produkten, in die P direkt eingeht (also den Nachfolgern von P im Gozintographen) und für jedes Produkt Q in N_P ist $a_{P,Q}$ der Direktbedarfsko-effizient zwischen P und Q. Dann ist der Sekundärbedarf von P:

$$\sum_{Q \in N_P} a_{P,Q} \cdot \text{(Nettobedarf von Q)}.$$

Wird diese Formel für jedes Produkt gebildet, so ergibt sich ein lineares Gleichungssys-tem. Dessen Lösung ist die Sekundärbedarfsrechnung (bzw. Sekundärbedarfsauflösung); für Details sei auf [Herr09a] verwiesen.

Nun können in diesem linearen Gleichungssystem die Direktbedarfskoeffizienten als Unbekannte gesetzt werden. Sind die Sekundärbedarfe bekannt, so liegt ein lineares Gleichungssystem zur Bestimmung der Direktbedarfskoeffizienten vor.

Mit den so bestimmten Direktbedarfskoeffizienten wurden aus dem Ergebnis der pro-grammorientierten Bedarfsermittlung die Lieferbeziehungen ermittelt, die während eben dieser programmorientierten Bedarfsermittlung entstanden, beispielsweise durch den in [HeMa17] angegebenen Algorithmus.

Dies motiviert die Frage, ob dies immer möglich ist.
(Also genauer: Ist es immer möglich, aus dem Ergebnis einer programmorientierten Be-darfsermittlung – also nach der Durchführung eben dieser programmorientierten Be-darfsermittlung – die Peggingstruktur zu dieser programmorientierten Bedarfsermittlung zu ermitteln?)

Beweisen oder widerlegen Sie diese Möglichkeit.
Gehen Sie, wie in der Aufgabe 4.15, davon aus, dass bekannt ist, welches Produkt (-e) in welches Produkt (-e) direkt eingeht (-gehen); bzw. genauer: für zwei beliebige Produkte i und j ist bekannt, ob i in j direkt eingeht.

Lösungsvorschlag

Die Aussage ist nicht korrekt, wie folgendes einfaches Beispiel belegt.

Zur Herstellung von zwei Endprodukten X und Y wird die Komponente K benötigt. Das Ergebnis der programmorientierten Bedarfsermittlung befindet sich in der folgenden Tabelle:

Produkt / Periode	6	7	8
Bedarf von X [ME]		10	
Bedarf von Y [ME]		20	
kumulierter Sekundärbedarf von K [ME]		50	

Tabelle 4.47: Bedarfe der Produkte X und Y sowie der kumulierte Sekundärbedarf für K; mit ME für Mengeneinheiten.

Mit $Y_{K,t}$ für den Sekundärbedarf von dem Produkt K in der Periode t und $d_{P,t}$ für den Bedarf von dem Produkt P in der Periode t sowie $a_{i,j}$ für den Direktbedarfskoeffizienten zwischen den beiden Produkten i und j lautet die Formel für die Sekundärbedarfsrechnung:

$$Y_{K,t} = \sum_{P \in \{X,Y\}} a_{K,P} \cdot d_{P,t} \text{ für jede Periode } t.$$

Dies führt im Beispiel zu:

$$Y_{K,7} = a_{K,X} \cdot d_{X,7} + a_{K,Y} \cdot d_{Y,7}.$$

Mit dem bekannten (kumulierten) Sekundärbedarf von dem Produkt K in der Periode 7 und den bekannten Bedarfen der beiden Produkte in Periode 7 ergibt sich:

$50 \text{ ME} = a_{K,X} \cdot 10 \text{ ME} + a_{K,Y} \cdot 20 \text{ ME}.$

Bei ganzzahligen Direktbedarfskoeffizienten $a_{K,X}$ und $a_{K,Y}$ hat diese Gleichung zwei Lösungen:

- $a_{K,X} = 1$ und $a_{K,Y} = 2$ sowie
- $a_{K,X} = 3$ und $a_{K,Y} = 1$. \hfill w.z.b.w.

Wie die Aufgabe 4.15 belegt, gibt es Fälle, bei denen, mit dem Vorgehen nach Aufgabe 4.15, aus dem Ergebnis einer programmorientierten Bedarfsermittlung – also nach dieser programmorientierten Bedarfsermittlung – die Peggingstruktur zu dieser programmorientierten Bedarfsermittlung ermitteln werden kann.

Zum besseren Verständnis der Ursache für solche günstigen Fälle gegenüber den ungünstigen wird im Folgenden ein einfaches günstiges Beispiel angegeben, dessen geringfügige Änderung zu einem ungünstigen führt. Der strukturelle Unterschied wird charakterisiert.

Wiederum wird die Herstellung von zwei Endprodukten X und Y betrachtet und dazu wird ebenfalls die Komponente K benötigt. Das Ergebnis der programmorientierten Bedarfsermittlung befindet sich in der folgenden Tabelle:

Produkt / Periode	6	7	8
Bedarf von X [ME]		10	5
Bedarf von Y [ME]		20	20
kumulierter Sekundärbedarf von K [ME]		50	35

Tabelle 4.48: Bedarfe der Produkte X und Y sowie die kumulierten Sekundärbedarfe für K; mit ME für Mengeneinheiten.

Mit der obigen Formel für die Sekundärbedarfsrechnung ergibt sich das folgende lineare Gleichungssystem; wobei zur Übersichtlichkeit auf ME verzichtet wird:

$$\begin{bmatrix} 50 & = & 10 \cdot a_{K,X} & + & 20 \cdot a_{K,Y} \\ 35 & = & 5 \cdot a_{K,X} & + & 20 \cdot a_{K,Y} \end{bmatrix} \begin{array}{l} (1) \\ (2) \end{array}$$

$$\Leftrightarrow \begin{bmatrix} 50 & = & 10 \cdot a_{K,X} & + & 20 \cdot a_{K,Y} \\ 20 & = & & & 20 \cdot a_{K,Y} \end{bmatrix} \qquad \begin{array}{l} | \ (1) \\ \text{durch } 2 \cdot (2) - (1) \quad | \ (2) \end{array}$$

$$\Leftrightarrow \begin{bmatrix} 50 & = & 10 \cdot a_{K,X} & + & 20 \cdot 1 \\ 1 & = & & & a_{K,Y} \end{bmatrix} \qquad \begin{array}{l} \text{durch Einsetzen von } a_{K,Y} = 1 \quad | \ (1) \\ | \ (2) \end{array}$$

$$\Leftrightarrow \begin{bmatrix} 50 - 20 \cdot 1 & = & 10 \cdot a_{K,X} \\ 1 & = & a_{K,Y} \end{bmatrix} \qquad \begin{array}{l} \text{durch Umformen} \quad | \ (1) \\ | \ (2) \end{array}$$

$$\Leftrightarrow \begin{bmatrix} 3 & = & a_{K,X} \\ 1 & = & a_{K,Y} \end{bmatrix} \qquad \begin{array}{l} \text{durch Umformen} \quad | \ (1) \\ | \ (2) \end{array}$$

Eine kleine Modifikation der Bedarfe führt zu dem folgenden Ergebnis der programmorientierten Bedarfsermittlung:

Produkt / Periode	6	7	8
Bedarf von X [ME]		10	30
Bedarf von Y [ME]		20	60
kumulierter Sekundärbedarf von K [ME]		50	150

Tabelle 4.49: Bedarfe der Produkte X und Y sowie die kumulierten Sekundärbedarfe für K; mit ME für Mengeneinheiten.

Mit der obigen Formel für die Sekundärbedarfsrechnung ergibt sich nun das folgende lineare Gleichungssystem; wobei zur Übersichtlichkeit auf ME verzichtet wird:

$$\begin{bmatrix} 50 & = & 10 \cdot a_{K,X} & + & 20 \cdot a_{K,Y} \\ 150 & = & 30 \cdot a_{K,X} & + & 60 \cdot a_{K,Y} \end{bmatrix} \begin{matrix} (1) \\ (2) \end{matrix}$$

Da die zweite Gleichung das Dreifache der ersten ist, reduziert sich das Gleichungssystem zu:

$$50 = 10 \cdot a_{K,X} + 20 \cdot a_{K,Y}.$$

Wie oben bereits berechnet, hat diese Gleichung zwei ganzzahlige Lösungen:
- $a_{K,X} = 1$ und $a_{K,Y} = 2$ sowie
- $a_{K,X} = 3$ und $a_{K,Y} = 1$.

Das strukturelle Problem besteht darin, dass ein solches lineares Gleichungssystem der Direktbedarfskoeffizienten aufgrund der Sekundärbedarfsrechnung nicht immer eindeutig lösbar ist.

Weiteres:
Neben den beiden zulässigen Direktbedarfskoeffizienten zum ersten Gegenbeispiel sind noch die beiden Fälle möglich, bei denen einer der beiden Endprodukte keine eingehende Komponente hat. Damit ist schon allein die Kenntnis, welches Produkt (-e) in welches Produkt (-e) direkt eingeht (-gehen), notwendig, um aus dem Ergebnis einer programmorientierten Bedarfsermittlung die Peggingstruktur zu eben dieser programmorientierten Bedarfsermittlung bestimmen zu können.

Sind die Direktbedarfskoeffizienten bekannt, so kann die Peggingstruktur zu einer programmorientierten Bedarfsermittlung ohne Losbildung aus dem Ergebnis eben dieser programmorientierten Bedarfsermittlung bestimmt werden; da dann die Durchführung eben dieser programmorientierten Bedarfsermittlung, beispielsweise durch den in [He-Ma17] angegebenen Algorithmus, rekonstruiert werden kann – so wurde in der Aufgabe 4.15 vorgegangen. Bei einer programmorientierten Bedarfsplanung mit Losbildung durch eine (produkt- und periodenspezifische) Reichweite ist dies ebenfalls möglich. Im allgemeinen Fall dürfte es nicht gelten, da eine beliebige Losbildung möglich ist –, aber, es existiert eine Peggingstruktur, wie in Aufgabe 4.17 bewiesen ist.

Diese Gegenbeispiele legen die Frage nahe, ob aus einer Peggingstruktur zu einer programmorientierten Bedarfsermittlung die Direktbedarfskoeffizienten bestimmt werden können, oder diese (Peggingstruktur) die Direktbedarfskoeffizienten ebenso nur implizit enthält, wie dies bei dem Ergebnis einer programmorientierten Bedarfsermittlung der Fall ist. Diese Frage wird in der Aufgabe 4.18 positiv beantwortet.

4.17. Peggingstruktur zu einem mehrstufigen Losgrößenproblem

Beweisen oder widerlegen Sie zu einem mehrstufigen Losgrößenproblem:

(a) Eine zulässige Lösung kann keine Überproduktion besitzen.

(b) Keine zulässige Lösung hat eine zu geringe Produktion.

(c) Zu jeder zulässigen Lösung existiert eine Peggingstruktur.

Hinweis: Sollten Sie ein mehrstufiges Losgrößenproblem bilden, so bilden Sie eines aus einer Klasse von mehrstufigen Losgrößenproblemen, welche in der Literatur diskutiert werden.

Lösungsvorschlag

Zu (a): Als Gegenbeispiel wird ein einstufiges Losgrößenproblem, welches auch ein mehrstufiges Losgrößenproblem ist, aus der Problemklasse Single-Level Uncapacitated Lot Sizing Problem (SLULSP), s. z.B. [Herr18] und [CHM21], konstruiert.

Dieses Gegenbeispiel besteht aus einem Produkt P mit den kumulierten Bedarfen von 100 Mengeneinheiten (ME) in der Periode 6 und 50 ME in der Periode 7. Das Produkt P hat einen Rüstkostensatz von 500 Geldeinheiten (GE) und einen Lagerkostensatz von 1 GE je ME und Periode. Die Summe aus Rüst- und Lagerkosten ist zu minimieren.

Eine zulässige Lösung ist ein Los über 200 ME in Periode 6, da es die Summe der kumulierten Bedarfe von P in den beiden Perioden 6 und 7 über 150 ME deckt. Zugleich bewirkt es eine Überproduktion von 50 ME.   w.z.b.w.

Hinweis: Nach dem gleichen Prinzip kann ein Losgrößenproblem mit einer eingehenden Komponente – also ein echtes mehrstufiges Losgrößenproblem – konstruiert werden. Dies bietet sich als Übungsaufgabe zum Selbststudium an.

Zu (b) und (c):
Beide Aussagen treffen zu.

Beweis:
Es sei MLP ein beliebiges mehrstufiges Losgrößenproblem, und es sei O eine beliebige zulässige Lösung von diesem MLP.

O erfüllt als zulässige Lösung die Lagerbilanzgleichungen. D.h.: Der Lagerbestand zu einem Produkt k am Ende einer Periode t ist der Lagerbestand von k am Ende der Vorperiode (t – 1) plus dem Zugang durch ein Los für k in (der Periode) t minus dem Bedarf von k in t minus dem (Sekundär-) Bedarf durch jedes Los in t zu jedem Produkt, in das k direkt eingeht; eine formale Definition ist beispielsweise in [HeMa17] und in [Herr18] angegeben und zwar für ein Multi-Level Capacitated Lot Sizing Problem (MLCLSP) (und auch für ein Multi-Level Uncapacitated Lot Sizing Problem (MLULSP)). Dadurch kann jeder benötigte Bedarf von jedem Los von O an jeder eingehenden Komponente durch den frei verfügbaren Bestand (im Lager) exakt gedeckt werden. Damit sind Fehlmengen ausgeschlossen – also Aussage (b) – und eine Konkretisierung (dieser exakten Deckung der Materialverfügbarkeit von allen Losen) ist eine Peggingstruktur – also Aussage (c).   w.z.b.w.

4.18. Direktbedarfskoeffizienten aus einer Peggingstruktur

Beweisen oder widerlegen Sie, dass aus einer Peggingstruktur zu einer zulässigen Lösung eines mehrstufigen Losgrößenproblems jeder benötigte Direktbedarfskoeffizient des Gozintographen bestimmt werden kann.

Lösungsvorschlag

Die Aussage trifft zu.

Beweis:
Es sei MLP ein beliebiges mehrstufiges Losgrößenproblem.
O.B.d.A. habe das MLP keinen Anfangslagerbestand und keinen Lagerzugang.

Es sei O eine beliebige zulässige Lösung vom MLP, und PS sei eine beliebige Peggingstruktur zu O.

Es sei daran erinnert, dass eine Peggingstruktur die Materialverfügbarkeit von allen Losen und Bedarfen exakt deckt; im Fall von PS eben alle Lose und Bedarfe von O.

Es sei $a_{i,j}$ ein beliebiger benötigter Direktbedarfskoeffizient zwischen zwei Produkten i und j. Da $a_{i,j}$ benötigt wird, existiert eine Lieferbeziehung zwischen i und j in PS. Bestimme nun die kumulierte Liefermenge L von dem Produkt i in PS zu einem Los zu dem Produkt j mit einer Produktionsmenge von J in PS.
Da PS die Materialverfügbarkeit exakt deckt, muss gelten: $a_{i,j} \cdot J = L$.
Da J und L aus PS ermittelt werden können, ist $a_{i,j}$ bestimmbar.

Damit können alle benötigten Direktbedarfskoeffizienten des mehrstufigen Losgrößenproblems berechnet werden. w.z.b.w.

Es sei betont, wie der Beweis eben zeigt, dass für diese Eigenschaft die Lösung einer mehrstufigen Losbildung nicht durch eine programmorientierte Bedarfsermittlung ermittelt sein muss.

4.19. Dynamische Mehrprodukt-Losgrößenplanung

Für eine Arbeitswoche bestehend aus fünf Perioden sollen auf einem Produktionssystem zwei Produkte P1 und P2 gefertigt werden. Das Produktionssystem hat pro Periode eine Kapazität von 20 Zeiteinheiten (ZE). Für Produkt 1 beträgt die Stückbearbeitungszeit 0.5 ZE und für Produkt 2 beträgt diese 1 ZE. Die in der folgenden Tabelle 4.50 angegebenen Nettobedarfsmengen sind zu erfüllen:

Produkt	Periode				
	1	2	3	4	5
P1	14 ME	10 ME	12 ME	5 ME	9 ME
P2	10 ME	17 ME	12 ME	10 ME	19 ME

Tabelle 4.50: Nettobedarfsmengen für die Produkte P1 und P2; mit ME für Mengeneinheiten.

Bitte lösen Sie die folgenden Aufgaben:

(a) Ist die Kapazität des Produktionssystems ausreichend hoch, um die (in der Tabelle 4.50) genannten Nettobedarfsmengen zu decken?

(b) Bei einer positiven Beantwortung von Teilaufgabe (a): Geben Sie einen solchen zulässigen Produktionsplan an.

(c) Angenommen es existiert ein Produktionsplan. Sofern Sie einen nach Teilaufgabe (b) erstellt haben, nehmen Sie diesen.
(Ansonsten erstellen Sie einen beliebigen mit Produktionsmengen für beide Produkte in jeder Periode.)
Nennen Sie eine industrie-relevante Randbedingung, wodurch Ihr Plan nicht optimal ist. Geben Sie eine konkrete Verbesserung quantitativ an.

Lösungsvorschlag

Zu (a):

Sofern im Zeitablauf die perioden-spezifische kumulierte Kapazität höher als der (genauso) kumulierte Kapazitätsbedarf ist, können die Bedarfsmengen je Periode gedeckt werden. Dies trifft hier zu, wie die folgende in Tabelle 4.51 angegebene Berechnung belegt.

Produkt	Periode				
	1	2	3	4	5
Kapazitätsangebot je Periode	20 ZE	20 ZE	20 ZE	20 ZE	20 ZE
Kapazitätsbedarf je Periode	17 ZE	22 ZE	18 ZE	12.5 ZE	23.5 ZE
kumuliertes Kapazitätsangebot	20 ZE	40 ZE	60 ZE	80 ZE	100 ZE
kumulierter Kapazitätsbedarf	17 ZE	39 ZE	57 ZE	69.5 ZE	93 ZE

Tabelle 4.51: Perioden-spezifisches sowie kumuliertes Kapazitätsangebot und -bedarf im Zeitablauf; mit ZE für Zeiteinheiten und kumuliert bis zu einer bestimmten Periode.

Zu (b):

Nach der Kapazitätsbetrachtung in Tabelle 4.51 stellen die Nettobedarfe (in Tabelle 4.50) keinen zulässigen Plan dar (wegen den Kapazitätsüberschreitungen in den Perioden 2 und 5). Da in den Vorperioden genügend freie Kapazität vorliegt, ist ein zulässiger Produktionsplan möglich. Einer ist in der folgenden Tabelle 4.52 angegeben. Er ergibt sich durch das Vorziehen der Produktion von 2 Mengeneinheiten von Produkt P2 für Periode 2 in Periode 1 – wodurch der Kapazitätsbedarf in Periode 1 19 ZE und in Periode 2 20 ZE beträgt – sowie durch das Vorziehen der Produktion von 1 Mengeneinheit von Produkt P1 für Periode 5 in Periode 4 und von 3 Mengeneinheiten von Produkt P2 für Periode 5 in Periode 4 – wodurch der Kapazitätsbedarf in Periode 4 16 ZE und in Periode 5 20 ZE beträgt.

Produkt	Periode				
	1	2	3	4	5
P1	14 ME	10 ME	12 ME	6 ME	8 ME
P2	12 ME	15 ME	12 ME	13 ME	16 ME
Kapazitätsbedarf	19 ZE	20 ZE	18 ZE	16 ZE	20 ZE

Tabelle 4.52: Zulässiger Produktionsplan; mit ZE für Zeiteinheiten und ME für Mengeneinheiten.

Zu (c):

In Unternehmen sind Produktionssysteme häufig zu rüsten und dafür fallen Rüstkosten an. Dann ist der vorliegende Produktionsplan aus Teilaufgabe (b) nicht optimal. Angenommen es liegen Rüstkosten von 100 Geldeinheiten (GE) für beide Produkte vor. Andere Kosten fallen nicht an. Dann hat der genannte Plan Gesamtkosten von

$(5 \cdot 2 \cdot 100 \, \text{GE} =) \; 1000 \, \text{GE}$. Ein Los für Produkt P1 in Periode 4 über die bisher in den Perioden 4 und 5 geplanten Produktionsmengen von 14 ME reduziert die Rüst- und damit die Gesamtkosten um 100 GE auf 900 GE. Der neue Produktionsplan ist in der folgenden Tabelle 4.53 angegeben. (Es sei angemerkt, dass für jeden alternativen Plan mit Produktionsmengen für beide Produkte in jeder Periode das Produktionssystem für jedes Produkt in jeder Periode zu rüsten ist, also zehnmal, aber ein Plan – den in Tabelle 4.53 – mit neun Rüstvorgängen existiert.)

	Periode				
Produktionsmenge	1	2	3	4	5
P1	14 ME	10 ME	12 ME	14 ME	-
P2	12 ME	15 ME	12 ME	13 ME	16 ME
Kapazitätsbedarf	19 ZE	20 ZE	18 ZE	20 ZE	16 ZE

Tabelle 4.53: Zulässiger Produktionsplan mit einem eingesparten Rüstvorgang; mit ZE für Zeiteinheiten und ME für Mengeneinheiten.

4.20. Produktionsmenge zum Rohmaterialbestand

Gegeben ist die in der folgenden Abbildung 4.54 angegebene Materialverflechtung:

Startknoten i	Zielknoten j	Direktbedarfskoeffizient zwischen i und j
2	4	4
2	5	5
3	8	60
4	5	2
4	7	6
5	7	2
5	8	3

Tabelle 4.54: Gesamte Materialverflechtung als Gozintograph.

Die in der folgenden Tabelle 4.55 angegebenen Primärbedarfsmengen sind zu erfüllen:

Produkt	4	5	8
Primärbedarf in Mengeneinheiten	10	5	10

Tabelle 4.55: Zu erfüllendes Produktionsprogramm.

900 Mengeneinheiten vom Rohmaterial 2 stehen zur Verfügung.

Wie viele Mengeneinheiten können vom Endprodukt 7 hergestellt werden, wenn die anderen Primärbedarfe zu erfüllen sind? (Erläutern Sie bitte Ihre Berechnungen.)

Lösungsvorschlag

Die Produktionsmengen zu den einzelnen Produkten lassen sich durch Variablen beschreiben und zwar konkret enthält die Variable x_j die Produktionsmenge vom Produkt j. Durch den Direktbedarfskoeffizienten $(a_{i,j})$ zwischen zwei Produkten i und j bewirkt eine Produktionsmenge x_j für Produkt j den (Teil-) Sekundärbedarf für Produkt i von $a_{i,j} \cdot x_j$. Die Summe über alle solche (Teil-) Sekundärbedarfe und dem – eventuell zu erfüllenden – Primärbedarf für ein Produkt k ist die Produktionsmenge für das Produkt k. (Unter der Bezeichnung Sekundärbedarfsrechnung bzw. -auflösung wird es in der Literatur, wie beispielsweise in [HeMa17] und [CHM21], diskutiert.) Beginnend mit den Endprodukten führen solche (Teil-) Sekundärbedarfe zu den folgenden Beziehungen zwischen den Produktionsmengen:

$x_8 = 10$

$x_5 = 5 + 2 \cdot x_7 + 3 \cdot x_8$

$x_4 = 10 + 2 \cdot x_5 + 6 \cdot x_7$

$x_3 = 60 \cdot x_8$

$x_2 = 4 \cdot x_4 + 5 \cdot x_5$

(Hinweis: Eine Darstellung des Gozintographen befindet sich in der Lösung zur Aufgabe 4.9 über „Bedarf für Rohmaterial".)

Durch schrittweises Einsetzen der Variablen in die Gleichungen – entlang der obigen Reihenfolge der Gleichungen – entstehen lineare Gleichungen für alle Variablen – außer der zum Produkt 7 –, die von x_7 abhängen oder bei denen es sich um eine Konstante handelt, nämlich:

$x_8 = 10$

$x_5 = 5 + 2 \cdot x_7 + 3 \cdot 10 = 35 + 2 \cdot x_7$

$$x_4 = 10 + 2 \cdot (35 + 2 \cdot x_7) + 6 \cdot x_7 = 80 + 10 \cdot x_7$$
$$x_3 = 60 \cdot 10 = 600$$
$$x_2 = 4 \cdot (80 + 10 \cdot x_7) + 5 \cdot (35 + 2 \cdot x_7) = 495 + 50 \cdot x_7$$

Mit der Beschränkung von x_2 (durch 900 ME) ergibt sich:

$$900 = 495 + 50 \cdot x_7$$
$$\Leftrightarrow \quad 50 \cdot x_7 = 405$$
$$\Leftrightarrow \quad x_7 = \frac{405}{50} = 8\frac{1}{10}.$$

Auf ganze Mengeneinheiten bezogen (es handelt sich um ein Teil-Problem der Material-bedarfsplanung) können somit 8 Mengeneinheiten von Endprodukt 7 hergestellt werden.

5. Ressourceneinsatzplanung

5.1. Verständnis- und Wiederholungsfragen

(a) Erläutern Sie das Vorgehen zur Ressourceneinsatzplanung in Enterprise Ressource Planning Systemen (ERP Systemen) wie dem SAP System.

(b) Welches methodisches Vorgehen wird bei der Durchlaufterminierung in Enterprise Ressource Planning Systemen (ERP Systemen) verwendet?

(c) Nennen Sie drei Maßnahmen zum Kapazitätsbelastungsausgleich.

(d) Erläutern Sie das Splitten eines Planauftrags und seine Auswirkungen auf die Durchlaufzeit. Ist eine Verringerung der Gesamtrüstzeit oder Gesamtbearbeitungszeit zu erwarten. Wie verhält es sich mit der Gesamtkapazität?

(e) Erläutern Sie das Prinzip der früheren Auftragsfreigabe und seine Auswirkungen auf die Kapazitätsbelastung.

(f) Erläutern Sie das Prinzip der Überlappung und seine Auswirkungen auf die Termineinhaltung. Berücksichtigen Sie dabei die Einlagerungsregel.
(Hinweis: Nach der Einlagerungsregel werden die in einem Produktionssegment hergestellten Produkte zum Ende einer Periode eingelagert und stehen erst zu Beginn der nächsten Periode zur Auslieferung oder zur weiteren Produktion in einem Produktionssegment für ein anderes Produkt zur Verfügung.)

(g) Angenommen, es liegt eine geschlossene Produktion vor und die Einlagerungsregel ist zu berücksichtigen. Geben Sie zu jeder der folgenden Vorgehensweisen an, ob beides weiterhin möglich ist:

- Splitten eines Planauftrags.

- Frühere Auftragsfreigabe eines Planauftrags.

- Überlappung von Planaufträgen.

Wie verhält es sich bei einer offenen Produktion? Bitte geben Sie Begründungen an.
(Hinweis: Nach der Einlagerungsregel werden die in einem Produktionssegment hergestellten Produkte zum Ende einer Periode eingelagert und stehen erst zu Beginn der nächsten Periode zur Auslieferung oder zur weiteren Produktion in einem Produktionssegment für ein anderes Produkt zur Verfügung.)

© Der/die Autor(en), exklusiv lizenziert an Springer Fachmedien Wiesbaden GmbH, ein Teil von Springer Nature 2023
F. Herrmann, *Produktionsplanung*, https://doi.org/10.1007/978-3-658-40218-1_5

Lösungsvorschlag

(a) Die Ressourceneinsatzplanung in Enterprise-Ressource-Planning-Systemen (ERP-Systemen) wie dem SAP-System setzt auf dem Ergebnis der programmorientierten Bedarfsermittlung ((Material-) Bedarfsplanung) auf. Die Start- und Endtermine der durch diese Bedarfsplanung ermittelten Planaufträge basieren auf geschätzten (i.d.R. beobachteten) Durchlaufzeiten. Diese werden, in der ersten Phase der Ressourceneinsatzplanung, im Rahmen einer Durchlaufterminierung, in der Regel, durch tatsächliche Nettobearbeitungszeiten plus Pufferzeiten ersetzt, wodurch eine gewisse Berücksichtigung der beschränkten Kapazität erfolgt. Über einen anschließenden Kapazitätsbelastungsausgleich (i.e. 2. Phase der Ressourceneinsatzplanung) werden periodenspezifische Kapazitätsüberschreitungen aufgelöst, beispielsweise durch eine Verlagerung in Perioden mit freier Kapazität.

(b) Die Durchlaufterminierung in Enterprise Ressource Planning Systemen (ERP Systemen) erfolgt durch Methoden der Netzplantechnik.

(c) Maßnahmen zum Kapazitätsbelastungsausgleich sind in der folgenden Abbildung 5.1 angegeben, für Vertiefungen s. [Herr11] oder [Kurb05]. Mit ihnen wird zum einen der Kapazitätsbedarf an das -angebot angepasst, indem Planaufträge zeitlich in andere Perioden verlagert werden oder indem Planaufträge ganz oder teilweise zu anderen Betrieben verlagert werden. Zum anderen wird das Kapazitätsangebot an den -bedarf angepasst, indem zeitliche Anpassungen vorgenommen werden, die mit oder ohne Zeitveränderungen, intensitätsmäßig oder quantitativ stattfinden.

Bei den vorgeschlagenen Anpassungen von dem Kapazitätsangebot an den -bedarf handelt es sich im Kern um eine Erhöhung der Kapazität. Oft liegt temporär eine höhere Verfügbarkeit an Personal (durch Arbeitszeitveränderung oder Anlagenzuordnung) und Anlagen (durch Anlagen-Verfügbarkeit und Anlagengruppen-Zuordnung) für bestimmte Produkte vor oder diese Ressourcen als Ganzes stehen länger zur Verfügung. Neben einem „schnelleren" Arbeiten (intensitätsmäßige Anpassung) kann auch ein Reserve-Produktionssystem genutzt werden. Diese Maßnahmen bewirken einen größeren Dispositionsspielraum, der jedoch außerhalb des (eigentlich) zu lösenden Planungsproblems liegt. Bei den vorgeschlagenen Anpassungen von dem Kapazitätsbedarf an das -angebot trifft dies bei der mengenmäßigen Verlagerung von und zu anderen Betrieben auch zu. Demgegenüber sind die vorgeschlagenen zeitlichen Verlagerungen in andere Perioden im Prinzip algorithmisch umsetzbar. Mit Ausnahme der Veränderung des Zeitpunkts von Instandhaltungs-

maßnahmen liegen diese auch innerhalb des (eigentlich) zu lösenden Planungsproblems.

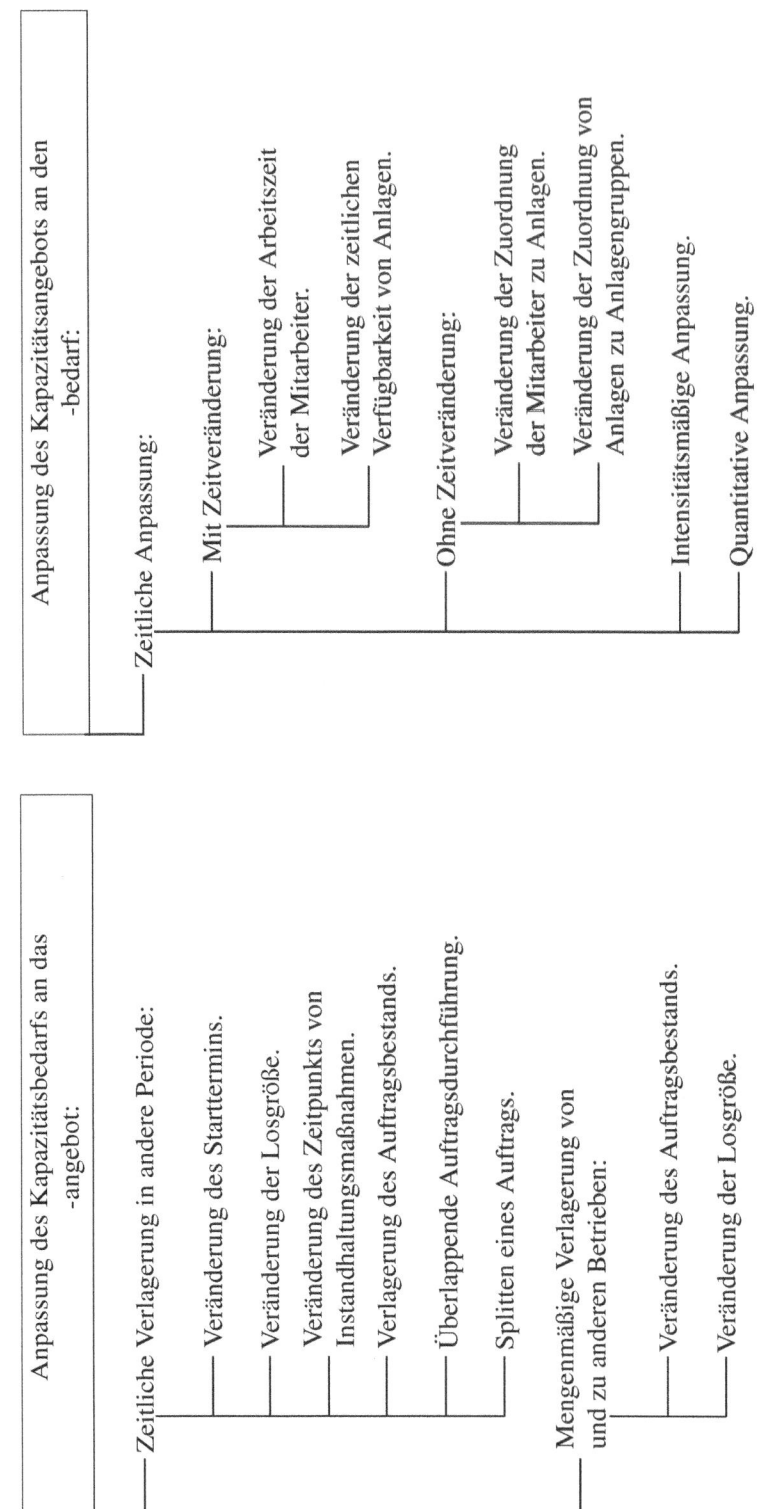

Abbildung 5.1: Maßnahmen zum Kapazitätsbelastungsausgleich

(d) Mit Splitten eines Planauftrags wird eine Verkürzung der Durchlaufzeit erreicht, indem seine Gesamtmenge in mehrere Teile aufgeteilt wird und diese teilweise zur gleichen Zeit bearbeitet werden. Liegen Rüstzeiten vor, so fallen diese für jedes Teillos an. Ein Beispiel befindet sich in Abbildung 5.2, anhand derer auch die zu erwartende Veränderung von Gesamtrüstzeit, Gesamtbearbeitungszeit sowie Gesamtkapazität beantwortet wird. Ein für das Produktionssystem PS1 vorgesehener Planauftrag wird auf die drei Produktionssysteme PS1, PS2 und PS3 aufgeteilt. Dadurch entsteht eine Reduktion seiner Bearbeitungszeit auf dem Produktionssystem PS1, zu Lasten von zusätzlichen Bearbeitungszeiten auf den beiden Produktionssystemen PS2 und PS3. Durch die produktionssystem-spezifischen Rüstzeiten liegt nun eine höhere Gesamtrüstzeit vor. Produktionssystem-spezifische Bearbeitungszeiten haben den gleichen Effekt. Vor allem die stets auftretende zusätzliche Rüstzeit reduziert die verfügbare Gesamtkapazität.

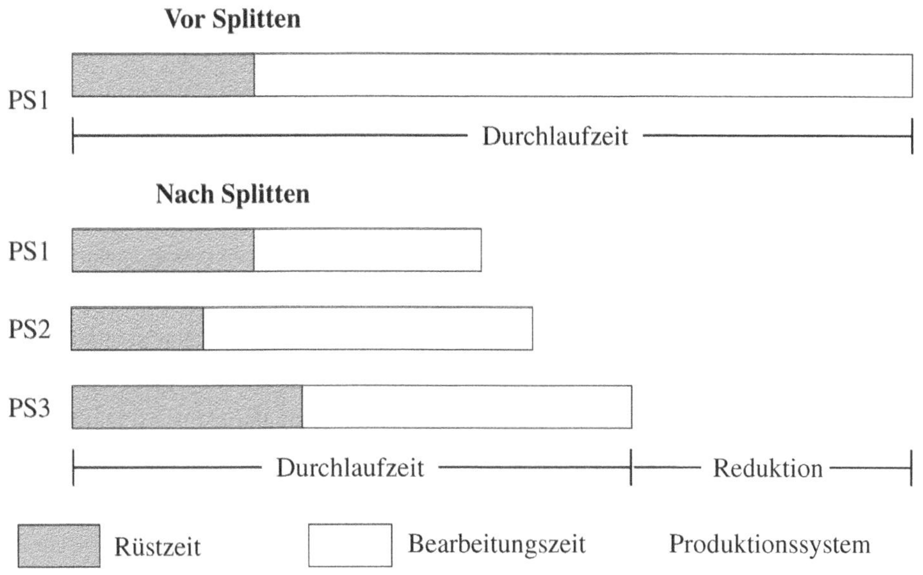

Abbildung 5.2: Verkürzung der Durchlaufzeit durch Splitten eines Loses.

(e) Das Prinzip der früheren Auftragsfreigabe ist in Abbildung 5.3 dargestellt. Aufgrund der Durchlaufterminierung sind zwei Planaufträge auf ein Produktionssystem in Periode 5 zu fertigen – s. das linke Gantt-Diagramm in Abbildung 5.3. Eine frühere Auftragsfreigabe zu Beginn von Periode 4 erlaubt, einen der beiden Planaufträge in Periode 4 zu produzieren, sofern kein anderer Planauftrag in dieser Periode gefertigt wird – s. das rechte Gantt-Diagramm in Abbildung 5.3.

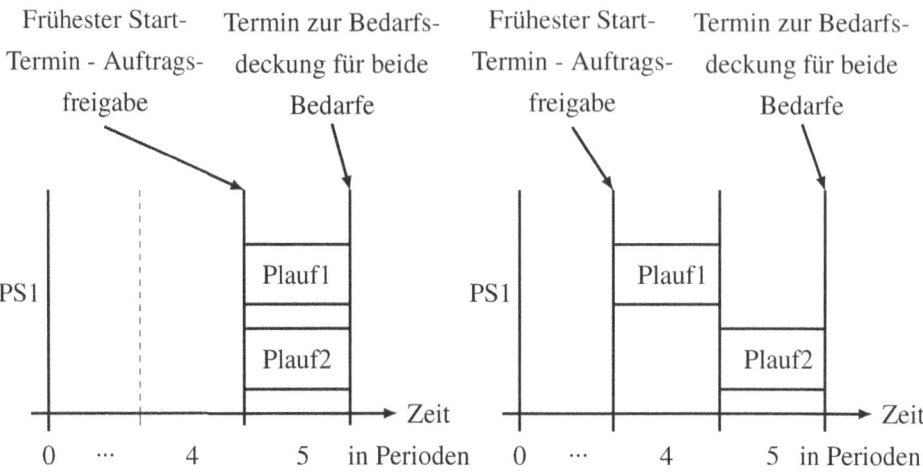

Abbildung 5.3: Verlagerung durch eine frühere Auftragsfreigabe.

(f) Abbildung 5.4 zeigt das Prinzip der Überlappung. Nach der Kapazitätsplanung ist der Planauftrag Plauf1 in den Perioden 3 bis zur Mitte von Periode 5 zu produzieren; s. das linke Gantt-Diagramm in Abbildung 5.4. Zu Beginn von Periode 6 beginnt sein Nachfolger, nämlich Planauftrag Plauf2; wegen der Einlagerung der Produktionsmenge von Planauftrag Plauf1 zum Periodenende ist ein früherer Beginn nicht erlaubt. Planauftrag Plauf2 dient zur Deckung von einem Bedarf zu Beginn von Periode 7. Dadurch entsteht eine Verspätung von einer Periode; s. das linke Gantt-Diagramm in Abbildung 5.4. Ist eine offene Produktion möglich, durch die die bereits produzierten Mengeneinheiten durch Planauftrag Plauf1 zum Ende von Periode 4 eingelagert werden können, so kann mit Planauftrag Plauf2 bereits zu Beginn der Periode 5 begonnen werden. Dadurch wird er zum Ende von Periode 6 fertiggestellt. Dies bewirkt eine termingerechte Deckung des Bedarfs zu Beginn von Periode 7; s. das rechte Gantt-Diagramm in Abbildung 5.4. Dies setzt voraus, dass genügend Material verfügbar ist – eben um den Planauftrag Plauf2 unterbrechungsfrei produzieren zu können. Es sei angemerkt, dass beim zuvor erläuterten Fall eine geschlossene Produktion vorliegt.

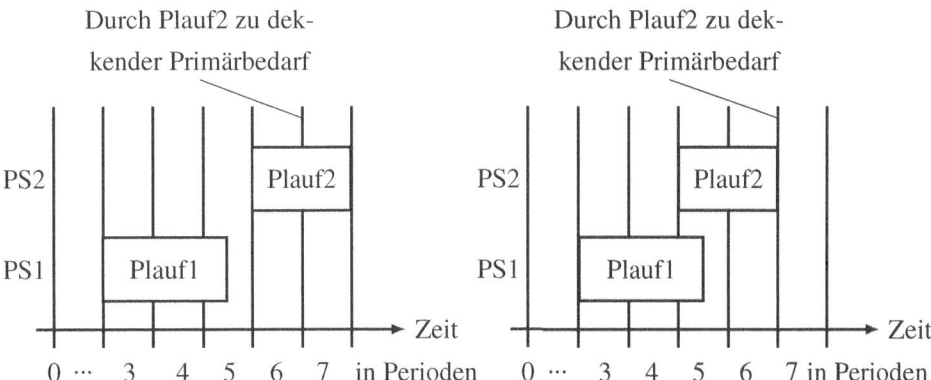

Abbildung 5.4: Termineinhaltung durch eine überlappende (und offene) Produktion.

(g) Eine frühere Auftragsfreigabe eines Planauftrags ändert nur seinen frühestmöglichen Anfangszeitpunkt. Folglich kann (weiterhin) eine geschlossene Produktion mit Einhaltung der Einlagerungsregel durchgeführt werden.

Das Splitten eines Planauftrags führt zu zwei (oder mehreren) strukturell gleichen Planaufträgen. Die Wirkung einer Splittung bleibt auch erhalten, wenn die produzierte Menge erst eingelagert wird, wenn alle (neuen) Planaufträge beendet sind. Folglich kann (weiterhin) eine geschlossene Produktion mit Einhaltung der Einlagerungsregel durchgeführt werden; es sei betont, dass dies auch zutrifft, wenn auf die genannte Bedingung (der gemeinsamen Einlagerung) verzichtet wird.

In diesem Buch wurden mit diesen beiden Vorgehensweisen in der Aufgabe zum Kapazitätsbelastungsausgleich, s. Aufgabe 5.10, Fehlbestände reduziert bzw. verhindert.

Eine Überlappung von Planaufträgen erfordert eine offene Produktion. Damit ist dieses Vorgehen nicht möglich.

Da eine offene Produktion zugleich eine geschlossene (Produktion) ist, ist die Einhaltung der Einlagerungsregel bei den beiden Vorgehensweisen

• Splitten eines Planauftrags und

• Frühere Auftragsfreigabe eines Planauftrags

weiterhin möglich.

Bei einer offenen Produktion kann die Einlagerungsregel eingehalten werden. Diese verhindert jedoch eine Überlappung. Damit ist diese Vorgehensweise (weiterhin) nicht möglich.

5.2. Zeitlicher Ablauf von Produktionsaufträgen

Ein Unternehmen hat einen Kundenauftrag über 100 Mengeneinheiten (ME) für das Produkt M zu Beginn der Woche 8. Das Unternehmen stellt M und alle seine Bestandteile selbst her. In M gehen die Baugruppen N und O direkt ein. Die Einzelteile P, Q und R gehen direkt in die Baugruppe N ein. Schließlich gehen in die Baugruppe O die Einzelteile S und T direkt ein. Es dauert 2 Wochen, um M herzustellen, 1 Woche, um N herzustellen, 2 Wochen, um O herzustellen, 2 Wochen, um P herzustellen, 3 Wochen, um Q herzustellen, 1 Woche, um R herzustellen, 2 Wochen, um S herzustellen, und 1 Woche, um T herzustellen. Jedes Produkt soll durch maximal einen Produktionsauftrag hergestellt werden. Es liegen keine Bestände vor.

Bitte lösen Sie die folgenden Aufgaben:

(a) Das verwendete Enterprise-Ressource-Planning-System (ERP-System) ist so konfiguriert, dass die Produktion so spät wie möglich beginnt und zugleich der Kundenauftrag termingerecht ausgeliefert werden wird (kann). Welchen Produktionbeginn schlägt das ERP-System vor? Begründen Sie Ihr Ergebnis.

(b) Aufgrund von Problemen mit der Verfügbarkeit von Anlagen und Werkern ist der Werksleitung in der Woche vor dem gerade bestimmten (i.e. Teilaufgabe (a)) und damit geplanten Produktionsbeginn bekannt, dass es wahrscheinlich zu Verlängerungen der Bearbeitungsdauern von Produktionsaufträgen zu bestimmten Produkten kommen wird. Konkret betroffen sind die Produkte T und N. Im günstigsten Fall kann die Werksleitung die Verlängerung auf einen dieser beiden Aufträge (zu den beiden Produkten) beschränken. Im Fall von Produkt T verlängert sich die Bearbeitungsdauer, von dem betroffenen Produktionsauftrag, um 2 Wochen und im Fall von Produkt N um lediglich eine Woche. Herr Fix, der Leiter der Werkstatt, in der Produkt O hergestellt wird, bietet an, die Bearbeitungsdauer des Produktionsauftrags zu Produkt O um eine Woche zu verringern.

Sie sollen, als Assistent der Werksleitung, auf dem Ergebnis des ERP-Systems aus

Teilaufgabe (a) diese Szenarien analysieren und eine Handlungsempfehlung für die Werksleitung vorschlagen. Alle benötigten Rohstoffe sind zum geplanten Produktionsbeginn verfügbar. Begründen Sie Ihr Ergebnis.

Lösungsvorschlag

Zu (a):

Der Produktionsbeginn lässt sich bestimmen und auch die Analyse der in Teilaufgabe (b) genannten Änderungen in den Bearbeitungsdauern lässt sich durchführen, wenn bekannt ist, in welchen Wochen, welche Produktionsaufträge durchzuführen sind. Dies lässt sich durch die Darstellung der Produktionsaufträge im Zeitablauf aufzeigen. Ihre Reihenfolge ergibt sich durch die Produktstruktur von M. Eine (mögliche) Darstellung ist seine Stückliste, die sich in der folgenden Abbildung 5.5 befindet:

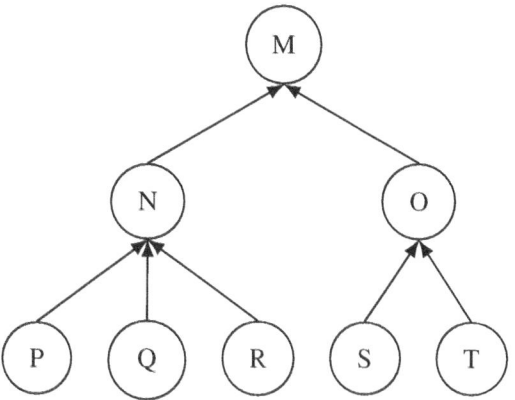

Abbildung 5.5: Stückliste zum Produkt M.

Wird mit der Bearbeitung jedes Produktionsauftrags so spät wie möglich begonnen, so ergibt sich der in der folgenden Abbildung 5.6 angegebene zeitliche Ablauf der Produktionsaufträge zu den Produkten in der Stückliste zum Produkt M. Danach ist vom Beginn der Woche 2 bis zum Ende der Woche 7 zu produzieren.

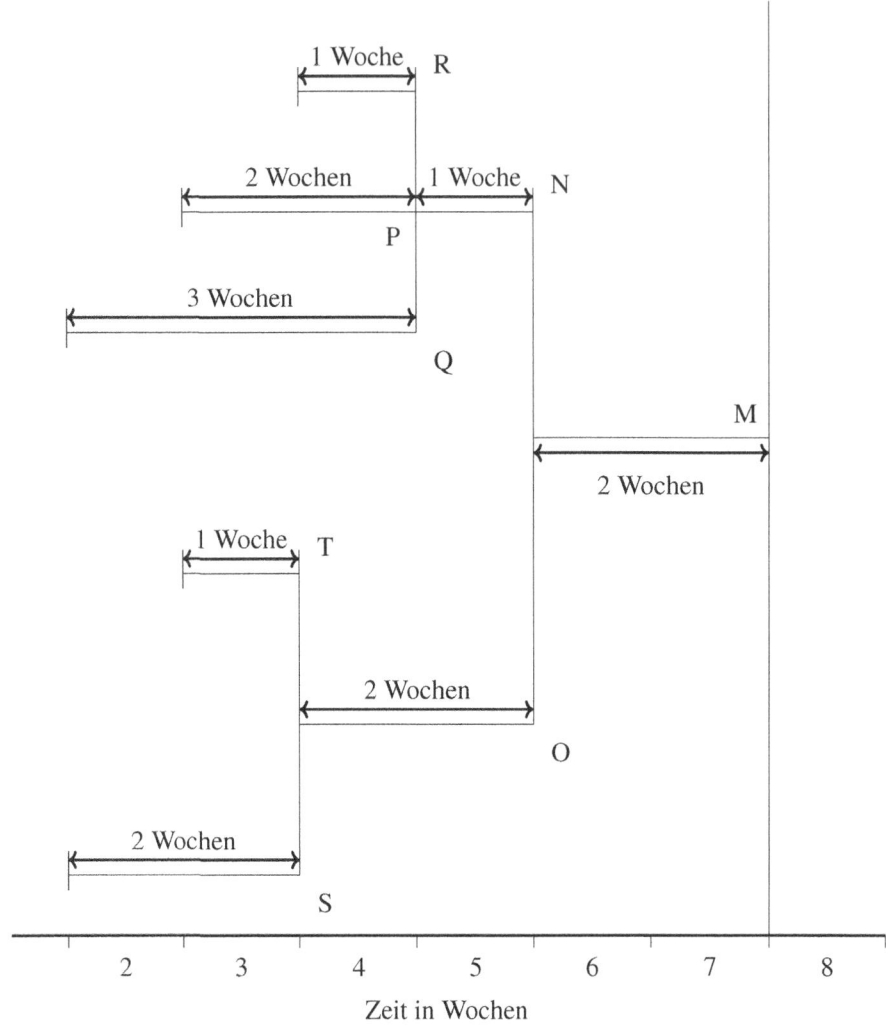

Abbildung 5.6: Zeitlicher Ablauf aller Produktionsaufträge zur Herstellung von 100 Mengeneinheiten von Produkt M.

Zu (b):

Grundlage der Analyse ist der in Abbildung 5.6 dargestellte zeitliche Ablauf aller Produktionsaufträge zur Herstellung von 100 Mengeneinheiten von Produkt M. Änderungen in den Produktionsdauern können, müssen aber nicht, zu einer verspäteten Auslieferung des Kundenauftrags führen.

Da die Analyse in der Woche vor dem Produktionsbeginn erfolgt, tritt eine verspätete Auslieferung des Kundenauftrags auf, wenn die Bearbeitungsdauer von dem Produktionsauftrag zum Produkt T sich um 2 Wochen verlängert. Durch das Angebot von Herrn Fix wird dies verhindert. Es ist sicherzustellen, dass mit diesem Produktionsauftrag (zu Produkt T) bereits zu Beginn von Woche 2 begonnen wird.

Eine Verlängerung der Bearbeitungsdauer von dem Produktionsauftrag zu dem Produkt N um 1 Woche verursacht eine verspätete Auslieferung des Kundenauftrags um 1 Woche. Dies wird auch nicht durch die Beschleunigung der Bearbeitung von dem Produktionsauftrag zu dem Produkt O verhindert.

Die Werksleitung sollte versuchen, eine Verlängerung der Bearbeitungsdauer von dem Produktionsauftrag von Produkt N zu verhindern; mögliche Maßnahmen finden sich im Bereich „Verständnis- und Wiederholungsfragen" zu diesem Abschnitt. Nur wenn dies gelingt, sollte die Werksleitung das Angebot von Herrn Fix annehmen.

5.3. Zeitlicher Ablauf von Produktionsaufträgen: Analyse von Abweichungen

Das Enterprise-Ressource-Planning-System (ERP-System) eines Unternehmens hat den in Abbildung 5.7 dargestellten zeitlichen Ablauf von Produktionsaufträgen erstellt, um einen Kundenauftrag über 100 Mengeneinheiten für das Produkt M zu Beginn der Woche 8 zu erfüllen. Alle benötigten Rohstoffe sind zu Beginn der Woche 2 verfügbar.

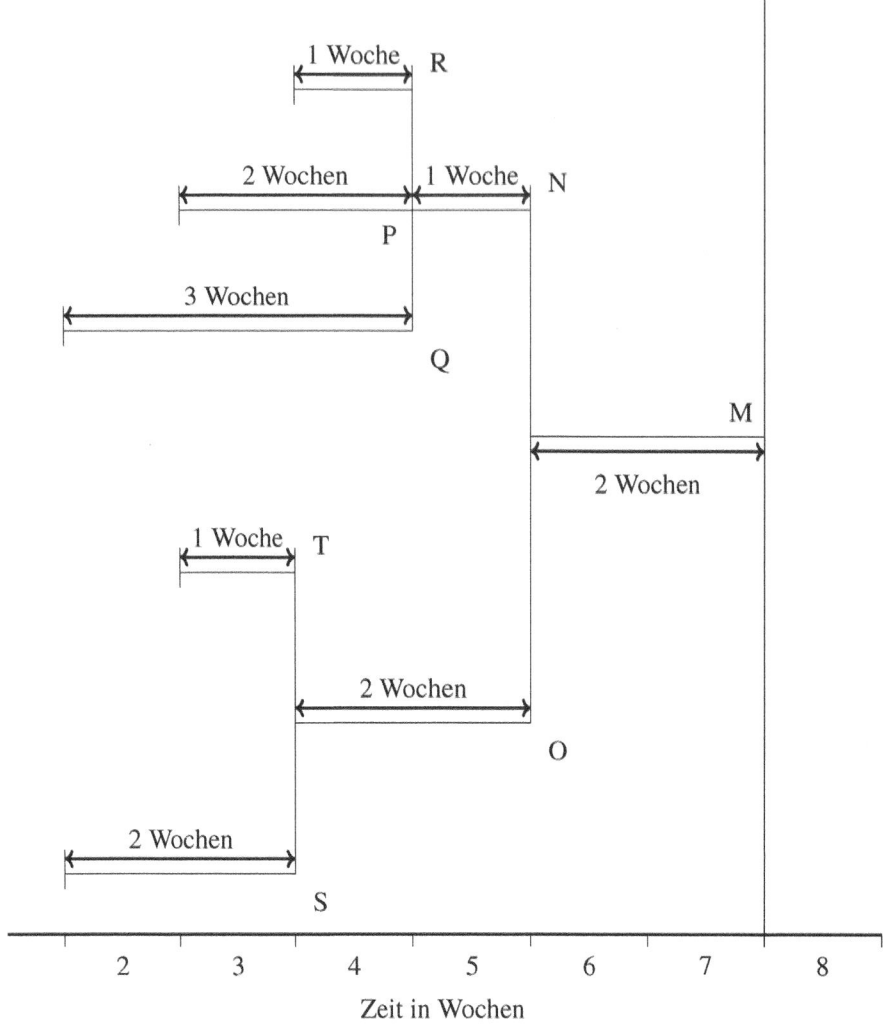

Abbildung 5.7: Zeitlicher Ablauf aller Produktionsaufträge zur Herstellung von 100 Mengeneinheiten von Produkt M.

Bitte lösen Sie die folgenden Aufgaben:

(a) Bei welchen Produktionsaufträgen führt eine Verlängerung der Bearbeitungsdauer zu einer verspäteten Auslieferung des Kundenauftrags?

(b) Bei welchen Produktionsaufträgen führt eine Verlängerung der Bearbeitungsdauer bis zu welcher Höhe zu keiner verspäteten Auslieferung des Kundenauftrags, sofern diese vor Beginn der Woche 2 bekannt sind? Ist dazu eine ergänzende Maßnahme erforderlich und wie lautet diese?

(c) Bei welchen der folgenden Verkürzungen ist eine frühere Auslieferung des Kundenauftrags um wie viele Wochen möglich:

(i) Produktionsauftrag zu Produkt M um 1.5 Wochen.

(ii) Produktionsauftrag zu Produkt O um 1.5 Wochen.

(iii) Produktionsauftrag zu Produkt S um 1.5 Wochen und zu Produkt Q um 2 Wochen.

(iv) Produktionsauftrag zu Produkt S um 1.5 Wochen und zu Produkt R um 0.5 Wochen sowie von Produkt T um 0.5 Wochen.

Geben Sie bitte bei allen Lösungen Begründungen an.

Lösungsvorschlag

Im Folgenden wird, der Einfachheit halber, ein Produktionsauftrag zu einem Produkt X durch Auftrag X bezeichnet.

Zu (a):

Nach der Netzplantechnik führt bei jedem Auftrag ohne Puffer – also einem kritischen Auftrag – eine Verlängerung der Bearbeitungsdauer zu einer verspäteten Auslieferung des Kundenauftrags. Ausschließlich die Aufträge Q, N, M, O und S haben keinen Puffer – und führen bei einer Verlängerung ihrer Bearbeitungsdauer zu einer verspäteten Auslieferung des Kundenauftrags.

Zu (b):

Nach der Netzplantechnik wird dies durch die Puffer beantwortet. Nach Aufgabenteil (a) ist bei den Aufträgen Q, N, M, O und S keine Verlängerung möglich (da diese keinen Puffer haben). Die anderen Aufträge haben einen echt positiven Puffer und es ist eine entsprechende Verlängerung möglich, nämlich bei Auftrag

– R um 2 Wochen,

– P um 1 Woche,

– T um 1 Woche.

Keine ergänzende Maßnahme ist erforderlich – alle benötigten Rohstoffe sind zu Beginn der Woche 2 verfügbar.

Zu (c):

Zur Beantwortung der Frage sind die kritischen Pfade nach einer Verkürzung maßgeblich.

Der Kundenauftrag kann früher ausgeliefert werden, um

(i)   1.5 Wochen bei einer Verkürzung des Auftrags M um 1.5 Wochen, da jeder kritische Pfad um 1.5 Wochen verkürzt wird.

(ii)   1 Woche bei einer Verkürzung des Auftrags S um 1.5 Wochen und des Auftrags Q um 2 Wochen. Dann liegen 2 kritische Pfade vor, nämlich aus den:
-   Aufträgen P, N und M sowie
-   Aufträgen T, O und M.

In beiden Fällen werden 5 Wochen benötigt und damit um eine (bzw. die eine) Woche weniger als die bisherige Gesamtbearbeitungsdauer von 6 Wochen.

Die beiden Verkürzungen von

(i)   Auftrag O um 1.5 Wochen sowie

(ii)   Auftrag S um 1.5 Wochen und Auftrag R um 0.5 Wochen sowie Auftrag T um 0.5 Wochen

ermöglichen jeweils keine frühere Auslieferung des Kundenauftrags, da, in beiden Fällen, der, in der Ausgangssituation, kritische Pfad aus den Aufträgen Q, N und M nicht verkürzt wird.

5.4. Terminplanung I

Die Abbildung 5.8 stellt für ein Endprodukt seine Erzeugnisstruktur dar. Jeder Knoten zu einem Produkt enthält seinen linearen Arbeitsplan aus Operationen (O). Zur Bearbeitung einer Operation fallen eine Rüstzeit und Stückbearbeitungszeiten an, die in dieser Reihenfolge (in Klammern) in Zeiteinheiten (ZE) angegeben sind. Von Endprodukt E1 sollen zwei Mengeneinheiten (ME) gefertigt werden. Unterstellen Sie einen Produktionsauftrag für die Bearbeitung eines Produkts und fassen die Zusammenhänge zwischen diesen Aufträgen als ein Auftragsnetz auf. Gehen Sie davon aus, dass ausreichend Kapazität zur Verfügung steht, und 0 ZE ist ein möglicher Produktionsbeginn. Wann sind die beiden Endprodukte fertig? Welche Aufträge sind kritisch? Zur Lösung wenden Sie die Netzplantechnik an und nennen die Formeln.

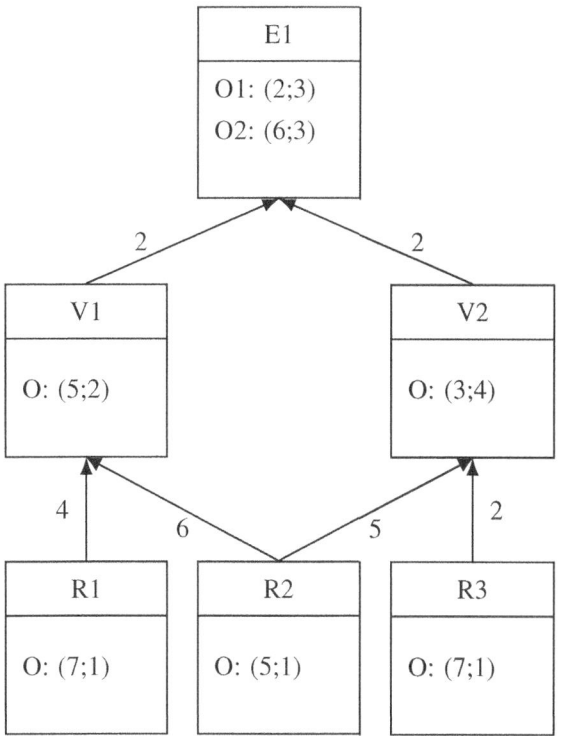

Abbildung 5.8: Erzeugnisstruktur und lineare Arbeitspläne (mit O für Operationen) sowie für jede Operation in Klammern seine Rüst- und seine Stückbearbeitungszeit in Zeiteinheiten.

Lösungsvorschlag

Die Netzplantechnik verwendet die folgenden Formeln – für Details s. [HeMa17]; und zur Vereinfachung wird statt Produktionsauftrag zu Produkt P lediglich Produktionsauftrag P geschrieben.

Parameter:

J Anzahl an Produktionsaufträgen.

d_j Dauer des Produktionsauftrags j $\forall\ 1 \leq j \leq J$ in ZE.

$\mathcal{V}_j$ Indexmenge der direkten Vorgänger des Produktionsauftrags j $\forall\ 1 \leq j \leq J$.

$\mathcal{N}_j$ Indexmenge der direkten Nachfolger des Produktionsauftrags j $\forall\ 1 \leq j \leq J$.

Variablen:

FAZ_j frühestmöglicher Anfangszeitpunkt des Produktionsauftrags $j \; \forall \; 1 \leq j \leq J$ in ZE.

FEZ_j frühestmöglicher Endzeitpunkt des Produktionsauftrags $j \; \forall \; 1 \leq j \leq J$ in ZE.

SAZ_j spätestzulässiger Anfangszeitpunkt des Produktionsauftrags $j \; \forall \; 1 \leq j \leq J$ in ZE.

SEZ_j spätestzulässiger Endzeitpunkt des Produktionsauftrags $j \; \forall \; 1 \leq j \leq J$ in ZE.

GP_j gesamte Pufferzeit eines Produktionsauftrags $j \; \forall \; 1 \leq j \leq J$ in ZE.

Formeln:

Für ein j, $1 \leq j \leq J$, und j hat keinen Vorgänger (i.e. $\mathcal{V}_j = \emptyset$)
sowie mit dem frühestem Produktionsbeginn von 0 ZE:

-    $FAZ_0 = 0 \, ZE$ Initialisierung.

Für ein j, $1 \leq j \leq J$, und j hat einen Vorgänger sowie FEZ_v existiert $\forall \; v \in \mathcal{V}_j$:

-    $FAZ_j = \max\limits_{v \in \mathcal{V}_j} \{FEZ_v\}$ Vorwärts-

-    $FEZ_j = FAZ_j + d_j$ rechnung.

Für ein j, $1 \leq j \leq J$, und j hat keinen Nachfolger (i.e. $\mathcal{N}_j = \emptyset$)

-    $SEZ_j = FEZ_j$ Initialisierung.

Für ein j, $1 \leq j \leq J$, und j hat einen Nachfolger sowie SAZ_n existiert $\forall \; n \in \mathcal{N}_j$:

-    $SEZ_j = \min\limits_{n \in \mathcal{N}_j} \{SAZ_n\}$ Rückwärts-

-    $SAZ_j = SEZ_j - d_j$ rechnung.

Für ein j, $1 \leq j \leq J$:

-    $GP_j = SAZ_j - FAZ_j = SEZ_j - FEZ_j$ Pufferzeit.

Es sei angemerkt, dass es in manchen Anwendungsfällen günstig ist, allen Knoten ohne Vorgänger einen künstlichen Startknoten als Vorgänger zu zuweisen und allen Knoten ohne Nachfolger einen künstlichen Endknoten als Nachfolger zu zuweisen; s. z.B. [CHM21].

Nach der Aufgabenstellung haben die Parameter die in der folgenden Tabelle 5.1 angegebenen Werte. Es sei daran erinnert, dass die benötigte Menge einer Komponente K sich daraus ergibt, dass zu jedem Pfad von K zu Produkt E1 in der Erzeugnisstruktur alle (seine) Direktbedarfskoeffizienten (entlang dieses Pfades) multipliziert werden und diese Ergebnisse aufsummiert werden.

Auftrag j	$\mathcal{V}_j$	$\mathcal{N}_j$	d_j
R1		V1	23 ZE ($= 7\,\text{ZE} + 2 \cdot 2 \cdot 4 \cdot 1\,\text{ZE}$)
R2		V1, V2	49 ZE ($= 5\,\text{ZE} + 2 \cdot 2 \cdot 6 \cdot 1\,\text{ZE} + 2 \cdot 2 \cdot 5 \cdot 1\,\text{ZE}$)
R3		V2	15 ZE ($= 7\,\text{ZE} + 2 \cdot 2 \cdot 2 \cdot 1\,\text{ZE}$)
V1	R1, R2	E1	13 ZE ($= 5\,\text{ZE} + 2 \cdot 2 \cdot 2\,\text{ZE}$)
V2	R2, R3	E1	19 ZE ($= 3\,\text{ZE} + 2 \cdot 2 \cdot 4\,\text{ZE}$)
E1	V1, V2		20 ZE ($= 6\,\text{ZE} + 2 \cdot 3\,\text{ZE} + 2\,\text{ZE} + 2 \cdot 3\,\text{ZE}$)

Tabelle 5.1: Parameterbelegungen.

Aufgrund dem frühesten möglichen Produktionsbeginn von 0 ZE ist dies auch der frühestmögliche Anfangszeitpunkt der Produktionsaufträge R1, R2 und R3. Durch eine Vorwärtsterminierung werden die frühestmöglichen Anfangszeitpunkte und Endzeitpunkte aller Produktionsaufträge bestimmt, in dem auf die Produktionsaufträge R1, R2, R3, V1, V2 und E1 in dieser Reihenfolge die Formeln (zur Vorwärtsterminierung) angewendet werden. Dies ist in der folgenden Tabelle 5.2 angegeben; zur Illustration und als Alternative ist das Ergebnis in der Abbildung 5.9 dargestellt. Der frühestmögliche Endzeitpunkt des Produktionsauftrags E1 ist der Startpunkt für die Rückwärtsterminierung, bei der auf die eben genannten Produktionsaufträge (R1, R2, R3, V1, V2 und E1) in umgekehrter Reihenfolge die Formeln (zur Rückwärtsterminierung) angewendet werden.

Produktionsauftrag j	d_j	FAZ_j	FEZ_j	SAZ_j	SEZ_j	$Puffer_j$
R1	23 ZE	0 ZE	23 ZE	32 ZE	55 ZE	32 ZE
R2	49 ZE	0 ZE	49 ZE	0 ZE	49ZE	0 ZE (kritisch)
R3	15 ZE	0 ZE	15 ZE	34 ZE	49 ZE	34 ZE
V1	13 ZE	49 ZE	62 ZE	55 ZE	68 ZE	6 ZE
V2	19 ZE	49 ZE	68 ZE	49 ZE	68 ZE	0 ZE (kritisch)
E1	20 ZE	68 ZE	88 ZE	68 ZE	88 ZE	0 ZE (kritisch)

Tabelle 5.2: Ergebnis der Vorwärts- und Rückwärtsterminierung; mit ZE für Zeiteinheiten.

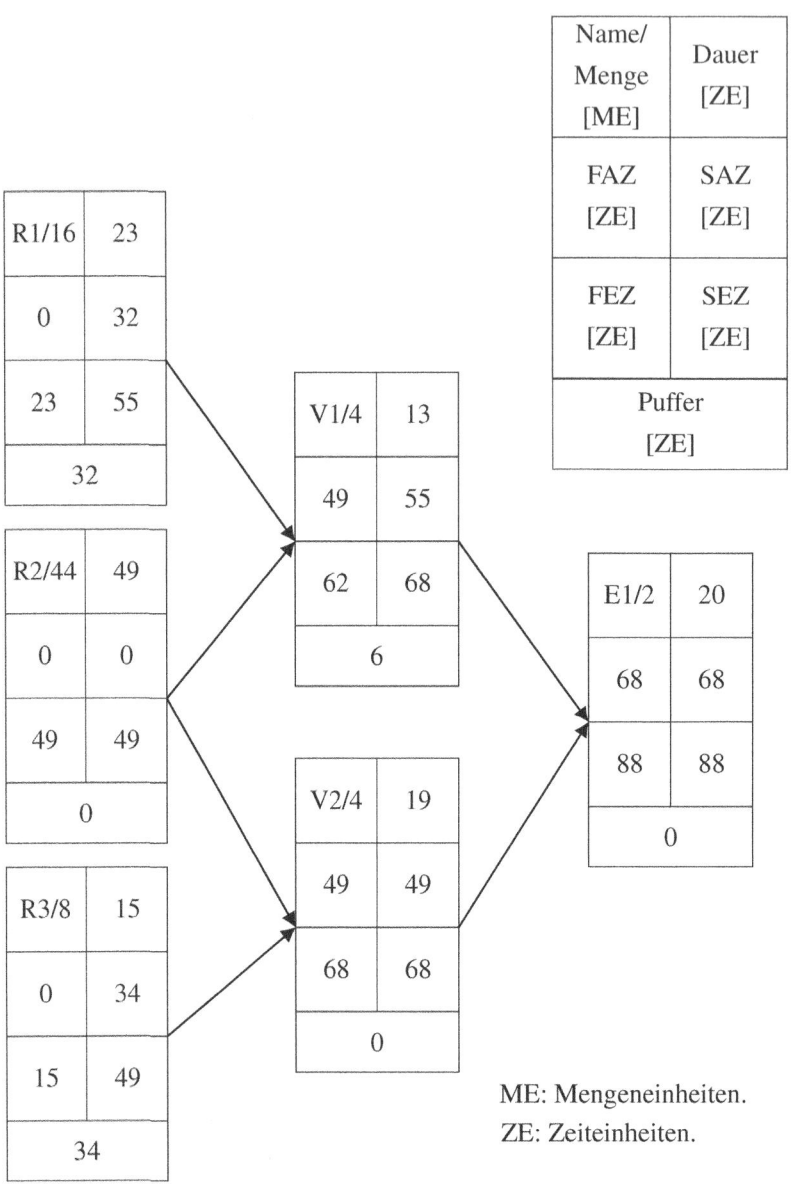

Abbildung 5.9: Ergebnis der Vorwärts- und Rückwärtsterminierung.

Das (betrachtete) Auftragsnetz aus Produktionsaufträgen impliziert eine geschlossene Produktion. Daher sind die beiden Produkte zum frühestmöglichen Endzeitpunkte des Produktionsauftrags E1 fertig, also nach 88 Zeiteinheiten. Kritisch sind alle Produktionsaufträge, deren Puffer 0 ist, also die Produktionsaufträge E1, V2 und R2.

Ergänzung:

Die Anwendung der Formeln zur Vorwärtsterminierung und zur Rückwärtsterminierung sind in der folgenden Tabelle 5.3 im Detail angegeben.

Auftrag j	$\mathcal{V}_j$	$\mathcal{N}_j$	d_j	Vorwärtsrechnung$_j$	Rückwärtsrechnung$_j$	Puffer$_j$
R1		V1	23 ZE	$FAZ_{R1} = 0$ ZE $FEZ_{R1} = FAZ_{R1} + d_{R1} = 0$ ZE $+ 23$ ZE $=$ 23 ZE	$SEZ_{R1} = \min_{n\in\{V1\}}\{SAZ_n\} = \min\{55$ ZE$\} =$ 55 ZE $SAZ_{R1} = SEZ_{R1} - d_{R1} = 55$ ZE $- 23$ ZE $=$ 32 ZE	32 ZE
R2		V1, V2	49 ZE	$FAZ_{R2} = 0$ ZE $FEZ_{R2} = FAZ_{R2} + d_{R2} = 0$ ZE $+ 49$ ZE $=$ 49 ZE	$SEZ_{R2} = \min_{n\in\{V1,V2\}}\{SAZ_n\} =$ $\min\{51$ ZE$, 49$ ZE$\} = 49$ ZE $SAZ_{R2} = SEZ_{R2} - d_{R2} = 49$ ZE $- 49$ ZE $=$ 0 ZE	0 ZE (kritisch)
R3		V2	15 ZE	$FAZ_{R3} = 0$ ZE $FEZ_{R3} = FAZ_{R3} + d_{R3} = 0$ ZE $+ 15$ ZE $=$ 15 ZE	$SEZ_{R3} = \min_{n\in\{V2\}}\{SAZ_n\} = \min\{49$ ZE$\} =$ 49 ZE $SAZ_{R3} = SEZ_{R3} - d_{R3} = 49$ ZE $- 15$ ZE $=$ 34 ZE	34 ZE
V1	R1, R2	E1	13 ZE	$FAZ_{V1} = \max_{v\in\{R1,R2\}}\{FEZ_v\} =$ $max\{23$ ZE$, 49$ ZE$\} = 49$ ZE; $FEZ_{V1} = FAZ_{V1} + d_{V1} = 49$ ZE $+ 13$ ZE $=$ 62 ZE	$SEZ_{V1} = \min_{n\in\{E1\}}\{SAZ_n\} = \min\{68$ ZE$\} =$ 68 ZE $SAZ_{V1} = SEZ_{V1} - d_{V1} = 68$ ZE $- 13$ ZE $=$ 55 ZE	6 ZE
V2	R2, R3	E1	19 ZE	$FAZ_{V2} = \max_{v\in\{R2,R3\}}\{FEZ_v\} =$ $max\{49$ ZE$, 15$ ZE$\} = 49$ ZE $FEZ_{V2} = FAZ_{V2} + d_{V2} = 49$ ZE $+ 19$ ZE $=$ 68 ZE	$SEZ_{V2} = \min_{n\in\{E1\}}\{SAZ_n\} = \min\{68$ ZE$\} =$ 68 ZE $SAZ_{V2} = SEZ_{V2} - d_{V2} = 68$ ZE $- 19$ ZE $=$ 49 ZE	0 ZE (kritisch)

Tabelle 5.3: Berechnung der Vorwärts- und Rückwärtsterminierung im Detail (wird fortgesetzt); mit ZE für Zeiteinheiten.

Auftrag j	$\mathscr{V}_j$	$\mathscr{N}_j$	d_j	Vorwärtsrechnung$_j$	Rückwärtsrechnung$_j$	Puffer$_j$
E1	V1, V2		20 ZE	$FAZ_{E1} = \max\limits_{v \in \{V1,V2\}} \{FEZ_v\} =$ $max\{62\,\text{ZE}, 68\,\text{ZE}\} = 68\,\text{ZE}$ $FEZ_{E1} = FAZ_{E1} + d_{E1} = 68\,\text{ZE} + 20\,\text{ZE} =$ $88\,\text{ZE}$	$SEZ_{E1} = FEZ_{E1} = 88\,\text{ZE}$ $SAZ_{E1} = SEZ_{E1} - d_{E1} = 88\,\text{ZE} - 20\,\text{ZE} =$ $68\,\text{ZE}$	0 ZE (kritisch)

Tabelle 5.3: Berechnung der Vorwärts- und Rückwärtsterminierung im Detail; mit ZE für Zeiteinheiten.

5.5. Terminplanung II

Die Abbildung 5.10 stellt für ein Endprodukt seine Erzeugnisstruktur dar. Jeder Knoten zu einem Produkt enthält seinen linearen Arbeitsplan aus Operationen (O). Zur Bearbeitung einer Operation fallen eine Rüstzeit und Stückbearbeitungszeiten an, die in dieser Reihenfolge (in Klammern) in Zeiteinheiten (ZE) angegeben sind. Von Endprodukt E1 sollen zwei Mengeneinheiten (ME) gefertigt werden. Unterstellen Sie einen Produktionsauftrag für die Bearbeitung eines Produkts und fassen die Zusammenhänge zwischen diesen Aufträgen als ein Auftragsnetz auf. Gehen Sie davon aus, dass ausreichend Kapazität zur Verfügung steht, und 0 ZE ist ein möglicher Produktionsbeginn. Auf dieses Auftragsnetz wurde die Netzplantechnik mit dem in der Tabelle 5.4 angegebenen Ergebnis angewendet; für einen Produktionsauftrag j mit FAZ_j für frühestmöglicher Anfangszeitpunkt von j, FEZ_j für frühestmöglicher Endzeitpunkt von j, SAZ_j für spätestzulässiger Anfangszeitpunkt von j und SEZ_j für spätestzulässiger Endzeitpunkt von j.

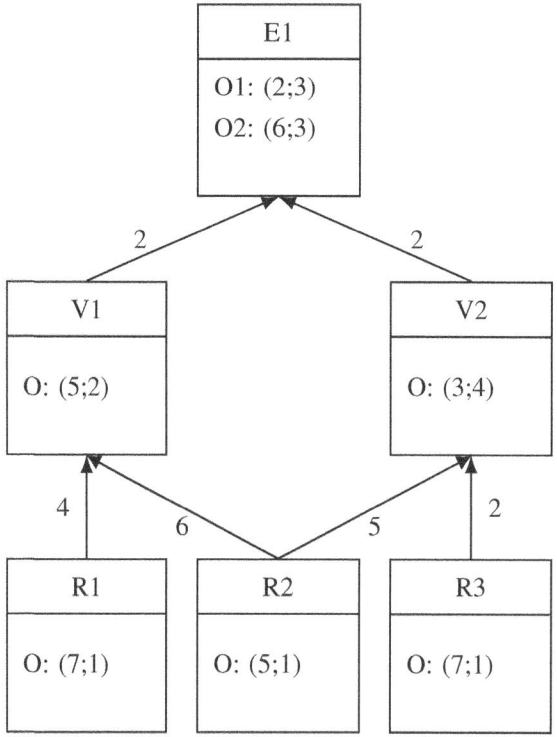

Abbildung 5.10: Erzeugnisstruktur und lineare Arbeitspläne (mit O für Operationen) sowie für jede Operation in Klammern seine Rüst- und seine Stückbearbeitungszeit in Zeiteinheiten.

220

Produktionsauftrag j	d_j	FAZ_j	FEZ_j	SAZ_j	SEZ_j	$Puffer_j$
R1	23 ZE	0 ZE	23 ZE	32 ZE	55 ZE	32 ZE
R2	49 ZE	0 ZE	49 ZE	0 ZE	49ZE	0 ZE (kritisch)
R3	15 ZE	0 ZE	15 ZE	34 ZE	49 ZE	34 ZE
V1	13 ZE	49 ZE	62 ZE	55 ZE	68 ZE	6 ZE
V2	19 ZE	49 ZE	68 ZE	49 ZE	68 ZE	0 ZE (kritisch)
E1	20 ZE	68 ZE	88 ZE	68 ZE	88 ZE	0 ZE (kritisch)

Tabelle 5.4: Ergebnis der Vorwärts- und Rückwärtsterminierung; mit ZE für Zeiteinheiten.

Nun wird bekannt, dass ein Endtermin von 81 ZE für E1 einzuhalten ist. In der Diskussion auf Werksleitungsebene wird eine offene Produktion als Ansatzpunkt vorgeschlagen; das (vorliegende) Auftragsnetz aus Produktionsaufträgen impliziert eine geschlossene Produktion. Jede gegebenenfalls „vorab" transportierte Mengeneinheit (ME) (eines Produkts k) verursacht zusätzliche Transportkosten in Geldeinheiten (GE), die gleich der jeweiligen Stückbearbeitungszeit (von k) sind. Zur Vereinfachung dürfen Sie von einer Transportzeit von 0 ZE ausgehen. Finden Sie eine Lösung, bei der diese zusätzlichen Kosten minimal sind.

Lösungsvorschlag

Die tabellarische Darstellung der Ergebnisse der Vorwärts- und Rückwärtsterminierung in Tabelle 5.4 ist für das Verständnis der Lösung völlig ausreichend. Zur Vereinfachung ist zusätzlich das Ergebnis als Netzplan in der folgenden Abbildung 5.11 angegeben.

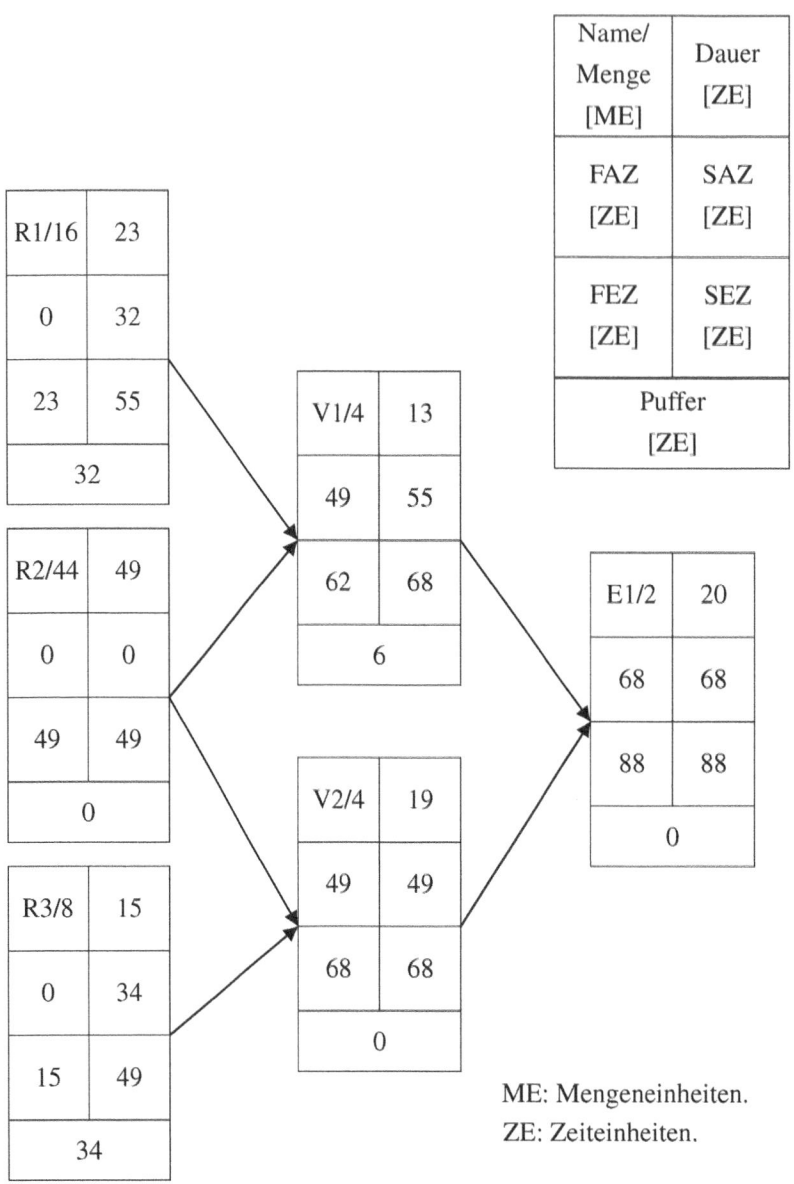

Name/ Menge [ME]	Dauer [ZE]
FAZ [ZE]	SAZ [ZE]
FEZ [ZE]	SEZ [ZE]
Puffer [ZE]	

ME: Mengeneinheiten.
ZE: Zeiteinheiten.

Abbildung 5.11: Ergebnis der Vorwärts- und Rückwärtsterminierung.

Zur Einhaltung des Endtermins von 81 ZE ist es notwendig, entlang des kritischen Pfades einen Puffer über 7 Zeiteinheiten (ZE) zu schaffen. Der kritische Pfad geht vom Produktionsauftrag R2 über den Produktionsauftrag V2 bis zum Produktionsauftrag E1. Werden 2 ME von Produktionsauftrag V2 dem Produktionsauftrag E1 früher angeliefert, so kann mit der Produktion von einer ME von E1 früher begonnen werden. Diese beiden ME können, aufgrund der Produktionszeit von V2 von 11 ZE ($3\,ZE + 2 \cdot 4\,ZE$), ab 60 ZE bereitgestellt werden. Da die Bearbeitung von 1 ME von E1 11 ZE ($2\,ZE + 3\,ZE + 6\,ZE + 3\,ZE$) benötigt und die Fertigstellung vom (kompletten) Produktionsauftrag V2 nur 8 ZE dauert, sind die restlichen 2 ME von V2 für E1 verfügbar, bevor die Bearbeitung der 1 ME von E1 beendet ist; m.a.W. die Materialverfügbarkeit vom Produktionsauftrag E1 ist stets gegeben. Allerdings ist die Bearbeitung von E1 frühestens ab 62 ZE aufgrund des frühestmöglichen Endzeitpunkts von V1 möglich. Dadurch wird lediglich ein Puffer von 6 ZE geschaffen. Folglich ist eine Erhöhung des Puffers auf dem Pfad von den beiden Produktionsaufträgen R1 und R2 über den Produktionsauftrag V1 zum Produktionsauftrag E1 erforderlich. Die kleinste Menge an Produkt V1, die für eine frühere Bearbeitung von Produkt E1 erforderlich ist, sind 2 ME. Mit der Überlegung von oben können diese, aufgrund der Produktionszeit von V1 von 9 ZE ($5\,ZE + 2 \cdot 2\,ZE$), ab 58 ZE bereitgestellt werden und mit den gleichen Überlegungen wie zuvor ergibt sich, dass auch in diesem Fall die Materialverfügbarkeit vom Produktionsauftrag E1 stets gegeben ist. Es reicht, wie bereits angesprochen, dass die 2 ME von V1 ab 61 ZE bereitgestellt werden. Insgesamt sind also 2 ME von V1 und 2 ME von V2 zusätzlich „vorab" zu transportieren.

Für so eine Puffererhöhung können auch andere Stellen des kritischen Pfads betrachtet werden. So ist es möglich, mit der gleichen Argumentation, dass einige ME von R2 für Produktionsauftrag V1 und für Produktionsauftrag V2 früher bereitgestellt werden. Nach den obigen Überlegungen müsste mit Produktionsauftrag V2 ab Zeiteinheit 42 begonnen werden und mit Produktionsauftrag V1 nach 48 ZE. Nach den Bearbeitungszeiten von R2 sind die für Produktionsauftrag V2 benötigten 20 ME bereits nach 25 ZE ($5\,ZE + 20 \cdot 1\,ZE$) verfügbar und nach 48 ZE sind 43 ME verfügbar. Damit ist die Materialverfügbarkeit der beiden Produktionsaufträge V1 und V2 stets gegeben, sofern z.B. 20 ME von R2 an den Produktionsauftrag V2 zum Zeitpunkt 42 ZE und 23 ME von R2 an den Produktionsauftrag V1 zum Zeitpunkt 48 ZE und zum Zeitpunkt 49 die fehlende Mengeneinheit angeliefert werden. Um möglichst wenige ME vorab anzuliefern, sind die bereits genannten frühesten Startzeitpunkte zu beachten; von 48 ZE beim Produktionsauftrag V1 und von 42 ZE beim Produktionsauftrag V2. Im ersten Fall sind 6 ME von R2 zum Produktionsauftrag V1 zu liefern; die stehen, wie bereits ermittelt, zur Verfügung und bei der zusätzlichen regulären Anlieferung (zum Zeitpunkt 49 ZE) ist die Materialverfügbarkeit vom Produktionsauftrag V1 stets gegeben. Im zweiten Fall reicht es, 5 ME zum Produktionsauftrag V2 zum Zeitpunkt 42 ZE zu liefern. Wegen der Produktionszeit von 1 ME von V2 von 7 ZE ($3\,ZE + 4\,ZE$) ist bei der zusätzlichen regulären Anlieferung von 15 ME von R2 zum Zeitpunkt 49 ZE die Materialverfügbarkeit vom Produktionsauftrag V2 stets gegeben. 11 ME von R2 sind somit zusätzlich „vorab" zu transportieren.

Neben diesen beiden Varianten sind auch Mischungen möglich, wodurch sich die in der Tabelle 5.5 angegebenen vier Möglichkeiten ergeben; einschließlich weiterer (z.T. noch zu erläuternder) Berechnungen. Diese Tabelle enthält auch die auftretenden minimalen Transportkosten (aufgrund der Stückbearbeitungszeiten). Werden die Transporte so spät wie möglich durchgeführt, so ist bei der Variante 1 der Produktionsauftrag E1 um 7 ZE vor dem frühesten Endzeitpunkt von Produktionsauftrag V2 zu beginnen und um 1 ZE vor dem frühesten Endzeitpunkt von Produktionsauftrag V1 zu beginnen. Dies lässt sich in der Netzplantechnik durch zeitliche Mindestabstände $d_{j,n}$ zwischen dem Ende des Produktionsauftrags j und dem Beginn des nachfolgenden Produktionsauftrags n ausdrücken; die sich ebenfalls in der Tabelle 5.5 befinden. Dazu sind die Formeln zur Netzplantechnik zu modifizieren. Mit den Formeln zur Netzplantechnik in der Lösung zur Aufgabe 5.4 zur Terminplanung I werden

– $FAZ_j = \max_{v \in \mathcal{V}_j}\{FEZ_v\}$ durch $FAZ_j = \max_{v \in \mathcal{V}_j}\{FEZ_v + d_{v,j}\}$ und

– $SEZ_j = \min_{n \in \mathcal{N}_j}\{SAZ_n\}$ durch $SEZ_j = \min_{n \in \mathcal{N}_j}\{SAZ_n - d_{j,n}\}$

ersetzt. Aus allem ergeben sich die Einträge in der Tabelle 5.5.

	Variante 1
Transport 1	2 ME von PA V1 zu PA E1 mit -1 ZE Mindestabstand
Transport 2	2 ME von PA V2 zu PA E1 mit -7 ZE Mindestabstand
Transportkosten	$2\frac{\text{GE}}{\text{ME}} \cdot 2\,\text{ME} + 4\frac{\text{GE}}{\text{ME}} \cdot 2\,\text{ME} = 12\,\text{GE}$
	Variante 2
Transport 1	6 ME von PA R2 zu PA V1 mit -1 ZE Mindestabstand
Transport 2	5 ME von PA R2 zu PA V2 mit -7 ZE Mindestabstand
Transportkosten	$1\frac{\text{GE}}{\text{ME}} \cdot 6\,\text{ME} + 1\frac{\text{GE}}{\text{ME}} \cdot 5\,\text{ME} = 11\,\text{GE}$

Tabelle 5.5: Alle möglichen „vorab" Transporte mit ihren Transportkosten; mit PA für Produktionsauftrag, ZE für Zeiteinheiten und ME für Mengeneinheiten (wird fortgesetzt).

	Variante 3
Transport 1	2 ME von PA V1 zu PA E1 mit -1 ZE Mindestabstand
Transport 2	5 ME von PA R2 zu PA V2 mit -7 ZE Mindestabstand
Transportkosten	$2\frac{GE}{ME} \cdot 2\,ME + 1\frac{GE}{ME} \cdot 5\,ME = 9\,GE$
	Variante 4
Transport 1	6 ME von PA R2 zu PA V1 mit -1 ZE Mindestabstand
Transport 2	2 ME von PA V2 zu PA E1 mit -7 ZE Mindestabstand
Transportkosten	$1\frac{GE}{ME} \cdot 6\,ME + 4\frac{GE}{ME} \cdot 2\,ME = 14\,GE$

Tabelle 5.5: Alle möglichen „vorab" Transporte mit ihren Transportkosten; mit PA für Produktionsauftrag, ZE für Zeiteinheiten und ME für Mengeneinheiten.

Die Anwendung der modifizierten Formeln erfolgt genauso wie bei der Aufgabe 5.4 zur Terminplanung (I) und führt für die kostenminimale Variante (also Variante 3) zu dem in der folgenden Tabelle 5.6 angegebenen Ergebnis. (Exemplarisch für eine Berücksichtigung eines zeitlichen Mindestabstands sei der Teilschritt

$$FAZ_{V2} = \max_{v \in \{R2,R3\}} \{FEZ_v + d_{v,V2}\} = max\{49\,ZE + (-7)\,ZE; 15\,ZE + 0\,ZE\} = 42\,ZE$$

genannt.)

Auftrag j	d_j	FAZ_j	FEZ_j	SAZ_j	SEZ_j	Puffer$_j$
R1	23 ZE	0 ZE	23 ZE	26 ZE	49 ZE	26 ZE
R2	49 ZE	0 ZE	49 ZE	0 ZE	49 ZE	0 ZE (kritisch)
R3	15 ZE	0 ZE	15 ZE	27 ZE	42 ZE	27 ZE
V1	13 ZE	49 ZE	62 ZE	49 ZE	62 ZE	0 ZE (kritisch)
V2	19 ZE	42 ZE	61 ZE	42 ZE	61 ZE	0 ZE (kritisch)
E1	20 ZE	61 ZE	81 ZE	61 ZE	81 ZE	0 ZE (kritisch)

Tabelle 5.6: Ergebnis der Vorwärts- und Rückwärtsterminierung; mit ZE für Zeiteinheiten.

Als Netzplan mit den „vorab" Transporten ergibt sich für die kostenminimale Variante (3) die Abbildung 5.12.

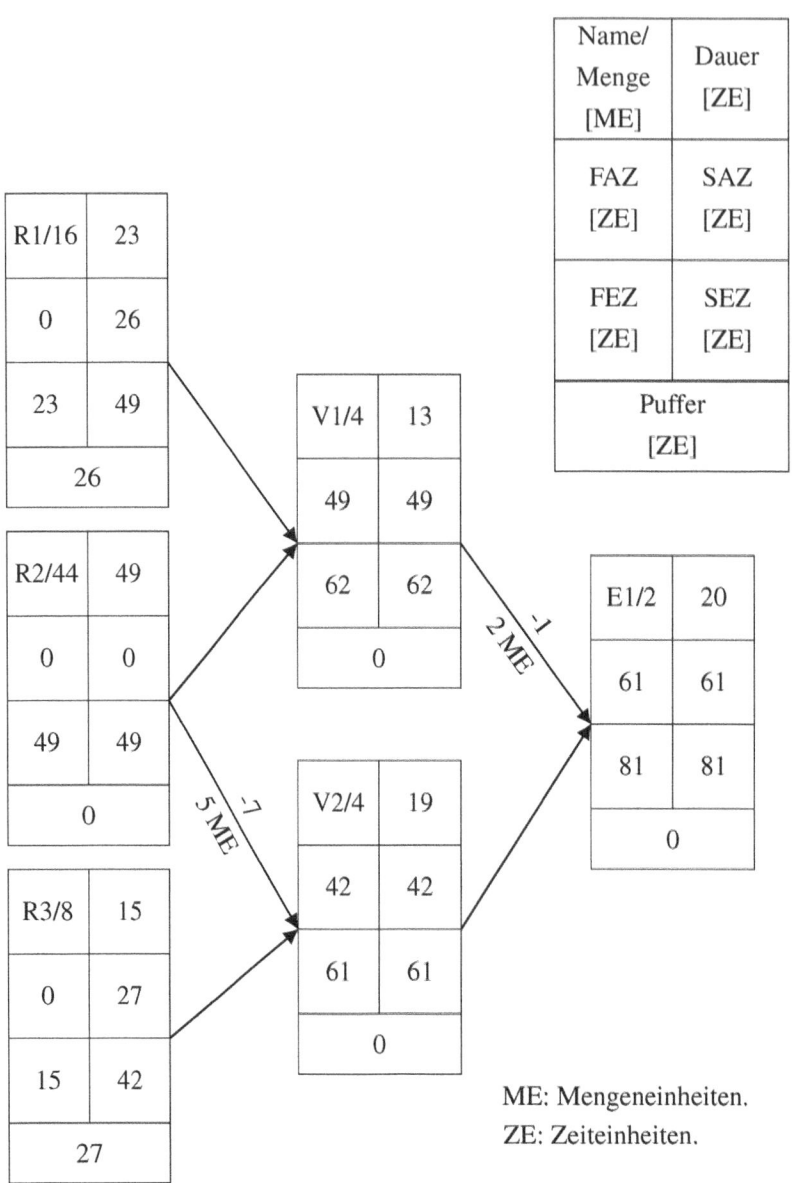

Abbildung 5.12: Netzplan mit kostenminimalen zusätzlichen Transportkosten. Die negativen Mindestabstände sowie die Mengen der zusätzlichen Transporte sind an den Pfeilen dargestellt.

5.6. Terminplanung mit Einlagerungsregel

Die Abbildung 5.13 stellt für ein Endprodukt seine Erzeugnisstruktur dar. Jeder Knoten zu einem Produkt enthält seinen linearen Arbeitsplan aus Operationen (O). Zur Bearbeitung einer Operation fallen eine Rüstzeit und Stückbearbeitungszeiten an, die in dieser Reihenfolge (in Klammern) in Zeiteinheiten (ZE) angegeben sind.

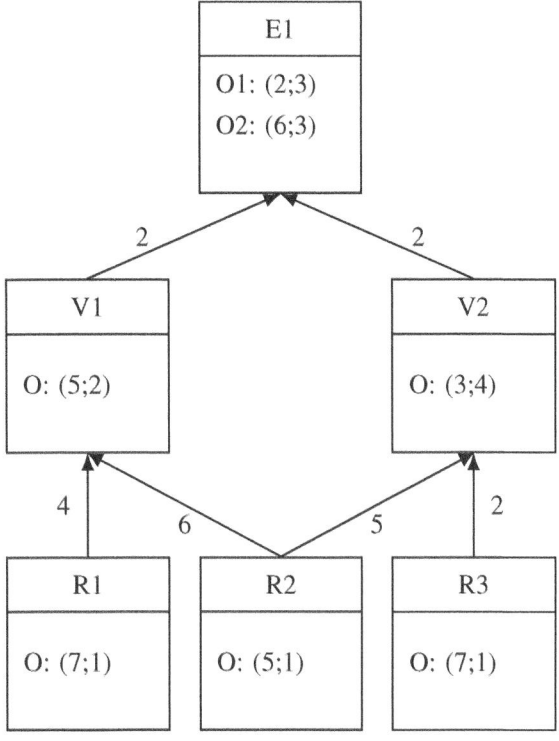

Abbildung 5.13: Erzeugnisstruktur und lineare Arbeitspläne (mit O für Operationen) sowie für jede Operation in Klammern seine Rüst- und seine Stückbearbeitungszeit in Zeiteinheiten.

Unterstellen Sie einen Produktionsauftrag für die Bearbeitung eines Produkts aufgrund einer programmorientierten Bedarfsplanung. Es liegt eine geschlossene Produktion vor, und die durch einen Produktionsauftrag hergestellten Produkte werden eingelagert und stehen erst zu Beginn der nächsten Periode zur Weiterverarbeitung bzw. zur Auslieferung bereit; dies wird als Einlagerungsregel bezeichnet und ist ein typisches Szenario bei einer programmorientierten Bedarfsplanung unter industriellen Randbedingungen. Eine Periode besteht aus 24 ZE. (Hinweis: die erste Periode beginnt zum Zeitpunkt 0 und endet zum Zeitpunkt 24, die zweite Periode beginnt zum Zeitpunkt 24 und endet zum Zeitpunkt 48 etc.). Gehen Sie davon aus, dass ausreichend Kapazität zur Verfügung steht, und 0 ZE ist ein möglicher Produktionsbeginn.

Von Endprodukt E1 sollen zwei Mengeneinheiten (ME) gefertigt werden und zusammen zu Beginn von Periode 5 ausgeliefert werden.

Bitte lösen Sie die folgenden Aufgaben:

(a) Können die beiden Endprodukte termingerecht ausgeliefert werden? Zur Lösung formulieren Sie bitte ein Problem der Netzplantechnik auf Periodenebene und nennen die Formeln. Lösen Sie es und geben bitte alle kritischen Pfade an.
Wenn der gewünschte Liefertermin nicht möglich ist, geben Sie an, wann eine Auslieferung frühestens möglich ist?

(b) Formulieren Sie die Teilaufgabe (a) als ein Problem der Netzplantechnik auf der Ebene der Zeiteinheiten und nennen die Formeln. Lösen Sie es und beantworten damit die in der Teilaufgabe (a) genannten Fragen.

(c) Gehen Sie von Ihrer Lösung aus Teilaufgabe (b) (auch (a) ist möglich) aus. Welche Produktionsaufträge haben welche Puffer? Wie lautet ein Problem der Netzplantechnik auf der Ebene der Zeiteinheiten, welches die gleichen Puffer ermittelt?

(d) Nehmen Sie Stellung zu der folgenden Aussage: Jede Anwendung der Vorwärtsterminierung und ausgehend von seinen Ergebnissen eine anschließende Rückwärtsterminierung führt zu mindestens einem kritischen Pfad.

(e) Können die beiden Endprodukte termingerecht ausgeliefert werden, sofern auf die Einlagerungsregel verzichtet wird? Welches der beiden zuvor erarbeiteten Problemformulierungen der Netzplantechnik ist zu verwenden? Lösen Sie es und beantworten damit die Frage.
Geben Sie entweder die maximale Verfrühung oder die minimale Verspätung an.

Lösungsvorschlag

Zu (a):

Da Perioden die Betrachtungsebene ist, sind die Bearbeitungszeiten periodengenau anzugeben. Durch eine Stücklistenauflösung, s. z.B. [HeMa17], [Herr18], [Herr11] und [Herr09a], ergeben sich die in der folgenden Tabelle 5.7 angegebenen Produktionsmengen. Sie enthält auch die dafür erforderlichen Bearbeitungszeiten in Zeiteinheiten (ZE) und periodengenau. Exemplarisch sei die Berechnung für die Produkte E1 und R2 genannt:

Bei E1 ist 2 ME die Produktionsmenge und die Bearbeitungszeit ergibt sich aus den beiden Rüstzeiten plus den beiden mit der Produktionsmenge multiplizierten Stückbearbeitungszeiten, also 20 ZE ($= 2$ ZE $+ 2 \cdot 3$ ZE $+ 6$ ZE $+ 2 \cdot 3$ ZE), die wegen der Einlagerungsregel auf 1 Periode aufzurunden ist.

Bei R2 ist 44 ME ($= 2 \cdot 2 \cdot 6$ ME $+ 2 \cdot 2 \cdot 5$ ME) die Produktionsmenge und die Bearbeitungszeit ist 49 ZE ($= 5$ ZE $+ 2 \cdot 2 \cdot 6 \cdot 1$ ZE $+ 2 \cdot 2 \cdot 5 \cdot 1$ ZE), die wegen der Einlagerungsregel auf 3 Perioden aufzurunden ist.

Pro-dukt	Produk-tions-menge	Bearbeitungszeit	Bearbeitungszeit, periodengenau
E1	2 ME	20 ZE ($= 2$ ZE $+ 2 \cdot 3$ ZE $+ 6$ ZE $+ 2 \cdot 3$ ZE)	1 Periode
V1	4 ME	13 ZE ($= 5$ ZE $+ 2 \cdot 2 \cdot 2 \cdot 1$ ZE)	1 Periode
V2	4 ME	19 ZE ($= 3$ ZE $+ 2 \cdot 2 \cdot 4 \cdot 1$ ZE)	1 Periode
R1	16 ME	23 ZE ($= 7$ ZE $+ 2 \cdot 2 \cdot 4 \cdot 1$ ZE)	1 Periode
R2	44 ME	49 ZE ($= 5$ ZE $+ 2 \cdot 2 \cdot 6 \cdot 1$ ZE $+ 2 \cdot 2 \cdot 5 \cdot 1$ ZE)	3 Perioden
R3	8 ME	15 ZE ($= 7$ ZE $+ 2 \cdot 2 \cdot 2 \cdot 1$ ZE)	1 Periode

Tabelle 5.7: Produktionsmengen und Bearbeitungszeiten für die einzelnen Produkte; mit ME für Mengeneinheiten und ZE für Zeiteinheiten.

Die Netzplantechnik verwendet die folgenden Formeln – für Details s. [HeMa17]; und zur Vereinfachung wird statt Produktionsauftrag zu Produkt P lediglich Produktionsauftrag P geschrieben. Bei den Terminen ist ein Zeitpunkt erforderlich. Eine Möglichkeit besteht die hier verwendete, diesen auf den Beginn einer Periode zu legen. (Hinweis: Der Beginn der Periode 4 ist der Zeitpunkt 72 Zeiteinheiten und die Einheit bei den Terminen ist (trotzdem) Perioden.)

Parameter:

J Anzahl an Produktionsaufträgen.

d_j Dauer des Produktionsauftrags $j \; \forall \; 1 \leq j \leq J$ in Perioden.

$\mathcal{V}_j$ Indexmenge der direkten Vorgänger des Produktionsauftrags $j \; \forall \; 1 \leq j \leq J$.

$\mathcal{N}_j$ Indexmenge der direkten Nachfolger des Produktionsauftrags $j \; \forall \; 1 \leq j \leq J$.

Variablen:

FAZ_j frühestmöglicher Anfangszeitpunkt des Produktionsauftrags $j \; \forall \; 1 \leq j \leq J$ in Perioden.

FEZ_j frühestmöglicher Endzeitpunkt des Produktionsauftrags $j \, \forall \, 1 \leq j \leq J$ in Perioden.

SAZ_j spätestzulässiger Anfangszeitpunkt des Produktionsauftrags $j \, \forall \, 1 \leq j \leq J$ in Perioden.

SEZ_j spätestzulässiger Endzeitpunkt des Produktionsauftrags $j \, \forall \, 1 \leq j \leq J$ in Perioden.

GP_j gesamte Pufferzeit eines Produktionsauftrags $j \, \forall \, 1 \leq j \leq J$ in Perioden.

Formeln:

Für ein j, $1 \leq j \leq J$, und j hat keinen Vorgänger (i.e. $\mathcal{V}_j = \emptyset$)
sowie mit dem frühestem Produktionsbeginn von 0 ZE und damit zu Beginn von Periode 1:

- $FAZ_0 = 1$ Periode   Initialisierung.

Für ein j, $1 \leq j \leq J$, und j hat einen Vorgänger sowie FEZ_v existiert $\forall \, v \in \mathcal{V}_j$:

- $FAZ_j = \max\limits_{v \in \mathcal{V}_j}\{FEZ_v\}$ Vorwärts-

- $FEZ_j = FAZ_j + d_j$ rechnung.

Für ein j, $1 \leq j \leq J$, und j hat keinen Nachfolger (i.e. $\mathcal{N}_j = \emptyset$)

- $SEZ_j = FEZ_j$ Initialisierung.

Für ein j $1 \leq j \leq J$, und j hat einen Nachfolger sowie SAZ_n existiert $\forall \, n \in \mathcal{N}_j$:

- $SEZ_j = \min\limits_{n \in \mathcal{N}_j}\{SAZ_n\}$ Rückwärts-

- $SAZ_j = SEZ_j - d_j$ rechnung.

Für ein j, $1 \leq j \leq J$:

- $GP_j = SAZ_j - FAZ_j = SEZ_j - FEZ_j$ Pufferzeit.

Nach der Aufgabenstellung haben die Parameter die in der folgenden Tabelle 5.8 angegebenen Werte:

Auftrag j	$\mathcal{V}_j$	$\mathcal{N}_j$	d_j
R1		V1	1 Periode
R2		V1, V2	3 Perioden
R3		V2	1 Periode
V1	R1, R2	E1	1 Periode
V2	R2, R3	E1	1 Periode
E1	V1, V2		1 Periode

Tabelle 5.8: Parameterbelegungen.

Aufgrund dem frühesten möglichen Produktionsbeginn zu Beginn von Periode 1 ist dies auch der frühestmögliche Anfangszeitpunkt der Produktionsaufträge R1, R2 und R3. Durch eine Vorwärtsterminierung werden die frühestmöglichen Anfangszeitpunkte und Endzeitpunkte aller Produktionsaufträge bestimmt, in dem auf die Produktionsaufträge R1, R2, R3, V1, V2 und E1 in dieser Reihenfolge die Formeln (zur Vorwärtsterminierung) angewendet werden. Dies ist in der folgenden Tabelle 5.9 angegeben; zur Illustration und als Alternative ist das Ergebnis in der Abbildung 5.14 dargestellt. Der frühestmögliche Endzeitpunkt des Produktionsauftrags E1 ist der Startpunkt für die Rückwärtsterminierung, bei der auf die eben genannten Produktionsaufträge (R1, R2, R3, V1, V2 und E1) in umgekehrter Reihenfolge die Formeln (zur Rückwärtsterminierung) angewendet werden.

Produktionsauftrag j	d_j	FAZ_j	FEZ_j	SAZ_j	SEZ_j	$Puffer_j$
R1	1 PE	1 PE	2 PE	3 PE	4 PE	2 PE
R2	3 PE	1 PE	4 PE	1 PE	4 PE	0 PE (kritisch)
R3	1 PE	1 PE	2 PE	3 PE	4 PE	2 PE
V1	1 PE	4 PE	5 PE	4 PE	5 PE	0 PE (kritisch)
V2	1 PE	4 PE	5 PE	4 PE	5 PE	0 PE (kritisch)
E1	1 PE	5 PE	6 PE	5 PE	6 PE	0 PE (kritisch)

Tabelle 5.9: Ergebnis der Vorwärts- und Rückwärtsterminierung; mit PE für Perioden und zwar immer zu Periodenbeginn.

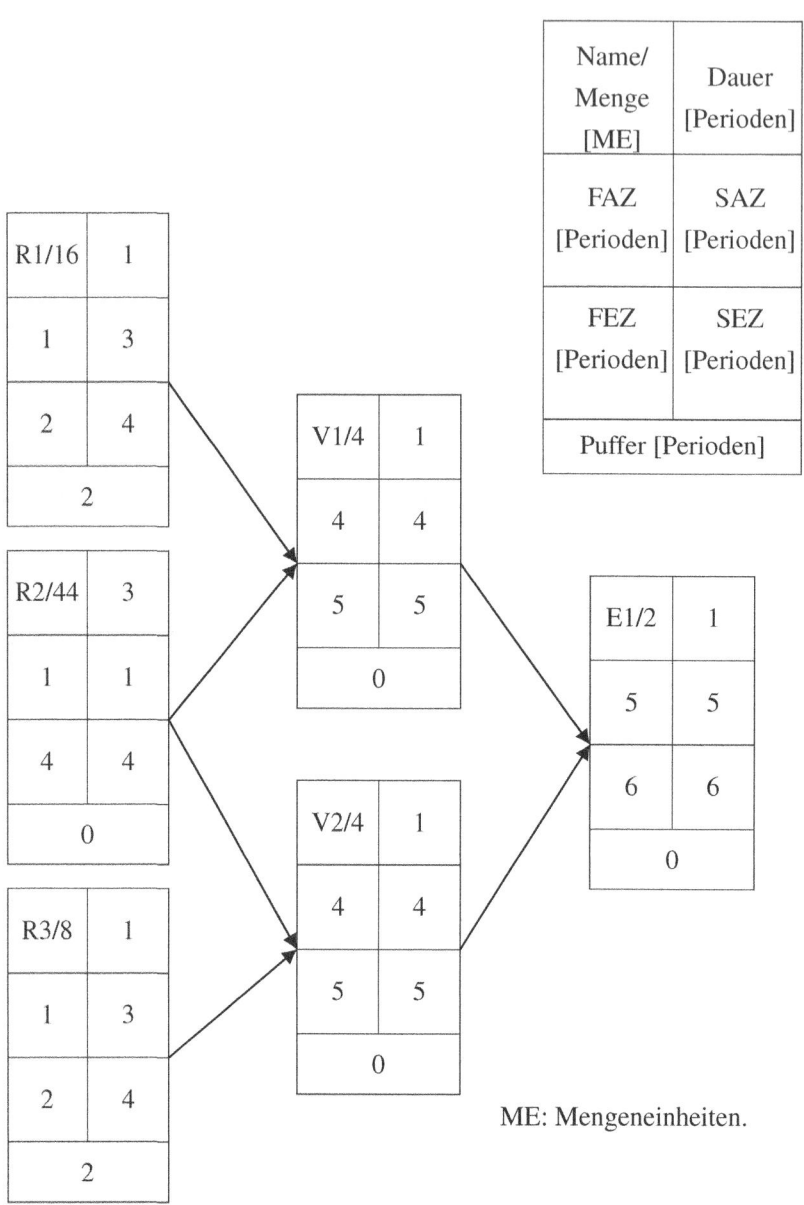

Abbildung 5.14: Ergebnis der Vorwärts- und Rückwärtsterminierung als Netzplan.

Nach den Ergebnissen der Terminplanung können die beiden Endprodukte nicht termingerecht ausgeliefert werden, sondern erst eine Periode später – zu Beginn von Periode 6. Die kritischen Pfade lauten:

• Von R2 über V1 nach E1 und

- Von R2 über V2 nach E1.

Zu (b):

Es können die Formeln der Teilaufgabe (a) verwendet werden. Dabei sind statt Perioden Zeiteinheiten (ZE) zu verwenden. Wegen der Einlagerungsregel sind die Termine (der Netzplantechnik) zu Beginn einer Periode, also ein Vielfaches von 24 ZE. Dazu sind bei den Berechnungen die frühestmöglichen Endzeitpunkte entsprechend auf- und die spätest zulässigen Anfangszeitpunkte abzurunden. Hierfür wird für eine reelle Zahl x der Operator $\lceil x \rceil_{24}$ definiert, der den Wert von x auf den Beginn der nächsten Periode bei einer Periodengröße von 24 aufrundet, und, entsprechend, rundet der Operator $\lfloor x \rfloor_{24}$ den Wert von x auf den Beginn der aktuellen Periode bei einer Periodengröße von 24 ab. Damit lauten die beiden neuen Formeln, für alle $1 \leq j \leq J$:

$- FEZ_j = \lceil (FAZ_j + d_j) \rceil_{24}$ und

$- SAZ_j = \lfloor (SEZ_j - d_j) \rfloor_{24}$.

Alle diese Formeln werden (, so wie in Teilaufgabe (a) im Detail angegeben – und für die Bearbeitungszeiten s. Tabelle 5.7 –,) durchgeführt und ihr Ergebnis ist in der folgenden Tabelle 5.10 angegeben; zur Illustration und als Alternative ist das Ergebnis in der Abbildung 5.15 dargestellt.

Produktionsauftrag j	d_j	FAZ_j	FEZ_j	SAZ_j	SEZ_j	Puffer$_j$
R1	23 ZE	0 ZE	24 ZE	48 ZE	72 ZE	48 ZE
R2	49 ZE	0 ZE	72 ZE	0 ZE	72 ZE	0 ZE (kritisch)
R3	15 ZE	0 ZE	24 ZE	48 ZE	72 ZE	48 ZE
V1	13 ZE	72 ZE	96 ZE	72 ZE	96 ZE	0 ZE (kritisch)
V2	19 ZE	72 ZE	96 ZE	72 ZE	96 ZE	0 ZE (kritisch)
E1	20 ZE	96 ZE	120 ZE	96 ZE	120 ZE	0 ZE (kritisch)

Tabelle 5.10: Ergebnis der Vorwärts- und Rückwärtsterminierung; mit ZE für Zeiteinheiten.

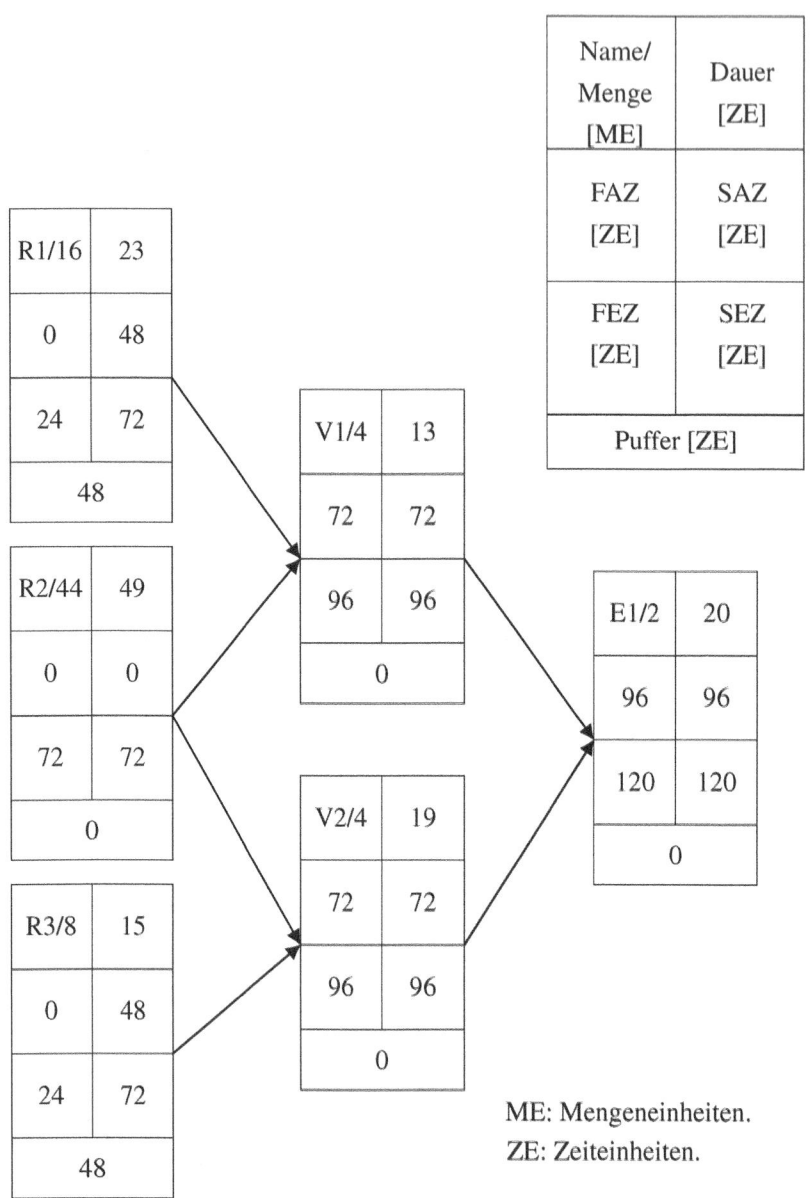

Abbildung 5.15: Ergebnis der Vorwärts- und Rückwärtsterminierung als Netzplan.

Ein Vergleich mit dem Ergebnis von Teilaufgabe (a) zeigt, dass beide Netzpläne identisch sind. Damit stimmen die Antworten ebenfalls überein.

Zu (c):
Jeder Produktionsauftrag, dessen frühestmöglicher Endzeitpunkt aufgerundet wurde, hat

einen um dieses Aufrunden zusätzlichen Puffer. Damit liegen die in der folgenden Tabelle 5.11 angegebenen Puffer vor.

(Ergänzung: ganz präzise argumentiert, darf die Einlagerungszeit ausgeschlossen werden, da nach der Aufgabenstellung die Einlagerung der durch einen Produktionsauftrag hergestellten Produkte stets so erfolgt, dass diese zu Beginn der nächsten Periode zur Verfügung stehen; sie erfolgt damit entweder unendlich schnell oder zwischen zwei Perioden beispielsweise in der Nacht.)

Produktionsauftrag j	Bearbeitungszeit (d_j)	Puffer$_j$
R1	23 ZE	49 ZE
R2	49 ZE	23 ZE
R3	15 ZE	57 ZE
V1	13 ZE	11 ZE
V2	19 ZE	5 ZE
E1	20 ZE	4 ZE

Tabelle 5.11: Puffer zu den Produktionsaufträgen; mit ZE für Zeiteinheiten.

Um ein Problem der Netzplantechnik auf der Ebene der Zeiteinheiten anzugeben, welches die gleichen Puffer ermittelt, bietet es sich an, von dem aus Teilaufgabe (b) auszugehen. Statt alle Termine der Produktionsaufträge auf den Beginn einer Periode auf- bzw. abzurunden, werden nur ihre frühestmöglichen Anfangszeitpunkte und ihre spätestzulässigen Endzeitpunkte auf- bzw. abgerundet. Dies führt zu den drei neuen Formeln (und genauso wie bei Teilaufgabe (b) werden die aus Teilaufgabe (a) geändert):

– $FAZ_j = \lceil \max\limits_{v \in \mathcal{V}_j}\{FEZ_v\} \rceil_{24}$ für alle $1 \leq j \leq J$, und FEZ_v existiert $\forall\ v \in \mathcal{V}_j$,

– $SEZ_j = \lfloor \min\limits_{n \in \mathcal{N}_j}\{SAZ_n\} \rfloor_{24}$ für alle $1 \leq j \leq J$ und SAZ_n existiert $\forall\ n \in \mathcal{N}_j$ und

– $SEZ_j = \lceil FEZ_j \rceil_{24}$ für alle j, $1 \leq j \leq J$, und j hat keinen Nachfolger (i.e. $\mathcal{N}_j = \emptyset$).

Alle diese Formeln werden (so, wie in Teilaufgabe (a) im Detail angegeben,) durchgeführt und ihr Ergebnis ist in der folgenden Tabelle 5.12 angegeben; zur Illustration und als Alternative ist das Ergebnis in der Abbildung 5.16 dargestellt und es enthält auch die Ergebnisse der Teilaufgabe (a).

Produktions-auftrag j	d_j	FAZ_j	FEZ_j	SAZ_j	SEZ_j	$Puffer_j$
R1	23 ZE	0 ZE	23 ZE	49 ZE	72 ZE	49 ZE
						(= 48 ZE + 1 ZE)
R2	49 ZE	0 ZE	49 ZE	23 ZE	72 ZE	23 ZE
R3	15 ZE	0 ZE	15 ZE	57 ZE	72 ZE	57 ZE
						(= 48 ZE + 9 ZE)
V1	13 ZE	72 ZE	85 ZE	83 ZE	96 ZE	11 ZE
V2	19 ZE	72 ZE	91 ZE	77 ZE	96 ZE	5 ZE
E1	20 ZE	96 ZE	116 ZE	100 ZE	120 ZE	4 ZE

Tabelle 5.12: Ergebnis der Vorwärts- und Rückwärtsterminierung; mit ZE für Zeiteinheiten.

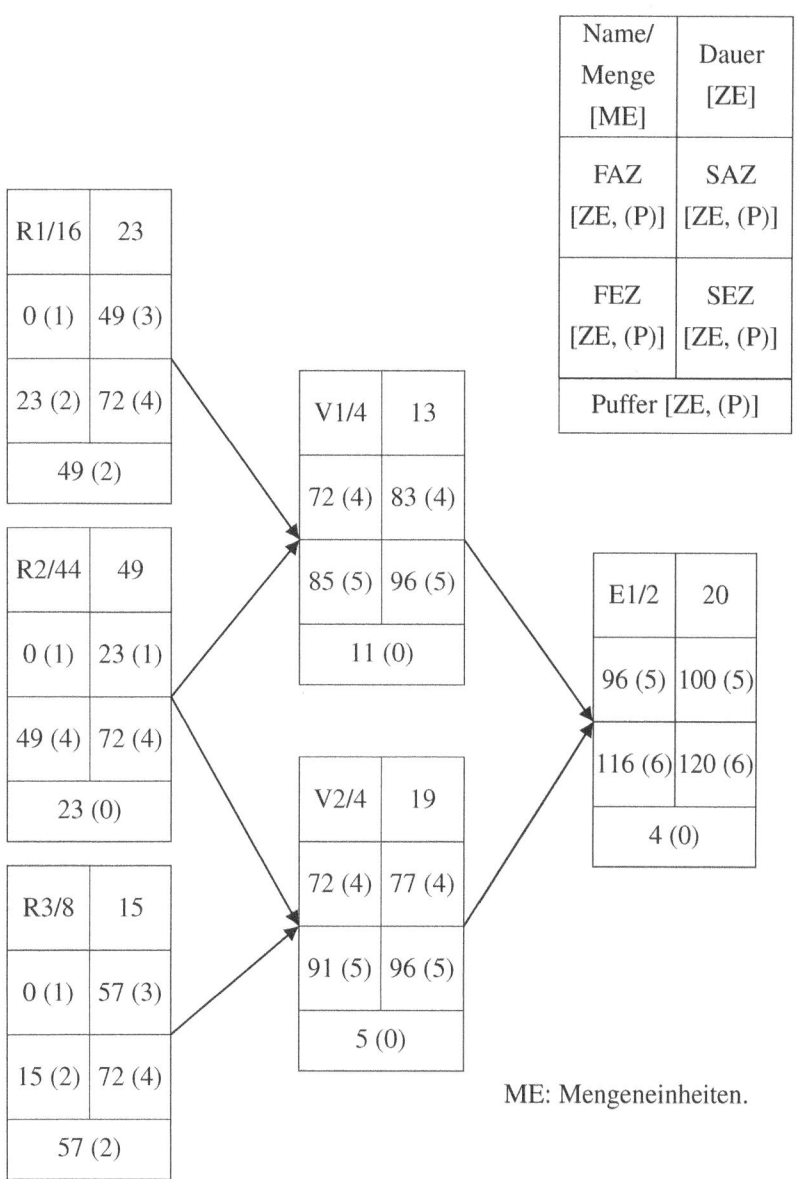

Abbildung 5.16: Ergebnis der Vorwärts- und Rückwärtsterminierung als Netzplan; mit ZE für Zeiteinheiten, ME für Mengeneinheiten und P für Perioden.

Zu (d):

Die Lösung zur Teilaufgabe (c) ist ein Gegenbeispiel zu der Aussage „jede Anwendung der Vorwärtsterminierung und ausgehend von seinen Ergebnissen eine anschließende Rückwärtsterminierung führt zu mindestens einem kritischen Pfad". Verantwortlich dafür ist, dass Puffer auf der Ebene der Zeiteinheiten betrachtet werden, die frühestmöglichen Anfangszeitpunkte und ihre spätestzulässigen Endzeitpunkte aber auf der Ebene der Perioden (periodengenau) bestimmt werden. Werden einheitliche Betrachtungsebenen verwendet (wie in Teilaufgaben (a), (b) und (e)), so gilt die Aussage.

Zu (e):
Da auf die Einlagerungsregel verzichtet wird, sind die Termine auf Zeiteinheitenebene anzugeben, weswegen die in der Teilaufgabe (a) genannte Problemformulierung (der Netzplantechnik) mit Zeiteinheiten anstelle von Perioden anzuwenden ist.

Damit liegt eine Aufgabe vor, die mit der Aufgabe 5.4 zur Terminplanung (I) nahezu identisch ist. Ihre Lösung, so wie sie im Detail in Teilaufgabe (a) bzw. (sogar noch detaillierter) in der Aufgabe 5.4 zur Terminplanung (I) angegeben ist, führt zu dem in der folgenden Tabelle 5.13 angegebenen Ergebnis; zur Illustration und als Alternative ist das Ergebnis in der Abbildung 5.17 dargestellt.

Produktionsauftrag j	d_j	FAZ_j	FEZ_j	SAZ_j	SEZ_j	Puffer$_j$
R1	23 ZE	0 ZE	23 ZE	32 ZE	55 ZE	32 ZE
R2	49 ZE	0 ZE	49 ZE	0 ZE	49 ZE	0 ZE (kritisch)
R3	15 ZE	0 ZE	15 ZE	34 ZE	49 ZE	34 ZE
V1	13 ZE	49 ZE	62 ZE	55 ZE	68 ZE	6 ZE
V2	19 ZE	49 ZE	68 ZE	49 ZE	68 ZE	0 ZE (kritisch)
E1	20 ZE	68 ZE	88 ZE	68 ZE	88 ZE	0 ZE (kritisch)

Tabelle 5.13: Ergebnis der Vorwärts- und Rückwärtsterminierung; mit ZE für Zeiteinheiten.

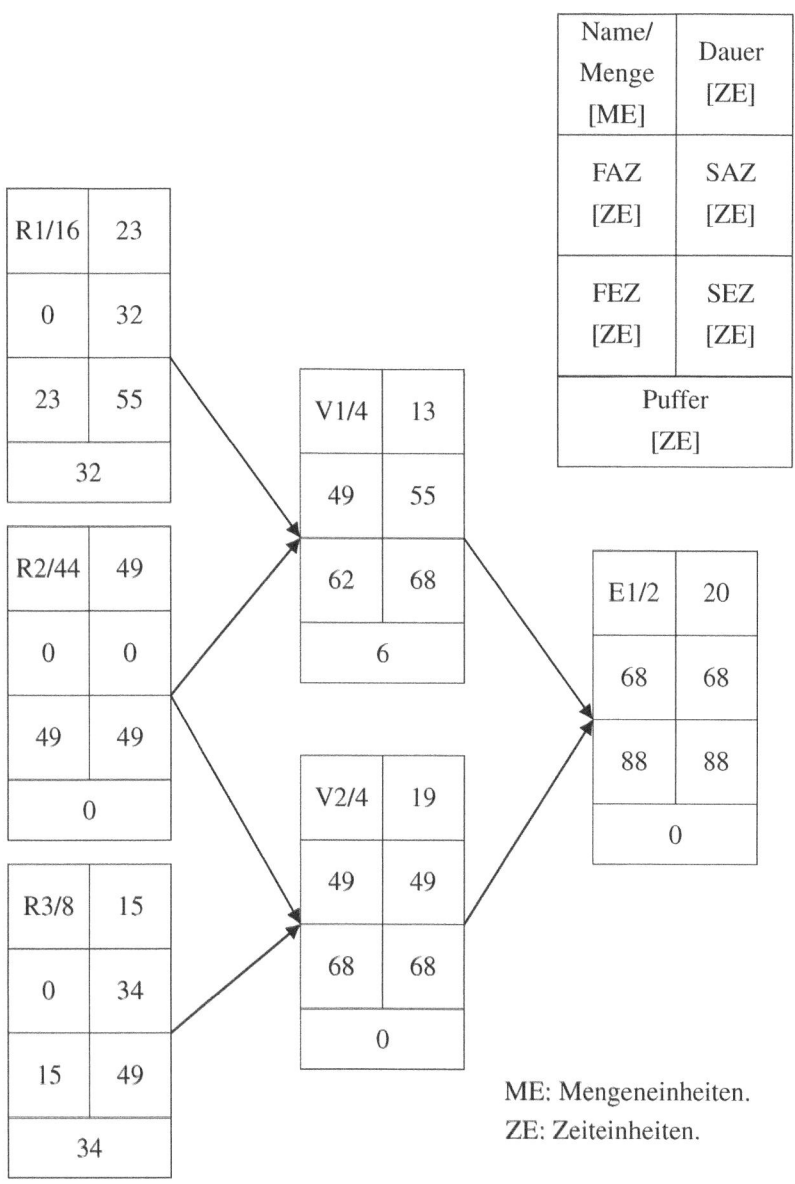

Name/ Menge [ME]	Dauer [ZE]
FAZ [ZE]	SAZ [ZE]
FEZ [ZE]	SEZ [ZE]
Puffer [ZE]	

ME: Mengeneinheiten.
ZE: Zeiteinheiten.

Abbildung 5.17: Ergebnis der Vorwärts- und Rückwärtsterminierung.

Das (betrachtete) Auftragsnetz aus Produktionsaufträgen impliziert eine geschlossene Produktion. Daher sind die beiden Produkte zum frühestmöglichen Endzeitpunkt des Produktionsauftrags E1 fertig, also nach 88 Zeiteinheiten. Damit ist eine termingerechte Auslieferung möglich. Die maximale Verfrühung beträgt: zum Beginn der Periode 5 in ZE (also zum Zeitpunkt 96 ZE) − 88 ZE = 8 ZE.

5.7. Terminplanung mit Kapazitätsbelastung

Gegeben ist das Ergebnis einer Terminplanung, welches in der Abbildung 5.18 dargestellt ist; zu den Produktionsaufträgen steht FAZ für frühestmöglicher Anfangszeitpunkt, FEZ für frühestmöglicher Endzeitpunkt, SAZ für spätestzulässiger Anfangszeitpunkt und SEZ für spätestzulässiger Endzeitpunkt. Die Produktionsaufträge sind das Ergebnis einer programmorientierten Bedarfsplanung. Es liegt eine geschlossene Produktion vor, und die durch einen Produktionsauftrag hergestellten Produkte werden eingelagert und stehen erst zu Beginn der nächsten Periode zur Weiterverarbeitung bzw. zur Auslieferung bereit; dies wird als Einlagerungsregel bezeichnet und ist ein typisches Szenario bei einer programmorientierten Bedarfsplanung unter industriellen Randbedingungen. Zur Vereinfachung haben die durch einen Produktionsauftrag hergestellten Produkte die gleiche Bezeichnung wie der Produktionsauftrag; so produziert beispielsweise der Produktionsauftrag E1 das Produkt E1. Eine Periode besteht aus 24 Zeiteinheiten (ZE). (Hinweis: die erste Periode beginnt zum Zeitpunkt 0 und endet zum Zeitpunkt 24, die zweite Periode beginnt zum Zeitpunkt 24 und endet zum Zeitpunkt 48 etc.) Wegen der Einlagerungsregel sind der frühestmögliche Anfangszeitpunkt und der spätestzulässige Endzeitpunkt zu Beginn einer Periode, also ein Vielfaches von 24 ZE.

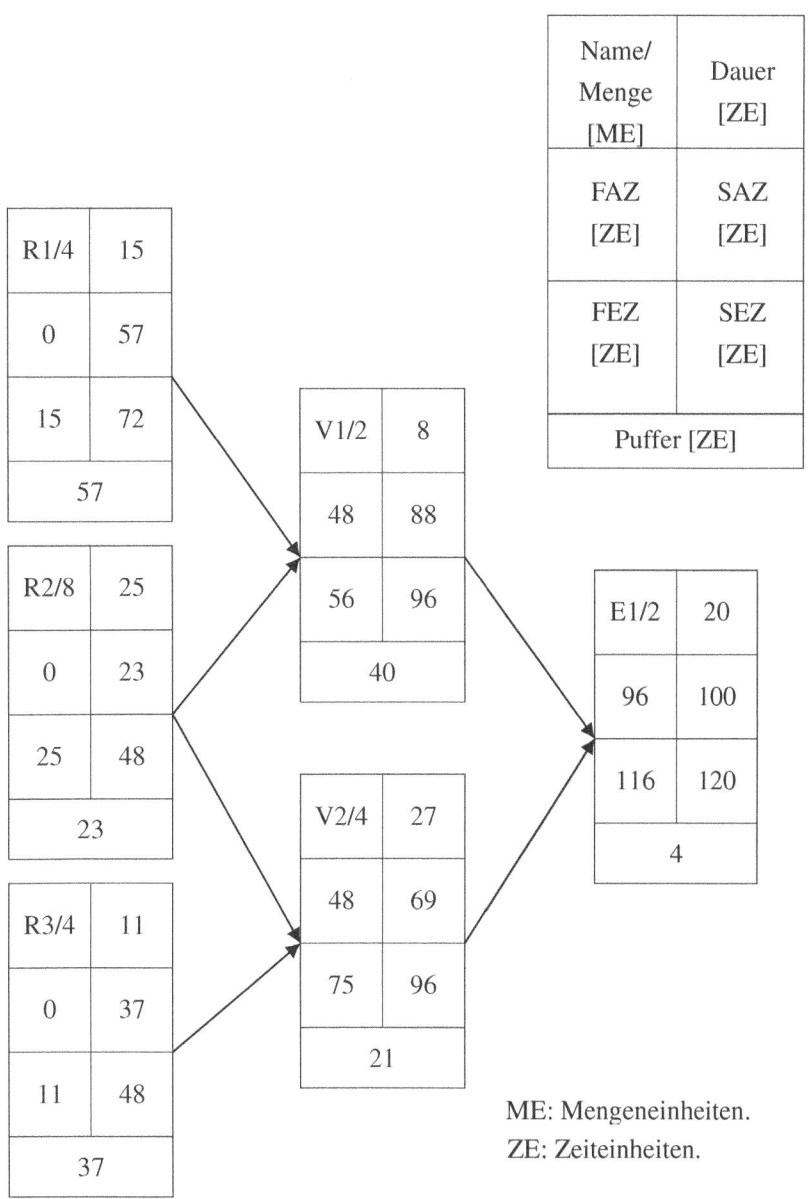

Name/ Menge [ME]	Dauer [ZE]
FAZ [ZE]	SAZ [ZE]
FEZ [ZE]	SEZ [ZE]
Puffer [ZE]	

R1/4	15
0	57
15	72
57	

V1/2	8
48	88
56	96
40	

E1/2	20
96	100
116	120
4	

R2/8	25
0	23
25	48
23	

V2/4	27
48	69
75	96
21	

R3/4	11
0	37
11	48
37	

ME: Mengeneinheiten.
ZE: Zeiteinheiten.

Abbildung 5.18: Netzplan.

Die Produktionsaufträge zu den Produkten E1, V1 und V2 werden jeweils auf einem eigenen Produktionssystem PE1, PV1 und PV2 gefertigt. Demgegenüber werden die drei Vorprodukte R1, R2 und R3 an einem eigenen Produktionssystem P1 gefertigt. Zu einem Zeitpunkt kann ein Produktionssystem höchstens ein Produkt produzieren

Bitte lösen Sie die folgenden Aufgaben:

(a) Stellen Sie die Kapazitätsbelastung von dem oder den Engpassproduktionssystemen grafisch dar und interpretieren Sie das Ergebnis. Unterstellen Sie, dass mit den Produktionsaufträgen so früh wie möglich (bzw. erlaubt) begonnen wird.

(b) Die Produktionsaufträge R1, R2 und R3 werden in dieser Reihenfolge gefertigt. Stellen Sie dies durch ein Gantt-Diagramm dar. Welche Implikationen hat dies auf die Termine im Netzplan? Lösen Sie ein Problem der Netzplantechnik. Welche Produktionsaufträge haben welche Puffer und welche Bedeutung haben diese?

(c) Existiert eine Abarbeitungsreihenfolge der Produktionsaufträge R1, R2 und R3, so dass keine Verspätung auftritt. Welche Implikationen hat dies auf die Termine im Netzplan? Formulieren Sie das Problem als ein Problem der Netzplantechnik und lösen Sie es.

Lösungsvorschlag

Zu (a):

Weil die Produktionsaufträge E1, V1 und V2 auf eigenen Produktionssystemen exklusiv produziert werden und sie keine negativen Puffer haben, liegt ausreichend Kapazität bei den Produktionssystemen PE1, PV1 und PV2 vor. Da eine Produktion der Vorprodukte zum Zeitpunkt des frühesten möglichen Anfangstermin angenommen wird, erfährt das Produktionssystem P1 eine Überlastung, die in der folgenden Abbildung 5.19 dargestellt ist.

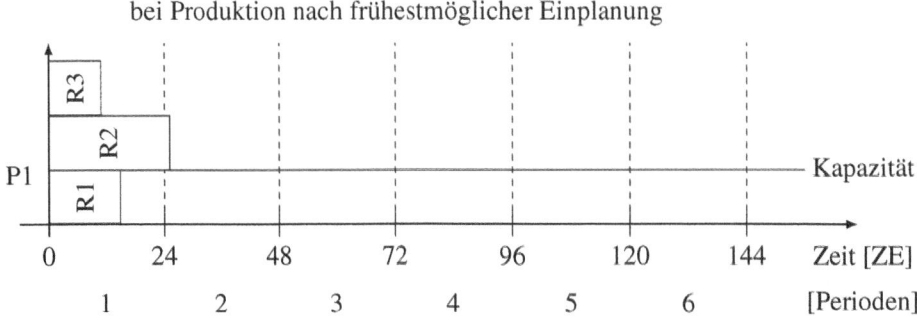

Abbildung 5.19: Kapazitätsbelastungsdiagramm zum Produktionssystem P1; mit ZE für Zeiteinheiten.

Zu (b):

Die Abarbeitung der Produktionsaufträge R1, R2 und R3 in dieser Reihenfolge ist in dem in der folgenden Abbildung 5.20 angegebenen Gantt-Diagramm dargestellt.

bei Produktion in der Reihenfolge R1, R2, R3

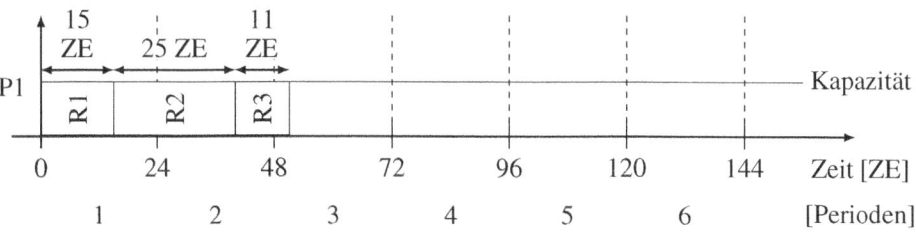

Abbildung 5.20: Gantt-Diagramm zur Abarbeitung der Produktionsaufträge R1, R2 und R3; mit ZE für Zeiteinheiten.

Die feste Einplanung der Produktionsaufträge R1, R2 und R3 bestimmt ihre frühestmöglichen Anfangs- und Endzeitpunkte. Konkret bedeutet dies beispielsweise beim Produktionsauftrag R3, dass die Produktion erst zum Zeitpunkt 51 ZE fertiggestellt wird, und daher 51 ZE sein frühestmöglicher Endzeitpunkt ist. Ansonsten kann das Vorgehen der Netzplantechnik, wie sie im Detail in der Aufgabe 5.6 (c) zur Terminplanung mit Einlagerungsregel angegeben ist, durchgeführt werden und führt zu dem in der folgenden Abbildung 5.21 angegebenen Netzplan. Es sei daran erinnert, dass der frühestmögliche Endzeitpunkt von E1 durch die Aufgabenstellung vorgegeben ist. Der Netzplan in der folgenden Abbildung 5.21 enthält alle frühestmöglichen Anfangs- und Endzeitpunkte, alle spätestzulässigen Anfangs- und Endzeitpunkte sowie alle Puffer. Wie generell bei der Netzplantechnik gibt ein positiver Puffer zu einem Produktionsauftrag (P) an, welche Erhöhung der Bearbeitungszeit von P möglich ist, ohne den Endtermin des gesamten Auftragsnetzes zu verletzen. Ein negativer Puffer zu einem Produktionsauftrag (P) gibt an, um wie viele Zeiteinheiten die Bearbeitung von P beschleunigt werden muss, um den Endtermin des gesamten Auftragsnetzes einzuhalten.

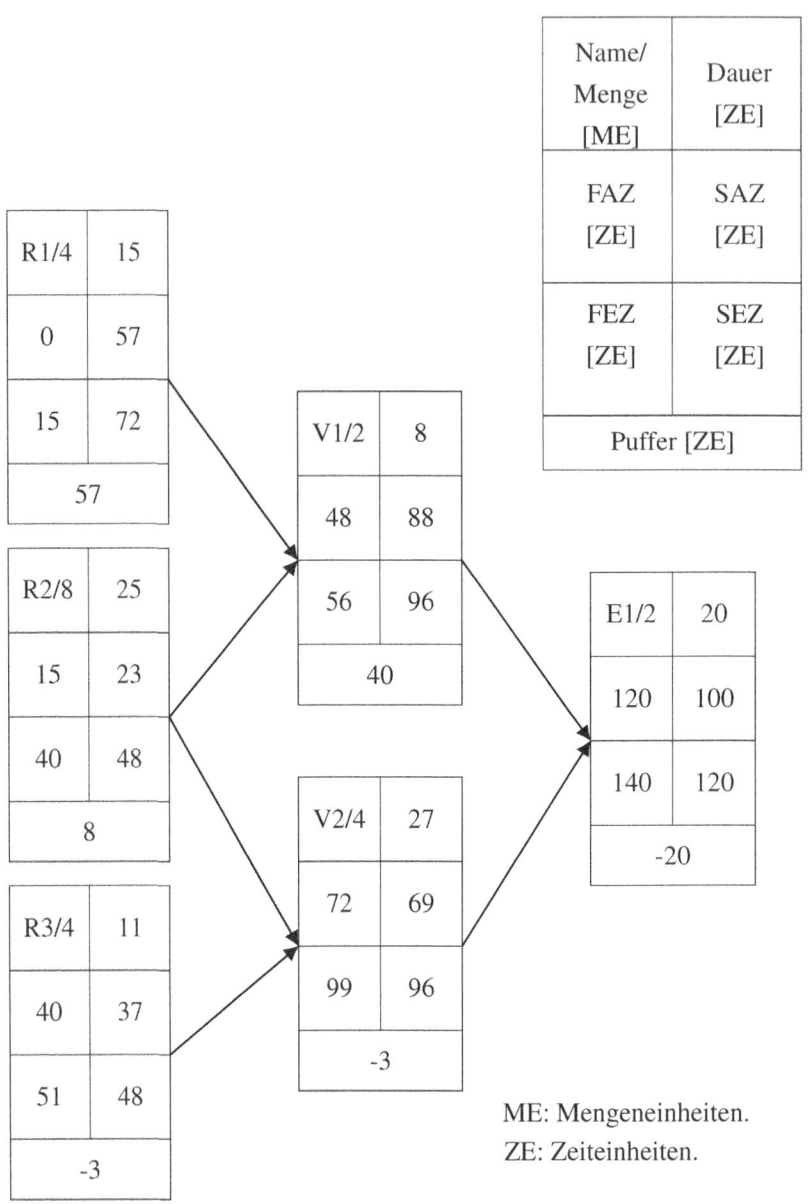

Abbildung 5.21: Netzplan bei der Abarbeitung der Produktionsaufträge R1, R2 und R3 in dieser Reihenfolge.

Durch den frühestmöglichen Endzeitpunkt von Produktionsauftrag E1 von 140 ZE ist eine Auslieferung erst zum Zeitpunkt 144 ZE möglich. Selbiges bewirkt die Reihenfolge R2, R1 und R3.

Zu (c):

Die Puffer sind im Netzplan in Abbildung 5.21 angegeben. Auf dem kritischen Pfad – aus den Produktionsaufträgen R3, V2 und E1 (in dieser Reihenfolge) – sind 3 ZE einzusparen. Dafür ist eine Reduktion des frühestmöglichen Anfangszeitpunkts von V2 erforderlich, und zwar auf 48 ZE, damit sein frühestmöglicher Endzeitpunkt nicht nach 96 ZE liegt und dann der Produktionsauftrag E1 spätestens nach 120 ZE beendet werden kann. Dies ist nur möglich, wenn mit den beiden Produktionsaufträgen R2 und R3 begonnen wird, in einer der beiden möglichen Reihenfolgen. Konkret führt die Reihenfolge R2, R3 und R1 zu dem in Abbildung 5.22 dargestellten Gantt-Diagramm. Die dadurch bestimmten frühestmöglichen Anfangs- und Endzeitpunkte und die Anwendung der Netzplantechnik führt zu dem in der Abbildung 5.23 dargestellten Netzplan. Dadurch hat der Produktionsauftrag V2 den angestrebten frühestmöglichen Anfangszeitpunkt von 48 ZE. Dass der frühestmögliche Anfangszeitpunkt vom Produktionsauftrag V1 nun 72 ZE beträgt, ist unproblematisch, da sein frühestmöglicher Endzeitpunkt weiterhin nicht nach 96 ZE liegt. Da nur echt positive Puffer auftreten, kann bei dieser Abarbeitungsfolge eine Verspätung vermieden werden. Der gleiche Effekt tritt, wie bereits gesagt, auch bei der Reihenfolge R3, R2 und R1 auf.

bei Produktion in der Reihenfolge R2, R3, R1

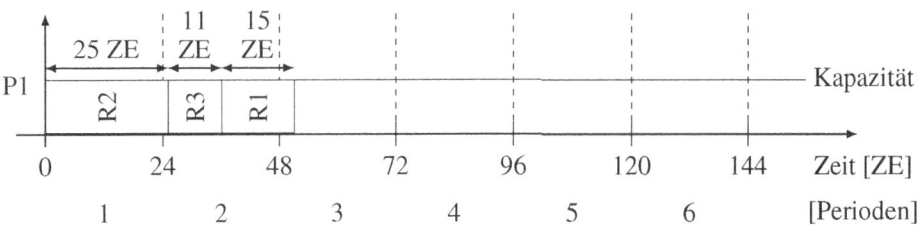

Abbildung 5.22: Gantt-Diagramm: Reihenfolge R2, R3 und R1; mit ZE für Zeiteinheiten.

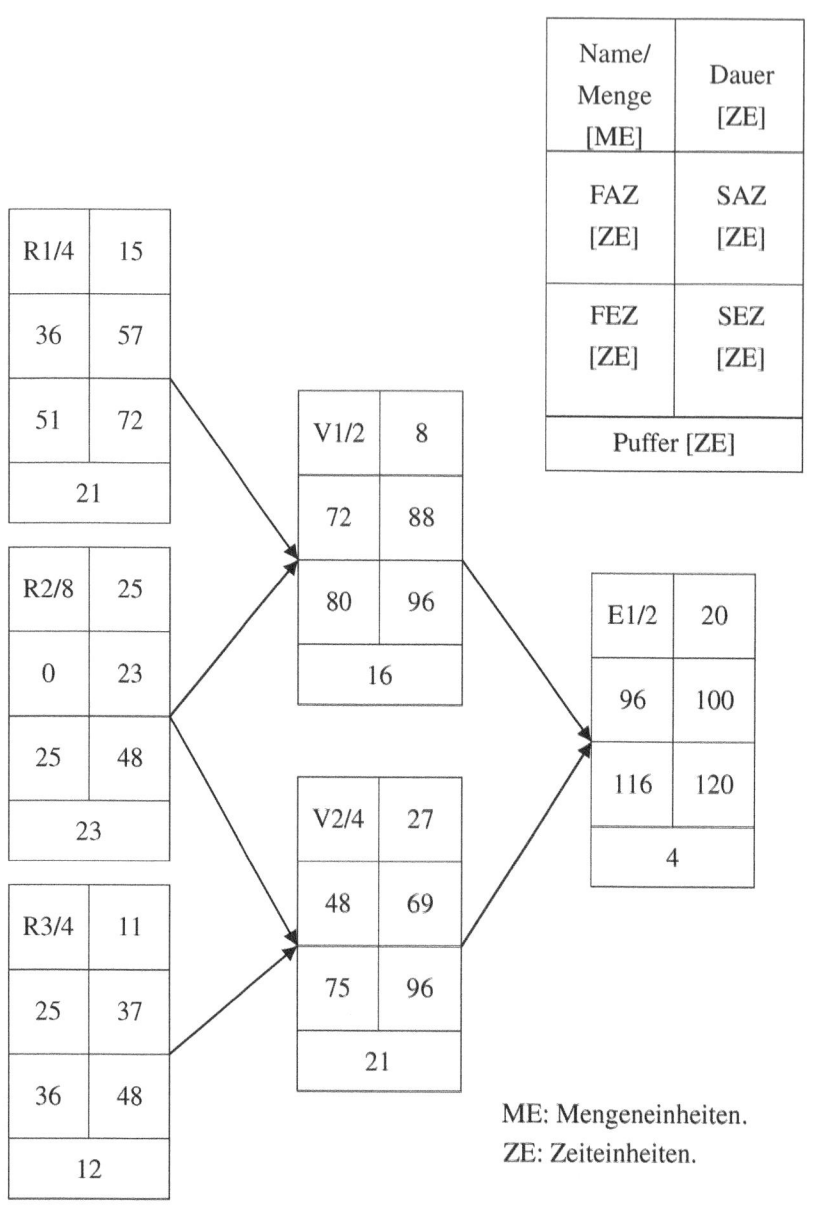

Abbildung 5.23: Netzplan bei der Abarbeitung der Produktionsaufträge R2, R3 und R1 in dieser Reihenfolge.

5.8. Durchlaufterminierung ohne Kapazitätsberücksichtigung

Zur Herstellung von zwei Endprodukten X und Y wird die Komponente K benötigt. Das Einzelteil E geht in K ein und das Einzelteil F geht in K und Y ein. Ein Lagerzugang über 10 Mengeneinheiten (ME) für Produkt K wird gegen 1500 Zeiteinheiten (ZE), mit einer maximalen Abweichung von 200 ZE, eintreffen. Eine Periode besteht aus 1000 ZE.

(Hinweis: die erste Periode beginnt zum Zeitpunkt 0 ZE und endet zum Zeitpunkt 1000 ZE, die zweite Periode beginnt zum Zeitpunkt 1000 ZE und endet zum Zeitpunkt 2000 ZE.)

Das Ergebnis der programmorientierten Bedarfsermittlung ist in der folgenden Tabelle 5.14 angegeben und die Lose sind nummeriert.

Periode	1	2	3	4	5	6	7	8	9
Produkt X									
Primärbedarf [ME]	0	0	0	0	0	0	11	5	0
Planauftrag [ME]	0	0	0	0	0	11	5	0	0
Los [ME]	0	0	0	0	0	11 (5)	5 (6)	0	0
Produkt Y									
Primärbedarf [ME]	0	0	0	0	0	0	3	1	3
Planauftrag [ME]	0	0	0	0	3	1	3	0	0
Los [ME]	0	0	0	0	3 (7)	1 (8)	3 (9)	0	0
Produkt K									
Primärbedarf [ME]	0	0	0	0	0	0	0	0	0
Sekundärbedarf [ME]	0	0	0	0	12	26	22	0	0
Planauftrag [ME]	0	0	0	2	26	22	0	0	0
Los [ME]	0	0	0	28 (10)	0	22 (11)	0	0	0
Produkt E									
Primärbedarf [ME]	0	0	0	0	0	0	0	0	0
Sekundärbedarf [ME]	0	0	0	56	0	44	0	0	0
Planauftrag [ME]	0	56	0	44	0	0	0	0	0
Los [ME]	0	56 (1)	0	44 (2)	0	0	0	0	0

Tabelle 5.14: Ergebnis der programmorientierten Bedarfsermittlung; mit ME für Mengeneinheiten (wird fortgesetzt).

Periode	1	2	3	4	5	6	7	8	9
Produkt F									
Primärbedarf [ME]	0	0	0	0	0	0	0	0	0
Sekundärbedarf [ME]	0	0	0	84	6	68	6	0	0
Planauftrag [ME]	0	0	84	6	68	6	0	0	0
Los [ME]	0	0	90 (3)	0	74 (4)	0	0	0	0

Tabelle 5.14: Ergebnis der programmorientierten Bedarfsermittlung; mit ME für Mengeneinheiten.

Für die Produktion der Produkte X, Y, K, E und F fallen (in dieser Reihenfolge) die Rüstzeiten von 30 ZE, 50 ZE, 20 ZE, 10 ZE und 10 ZE sowie die Stückbearbeitungszeiten von 25 ZE, 100 ZE, 17 ZE, 13 ZE und 12 ZE an.

Zu dem genannten Ergebnis der programmorientierten Bedarfsermittlung lösen Sie bitte die folgenden Aufgaben. Berücksichtigen Sie dabei die Einlagerungsregel.
(Hinweis: Nach der Einlagerungsregel werden die in einem Produktionssegment hergestellten Produkte zum Ende einer Periode eingelagert und stehen erst zu Beginn der nächsten Periode zur Auslieferung oder zur weiteren Produktion in einem Produktionssegment für ein anderes Produkt zur Verfügung.)

(a) Führen Sie zu den Planaufträgen aufgrund der programmorientierten Bedarfsermittlung und den tatsächlichen Dauern aufgrund der genannten Rüst- und Stückbearbeitungszeiten eine Durchlaufterminierung durch. Erlauben Sie einen Beginn der Planaufträge ab 1000 ZE. Maßgeblich für die spätestzulässigen Endtermine der Planaufträge zur Belieferung der Endprodukte sind die Planprimärbedarfe. Erläutern Sie Ihr Vorgehen.

(b) Erstellen Sie bitte ein Kapazitätsbelastungsdiagramm und zwar basierend auf der Vorwärtsterminierung. Unterstellen Sie, dass alle Planaufträge auf einem Produktionssystem bearbeitet werden.

Lösungsvorschlag

Zu (a):
Durch die obige Angabe der Produktionsbeziehungen und der Arbeitsweise der programmorientierten Bedarfsermittlung ergibt sich der in der Abbildung 5.25 angegebene Netzplan und zwar mit leeren Feldern außer dem Feld „Nummer/Produkt". Aus dem Ergebnis der programmorientierten Bedarfsermittlung lassen sich die Belieferungen ent-

lang der Pfeile im Netzplan (in der Abbildung 5.25) angeben; wie es sich zeigen wird, sind sie für die Lösung der Aufgabe nicht erforderlich.

Ergänzend mag die folgende Visualisierung der Produktionsbeziehungen (Erzeugnisstruktur) hilfreich sein.

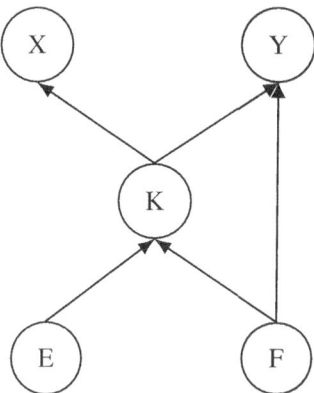

Abbildung 5.24: Graphische Darstellung der Produktionsbeziehungen.

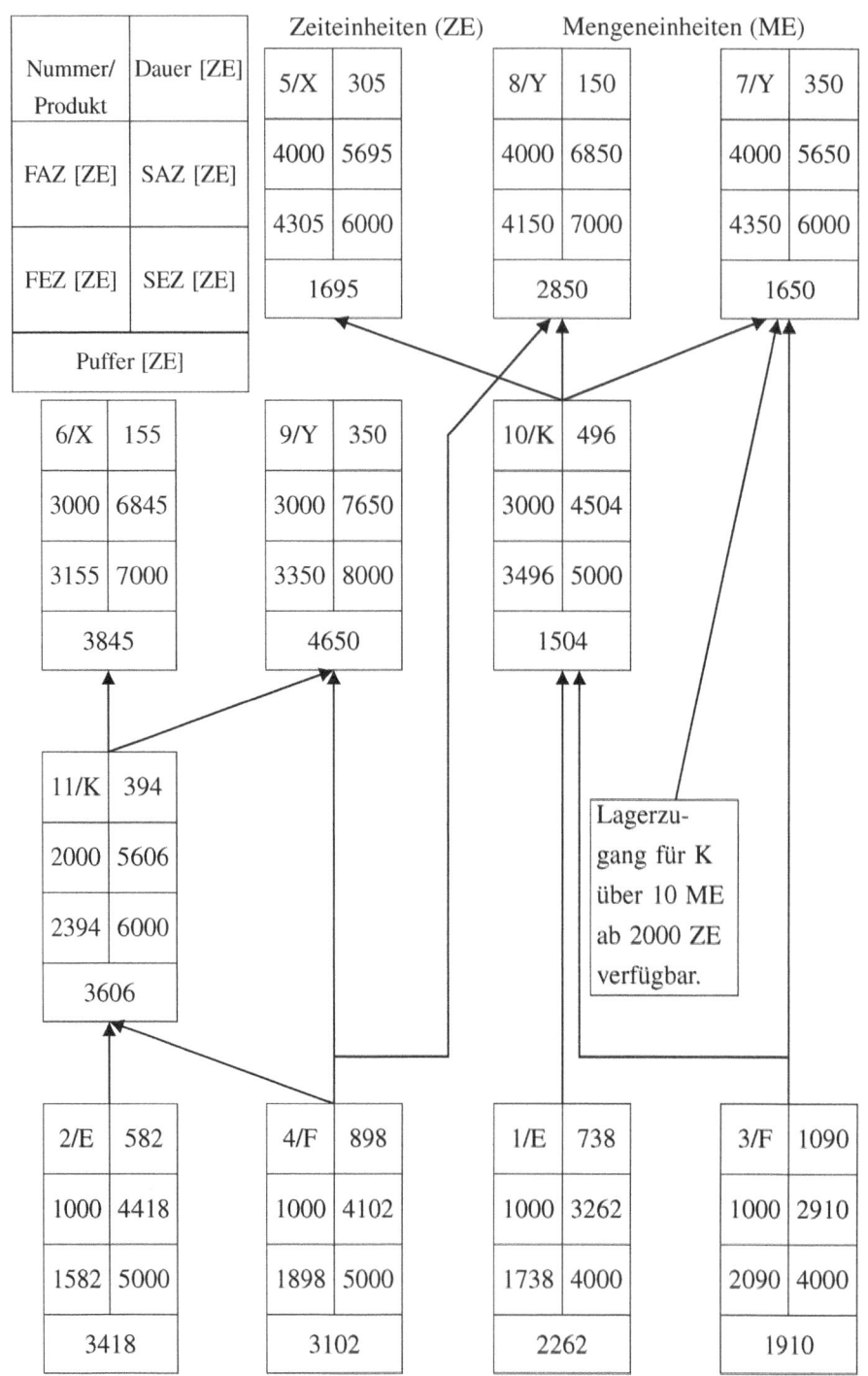

Nummer/ Produkt	Dauer [ZE]
FAZ [ZE]	SAZ [ZE]
FEZ [ZE]	SEZ [ZE]
Puffer [ZE]	

Zeiteinheiten (ZE)   Mengeneinheiten (ME)

5/X	305
4000	5695
4305	6000
1695	

8/Y	150
4000	6850
4150	7000
2850	

7/Y	350
4000	5650
4350	6000
1650	

6/X	155
3000	6845
3155	7000
3845	

9/Y	350
3000	7650
3350	8000
4650	

10/K	496
3000	4504
3496	5000
1504	

11/K	394
2000	5606
2394	6000
3606	

Lagerzu- gang für K über 10 ME ab 2000 ZE verfügbar.

2/E	582
1000	4418
1582	5000
3418	

4/F	898
1000	4102
1898	5000
3102	

1/E	738
1000	3262
1738	4000
2262	

3/F	1090
1000	2910
2090	4000
1910	

Abbildung 5.25: Netzplan mit FAZ bzw. FEZ für frühestmöglichen Anfangs- bzw. Endzeitpunkt, SAZ bzw. SEZ für spätestzulässigen Anfangs- bzw. Endzeitpunkt sowie Nummer für Planauftragsnummer.

Die Durchlaufterminierung verwendet das Vorgehen der Netzplantechnik für die Planaufträge. Beim Lagerzugang gibt es genau einen Termin und zwar seine Verfügbarkeit im Lager. Da der Lagerzugang über 10 Mengeneinheiten (ME) für Produkt K gegen 1500 Zeiteinheiten (ZE), mit einer maximalen Abweichung von 200 ZE, eintrifft, sind 10 ME von Produkt K ab 2000 ZE im Lager verfügbar. Die Formeln der Netzplantechnik und deren Verwendung ist in der Lösung zur Aufgabe 5.6 angegeben; als ein Problem der Netzplantechnik auf der Ebene der Zeiteinheiten – i.e. Teilaufgabe (c). Die erforderlichen Bearbeitungszeiten berechnen sich aus Rüstzeit je Planauftrag plus der mit der zu produzierenden Menge multiplizierten Stückbearbeitungszeit. Ein Beispiel ist die Dauer des Planauftrags 5 von 305 ZE, mit der Formel $30 \text{ ZE} + 11 \cdot 25 \text{ ZE}$. Wie ebendort (i.e. in Aufgabe 5.6) angegeben, ist eine Reihenfolge der Anwendung der Grundformeln anzugeben. Bei der Vorwärtsterminierung mit dem in Abbildung 5.25 angegebenen Ergebnis wurden die Knoten (zu den Planaufträgen mit den Nummern) 1, 2, 3, 4, 10, 11, 5, 6, 7, 8 und 9 in dieser Reihenfolge durchlaufen. Die Rückwärtsterminierung startet mit den Knoten 5, 6, 7, 8 und 9, deren spätestzulässigen Endzeitpunkte die Termine der Planprimärbedarfe sind, die sie beliefern; z.B. beliefert Planauftrag 8 den Planprimärbedarf für das Produkt Y zu Beginn von der Periode 8 und damit zum Zeitpunkt 7000 Zeiteinheiten (ZE) – $SEZ_8 = 7000 \text{ ZE}$. Dann wurden die Knoten 10, 11, 4, 3, 2 und 1 in dieser Reihenfolge durchlaufen.

Zu (b):

Für das Kapazitätsbelastungsdiagramm basierend auf der Vorwärtsterminierung wird jeder Planauftrag von seinem frühesten Anfangszeitpunkt bis zu seinem frühesten Endzeitpunkt eingeplant. Dies ist in dem oberen Teil der folgenden Abbildung 5.26 angegeben. Im unteren Teil sind die darüberliegenden Kapazitätsbelastungen kumuliert angegeben und diese sind zu prozentualen Belastungen in Bezug gesetzt worden.

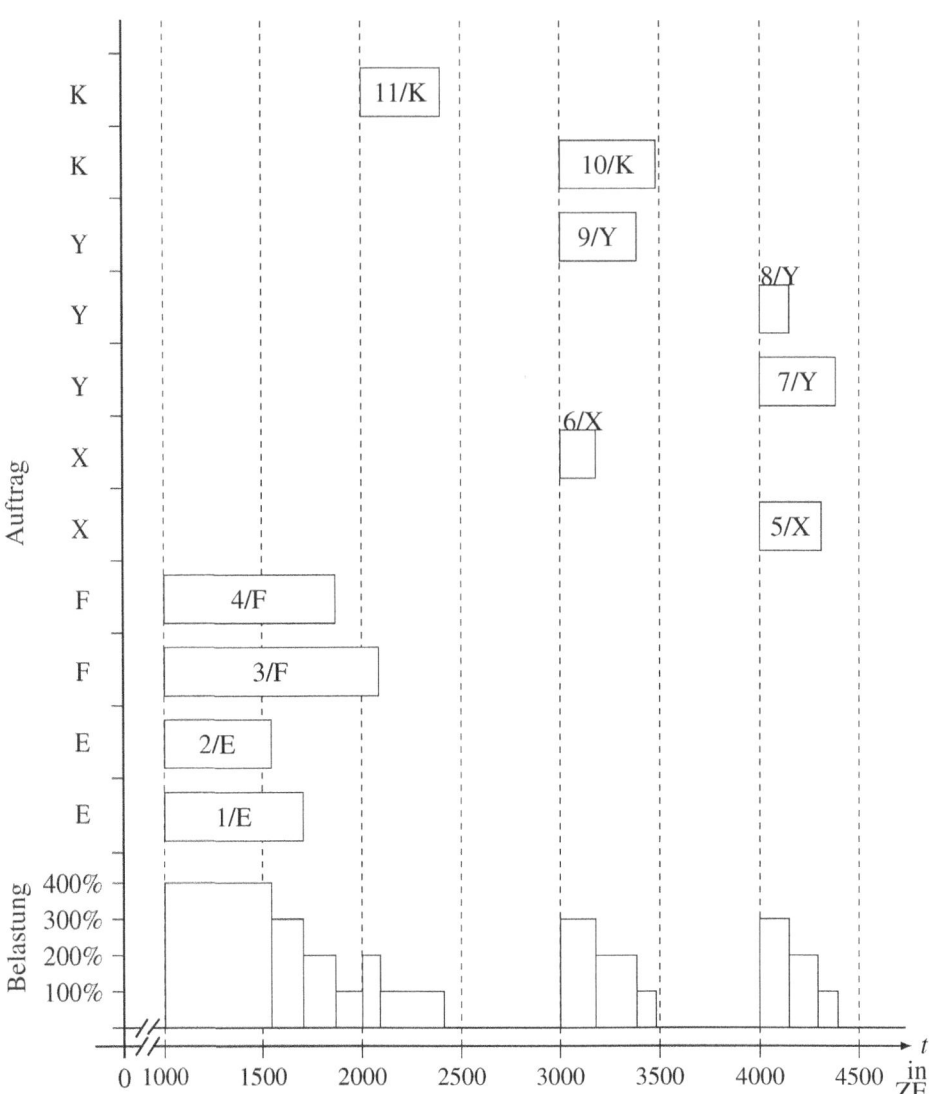

Abbildung 5.26: Kapazitätsbelastungsdiagramm basierend auf der Vorwärtsterminierung.

5.9. Kapazitätsplanung

Die in der Tabelle 5.15 angegebenen Primärbedarfsmengen in Mengeneinheiten (ME) werden durch den in Tabelle 5.16 angegebenen Netzplan an Planaufträgen bzw. dem Lagerzugang exakt gedeckt. Diese entstanden durch eine programmorientierte Bedarfsplanung mit Losbildung durch eine (produkt- und periodenspezifische) Reichweite. Jeder Planauftrag hat einen in dieser Tabelle 5.16 genannten frühesten Anfangszeitpunkt, ab dem mit seiner Bearbeitung begonnen werden darf – beim Lagerzugang ist es der Zeitpunkt, ab wann der Bestand im Lager vorliegt und verwendet werden darf. Diese ergeben sich durch eine Durchlaufterminierung – konkret ist es die die Lösung der Aufgabe 5.8.

$d_{P,t}$	Periode (t)									
Produkt (P)	1	2	3	4	5	6	7	8	9	10
X	-	-	-	-	-	-	11 ME	5 ME	-	-
Y	-	-	-	-	-	-	3 ME	1 ME	3 ME	-

Tabelle 5.15: Zu (Periodenbeginn zu) erfüllende Primärbedarfsmengen $d_{P,t}$; mit ME für Mengeneinheiten sowie Produkt P und Periode t.

Planauftrags-nummer (i)	Pro-dukt	Dauer (i) [ZE]	Menge (i) [ME]	frühester Anfangs-zeitpunkt (i) [ZE]	Nach-folger (i)
1	E	738	56	1000	10
2	E	582	44	1000	11
3	F	1090	90	1000	7 und 10
4	F	898	74	1000	8, 9 und 11
5	X	305	11	4000	$d_{X,7}$
6	X	155	5	3000	$d_{X,8}$
7	Y	350	3	4000	$d_{Y,7}$
8	Y	150	1	4000	$d_{Y,8}$
9	Y	350	3	3000	$d_{Y,9}$
10	K	496	28	3000	5, 7 und 8
11	K	394	22	2000	6 und 9
Lagerzugang	K		10	2000	7

Tabelle 5.16: Netzplan an Planaufträgen, einen Lagerzugang und Primärbedarfsmengen $d_{P,t}$; mit ZE für Zeiteinheiten, ME für Mengeneinheiten sowie Produkt P und Periode t.

Alle Produkte in den Planaufträgen werden auf einem Produktionssegment mit einer Kapazität von 1000 Zeiteinheiten (ZE) pro Periode produziert. Eine Periode besteht (ebenfalls) aus 1000 ZE. Zu einem Zeitpunkt kann das Produktionssegment höchstens ein Produkt produzieren.

Die Produkte X, Y, K, E und F haben Rüstkosten von 100 Geldeinheiten (GE), 80 GE, 500 GE, 100 GE und 100 GE sowie Lagerkosten von 5 GE je Mengeneinheit (ME) und Periode, 10 GE je ME und Periode, 3 GE je ME und Periode, 0.1 GE je ME und Periode und 0.2 GE je ME und Periode.

(a) Formulieren Sie ein Verfahren zur Bestimmung des Gozintographen zu dieser Klasse an Bedarfsplanungsproblemen und bestimmen Sie damit den Gozintographen zu diesem konkreten Bedarfsplanungsproblem.

(b) Planen Sie die Planaufträge des obigen Netzplans nach der KOZ-Regel ein. Berücksichtigen Sie dabei die Einlagerungsregel. Geben Sie alle Zeitpunkte an, an denen eine Zuteilung auf das Produktionssegment erfolgt. Nennen Sie stets alle etwaigen Alternativen und begründen Ihre Zuteilungsentscheidung. Welche Verspätungen und Fehlbestände treten auf? Bei der Analyse der Verspätungen gehen Sie davon aus, dass die periodenspezifischen kumulierten Kundenbedarfe nur vollständig ausgeliefert werden dürfen. Im Fall der Fehlbestände sind Teillieferungen erlaubt.

(Es sei angemerkt, dass Teillieferungen zu einem Kundenbedarf (respektive Kundenauftrag) von einem Unternehmen eine wichtige Dispositionsmöglichkeit darstellt; die in der Literatur dediziert diskutiert wird.) (Hinweis: Nach der Einlagerungsregel werden die in einem Produktionssegment hergestellten Produkte zum Ende einer Periode eingelagert und stehen erst zu Beginn der nächsten Periode zur Auslieferung oder zur weiteren Produktion in einem Produktionssegment für ein anderes Produkt zur Verfügung.)

(c) Ist eine Einplanung ohne Verspätung möglich?

(d) Geben Sie bitte eine Formel zur Berechnung der produkt- und periodenspezifischen Lager- und Fehlbestände an. Ferner geben Sie ein Verfahren zur Berechnung der (abgeleiteten) Bedarfe der einzelnen Produkte an. Bestimmen Sie diese Größen für die beiden Pläne unter den Teilaufgaben (b) und (c). Geben Sie ferner zusätzlich die produkt- und periodenspezifischen Lager- und Rüstkosten einschließlich der Gesamtkosten an.

Lösungsvorschlag

Zu (a):

Das Verfahren besteht aus zwei Phasen. In der ersten Phase wird die Materialverflechtung bestimmt. Dazu werden die folgenden Schritte durchgeführt:

(Hinweis: Zunächst wird sich auf die Betrachtung von Planaufträgen beschränkt.)

- Die Planaufträge (Knoten) ohne einen Planauftrag als Nachfolger in dem Netzplan in Tabelle 5.16 produzieren Endprodukte.

  Damit sind die Produkte X und Y Endprodukte.

- Bestimme zu allen Planaufträgen zur Produktion von einem Produkt P alle (direkten) Vorgänger. Die von diesen Vorgängern produzierten Produkte gehen in P direkt ein.

  Dadurch ergibt sich, dass

  – K direkt in X eingeht.

  – K und F direkt in Y eingehen.

  – E und F direkt in K eingehen.

- Haben alle Planaufträge zur Produktion von einem Produkt P keinen Vorgänger, so geht in P kein Produkt ein.

  Dies trifft auf die Produkte E und F zu.

- Bestimme für jeden Lagerzugang zu einem Produkt P alle nachfolgenden Planaufträge. In die durch diese (Planaufträge) produzierten Produkte geht P direkt ein.

  Damit geht K direkt in Y ein.

Eine graphische Anordnung dieser Beziehungen ist in der folgenden Abbildung 5.27 angegeben:

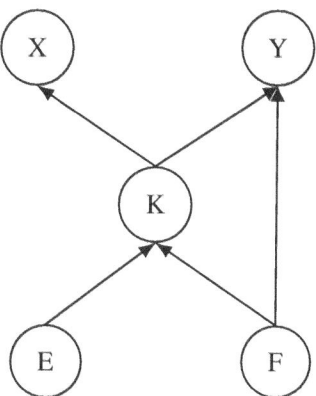

Abbildung 5.27: Zusammensetzung der Produkte.

Ergänzung: Eine ausführlichere Beschreibung dieses Vorgehens lautet:
Die Planaufträge (Knoten) ohne einen Planauftrag als Nachfolger in dem Netzplan in Tabelle 5.16 produzieren Endprodukte. Es handelt sich um die Planaufträge 5 bis 9 und

diese produzieren ausschließlich die Produkte X und Y. Die Planaufträge zur Produktion von X, mit den Nummern 5 und 6, haben die beiden Planaufträge mit den Nummern 10 und 11 als Vorgänger, die beide Produkt K produzieren. Also geht das Produkt K direkt in das Produkt X ein. Die Planaufträge zur Produktion von Y, mit den Nummern 7, 8 und 9, haben die Planaufträge mit den Nummern 3, 4, 10, und 11 als Vorgänger, die die beiden Produkte K und F produzieren. Also gehen die beiden Produkte K und F direkt in das Produkt Y ein. Die Planaufträge zur Produktion von K, mit den Nummern 10 und 11, haben die Planaufträge mit den Nummern 1, 2, 3, und 4 als Vorgänger, die die beiden Produkte E und F produzieren. Also gehen die beiden Produkte E und F direkt in das Produkt K ein. Die Planaufträge zur Produktion der Produkte E und F haben keine Vorgänger, so dass keine Produkte direkt in die beiden Produkte E und F eingehen. Abschließend wird noch der einzige Lagerzugang zu Produkt K betrachtet. Nachdem dieser direkt in den Planauftrag 7 zur Produktion von Produkt Y eingeht, geht das Produkt K direkt in das Produkt Y ein, was bereits bekannt ist.

In der zweiten Phase erfolgt die Bestimmung der Direktbedarfskoeffizienten. Da der Netzplan in Tabelle 5.16 durch eine programmorientierte Bedarfsplanung mit Losbildung durch eine (produkt- und periodenspezifische) Reichweite entstand, besteht zwischen der Produktionsmenge eines Planauftrags P zu dem von dem Planauftrag P produzierten Produkt (sowie zwischen einem gegebenenfalls verwendeten Lagerbestand (L) zu diesem Produkt) und den Produktionsmengen seiner nachfolgenden Planaufträge P_n, mit $1 \leq n \leq N$ für ein N ($\in \mathbb{N}$) – also die Planaufträge P_n, die P sowie gegebenenfalls L direkt beliefert – die folgende lineare Beziehung, wobei

– K_P das von P produzierte Produkt,

– M_P die von P produzierte Produktionsmenge,

– K_n das von P_n produzierte Produkt, $\forall\, 1 \leq n \leq N$,

– M_n die von P_n produzierte Produktionsmenge, $\forall\, 1 \leq n \leq N$,

– a_{K^1,K^2} der Direktbedarfskoeffizient zwischen zwei Produkten K^1 und K^2 und

– L_{K_P} der Lagerbestand zu K_P

sind:

$$\sum_{n=1}^{N} a_{K_P,K_n} \cdot M_n = M_P + L_{K_P}.$$

(Hinweis: Im Kern handelt es sich um die linearen Gleichungen aufgrund der Sekundärbedarfsrechnung im Rahmen der programmorientierten Bedarfsplanung, s. z.B. [Herr09a] – im Kern, weil hier die Lose die Planaufträge von aufeinanderfolgenden Perioden zusammenfassen. Diese programmorientierte Bedarfsplanung mit Losbildung bewirkt, zu den genannten Größen, dass für jedes P_n gilt: für jedes Produkt Q, welches P_n benötigt, wird der Bedarf an Q von P_n vollständig durch genau einen Planauftrag (hier P) und/oder einen Lagerzugang (hier L_{K_P}) gedeckt.)

Zum obigen Netzplan, s. Tabelle 5.16, führt dies zu dem folgenden linearen Gleichungssystem. Exemplarisch ist die Gleichung (1) genauer erläutert; wobei zur Übersichtlichkeit auf ME, für Mengeneinheiten, verzichtet wird. Diese Gleichung (1) wird durch den Planauftrag 10 gebildet, der die Planaufträge 5, 7 und 8 beliefert. Zusätzlich erfolgt die Bedarfsdeckung durch den Lagerzugang von Produkt K über 10 ME. Im Einzelnen ergibt sich

– für Planauftrag 5 sind $11 \cdot a_{K,X}$ zu liefern,

– für Planauftrag 7 sind $3 \cdot a_{K,Y}$ zu liefern,

– für Planauftrag 8 sind $1 \cdot a_{K,Y}$ zu liefern,

– durch Planauftrag 10 werden 28 ME produziert und

– durch den Lagerzugang stehen 10 ME zur Verfügung

und damit die Gleichung $11 \cdot a_{K,X} + (3+1) \cdot a_{K,Y} = 28 + 10$.

$$
\left[
\begin{array}{ll}
11 \cdot a_{K,X} \quad +(3+1) \cdot a_{K,Y} \;=\; 28+10 & (1) \\[2ex]
5 \cdot a_{K,X} \qquad +3 \cdot a_{K,Y} \qquad = \qquad 22 & (2) \\[2ex]
28 \cdot a_{E,K} \qquad\qquad\qquad = \qquad 56 & (3) \\[2ex]
22 \cdot a_{E,K} \qquad\qquad\qquad = \qquad 44 & (4) \\[2ex]
28 \cdot a_{F,K} \qquad +3 \cdot a_{F,Y} \qquad = \qquad 90 & (5) \\[2ex]
22 \cdot a_{F,K} \qquad +(1+3) \cdot a_{F,Y} \;=\; 74 & (6)
\end{array}
\right.
$$

Die Gleichungen (3) und (4) sind redundant und werden daher zur Übersichtlichkeit durch eine ersetzt, nämlich durch die Gleichung (3), und die ersten beiden sowie die letzten beiden Gleichungen können separat gelöst werden. Die Anwendung des Gaußschen Eliminationsverfahrens auf die separaten linearen Gleichungssysteme führt zu den folgenden Äquivalenzumformungen:

$$\Leftrightarrow \begin{bmatrix} 11 \cdot a_{K,X} & +(3+1) \cdot a_{K,Y} & = & 38 & & | \ (1) \\[2ex] & (3 - \dfrac{4 \cdot 5}{11}) \cdot a_{K,Y} & = & 22 - \dfrac{38 \cdot 5}{11} & \text{durch } (2) + (-\dfrac{5}{11}) \cdot (1) & | \ (2) \\[2ex] a_{E,K} & & = & 2 & \text{durch } \dfrac{1}{28} \cdot (3) & | \ (3) \\[2ex] 28 \cdot a_{F,K} & +3 \cdot a_{F,Y} & = & 90 & & | \ (5) \\[2ex] & +(4 - 3 \cdot \dfrac{11}{14}) \cdot a_{F,Y} & = & 74 - 90 \cdot \dfrac{11}{14} & \text{durch } (6) + (-\dfrac{11}{14}) \cdot (5) & | \ (6) \end{bmatrix}$$

$$\Leftrightarrow \begin{bmatrix} 11 \cdot a_{K,X} & +(3+1) \cdot a_{K,Y} & = & 38 & & | \ (1) \\[2ex] & \dfrac{13}{11} \cdot a_{K,Y} & = & \dfrac{52}{11} & \text{durch Ausmultiplizieren} & | \ (2) \\[2ex] a_{E,K} & & = & 2 & & | \ (3) \\[2ex] 28 \cdot a_{F,K} & +3 \cdot a_{F,Y} & = & 90 & & | \ (5) \\[2ex] & \dfrac{23}{14} \cdot a_{F,Y} & = & \dfrac{46}{14} & \text{durch Ausmultiplizieren} & | \ (6) \end{bmatrix}$$

$$\Leftrightarrow \begin{bmatrix} 11 \cdot a_{K,X} & +(3+1) \cdot 4 & = & 38 & \text{durch Einsetzen von } a_{K,Y} = 4 & | \ (1) \\[2ex] a_{K,Y} & & = & 4 & \text{durch Umformen} & | \ (2) \\[2ex] a_{E,K} & & = & 2 & & | \ (3) \\[2ex] 28 \cdot a_{F,K} & +3 \cdot 2 & = & 90 & \text{durch Einsetzen von } a_{F,Y} = 2 & | \ (5) \\[2ex] a_{F,Y} & & = & 2 & \text{durch Umformen} & | \ (6) \end{bmatrix}$$

$$\Leftrightarrow \begin{bmatrix} a_{K,X} & = & \dfrac{(38-16)}{11} = 2 & \text{durch Umformen} & (1) \\[3mm] a_{K,Y} & = & 4 & & |\ (2) \\[3mm] a_{E,K} & = & 2 & & |\ (3) \\[3mm] a_{F,K} & = & \dfrac{(90-6)}{28} = 3 & \text{durch Umformen} & |\ (5) \\[3mm] a_{F,Y} & = & 2 & & |\ (6) \end{bmatrix}$$

Damit hat der Gozintograph die in der nachfolgenden Abbildung 5.28 angegebene Gestalt:

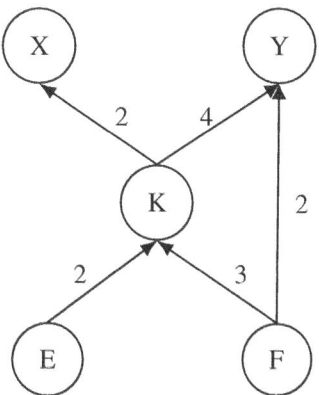

Abbildung 5.28: Gozintograph zur programmorientierten Bedarfsplanung.

Es sei betont, dass dieses Verfahren immer anwendbar ist, aber nicht immer eine eindeutige Lösung hat. Genauso wie bei der Konstruktion einer Peggingstruktur aus dem Ergebnis einer programmorientierten Bedarfsermittlung in der Aufgabe 4.16 kann das lineare Gleichungssystem nicht eindeutig lösbar sein.
(Dies nachzuweisen bietet sich als eine Übungsaufgabe zum Selbststudium an.)

Zur leichteren Nachvollziehbarkeit der Lösungen zu den Teilaufgaben (b) und (c) ist ergänzend in der Abbildung 5.29 eine graphische Version des tabellarischen Netzplans angegeben. Tatsächlich geht diese über die Angaben in der Tabelle 5.16 hinaus, da neben den in der Tabelle 5.16 ebenfalls angegebenen frühestmöglichen Anfangszeitpunkten

die frühestmöglichen Endzeitpunkte sowie die spätestzulässigen Anfangs- bzw. Endzeitpunkte, einschließlich der Puffer, angegeben sind. Diese selbst zu berechnen bietet
sich als ergänzende Aufgabe zum Selbststudium an. Bei dem einen Lagerzugang sind
diese Zeiten zwangsläufig identisch, in diesem Fall 2000 ZE.

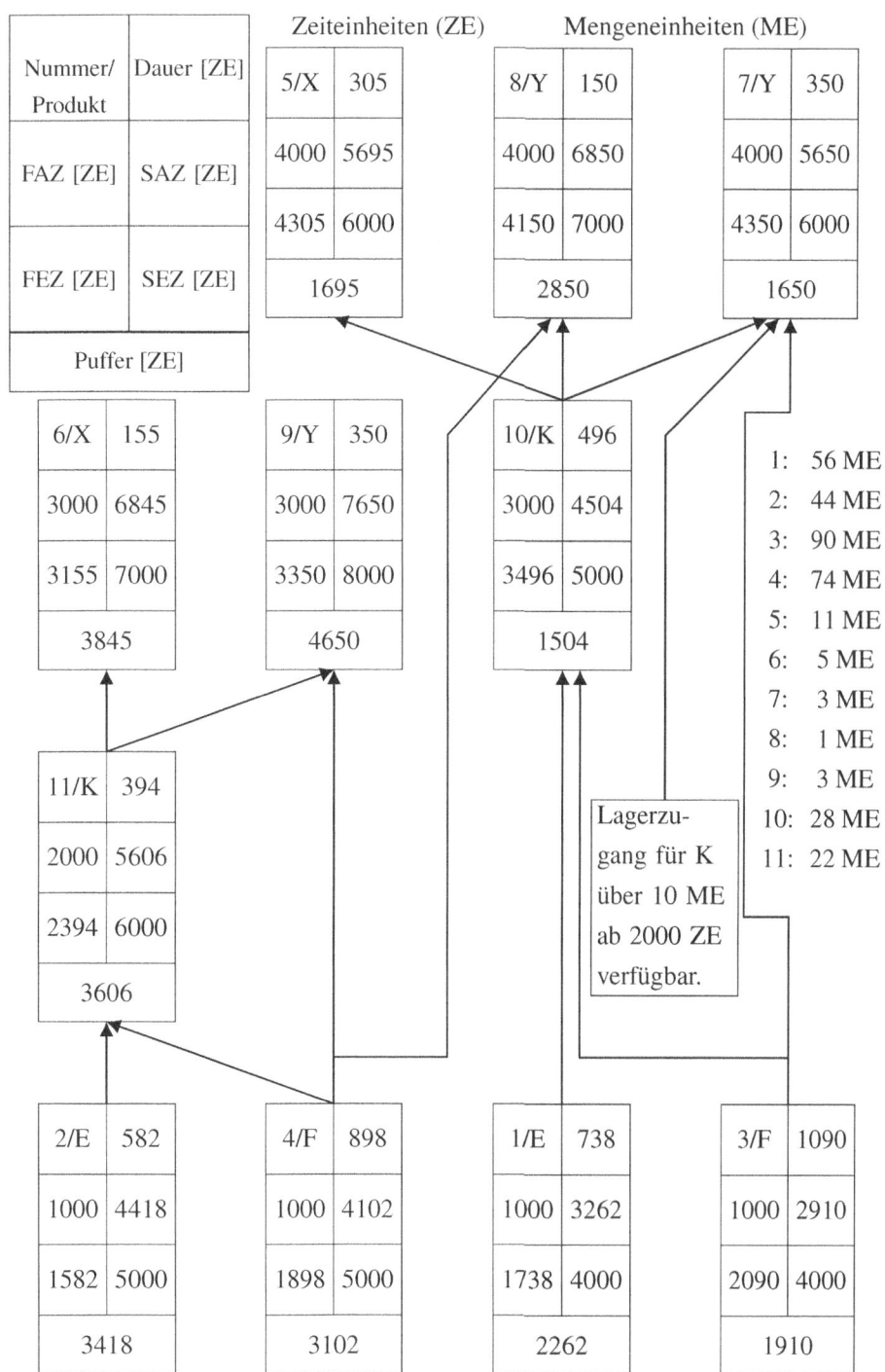

Abbildung 5.29: Netzplan; mit FAZ bzw. FEZ für frühestmöglichen Anfangs- bzw. Endzeitpunkt sowie SAZ bzw. SEZ für spätestzulässigen Anfangs- bzw. Endzeitpunkt.

Zu (b):

Alle Zeitpunkte, an denen eine Zuteilung auf das Produktionssegment erfolgt, sind in der folgenden Tabelle 5.17 angegeben. Sie enthält auch alle Alternativen mit ihren Dauern. Zugeteilt wird die Alternative mit der geringsten Dauer – nach dem KOZ-Prinzip (eben) – und diese ist mit „Ja" markiert. Ergänzend dazu enthält die anschließend angegebene Tabelle 5.18 die Start- und Endtermine der Planaufträge.

(Hinweis: Die Einhaltung der Einlagerungsregel ist zu beachten.)

t	Planauftrag (i) / Produkt	t_i	Zuteilung
1000 ZE	1/E	738 ZE	
	2/E	582 ZE	Ja
	3/F	1090 ZE	
	4/F	898 ZE	
1582 ZE	1/E	738 ZE	Ja
	3/F	1090 ZE	
	4/F	898 ZE	
2320 ZE	3/F	1090 ZE	
	4/F	898 ZE	Ja
3218 ZE	3/F	1090 ZE	Ja
4308 ZE	11/K	394 ZE	Ja
5000 ZE	6/X	155 ZE	Ja
	9/Y	350 ZE	
	10/K	496 ZE	
5155 ZE	9/Y	350 ZE	Ja
	10/K	496 ZE	
5505 ZE	10/K	496 ZE	Ja
7000 ZE	5/X	305 ZE	
	7/Y	350 ZE	
	8/Y	150 ZE	Ja
7150 ZE	5/X	305 ZE	Ja
	7/Y	350 ZE	
7455 ZE	7/Y	350 ZE	Ja

Tabelle 5.17: Entscheidungszeitpunkte (t) mit Warteschlangen und Zuteilungsentscheidungen nach der KOZ-Regel; mit ZE für Zeiteinheiten.

Planauftrags- nummer (i)	Produkt (i)	Start- termin (i)	End- termin (i)	Start in Periode (i)	Beendet in Periode (i)
1	E	1582 ZE	2320 ZE	2	3
2	E	1000 ZE	1582 ZE	2	2
3	F	3218 ZE	4308 ZE	4	5
4	F	2320 ZE	3218 ZE	3	4
5	X	7150 ZE	7455 ZE	8	8
6	X	5000 ZE	5155 ZE	6	6
7	Y	7455 ZE	7805 ZE	8	8
8	Y	7000 ZE	7150 ZE	8	8
9	Y	5155 ZE	5505 ZE	6	6
10	K	5505 ZE	6001 ZE	6	7
11	K	4308 ZE	4702 ZE	5	5

Tabelle 5.18: Start- und Endtermine der Planaufträge aufgrund der Einplanung nach der KOZ-Regel; mit ZE für Zeiteinheiten.

Nur zur leichteren Nachvollziehbarkeit der weiteren Aussagen, ist die Abarbeitung der Planaufträge nach Tabelle 5.18 in der darauffolgenden Abbildung 5.30 als Gantt-Diagramm dargestellt, wobei das Produktionssystem durch PS bezeichnet ist.

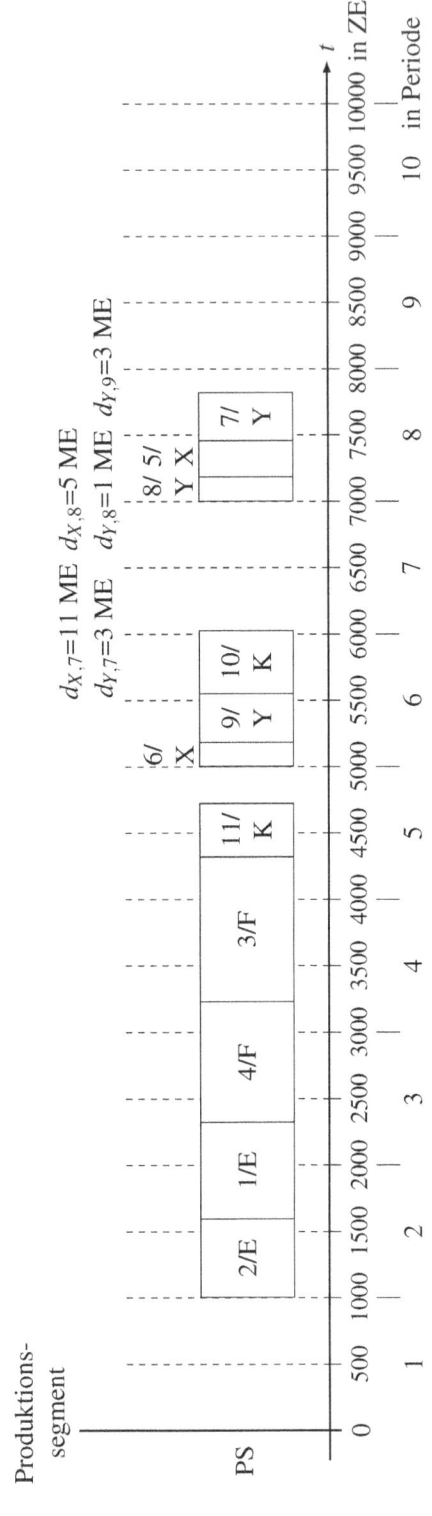

Abbildung 5.30: Gantt-Diagramm zur Einplanung der Planaufträge nach der KOZ-Regel mit ME für Mengeneinheiten.

264

Von den restlichen Teilaufgaben werden zunächst die Fehlbestände analysiert:

Die folgende Tabelle 5.19 enthält die zu deckenden Primärbedarfsmengen, aus der Tabelle 5.15, die Anlieferungen durch die Planaufträge zur Produktion der beiden Endprodukte X und Y, aufgrund der Tabelle 5.18, sowie die sich dadurch ergebenden periodenspezifischen Lager- und Fehlbestände am Periodenende.

Produkt X	Periode (t)			
	6	7	8	9
Bedarf	-	11 ME	5 ME	-
Anlieferung	-	5 ME	-	11 ME
(Planauftragsnummer)	-	(6)	-	(5)
Physischer Bestand am Periodenende	-	-	-	-
Fehlbestand am Periodenende	-	6 ME	11 ME	-

Produkt Y	Periode (t)			
	6	7	8	9
Bedarf	-	3 ME	1 ME	3 ME
Anlieferung	-	3 ME	-	4 ME
(Planauftragsnummer)	-	(9)	-	(8, 7)
Physischer Bestand am Periodenende	-	-	-	-
Fehlbestand am Periodenende	-	-	1 ME	-

Tabelle 5.19: Primärbedarfe, Anlieferungen, Lager- und Fehlbestände; mit ME für Mengeneinheiten.

Wegen dem Ausschließen von Teillieferungen bei Verspätungen, können die (kumulierten) Kundenbedarfe zum Produkt X zu Beginn von Periode 8 (kumuliert) ohne Verspätung ausgeliefert werden; s. Tabelle 5.19 durch die Anlieferung von 5 ME zu Beginn von Periode 7. Nach Tabelle 5.19 werden demgegenüber diejenigen zu Beginn der Periode 7 erst zu Beginn der Periode 9 ausgeliefert, wodurch eine Verspätung von 2 Perioden entsteht. Beim Produkt Y wird, wie die Tabelle 5.19 belegt, sein Bedarf über 1 ME zu Beginn der Periode 8 um eine Periode später ausgeliefert, und die anderen beiden Bedarfe werden termingerecht ausgeliefert.

Zu (c):

Im Kern durch eine leichte Umsortierung – dies wird weiter unten präzisiert – der Abarbeitungsreihenfolge der Planaufträge ist als Gantt-Digramm in Abbildung 5.31 angegeben und deren Start- und Endtermine sind in Tabelle 5.20 angegeben. Wie diese Einplanung als Gantt-Digramm (s. Abbildung 5.31) bzw. als Tabelle (s. Tabelle 5.20) zeigt, bewirken die Anlieferungen durch die Planaufträge zur Produktion der beiden Endprodukte X und Y exakt die periodenspezifischen Lagerzugänge, die zur Deckung der periodenspezifischen Bedarfe benötigt werden, weswegen kein Fehlbestand und (somit auch) keine Verspätung auftritt. Dies ist zusätzlich in der folgenden Tabelle 5.21 mit den zu deckenden Primärbedarfsmengen, aus der Tabelle 5.15, den genannten Anlieferungen sowie den periodenspezifischen Lager- und Fehlbeständen am Periodenende angegeben.

Auftrags- nummer (i)	Produkt (i)	Start- termin (i)	End- termin (i)	Start in Periode (i)	Beendet in Periode (i)
1	E	1000 ZE	1738 ZE	2	2
2	E	2828 ZE	3410 ZE	3	4
3	F	1738 ZE	2828 ZE	2	3
4	F	3999 ZE	4897 ZE	4	5
5	X	4897 ZE	5202 ZE	5	6
6	X	6450 ZE	6605 ZE	7	7
7	Y	5234 ZE	5584 ZE	6	6
8	Y	5995 ZE	6145 ZE	6	7
9	Y	7000 ZE	7350 ZE	8	8
10	K	3496 ZE	3992 ZE	4	4
11	K	5584 ZE	5978 ZE	6	6

Tabelle 5.20: Start- und Endtermine der Planaufträge aufgrund der Einplanung ohne Verspätung; mit ZE für Zeiteinheiten.

Produkt X	Periode (t)			
	6	7	8	9
Bedarf	-	11 ME	5 ME	-
Anlieferung	-	11 ME	5 ME	-
(Planauftragsnummer)	-	(5)	(6)	-
Physischer Bestand	-	-	-	-
Fehlbestand	-	-	-	-

Produkt Y	Periode (t)			
	6	7	8	9
Bedarf	-	3 ME	1 ME	3 ME
Anlieferung	-	3 ME	1 ME	3 ME
(Planauftragsnummer)	-	(7)	(8)	(9)
Physischer Bestand	-	-	-	-
Fehlbestand	-	-	-	-

Tabelle 5.21: Primärbedarfe, Anlieferungen, Lager- und Fehlbestände zu einer Einplanung ohne Verspätung; mit ME für Mengeneinheiten.

Ergänzend sei angemerkt, dass eine solche Lösung (sie ist nicht eindeutig) durch die Lösung eines Resource-Constrained Project Scheduling Problems (RCPSP) mittels ILOG ermittelt werden kann. Allerdings erfordert die Berücksichtigung der beschränkten Kapazität die Betrachtung von Zeiteinheiten (ZE) für die Termine der Netzplantechnik, s. dazu die Aufgaben zur Terminplanung, wie z.B. Aufgabe 5.4. Bei 9 Perioden (, da ab 1000 ZE, also ab Periode 2, mit der Produktion begonnen werden darf) mit jeweils 1000 ZE treten für jedes der 11 Planaufträge bereits $99000 (= 11 \cdot 1000 \cdot 9)$ Entscheidungsvariablen auf. Tatsächlich führte ein Versuch des Autors zu einer so langen Rechenzeit, dass der Berechnungslauf abgebrochen wurde. Möglich ist eine Verringerung durch eine Skalierung, indem beispielsweise mit einem Bruchteil an Bearbeitungszeiten gerechnet wird. Ein Faktor von $\frac{1}{10}$ bewirkt eine Reduktion der Periodengröße auf 100 ZE. Dies kann in manchen Fällen bereits ausreichen; in diesem Fall führte dies zu der in Tabelle 5.20 bzw. in dem Gantt-Diagramm in der Abbildung 5.31 angegebenen Lösung. Eine Alternative könnte eine Änderung des Modells sein.

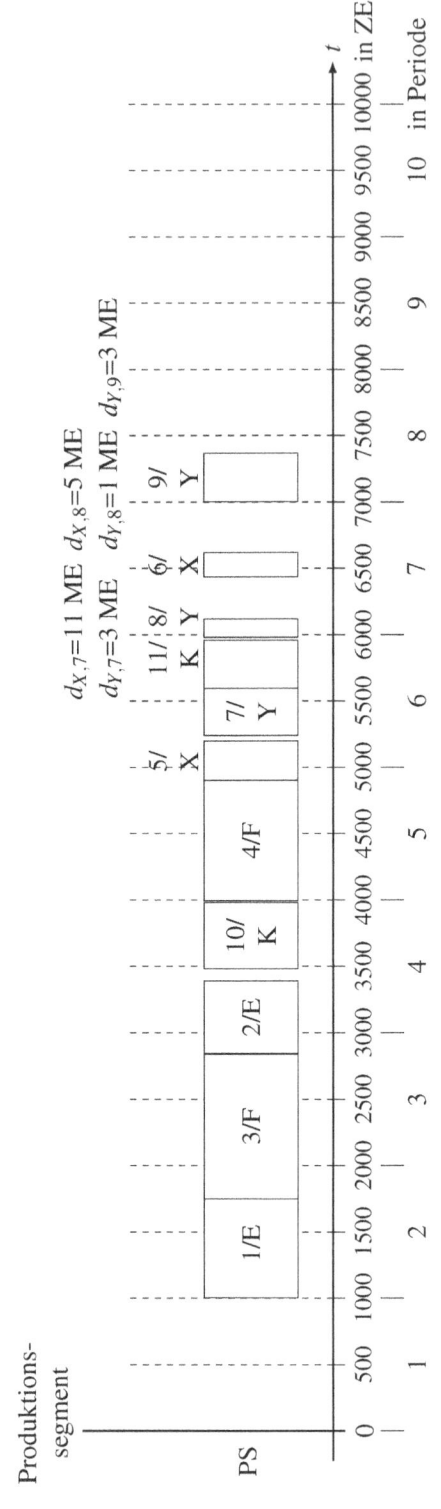

Abbildung 5.31: Gantt-Diagramm zu einer Einplanung ohne Verspätung; mit ME für Mengeneinheiten.

Zu (d):

Eine Formel zur Berechnung der produkt- und periodenspezifischen Lager- und Fehlbestände für diese Aufgabe lautet mit den Parametern:

Physischer Bestand (t)	Physischer Bestand am Ende der Periode t, wobei ein negativer physischer Bestand ein Fehlbestand mit dem gleichen Betrag ist.
Anlieferung (t)	Verfügbarkeit von produzierten Mengen durch einen oder mehrere Planaufträge zu Beginn der Periode t; aufgrund der Kapazitätsplanung (laut Tabelle 5.18 bei Teilaufgabe (b) bzw. Tabelle 5.20 bei Teilaufgabe (c)) (bzw. dem Gantt-Diagramm in Abbildung 5.30 bei Teilaufgabe (b) bzw. in Abbildung 5.31 bei Teilaufgabe (c)).
(Sekundär-)Bedarf (t)	(Sekundär-)Bedarf, der zu Beginn der Periode t zu decken ist.

wie folgt:

$$
\text{Physischer Bestand } (t+1) = \text{Physischer Bestand } (t) \\
+ \text{Anlieferung } (t+1) \\
- (\text{Sekundär-})\text{Bedarf } (t+1).
$$

Bei dem Verfahren wird zwischen den Kundenbedarfen und den von den Planaufträgen (, die von anderen Planaufträgen beliefert werden,) abgeleiteten Bedarfen – den Sekundärbedarfen – unterschieden.

Dazu werden zunächst die Liefermengen zwischen den einzelnen Planaufträgen und dem einen Lagerzugang bestimmt. Dies ergeben sich aus jeder Beziehung zwischen zwei Planaufträgen bzw. einem Planauftrag und einem Lagerzugang. Beispielsweise existiert die Beziehung zwischen den Planaufträgen 3 und 7 in dem Netzplan zur Aufgabenstellung. Planauftrag 3 produziert das Produkt F und Planauftrag 7 produziert das Produkt Y. Wegen dem Direktbedarfskoeffizienten zwischen F und Y von 2 und da Planauftrag 7 eine Produktionsmenge von 3 Mengeneinheiten (ME) hat und der Planauftrag 3 den Planauftrag 7 vollständig deckt (s. auch die Überlegungen im (Lösungs-)Teil (a) zur zweiten Phase der Bestimmung der Direktbedarfskoeffizienten), liefert Planauftrag 3 an Planauftrag 7 6 ME. Durch diese Überlegungen ergibt sich die folgende Tabelle 5.22.

Typ	Nr. (i)	Produkt	Menge (i)	Nachfolger (i) (Liefermenge)
Planauftrag	1	E	56	10 (56)
Planauftrag	2	E	44	11 (44)
Planauftrag	3	F	90	7 (6) und 10 (84)
Planauftrag	4	F	74	8 (2), 9 (6) und 11 (66)
Planauftrag	5	X	11	$d_{X,7}$
Planauftrag	6	X	5	$d_{X,8}$
Planauftrag	7	Y	3	$d_{Y,7}$
Planauftrag	8	Y	1	$d_{Y,8}$
Planauftrag	9	Y	3	$d_{Y,9}$
Planauftrag	10	K	28	5 (22), 7 (2) und 8 (4)
Planauftrag	11	K	22	6 (10) und 9 (12)
Lagerzugang	16	K	10	7 (10)

Tabelle 5.22: Tabellarische Peggingstuktur von Planaufträgen und Bedarfen $d_{P,t}$; mit ME für Mengeneinheiten sowie Produkt P und Periode t.

Die Kundenbedarfe werden von der Aufgabenstellung, s. Tabelle 5.15, übernommen.

Da die Materialverfügbarkeit von allen Planaufträgen durch die Liefermengen exakt gegeben ist, können die Sekundärbedarfe wie folgt aus den Lieferbeziehungen in einer Peggingstruktur ermittelt werden:

Jede Kombination (bzw. Lieferbeziehung) aus Planauftrag P mit einer Startperiode i (nach der Einplanung (bzw. Kapazitätsplanung) laut Tabelle 5.18 bei Teilaufgabe (b) bzw. Tabelle 5.20 bei Teilaufgabe (c)) (bzw. dem Gantt-Diagramm in Abbildung 5.30 bei Teilaufgabe (b) bzw. in Abbildung 5.31 bei Teilaufgabe (c)) und Planauftrag oder Lagerzugang P' zu einem Produkt Q, wobei P (evtl. teilweise) durch P' mit L Mengeneinheiten (ME) beliefert wird, und zwar nach der Peggingstuktur in Tabelle 5.22, verursacht einen Teil-Sekundärbedarf für Produkt Q über L ME in Periode i. Die Summe aller dieser produkt- und periodenspezifischen Teil-Sekundärbedarfe für eine Periode i und ein Produkt Q sind der (Gesamt-)Sekundärbedarf zur Periode i und Produkt Q.

Beispielsweise bewirkt die Belieferung von Planauftrag 7 für Produkt Y zu Beginn von Periode 8 durch Planauftrag 3 für Produkt F einen Teil-Sekundärbedarf von 6 ME für Produkt F zu Beginn von Periode 8.

Jede solche Lieferbeziehung – zwischen Planauftrag/Lagerzugang und Planauftrag – und der dadurch sich ergebende Teil-Sekundärbedarf ist in der folgende Tabellen angegeben und zwar, mit den genannten Größen, in Form von $L\ (Q, P', P, i)$, also für den

270

Teil-Sekundärbedarf von L ME für Produkt Q durch den Planauftrag P zu Beginn von Periode i, der durch den Planauftrag bzw. Lagerzugang P' mit L ME beliefert wird.

	Teil-Sekundärbedarf in Periode (t)			
Produkt (P)	5	6	7	8
K		10 ME $(K, 11, 6, 6)$	-	22 ME $(K, 10, 5, 8)$
		12 ME $(K, 11, 9, 6)$	-	2 ME $(K, 10, 7, 8)$
			-	10 ME $(K, 16, 7, 8)$
			-	4 ME $(K, 10, 8, 8)$
E	44 ME $(E, 2, 11, 5)$	56 ME $(E, 1, 10, 6)$	-	-
F	66 ME $(F, 4, 11, 5)$	6 ME $(F, 4, 9, 6)$	-	6 ME $(F, 3, 7, 8)$
		84 ME $(F, 3, 10, 6)$	-	2 ME $(F, 4, 8, 8)$

Tabelle 5.23: Jeder Teil-Sekundärbedarf von L ME für Produkt Q durch den Planauftrag P zu Beginn von Periode i, der durch den Planauftrag bzw. Lagerzugang P' mit L ME beliefert wird, in der Form L ME (Q, P', P, i); mit ME für Mengeneinheiten.

Die folgenden produktspezifischen Tabellen enthalten die (Sekundär-)Bedarfe zu Beginn einer Periode, die Planaufträge in einer Periode, die Anlieferungen und den Lagerzugang zu Periodenbeginn, den physischen Bestand am Ende einer Periode sowie den Fehlbestand am Ende einer Periode (nur bei den Endprodukten). Für die Kosten enthalten diese Tabellen die Anzahl an Rüstvorgängen in einer Periode sowie schließlich die resultierenden Rüst- und Lagerkosten in einer Periode und die Gesamtkosten in einer Periode. Die über alle Produkte kumulierten Kosten für die drei Kostenarten in einer Periode befinden sich in der letzten Tabelle, einschließlich den Gesamtkosten (auch für die Rüst- und Lagerkosten). ME steht für Mengeneinheiten, GE für Geldeinheiten und eine Zahl in Klammern ist die Nummer eines Planauftrags.

Produkt X – aufgrund der Einplanung durch die KOZ-Regel.								
Periode	2	3	4	5	6	7	8	9
Bedarf [ME]	-	-	-	-	-	11	5	-
Planauftragsmenge [ME]	-	-	-	-	5	-	11	-
(Planauftragsnummer)	-	-	-	-	(6)	-	(5)	-
Anlieferung [ME]	-	-	-	-	-	5	-	11
Physischer Bestand [ME]	-	-	-	-	-	-	-	-
Fehlbestand [ME]	-	-	-	-	-	6	11	-
Rüstvorgänge [Anzahl]	-	-	-	-	1	-	1	-
Rüstkosten [GE]	-	-	-	-	100		100	-
Lagerkosten [GE]	-	-	-	-	-	-	-	-
Gesamtkosten [GE]	-	-	-	-	100		100	-

Produkt Y – aufgrund der Einplanung durch die KOZ-Regel.								
Periode	2	3	4	5	6	7	8	9
Bedarf [ME]	-	-	-	-	-	3	1	3
Planauftragsmenge [ME]	-	-	-	-	3	-	3, 1	-
(Planauftragsnummer)	-	-	-	-	(9)	-	(7, 8)	-
Anlieferung [ME]	-	-	-	-	-	3	-	4
Physischer Bestand [ME]	-	-	-	-	-	-	-	-
Fehlbestand [ME]	-	-	-	-	-	-	1	-
Rüstvorgänge [Anzahl]	-	-	-	-	1	-	2	-
Rüstkosten [GE]	-	-	-	-	80	-	160	-
Lagerkosten [GE]	-	-	-	-	-	-	-	-
Gesamtkosten [GE]	-	-	-	-	80	-	160	-

Produkt K – aufgrund der Einplanung durch die KOZ-Regel.								
Periode	2	3	4	5	6	7	8	9
Sekundärbedarf [ME]	-	-	-	-	10 + 12	-	22 + 2 + 4 + 10	-
Planauftragsmenge [ME]	-	-	-	22	28	-	-	-
(Planauftragsnummer)	-	-	-	(11)	(10)	-	-	-
Anlieferung [ME]	-	-	-	-	22	-	28	-
Physischer Bestand [ME]	-	10	10	10	10	10	-	-
Rüstvorgänge [Anzahl]	-	-	-	1	1	-	-	-
Rüstkosten [GE]	-	-	-	500	500	-	-	-
Lagerkosten [GE]	-	30	30	30	30	30	-	-
Gesamtkosten [GE]	-	30	30	530	530	30	-	-

Produkt E – aufgrund der Einplanung durch die KOZ-Regel.								
Periode	2	3	4	5	6	7	8	9
Sekundärbedarf [ME]	-	-	-	44	56	-	-	-
Planauftragsmenge [ME]	56, 44	-	-	-	-	-	-	-
(Planauftragsnummer)	(1, 2)	-	-	-	-	-	-	-
Anlieferung [ME]	-	44	56	-	-	-	-	-
Physischer Bestand [ME]	-	44	100	56	-	-	-	-
Rüstvorgänge [Anzahl]	2	-	-	-	-	-	-	-
Rüstkosten [GE]	200	-	-	-	-	-	-	-
Lagerkosten [GE]	-	4.4	10	5.6	-	-	-	-
Gesamtkosten [GE]	200	4.4	10	5.6	-	-	-	-

Produkt F – aufgrund der Einplanung durch die KOZ-Regel.								
Periode	2	3	4	5	6	7	8	9
Sekundärbedarf [ME]	-	-	-	66	84 + 6	-	6 + 2	-
Planauftragsmenge [ME]	-	74	90	-	-	-	-	-
(Planauftragsnummer)	-	(4)	(3)	-	-	-	-	-
Anlieferung [ME]	-	-	-	74	90	-	-	-
Physischer Bestand [ME]	-	-	-	8	8	8	-	-
Rüstvorgänge [Anzahl]	-	1	1	-	-	-	-	-
Rüstkosten [GE]	-	100	100	-	-	-	-	-
Lagerkosten [GE]	-	-	-	1.6	1.6	1.6	-	-
Gesamtkosten [GE]	-	100	100	1.6	1.6	1.6	-	-

Alle Produkte – aufgrund der Einplanung durch die KOZ-Regel.									
Periode	2	3	4	5	6	7	8	9	Σ
Summe Rüstkosten [GE]	200	100	100	500	680	0	260	0	1840
Summe Lagerkosten [GE]	0	34.4	40	37.2	31.6	31.6	0	0	174.8
Gesamtkosten [GE]	200	134.4	140	537.2	711.6	31.6	260	0	2014.8

Für die Einplanung der Planaufträge ohne Verspätung und damit ohne Fehlbestände nach Teilaufgabe (c) führen die entsprechenden Berechnungen zu den folgenden entsprechenden produktspezifischen Tabellen. Zum leichteren Nachvollziehen wird zuvor für jede auftretende Lieferbeziehung – zwischen Planauftrag/Lagerzugang und Planauftrag – der dadurch sich ergebende Teil-Sekundärbedarf in der folgende Tabellen angegeben und zwar, mit oben genannten Größen, in Form von $L\ (Q, P', P, i)$, also für den Teil-Sekundärbedarf von L ME für Produkt Q durch den Planauftrag P zu Beginn von Periode i, der durch den Planauftrag bzw. Lagerzugang P' mit L ME beliefert wird.

	Teil-Sekundärbedarf in Periode (t)		
Produkt (P)	4	5	6
K	-	22 ME (K, 10, 5, 5)	2 ME (K, 10, 7, 6)
			10 ME (K, 16, 7, 6)
			4 ME (K, 10, 8, 6)
E	56 ME (E, 1, 10, 4)	-	44 ME (E, 2, 11, 6)
F	84 ME (F, 3, 10, 4)	-	6 ME (F, 3, 7, 6)
			2 ME (F, 4, 8, 6)
			66 ME (F, 4, 11, 6)

	Teil-Sekundärbedarf in Periode (t)	
Produkt (P)	7	8
K	10 ME (K, 11, 6, 7)	12 ME (K, 11, 9, 8)
E	-	-
F	-	6 ME (F, 4, 9, 8)

Tabelle 5.24: Jeder Teil-Sekundärbedarf von L ME für Produkt Q durch den Planauftrag P zu Beginn von Periode i, der durch den Planauftrag bzw. Lagerzugang P' mit L ME beliefert wird, in der Form L ME (Q, P', P, i); mit ME für Mengeneinheiten.

Diese produktspezifischen Tabellen enthalten wieder die (abgeleiteten) Bedarfe zu Beginn einer Periode, die Planaufträge in einer Periode, die Anlieferungen zu Periodenbeginn, den physischen Bestand am Ende einer Periode, den Fehlbestand am Ende einer Periode (nur bei den Endprodukten), die Anzahl an Rüstvorgängen in einer Periode, die resultierenden Rüst- und Lagerkosten in einer Periode und schließlich die Gesamtkosten in einer Periode enthalten. Die über alle Produkte kumulierten Kosten für die drei Kostenarten in einer Periode befinden sich in der letzten Tabelle, einschließlich den Gesamtkosten (auch für die Rüst- und Lagerkosten). ME steht für Mengeneinheiten, GE für Geldeinheiten und eine Zahl in Klammern ist die Nummer eines Planauftrags.

Produkt X – aufgrund einer Einplanung ohne Verspätung.								
Periode	2	3	4	5	6	7	8	9
Bedarf [ME]	-	-	-	-	-	11	5	-
Planauftragsmenge [ME]	-	-	-	11	-	5	-	-
(Planauftragsnummer)	-	-	-	(5)	-	(6)	-	-
Anlieferung [ME]	-	-	-	-	-	11	5	-
Physischer Bestand [ME]	-	-	-	-	-	-	-	-
Fehlbestand [ME]	-	-	-	-	-	-	-	-
Rüstvorgänge [Anzahl]	-	-	-	1	-	1	-	-
Rüstkosten [GE]	-	-	-	100	-	100	-	-
Lagerkosten [GE]	-	-	-	-	-	-	-	-
Gesamtkosten [GE]	-	-	-	100	-	100	-	-

Produkt Y – aufgrund einer Einplanung ohne Verspätung.								
Periode	2	3	4	5	6	7	8	9
Bedarf [ME]	-	-	-	-	-	3	1	3
Planauftragsmenge [ME]	-	-	-	-	3, 1	-	3	-
(Planauftragsnummer)	-	-	-	-	(7, 8)	-	(9)	-
Anlieferung [ME]	-	-	-	-	-	3	1	3
Physischer Bestand [ME]	-	-	-	-	-	-	-	-
Fehlbestand [ME]	-	-	-	-	-	-	-	-
Rüstvorgänge [Anzahl]	-	-	-	-	2	-	1	-
Rüstkosten [GE]	-	-	-	-	160	-	80	-
Lagerkosten [GE]	-	-	-	-	-	-	-	-
Gesamtkosten [GE]	-	-	-	-	160	-	80	-

Produkt K – aufgrund einer Einplanung ohne Verspätung.								
Periode	2	3	4	5	6	7	8	9
Sekundärbedarf [ME]	-	-	-	22	2 + 4 + 10	10	12	-
Planauftragsmenge [ME]	-	-	28	-	22	-	-	-
(Planauftragsnummer)	-	-	(10)	-	(11)	-	-	-
Anlieferung [ME]	-	-	-	28	-	22	-	-
Physischer Bestand [ME]	-	10	10	16	-	12	-	-
Rüstvorgänge [Anzahl]	-	-	1	-	1	-	-	-
Rüstkosten [GE]	-	-	500	-	500	-	-	-
Lagerkosten [GE]	-	30	30	48	-	36	-	-
Gesamtkosten [GE]	-	30	530	48	500	36	-	-

Produkt E – aufgrund einer Einplanung ohne Verspätung.								
Periode	2	3	4	5	6	7	8	9
Sekundärbedarf [ME]	-	-	56	-	44	-	-	-
Planauftragsmenge [ME]	56	44	-	-	-	-	-	-
(Planauftragsnummer)	(1)	(2)	-	-	-	-	-	-
Anlieferung [ME]	-	56	-	44	-	-	-	-
Physischer Bestand [ME]	-	56	-	44	-	-	-	-
Rüstvorgänge [Anzahl]	1	1	-	-	-	-	-	-
Rüstkosten [GE]	100	100	-	-	-	-	-	-
Lagerkosten [GE]	-	5.6	-	4.4	-	-	-	-
Gesamtkosten [GE]	100	105.6	-	4.4	-	-	-	-

Produkt F – aufgrund einer Einplanung ohne Verspätung.								
Periode	2	3	4	5	6	7	8	9
Sekundärbedarf [ME]	-	-	84	-	6 + 2 + 66	-	6	-
Planauftragsmenge [ME]	90	-	74	-	-	-	-	-
(Planauftragsnummer)	(3)	-	(4)	-	-	-	-	-
Anlieferung [ME]	-	-	90	-	74	-	-	-
Physischer Bestand [ME]	-	-	6	6	6	6	-	-
Rüstvorgänge [Anzahl]	1	-	1	-	-	-	-	-
Rüstkosten [GE]	100	-	100	-	-	-	-	-
Lagerkosten [GE]	-	-	1.2	1.2	1.2	1.2	-	-
Gesamtkosten [GE]	100	-	101.2	1.2	1.2	1.2	-	-

Alle Produkte – aufgrund einer Einplanung ohne Verspätung.									
Periode	2	3	4	5	6	7	8	9	Σ
Summe Rüstkosten [GE]	200	100	600	100	660	100	80	0	1840
Summe Lagerkosten [GE]	0	35.6	31.2	53.6	1.2	37.2	0	0	158.8
Gesamtkosten [GE]	200	135.6	631.2	153.6	661.2	137.2	80	0	1998.8

5.10. Kapazitätsbelastungsausgleich

Gegeben ist die in der folgenden Tabelle 5.25 angegebene Peggingstruktur.
(Ergänzend sei angemerkt, diese Peggingstruktur das Ergebnis einer programmorientierten Bedarfsplanung mit einer Losbildung durch die Silver-Meal-Heuristik darstellt, die die Lösungen zu der Aufgabe 4.14 – zur „programmorientierte Bedarfsermittlung mit Silver-Meal-Heuristik" – und zu der Aufgabe 4.15 zur „Peggingstruktur und Kosten" sind. Es sei betont, dass diese Information zur Lösung der Teil-Aufgaben nicht erforderlich ist.)

Typ	Pro-dukt	Nr. (i)	Menge (i)	Startpe-riode (i)*	Endpe-riode (i)*	Nachfolger (i) (Liefermenge)
Planauftrag	E	1	960 ME	3	5	9 (520 ME), 10 (440 ME)

Tabelle 5.25: Tabellarische Peggingstuktur von Planaufträgen, einem Lagerzugang und Bedarfen $d_{P,t}$; mit ME für Mengeneinheiten, Produkt P sowie Periode t und * für zu Periodenbeginn (wird fortgesetzt).

Typ	Pro-dukt	Nr. (i)	Menge (i)	Startpe-riode (i)*	Endpe-riode (i)*	Nachfolger (i) (Liefermenge)
Planauftrag	F	2	830 ME	4	5	6 (50 ME), 9 (780 ME)
Planauftrag	F	3	740 ME	5	6	7 (20 ME), 10 (660 ME), 8 (60 ME)
Planauftrag	X	4	110 ME	6	7	$d_{X,7}$ (110 ME)
Planauftrag	X	5	50 ME	7	8	$d_{X,8}$ (50 ME)
Planauftrag	Y	6	25 ME	5	6	$d_{Y,7}$ (25 ME)
Planauftrag	Y	7	10 ME	6	8	$d_{Y,8}$ (10 ME)
Planauftrag	Y	8	30 ME	7	9	$d_{Y,9}$ (30 ME)
Planauftrag	K	9	260 ME	5	6	4 (220 ME), 7 (40 ME)
Planauftrag	K	10	220 ME	6	7	5 (100 ME), 8 (120 ME)
Lagerzugang	K	16	100 ME	3	3	6 (100 ME)

Tabelle 5.25: Tabellarische Peggingstuktur von Planaufträgen, einem Lagerzugang und Bedarfen $d_{P,t}$; mit ME für Mengeneinheiten, Produkt P sowie Periode t und * für zu Periodenbeginn.

Die Produkte X, Y, K, E und F haben Rüstkosten von 100 Geldeinheiten (GE), 80 GE, 500 GE, 100 GE sowie 100 GE sowie Lagerkosten von 5 GE je Mengeneinheit (ME) und Periode, 10 GE je ME und Periode, 3 GE je ME und Periode, 0.1 GE je ME und Periode und 0.2 GE je ME und Periode. Ihre Stückbearbeitungszeiten lauten: 5 Zeiteinheiten (ZE), 30 ZE, 4.5 ZE, 0.5 ZE und 1 ZE. Für die Produktion stehen 3 Produktionssegmente PS1, PS2 und PS3 mit einer Kapazität von 1000 ZE zur Verfügung und jedes Produkt wird durch genau ein Produktionssegment produziert. Eine Periode besteht (ebenfalls) aus 1000 ZE. Zu einem Zeitpunkt kann ein Produktionssegment höchstens ein Produkt produzieren. Eine Einplanung nach der KOZ-Regel unter Beachtung der Einlagerungs-regel führt zu dem in der Abbildung 5.32 angegeben Gantt-Diagramm.

(Hinweis: Die Einlagerungsregel ist generell in dieser Aufgabe einzuhalten. Nach der Einlagerungsregel werden die in einem Produktionssegment hergestellten Produkte zum Ende einer Periode eingelagert und stehen erst zu Beginn der nächsten Periode zur Aus-lieferung oder zur weiteren Produktion in einem Produktionssegment für ein anderes Produkt zur Verfügung.)

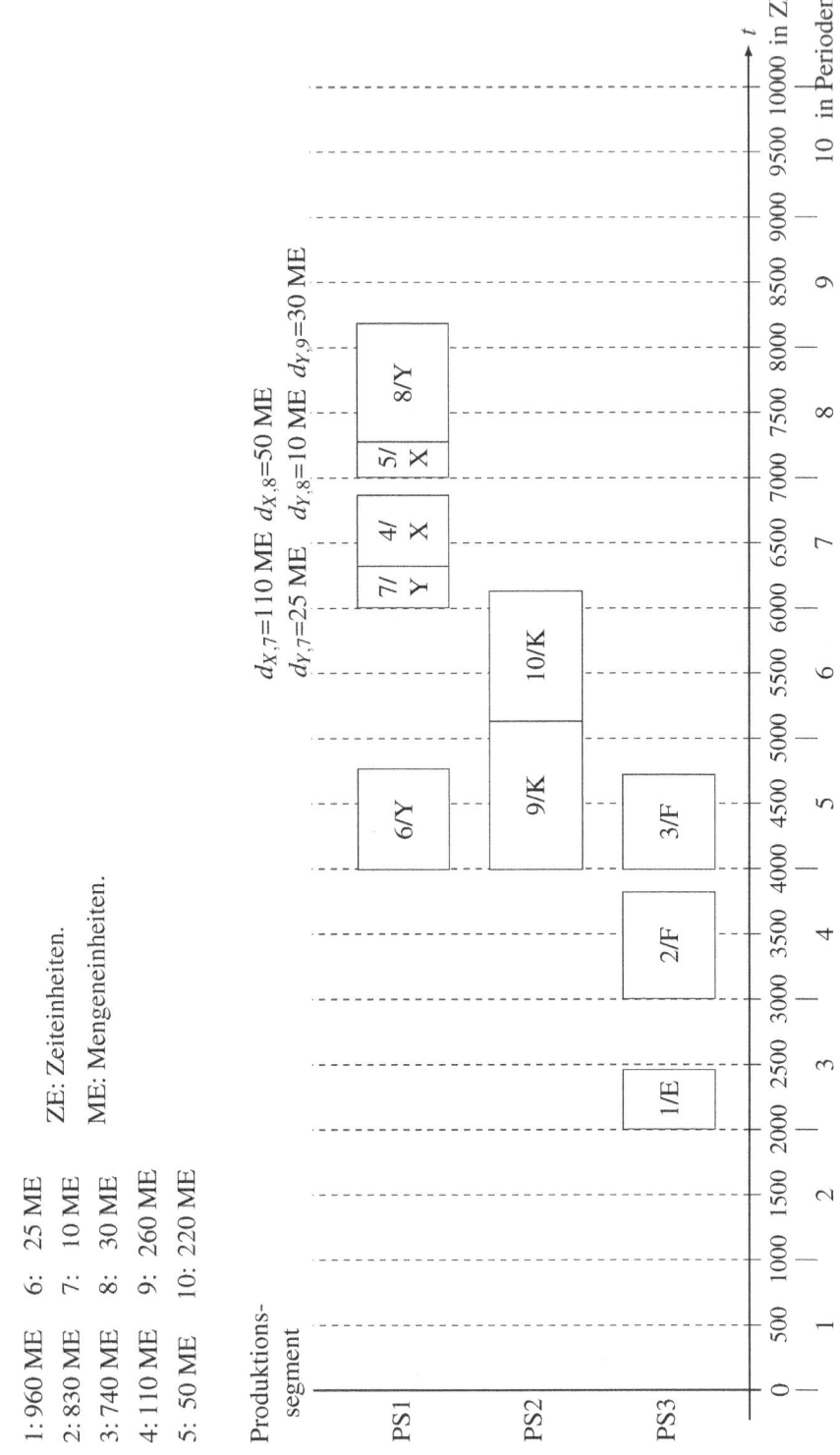

Abbildung 5.32: Gantt-Diagramm zu einer Einplanung nach der KOZ-Regel.

(a) Geben Sie die auftretenden Fehlbestände an. Zu ihrer Vermeidung dürfen Planaufträge vorgezogen werden, wobei ihre Bearbeitungsreihenfolge nach dem Gantt-Diagramm in Abbildung 5.32 beizubehalten ist. Würde ein Vorziehen der Aufträge 2 und 3 sowie gegebenenfalls ihrer Nachfolger (im Gantt-Diagramm in Abbildung 5.32) so erfolgen, dass die Aufträge 1 bis 3 in dieser Reihenfolge unmittelbar nacheinander bearbeitet werden, reichen, um das Auftreten von Fehlbestand zu vermeiden? Stellen Sie diese neue Kapazitätsplanung geeignet dar und begründen Sie damit Ihr Ergebnis.

Um wie viele Perioden sind diese drei Planaufträge gegebenenfalls mit ihren Nachfolgern weiter vorzuziehen, damit kein Fehlbestand auftritt. Stellen Sie diese neue Kapazitätsplanung geeignet dar.

Geben Sie bitte eine Formel zur Berechnung der produkt- und periodenspezifischen Lager- und Fehlbestände an. Ferner geben Sie ein Verfahren zur Berechnung der (abgeleiteten) Bedarfe der einzelnen Produkte an. Bestimmen Sie diese Größen. Geben Sie ferner die produkt- und periodenspezifischen Lager- und Rüstkosten einschließlich der Gesamtkosten an.

(b) Gehen Sie wieder von der Kapazitätsplanung laut Aufgabenstellung aus. Versuchen Sie nun Fehlbestände durch Splitten von einem oder mehreren Planaufträgen zu vermeiden.

Geben Sie die produkt- und periodenspezifischen Lager- und Fehlbestände unter Verwendung der Formeln von Aufgabenteil (a) an, die Sie gegebenenfalls geeignet modifizieren. Geben Sie ferner die produkt- und periodenspezifischen Lager- und Rüstkosten einschließlich der Gesamtkosten an.

Zu (a):
Die folgenden Tabellen beschreiben die Anlieferungen durch die Planaufträge (mit Nummern) zu den beiden Endprodukten und die sich daraus ergebenden (Fehl-)Bestände bei einer frühestmöglichen Bedarfsdeckung.

(Fehl-) Bestände zu Produkt X; mit ME für Mengeneinheiten:											
Periode	1	2	3	4	5	6	7	8	9	10	Σ
Bedarf [ME]	-	-	-	-	-	-	110	50	-	-	160
Planauftragsmenge [ME]	-	-	-	-	-	-	110	50	-	-	160
(Planauftragsnummer)	-	-	-	-	-	-	(4)	(5)	-	-	-
Anlieferung [ME]	-	-	-	-	-	-	-	110	50	-	160
Physischer Bestand [ME]	-	-	-	-	-	-			-	-	0
Fehlbestand [ME]	-	-	-	-	-	-	110	50	-	-	160

(Fehl-) Bestände zu Produkt Y; mit ME für Mengeneinheiten:											
Periode	1	2	3	4	5	6	7	8	9	10	Σ
Bedarf [ME]	-	-	-	-			25	10	30	-	65
Planauftragsmenge [ME]	-	-	-	-	25	-	10	30	-	-	65
(Planauftragsnummer)	-	-	-	-	(6)	-	(7)	(8)	-	-	-
Anlieferung [ME]	-	-	-	-	-	25	-	10	-	30	65
Physischer Bestand [ME]	-	-	-	-	-	25	-	-		-	25
Fehlbestand [ME]	-	-	-	-	-	-	-	-	30	-	30

Zur Berechnung der Start- und Endtermine durch ein Vorziehen der Planaufträge 2 und 3, nach dem Aufgabentext, sind zunächst die Bearbeitungszeiten der Planaufträge zu berechnen. Durch Multiplikation der jeweiligen Mengen mit ihren Stückbearbeitungszeiten ergeben sich die in der folgenden Tabelle 5.26 angegebenen Werte. Zugleich enthält die Tabelle die aufgrund dem Vorziehen aktualisierten Termine (als Ergebnis der Kapazitätsplanung). Nur zur leichteren Nachvollziehbarkeit der nachfolgenden Fehlbestandsanalyse ist das resultierende Gantt-Diagramm in der anschließenden Abbildung 5.33 angegeben.

Auftrags- nummer (i)	Produkt (i)	Menge (i)	Dauer (i)	Start- termin (i)	End- termin (i)
1	E	960 ME	480 ZE	2000 ZE	2480 ZE
2	F	830 ME	830 ZE	2480 ZE	3310 ZE
3	F	740 ME	740 ZE	3310 ZE	4050 ZE
4	X	110 ME	550 ZE	6300 ZE	6850 ZE
5	X	50 ME	250 ZE	7000 ZE	7250 ZE
6	Y	25 ME	750 ZE	4000 ZE	4750 ZE
7	Y	10 ME	300 ZE	6000 ZE	6300 ZE
8	Y	30 ME	900 ZE	7250 ZE	8150 ZE
9	K	260 ME	1170 ZE	4000 ZE	5170 ZE
10	K	220 ME	990 ZE	5170 ZE	6160 ZE

Tabelle 5.26: Start- und Endtermine sowie Dauern der Planaufträge aufgrund dem Vorziehen der Planaufträge 2 und 3; mit ZE für Zeiteinheiten und ME für
Mengeneinheiten.

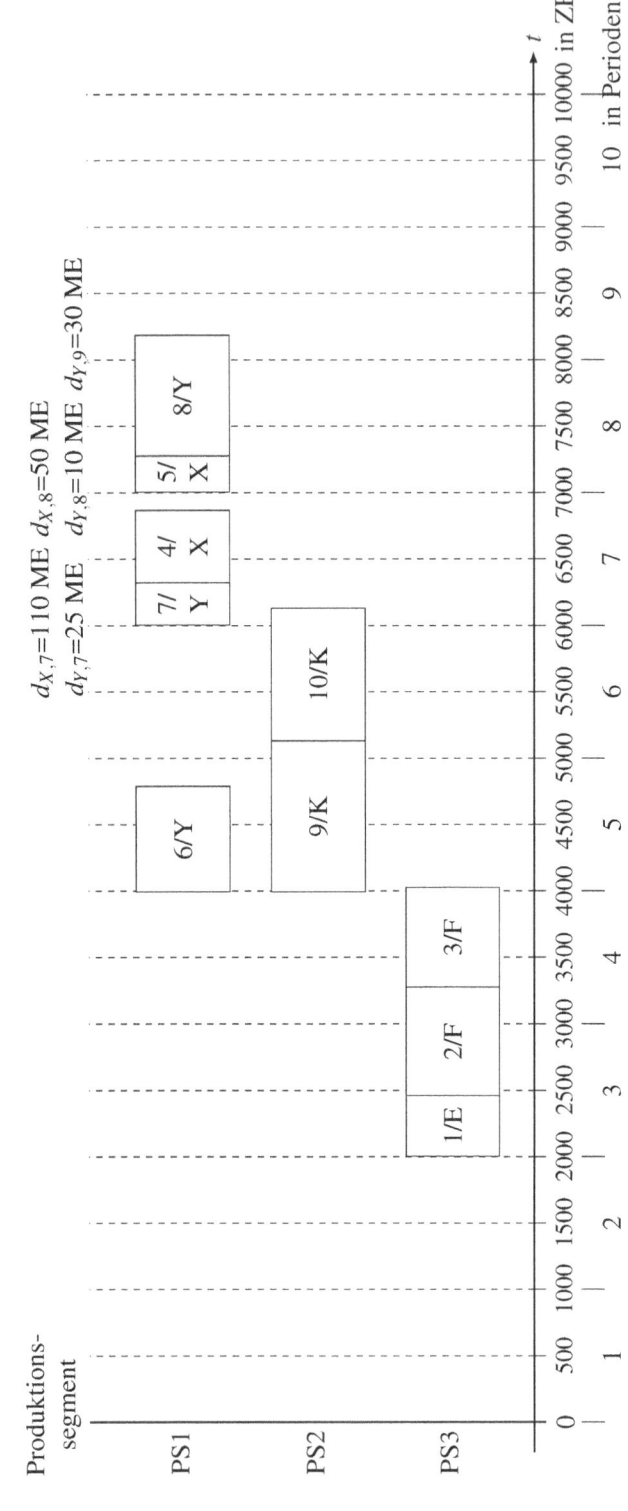

Abbildung 5.33: Gantt-Diagramm aufgrund dem Vorziehen der Planaufträge 2 und 3.

Ein Vorziehen der Aufträge 2 und 3, so dass die Aufträge 1 bis 3 in dieser Reihenfolge unmittelbar nacheinander bearbeitet werden, bewirkt nicht, dass mit einem der restlichen Aufträge früher begonnen werden kann, weswegen die gleichen Fehlbestände auftreten.

Werden die Aufträge 1 bis 3 um eine Periode vorgezogen, so können alle Aufträge eine Periode früher beginnen. Da bei dem bisherigen Vorgehen die Bedarfe um höchstens eine Periode verspätet ausgeliefert werden, können (nun) keine Verspätungen auftreten.

Das Ergebnis zu dieser neue Kapazitätsplanung ist in der folgenden Tabelle 5.27 angegeben. Nur zum besseren Nachvollziehen (auch für das Weitere) ist das resultierende Gantt-Diagramm in der Abbildung 5.34 angegeben.

Planauftrags- nummer (i)	Produkt (i)	Menge (i)	Dauer (i)	Start- termin (i)	End- termin (i)
1	E	960 ME	480 ZE	1000 ZE	1480 ZE
2	F	830 ME	830 ZE	1480 ZE	2310 ZE
3	F	740 ME	740 ZE	2310 ZE	3050 ZE
4	X	110 ME	550 ZE	5300 ZE	5850 ZE
5	X	50 ME	250 ZE	6000 ZE	6250 ZE
6	Y	25 ME	750 ZE	3000 ZE	3750 ZE
7	Y	10 ME	300 ZE	5000 ZE	5300 ZE
8	Y	30 ME	900 ZE	6250 ZE	7150 ZE
9	K	260 ME	1170 ZE	3000 ZE	4170 ZE
10	K	220 ME	990 ZE	4170 ZE	5160 ZE

Tabelle 5.27: Start- und Endtermine sowie Dauern der Planaufträge aufgrund dem Vorziehen der Planaufträge 1 bis 3 ab Periode 2; mit ZE für Zeiteinheiten und ME für Mengeneinheiten.

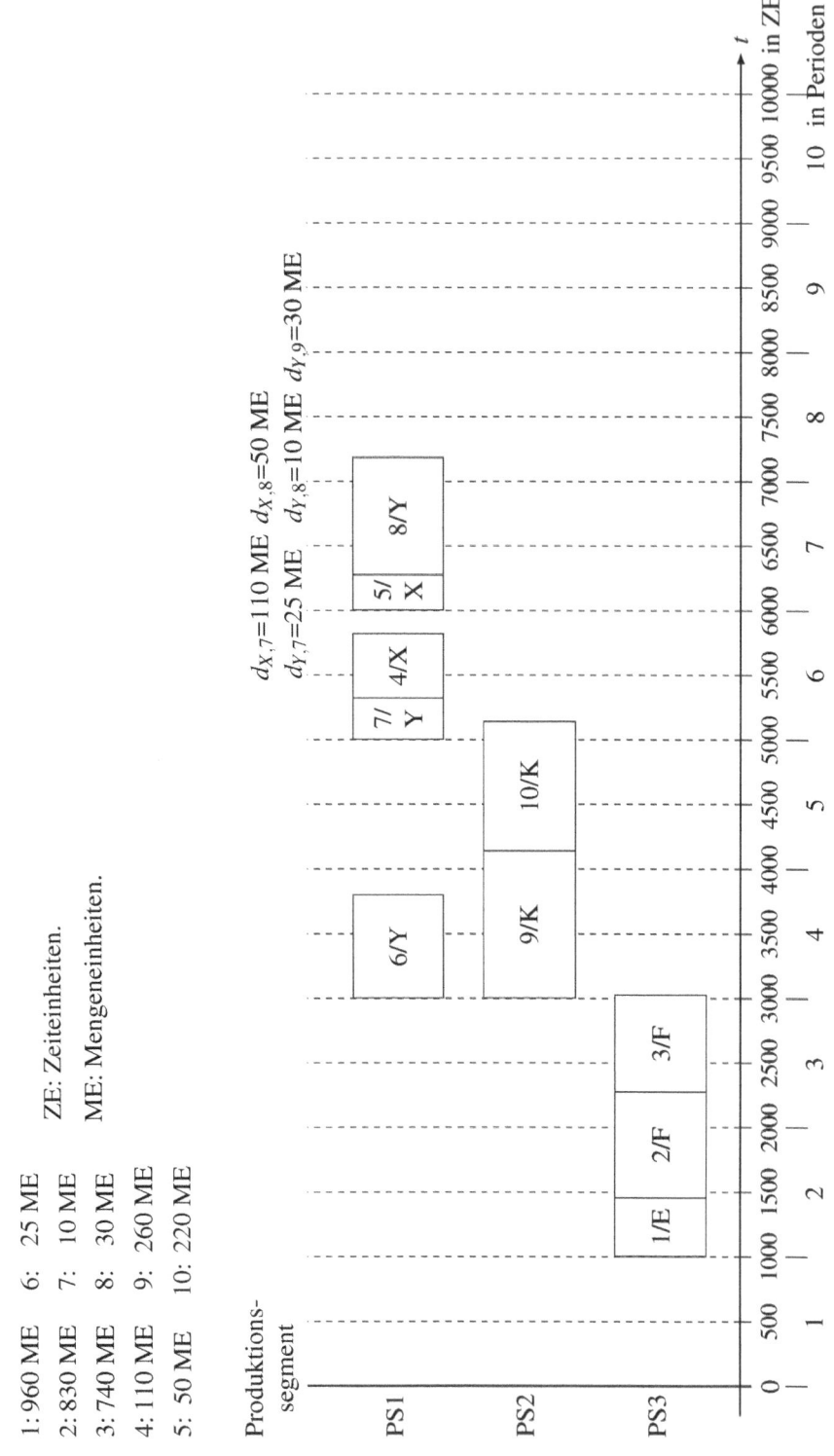

Abbildung 5.34: Gantt-Diagramm nach dem Vorziehen der Planaufträge 1 bis 3 ab Periode 2.

Eine Formel zur Berechnung der produkt- und periodenspezifischen Lager- und Fehlbestände für diese Aufgabe lautet mit den Parametern:

Physischer Bestand (t)   Physischer Bestand am Ende der Periode t, wobei ein negativer physischer Bestand ein Fehlbestand mit dem gleichen Betrag ist.

Anlieferung (t)   Verfügbarkeit von produzierten Mengen durch einen oder mehrere Planaufträge zu Beginn der Periode t; aufgrund der Kapazitätsplanung laut Tabelle 5.27 (bzw. dem Gantt-Diagramm in Abbildung 5.34).

(Sekundär-)Bedarf (t)   (Sekundär-)Bedarf, der zu Beginn der Periode t zu decken ist.

wie folgt:

Physischer Bestand (t+1)   =   Physischer Bestand (t)
                                 + Anlieferung (t+1)
                                 − (Sekundär-)Bedarf (t+1).

Bei dem Verfahren wird zwischen den Kundenbedarfen und den von den Planaufträgen (, die von anderen Planaufträgen beliefert werden,) abgeleiteten Bedarfen – den Sekundärbedarfen – unterschieden.

Die Kundenbedarfe werden von der Aufgabenstellung übernommen.

Die Sekundärbedarfe werden wie folgt ermittelt:

Jeder Planauftrag P mit einer Startperiode i, nach der Einplanung der Planaufträge in Tabelle 5.27 (bzw. dem Gantt-Diagramm in Abbildung 5.34), der durch einen Planauftrag oder Lagerzugang P' zu einem Produkt Q mit L ME – eventuell teilweise – beliefert wird, nach der Peggingstruktur in Tabelle 5.25, verursacht einen Teil-Sekundärbedarf für Produkt Q über L ME in Periode i. Die Summe aller dieser (produkt- und periodenspezifischen) Teil-Sekundärbedarfe für eine Periode i und ein Produkt Q sind der (Gesamt-)Sekundärbedarf zur Periode i und Produkt Q.

Eine formalere Beschreibung (der Ermittlung der Sekundärbedarfe) ergibt sich, in dem Parameter für diese Größen eingeführt werden. Diese lautet:

Jeder Planauftrag P mit einer Startperiode i, nach der Einplanung der Planaufträge in Tabelle 5.27 (bzw. dem Gantt-Diagramm in Abbildung 5.34), der durch einen Planauftrag oder Lagerzugang P' zu einem Produkt Q mit L ME – eventuell teilweise – beliefert wird, nach der Peggingstruktur in Tabelle 5.25, verursacht einen Teil-Sekundärbedarf

$(SK^T_{P',Q,P,i})$ von L ME für Produkt Q durch den Planauftrag P zu Beginn von Periode i, der durch den Planauftrag bzw. Lagerzugang P' mit L ME – eventuell teilweise – beliefert wird, also $SK^T_{P',Q,P,i} = L$ ME. Für die weiter unten angegebene Summe bietet es sich an, alle möglichen Teil-Sekundärbedarfe durch nicht definiert vorzubelegen und aus der genannten Teil-Sekundärbedarf-Bestimmung ergeben sich alle definierten Teil-Sekundärbedarfe. Die Summe aller dieser (definierten) produkt- und periodenspezifischen Teil-Sekundärbedarfe für eine Periode i und ein Produkt Q sind der (Gesamt-)Sekundärbedarf ($SK_{Q,i}$) für Produkt Q zu Beginn von Periode i und berechnet sich durch:

$$SK_{Q,i} = \sum_{\text{Parameter}} SK^T_{P',Q,P,i} \ \forall \text{ Produkte } Q \text{ und } \forall \text{ Perioden } i$$

mit Parameter: Planauftrag P, Planauftrag / Lagerzugang P' und $SK^T_{P',Q,P,i}$ ist definiert.

Eine quasi umgekehrte Formulierung ist die folgende:

Betrachte einen Planauftrag P zur Produktion eines Produkts Q bzw. einen Lagerzugang P für dieses Produkt Q. Dieser beliefert nach der Peggingstruktur in Tabelle 5.25 N, $N \in \mathbb{N}$ (tatsächlich maximal 3), Planaufträge $P_1, ..., P_N$ mit den Mengen $L_1, ..., L_N$ vom Produkt Q, eventuell teilweise, und den Startperioden $S_1, ..., S_N$ nach der Einplanung der Planaufträge in Tabelle 5.27 (bzw. dem Gantt-Diagramm in Abbildung 5.34). Dann verursacht jeder dieser N Planaufträge P_i, $1 \leq i \leq N$, einen Teil-Sekundärbedarf ($SK^T_{P_i,Q,S_i}$) über L_i ME für Produkt Q zu Beginn von Periode S_i, also $SK^T_{P_i,Q,S_i} = L_i$ ME. Ein solcher Planauftrag (P_i, $1 \leq i \leq N$) kann auch durch einen anderen Planauftrag P' (statt P) (bzw. Lagerbestand) zur Produktion von Q beliefert werden. Folglich ist, wie oben, P in die Indizes aufzunehmen. Also: $SK^T_{P_i,Q,P,S_i}$ ($= L_i$ ME). Die Summe von allen solchen Teil-Sekundärbedarfe für ein Produkt Q und eine Periode i ist dann der (Gesamt-)Sekundärbedarf ($SK_{Q,i}$) für Produkt Q zu Beginn von Periode i. Als Formel bedeutet dies, wobei, wie oben, diese Teil-Sekundärbedarfe durch nicht definiert vorbelegt sind, und dadurch nicht-auftretende Kombinationen in der Summenbildung ausgeschlossen sind:

$$SK_{Q,i} = \sum_{\text{Parameter}} SK^T_{P',Q,P,i} \ \forall \text{ Produkte } Q \text{ und } \forall \text{ Perioden } i$$

mit Parameter: Planauftrag P, Planauftrag / Lagerzugang P' und $SK^T_{P',Q,P,i}$ ist definiert.

Jede solche Lieferbeziehung – zwischen Planauftrag/Lagerzugang und Planauftrag – und der dadurch sich ergebende Teil-Sekundärbedarf ist in der folgende Tabellen angegeben und zwar, mit den genannten Größen, in Form von L (Q,P',P,i), also für den Teil-Sekundärbedarf von L ME für Produkt Q durch den Planauftrag P zu Beginn von Periode i, der durch den Planauftrag bzw. Lagerzugang P' mit L ME beliefert wird.

	Teil-Sekundärbedarf in Periode (t)	
Produkt (P)	4	5
K	100 ME (K, 16, 6, 4)	-
E	520 ME (E, 1, 9, 4)	440 ME (E, 1, 10, 5)
F	50 ME (F, 2, 6, 4)	660 ME (F, 3, 10, 5)
	780 ME (F, 2, 9, 4)	

	Teil-Sekundärbedarf in Periode (t)	
Produkt (P)	6	7
K	220 ME (K, 9, 4, 6)	100 ME (K, 10, 5, 7)
	40 ME (K, 9, 7, 6)	120 ME (K, 10, 8, 7)
E	-	-
F	20 ME (F, 3, 7, 6)	60 ME (F, 3, 8, 7)

Tabelle 5.28: Jeder Teil-Sekundärbedarf von L ME für Produkt Q durch den Planauftrag P zu Beginn von Periode i, der durch den Planauftrag bzw. Lagerzugang P' mit L ME beliefert wird, in der Form L ME (Q, P', P, i); mit ME für Mengeneinheiten.

Die folgenden produktspezifischen Tabellen enthalten die (Sekundär-)Bedarfe zu Beginn einer Periode, die Planaufträge in einer Periode, die Anlieferungen zu Periodenbeginn, den physischen Bestand am Ende einer Periode sowie den Fehlbestand am Ende einer Periode (nur bei den Endprodukten). Schließlich enthalten diese Tabellen die Anzahl an Rüstvorgängen in einer Periode sowie schließlich die resultierenden Rüst- und Lagerkosten in einer Periode und die Gesamtkosten in einer Periode. Die über alle Produkte kumulierten Kosten für die drei Kostenarten in einer Periode befinden sich in der letzten Tabelle, einschließlich den Gesamtkosten (auch für die Rüst- und Lagerkosten). ME steht für Mengeneinheiten, GE für Geldeinheiten und eine Zahl in Klammern ist die Nummer eines Planauftrags.

Produkt X – aufgrund dem Vorziehen der Planaufträge 1 bis 3 ab Periode 2.								
Periode	2	3	4	5	6	7	8	9
Bedarf [ME]	-	-	-	-	-	110	50	-
Planauftragsmenge [ME]	-	-	-	-	110	50	-	-
(Planauftragsnummer)	-	-	-	-	(4)	(5)	-	-
Anlieferung [ME]	-	-	-	-	-	110	50	-
Physischer Bestand [ME]	-	-	-	-	-	-	-	-
Fehlbestand [ME]	-	-	-	-	-	-	-	-
Rüstvorgänge [Anzahl]	-	-	-	-	1	1	-	-
Rüstkosten [GE]	-	-	-	-	100	100	-	-
Lagerkosten [GE]	-	-	-	-	-	-	-	-
Gesamtkosten [GE]	-	-	-	-	100	100	-	-

Produkt Y – aufgrund dem Vorziehen der Planaufträge 1 bis 3 ab Periode 2.								
Periode	2	3	4	5	6	7	8	9
Bedarf [ME]	-	-	-	-	-	25	10	30
Planauftragsmenge [ME]	-	-	25	-	10	30	-	-
(Planauftragsnummer)	-	-	(6)	-	(7)	(8)	-	-
Anlieferung [ME]	-	-	-	25	-	10	-	30
Physischer Bestand [ME]	-	-	-	25	25	10	-	-
Fehlbestand [ME]	-	-	-	-	-	-	-	-
Rüstvorgänge [Anzahl]	-	-	1	-	1	1	-	-
Rüstkosten [GE]	-	-	80	-	80	80	-	-
Lagerkosten [GE]	-	-	-	250	250	100	-	-
Gesamtkosten [GE]	-	-	80	250	330	180	-	-

Produkt K – aufgrund dem Vorziehen der Planaufträge 1 bis 3 ab Periode 2.								
Periode	2	3	4	5	6	7	8	9
Sekundärbedarf [ME]	-	-	100	-	220 + 40	100 + 120	-	-
Planauftragsmenge [ME]	-	-	260	220	-	-	-	-
(Planauftragsnummer)	-	-	(9)	(10)	-	-	-	-
Anlieferung [ME]	-	-	-	-	260	220	-	-
Physischer Bestand [ME]	-	100	-	-	-	-	-	-
Rüstvorgänge [Anzahl]	-	-	1	1	-	-	-	-
Rüstkosten [GE]	-	-	500	500	-	-	-	-
Lagerkosten [GE]	-	300	-	-	-	-	-	-
Gesamtkosten [GE]	-	300	500	500	-	-	-	-

Produkt E – aufgrund dem Vorziehen der Planaufträge 1 bis 3 ab Periode 2.								
Periode	2	3	4	5	6	7	8	9
Sekundärbedarf [ME]	-	-	520	440	-	-	-	-
Planauftragsmenge [ME]	960	-	-	-	-	-	-	-
(Planauftragsnummer)	(1)	-	-	-	-	-	-	-
Anlieferung [ME]	-	960	-	-	-	-	-	-
Physischer Bestand [ME]	-	960	440	-	-	-	-	-
Rüstvorgänge [Anzahl]	1	-	-	-	-	-	-	-
Rüstkosten [GE]	100	-	-	-	-	-	-	-
Lagerkosten [GE]	-	96	44	-	-	-	-	-
Gesamtkosten [GE]	100	96	44	-	-	-	-	-

Produkt F – aufgrund dem Vorziehen der Planaufträge 1 bis 3 ab Periode 2.								
Periode	2	3	4	5	6	7	8	9
Sekundärbedarf [ME]	-	-	780 + 50	660	20	60	-	-
Planauftragsmenge [ME]	830	740	-	-	-	-	-	-
(Planauftragsnummer)	(2)	(3)	-	-	-	-	-	-
Anlieferung [ME]	-	-	830	740	-	-	-	-
Physischer Bestand [ME]	-	-	-	80	60	-	-	-
Rüstvorgänge [Anzahl]	1	1	-	-	-	-	-	-
Rüstkosten [GE]	100	100	-	-	-	-	-	-
Lagerkosten [GE]	-	-	-	16	12	-	-	-
Gesamtkosten [GE]	100	100	-	16	12	-	-	-

Alle Produkte – aufgrund dem Vorziehen der Planaufträge 1 bis 3 ab Periode 2.									
Periode	2	3	4	5	6	7	8	9	Σ
Summe Rüstkosten [GE]	200	100	580	500	180	180	-	-	1740
Summe Lagerkosten [GE]	-	396	44	266	262	100	-	-	1068
Gesamtkosten [GE]	200	496	624	766	442	280	-	-	2808

Zu (b):

Nur zur anschaulicheren Darstellung ist die in Tabelle 5.25 angegebene Peggingstruktur in der folgenden Abbildung graphisch dargestellt:

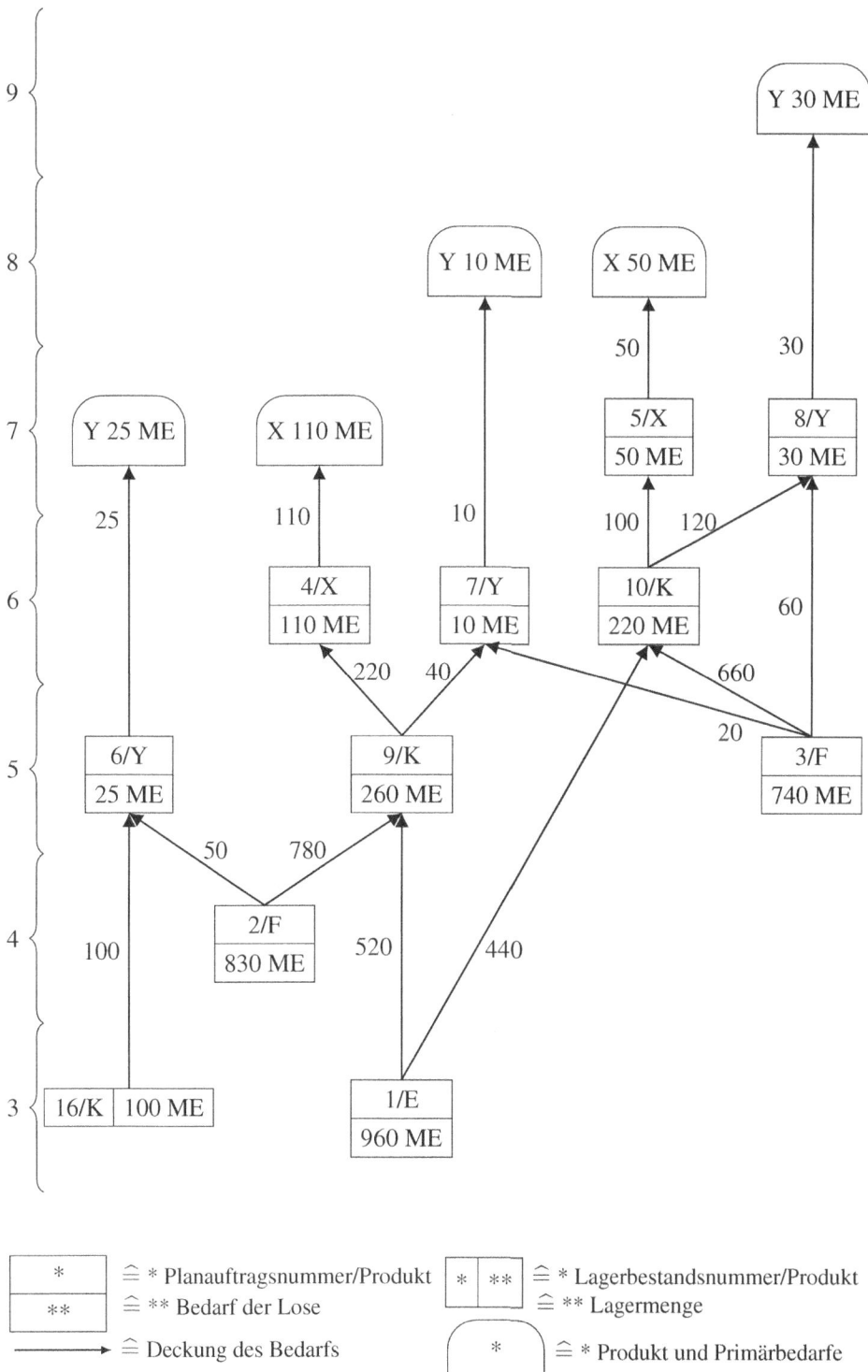

Abbildung 5.35: Peggingstuktur in Tabelle 5.29 als Graph.

Beim Splitten wird ein Planauftrag P in zwei oder mehrere Planaufträge zerlegt und P wird im Gantt-Diagramm (bei der Abarbeitung) durch diese Planaufträge ersetzt. Dadurch ist es möglich, dass nachgelagerte Planaufträge (zeitlich) früher beginnen können.

Folgende Überlegungen führen zu Splittungen, so dass eine Abarbeitung ohne Verspätungen möglich ist:

Aufgrund des Gantt-Diagramms in Abbildung 5.32 wird die Verspätung des Bedarfs X zu Beginn von Periode 7 vermieden, wenn der Planauftrag 4 bis zum Ende der Periode 6 fertiggestellt wird. Dies ist möglich, sofern mit Planauftrag 4 zu Beginn von Periode 6 begonnen werden kann, da das Produktionssegment PS1 in Periode 6 unbelegt ist und die Dauer von Planauftrag 4 mit 550 ZE kleiner als die Periodendauer (von Periode 6) ist. Sein Vorgänger, nämlich der Planauftrag 9, beliefert auch den Planauftrag 7. Ein Splitt vom Planauftrag 9 in zwei Planaufträge zur exklusiven Belieferung von Planauftrag 4 wie auch Planauftrag 7 bewirkt, dass genügend Mengeneinheiten von Komponente K zu Beginn von Periode 6 im Lager liegen, um mit Planauftrag 4 ab dem Beginn der Periode 6 starten zu können. Konkret führt dies zu den Planaufträgen 9 über 220 ME (von Komponente K) und 20 über 40 ME (von Komponente K). Durch diese Ersetzung kann Planauftrag 7 wie bisher bearbeitet werden und es erfolgt keine verzögerte Auslieferung von dem Bedarf von Produkt Y zu Beginn der Periode 8, der durch die Fertigstellung von Planauftrag 7 möglich ist. Diese Änderung ist in der neuen Peggingstruktur in Tabelle 5.29 – und zur schöneren Veranschaulichung in Abbildung 5.36 – angegeben. Sie führt zu dem neuen Gantt-Diagramm in Abbildung 5.37. Durch einen entsprechenden Splitt von Planauftrag 10 in zwei Planaufträge, nämlich die Planaufträge 22 und 27, zur exklusiven Belieferung von Planauftrag 5 wie auch Planauftrag 8 wird ein Vorziehen und Beenden von Planauftrag 5 in Periode 7 ermöglicht, so dass eine Auslieferung von dem Bedarf von Produkt X zu Beginn der Periode 8 möglich ist, wobei die durch das Vorziehen von Planauftrag 4 von Periode 7 in Periode 4 entstandene freie Kapazität von Produktionssegment PS1 in Periode 7 genutzt wird; dies ist in der Peggingstruktur in Tabelle 5.29 bzw. in Abbildung 5.36 sowie in dem Gantt-Diagramm in Abbildung 5.37 dargestellt. Die durch das Vorziehen von Planauftrag 5 von Periode 8 in Periode 7 entstandene freie Kapazität von Produktionssegment PS1 ermöglicht ein Vorziehen und Beenden von Planauftrag 8 in Periode 8, so dass eine Auslieferung von dem Bedarf von Produkt Y zu Beginn der Periode 8 möglich ist; dies ist in der Peggingstruktur in Tabelle 5.29 bzw. in Abbildung 5.36 sowie in dem Gantt-Diagramm in Abbildung 5.37 dargestellt.

Typ	Produkt	Nr. (i)	Menge (i)	Starttermin (i)	Endtermin (i)	Nachfolger (i) (Liefermenge)
Planauftrag	E	1	960 ME	2000 ZE	2480 ZE	9 (440 ME), 20 (80 ME), 22 (200 ME), 27 (240 ME)
Planauftrag	F	2	830 ME	3000 ZE	3830 ZE	6 (50 ME), 9 (660 ME), 20 (120 ME)
Planauftrag	F	3	740 ME	4000 ZE	4740 ZE	7 (20 ME), 8 (60 ME), 22 (300 ME), 27 (360 ME)
Planauftrag	X	4	110 ME	5000 ZE	5550 ZE	$d_{X,7}$ (110 ME)
Planauftrag	X	5	50 ME	6300 ZE	6550 ZE	$d_{X,8}$ (50 ME)
Planauftrag	Y	6	25 ME	4000 ZE	4750 ZE	$d_{Y,7}$ (25 ME)
Planauftrag	Y	7	10 ME	6000 ZE	6300 ZE	$d_{Y,8}$ (10 ME)
Planauftrag	Y	8	30 ME	7000 ZE	7900 ZE	$d_{Y,9}$ (30 ME)
Planauftrag	K	9	220 ME	4000 ZE	4990 ZE	4 (220 ME)
Planauftrag	K	20	40 ME	4990 ZE	5170 ZE	7 (40 ME)
Planauftrag	K	22	100 ME	5170 ZE	5620 ZE	5 (100 ME)
Planauftrag	K	27	120 ME	5620 ZE	6160 ZE	8 (120 ME)
Lagerzugang	K	16	100 ME	2000 ZE	2000 ZE	6 (100 ME)

Tabelle 5.29: Tabellarische Peggingstuktur aufgrund vom Splitten; mit ME für Mengeneinheiten und ZE für Zeiteinheiten.

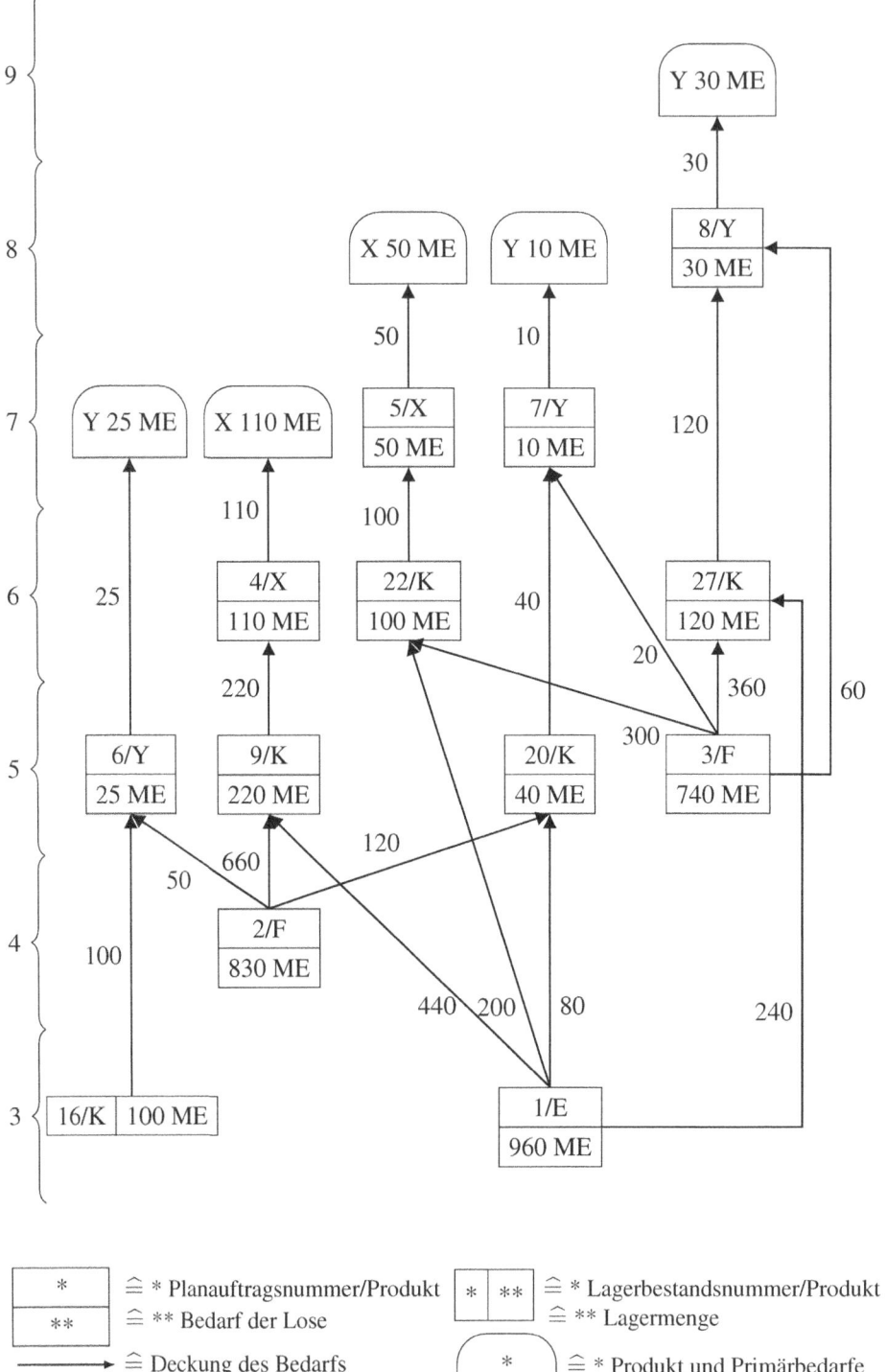

Abbildung 5.36: Graph zur Peggingstuktur aufgrund vom Splitten; mit ME für Mengeneinheiten.

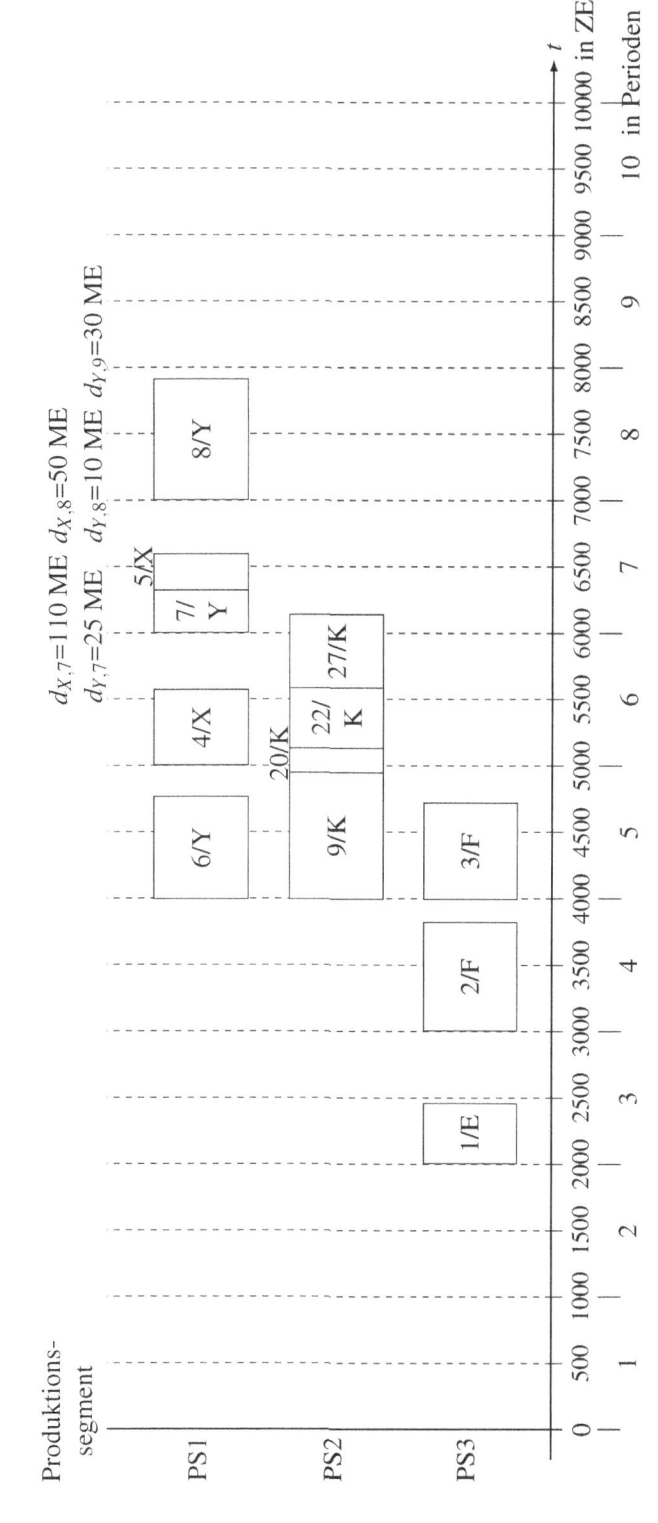

1: 960 ME   6:   25 ME   22: 100 ME
2: 830 ME   7:   10 ME   27: 120 ME
3: 740 ME   8:   30 ME
4: 110 ME   9: 260 ME
5:   50 ME   20: 40 ME

ZE: Zeiteinheiten.

ME: Mengeneinheiten.

$d_{X,7}=110$ ME $d_{X,8}=50$ ME $d_{Y,9}=30$ ME

$d_{Y,7}=25$ ME $d_{Y,8}=10$ ME

Abbildung 5.37: Einplanung nach dem Splitten als Gantt-Diagramm.

Nach dem gleichen Vorgehen wie in Teilaufgabe (a) werden die folgenden produktspezifischen Tabellen gefüllt. Zum leichteren Nachvollziehen wird zuvor für jede auftretende Lieferbeziehung – zwischen Planauftrag/Lagerzugang und Planauftrag – der dadurch sich ergebende Teil-Sekundärbedarf in der folgende Tabellen angegeben und zwar, mit oben genannten Größen, in Form von $L\,(Q,P',P,i)$, also für den Teil-Sekundärbedarf von L ME für Produkt Q durch den Planauftrag P zu Beginn von Periode i, der durch den Planauftrag bzw. Lagerzugang P' mit L ME beliefert wird.

Produkt (P)	Teil-Sekundärbedarf in Periode (t)	
	5	6
K	100 ME $(K, 16, 6, 5)$	220 ME $(K, 9, 4, 6)$
E	440 ME $(E, 1, 9, 5)$	200 ME $(E, 1, 22, 6)$
	80 ME $(E, 1, 20, 5)$	240 ME $(E, 1, 27, 6)$
F	50 ME $(F, 2, 6, 5)$	300 ME $(F, 3, 22, 6)$
	660 ME $(F, 2, 9, 5)$	360 ME $(F, 3, 27, 6)$
	120 ME $(F, 2, 20, 5)$	

Produkt (P)	Teil-Sekundärbedarf in Periode (t)	
	7	8
K	100 ME $(K, 22, 5, 7)$	120 ME $(K, 27, 8, 8)$
	40 ME $(K, 20, 7, 7)$	
E	-	-
F	20 ME $(F, 3, 7, 7)$	60 ME $(F, 3, 8, 8)$

Tabelle 5.30: Jeder Teil-Sekundärbedarf von L ME für Produkt Q durch den Planauftrag P zu Beginn von Periode i, der durch den Planauftrag bzw. Lagerzugang P' mit L ME beliefert wird, in der Form L ME (Q, P', P, i); mit ME für Mengeneinheiten.

Diese produktspezifischen Tabellen enthalten wieder die (abgeleiteten) Bedarfe zu Beginn einer Periode, die Planaufträge in einer Periode, die Anlieferungen zu Periodenbeginn, den physischen Bestand am Ende einer Periode, den Fehlbestand am Ende einer Periode (nur bei den Endprodukten), die Anzahl an Rüstvorgängen in einer Periode, die resultierenden Rüst- und Lagerkosten in einer Periode und schließlich die Gesamtkosten in einer Periode enthalten. Die über alle Produkte kumulierten Kosten für die drei Kostenarten in einer Periode befinden sich in der letzten Tabelle, einschließlich den Gesamtkosten (auch für die Rüst- und Lagerkosten). ME steht für Mengeneinheiten, GE für Geldeinheiten und eine Zahl in Klammern ist die Nummer eines Planauftrags.

Produkt X – aufgrund dem Splitten:							
Periode	3	4	5	6	7	8	9
Bedarf [ME]	-	-	-	-	110	50	-
Planauftragsmenge [ME]	-	-	-	110	50	-	-
(Planauftragsnummer)	-	-	-	(4)	(5)	-	-
Anlieferung [ME]	-	-	-	-	110	50	-
Physischer Bestand [ME]	-	-	-	-	-	-	-
Fehlbestand [ME]	-	-	-	-	-	-	-
Rüstvorgänge [Anzahl]	-	-	-	1	1	-	-
Rüstkosten [GE]	-	-	-	100	100	-	-
Lagerkosten [GE]	-	-	-	-	-	-	-
Gesamtkosten [GE]	-	-	-	100	100	-	-

Produkt Y – aufgrund dem Splitten:							
Periode	3	4	5	6	7	8	9
Bedarf [ME]	-	-	-	-	25	10	30
Planauftragsmenge [ME]	-	-	25	-	10	30	-
(Planauftragsnummer)	-	-	(6)	-	(7)	(8)	-
Anlieferung [ME]	-	-	-	25	-	10	30
Physischer Bestand [ME]	-	-	-	25	-	-	-
Fehlbestand [ME]	-	-	-	-	-	-	-
Rüstvorgänge [Anzahl]	-	-	1	-	1	1	-
Rüstkosten [GE]	-	-	80	-	80	80	-
Lagerkosten [GE]	-	-	-	250	-	-	-
Gesamtkosten [GE]	-	-	80	250	80	80	-

Produkt K – aufgrund dem Splitten:							
Periode	3	4	5	6	7	8	9
Sekundärbedarf [ME]	-	-	100	220	40 + 100	120	-
Planauftragsmenge [ME]	-	-	260	220	-	-	-
(Planauftragsnummer)	-	-	(9, 20)	(22, 27)	-	-	-
Anlieferung [ME]	-	-	-	220	140	120	-
Physischer Bestand [ME]	100	100	-	-	-	-	-
Rüstvorgänge [Anzahl]	-	-	2	2	-	-	-
Rüstkosten [GE]	-	-	1000	1000	-	-	-
Lagerkosten [GE]	300	300	-	-	-	-	-
Gesamtkosten [GE]	300	300	1000	1000	-	-	-

Produkt E – aufgrund dem Splitten:							
Periode	3	4	5	6	7	8	9
Sekundärbedarf [ME]	-	-	440 + 80	200 + 240	-	-	-
Planauftragsmenge [ME]	960	-	-	-	-	-	-
(Planauftragsnummer)	(1)	-	-	-	-	-	-
Anlieferung [ME]	-	960	-	-	-	-	-
Physischer Bestand [ME]	-	960	440	-	-	-	-
Rüstvorgänge [Anzahl]	1	-	-	-	-	-	-
Rüstkosten [GE]	100	-	-	-	-	-	-
Lagerkosten [GE]	-	96	44	-	-	-	-
Gesamtkosten [GE]	100	96	44	-	-	-	-

Produkt F – aufgrund dem Splitten:							
Periode	3	4	5	6	7	8	9
Sekundärbedarf [ME]	-	-	50 + 660 + 120	300 + 360	20	60	-
Planauftragsmenge [ME]	-	830	740	-	-	-	-
(Planauftragsnummer)	-	(2)	(3)	-	-	-	-
Anlieferung [ME]	-	-	830	740	-	-	-
Physischer Bestand [ME]	-	-	-	80	60	-	-
Rüstvorgänge [Anzahl]	-	1	1	-	-	-	-
Rüstkosten [GE]	-	100	100	-	-	-	-
Lagerkosten [GE]	-	-	-	16	12	-	-
Gesamtkosten [GE]	-	100	100	16	12	-	-

Alle Produkte – aufgrund dem Splitten:							
Periode	3	4	5	6	7	8	9	Σ
Summe Rüstkosten [GE]	100	100	1180	1100	180	80	-	2740
Summe Lagerkosten [GE]	300	396	44	266	12	-	-	1018
Gesamtkosten [GE]	400	496	1224	1366	192	80	-	3758

Zur Ergänzung und zum Selbststudium wird nun das Ergebnis der optimalen mehrstufigen Losgrößenplanung mit beschränkter Kapazität angegeben, wodurch Fehlmengen ausgeschlossen werden; diese Aufgabe befindet sich im zweiten Band zu diesem Übungsbuch. Eine in der Literatur etablierte Möglichkeit ist die Lösung eines linearen Optimierungsproblems, welches in der Literatur als ein Multi-Level Capacitated Lot Sizing Problem (MLCLSP) bezeichnet wird. Ein solches ist im Detail beispielweise in [Herr09a], [HeMa17], [Herr18] und [CHM21] beschrieben und unter anderem in [Herr18] und [HeMa17] findet sich eine Implementierung in ILOG, die vom Autor zur Bestimmung der folgenden Lösung verwendet worden ist. Sie ist durch die Peggingstruktur in der Tabelle 5.31 angegeben. Eine Abarbeitung ohne Verspätungen ist in dem Gantt-Diagramm in Abbildung 5.38 dargestellt.

Typ	Produkt	Nr. (i)	Menge (i)	Start-termin (i)	End-termin (i)	Nachfolger (i) (Liefermenge)
Planauftrag	E	1	440 ME	3000 ZE	3220 ZE	6 (440 ME)
Planauftrag	F	2	710 ME	3220 ZE	3930 ZE	5 (50 ME), 6 (660 ME)
Planauftrag	E	3	520 ME	4000 ZE	4260 ZE	9 (280 ME), 12 (240 ME)
Planauftrag	F	4	420 ME	4260 ZE	4680 ZE	9 (420 ME)
Planauftrag	Y	5	25 ME	4000 ZE	4750 ZE	$d_{Y,7}$ (25 ME)
Planauftrag	K	6	220 ME	4000 ZE	4990 ZE	8 (220 ME)
Planauftrag	F	7	440 ME	5000 ZE	5440 ZE	11 (20 ME), 12 (360 ME), 13 (60 ME)
Planauftrag	X	8	110 ME	5000 ZE	5550 ZE	$d_{X,7}$ (110 ME)
Planauftrag	K	9	140 ME	5000 ZE	5630 ZE	10 (100 ME), 11 (40 ME)
Planauftrag	X	10	50 ME	6000 ZE	6250 ZE	$d_{X,8}$ (50 ME)
Planauftrag	Y	11	10 ME	6250 ZE	6550 ZE	$d_{Y,8}$ (10 ME)
Planauftrag	K	12	120 ME	6000 ZE	6540 ZE	13 (120 ME)
Planauftrag	Y	13	30 ME	7000 ZE	7900 ZE	$d_{Y,9}$ (30 ME)
Lagerbestand	K	19	100 ME	2000 ZE	2000 ZE	5 (100 ME)

Tabelle 5.31: Tabellarische Peggingstuktur einer optimalen Lösung; mit ME für Mengeneinheiten und ZE für Zeiteinheiten.

302

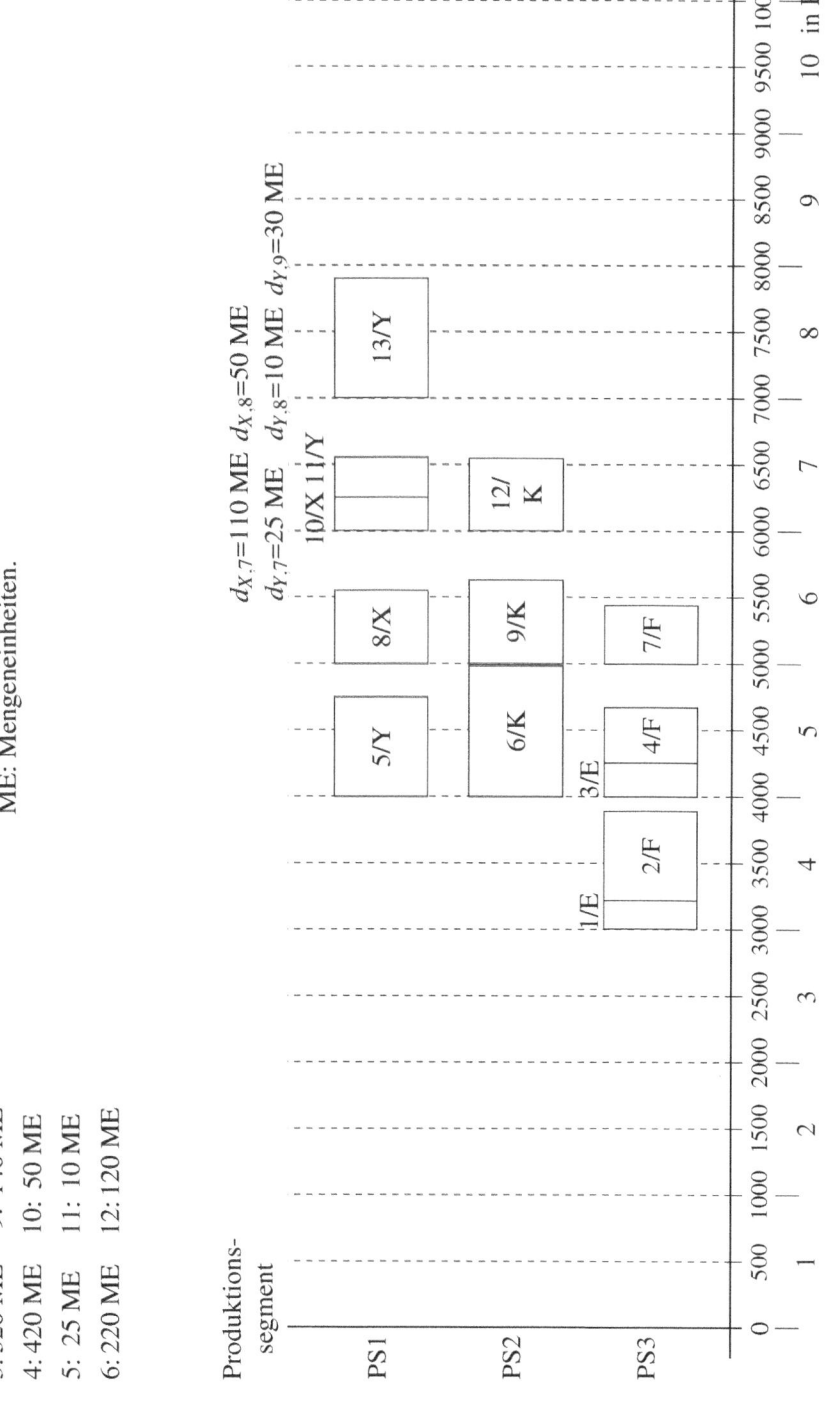

1: 440 ME   7: 440 ME   13: 30 ME

2: 710 ME   8: 110 ME

3: 520 ME   9: 140 ME

4: 420 ME   10: 50 ME

5: 25 ME   11: 10 ME

6: 220 ME   12: 120 ME

ZE: Zeiteinheiten.

ME: Mengeneinheiten.

$d_{X,7}=110$ ME $d_{X,8}=50$ ME $d_{Y,9}=30$ ME

$d_{Y,7}=25$ ME $d_{Y,8}=10$ ME

Abbildung 5.38: Gantt-Diagramm zu einer optimalen Lösung.

Nach dem gleichen Vorgehen wie in Teilaufgabe (a) werden die folgenden produktspezifischen Tabellen gefüllt. Zum leichteren Nachvollziehen wird zuvor für jede auftretende Lieferbeziehung – zwischen Planauftrag/Lagerzugang und Planauftrag – der dadurch sich ergebende Teil-Sekundärbedarf in der folgende Tabellen angegeben und zwar, mit oben genannten Größen, in Form von L (Q, P', P, i), also für den Teil-Sekundärbedarf von L ME für Produkt Q durch den Planauftrag P zu Beginn von Periode i, der durch den Planauftrag bzw. Lagerzugang P' mit L ME beliefert wird.

Produkt (P)	Teil-Sekundärbedarf in Periode (t)	
	5	6
K	100 ME $(K, 19, 5, 5)$	220 ME $(K, 6, 8, 6)$
E	440 ME $(E, 1, 6, 5)$	280 ME $(E, 3, 9, 6)$
F	50 ME $(F, 2, 5, 5)$	420 ME $(F, 4, 9, 6)$
	660 ME $(F, 2, 6, 5)$	
Produkt (P)	Teil-Sekundärbedarf in Periode (t)	
	7	8
K	100 ME $(K, 9, 10, 7)$	120 ME $(K, 12, 13, 8)$
	40 ME $(K, 9, 11, 7)$	
E	240 ME $(E, 3, 12, 7)$	
F	20 ME $(F, 7, 11, 7)$	60 ME $(F, 7, 13, 8)$
	360 ME $(F, 7, 12, 7)$	

Tabelle 5.32: Jeder Teil-Sekundärbedarf von L ME für Produkt Q durch den Planauftrag P zu Beginn von Periode i, der durch den Planauftrag bzw. Lagerzugang P' mit L ME beliefert wird, in der Form L ME (Q, P', P, i); mit ME für Mengeneinheiten.

Diese produktspezifischen Tabellen enthalten wieder die (abgeleiteten) Bedarfe zu Beginn einer Periode, die Planaufträge in einer Periode, die Anlieferungen zu Periodenbeginn, den physischen Bestand am Ende einer Periode, den Fehlbestand am Ende einer Periode (nur bei den Endprodukten), die Anzahl an Rüstvorgängen in einer Periode, die resultierenden Rüst- und Lagerkosten in einer Periode und schließlich die Gesamtkosten in einer Periode enthalten. Die über alle Produkte kumulierten Kosten für die drei Kostenarten in einer Periode befinden sich in der letzten Tabelle, einschließlich den Gesamtkosten (auch für die Rüst- und Lagerkosten). ME steht für Mengeneinheiten, GE für Geldeinheiten und eine Zahl in Klammern ist die Nummer eines Planauftrags.

Produkt X – aufgrund einer optimalen Lösung:							
Periode	3	4	5	6	7	8	9
Bedarf [ME]	-	-	-	-	110	50	-
Planauftragsmenge [ME]	-	-	-	110	50	-	-
(Planauftragsnummer)	-	-	-	(8)	(10)	-	-
Anlieferung [ME]	-	-	-	-	110	50	-
Physischer Bestand [ME]	-	-	-	-	-	-	-
Fehlbestand	-	-	-	-	-	-	-
Rüstvorgänge [Anzahl]	-	-	-	1	1	-	-
Rüstkosten [GE]	-	-	-	100	100	-	-
Lagerkosten [GE]	-	-	-	-	-	-	-
Gesamtkosten [GE]	-	-	-	100	100	-	-

Produkt Y – aufgrund einer optimalen Lösung:							
Periode	3	4	5	6	7	8	9
Bedarf [ME]	-	-	-	-	25	10	30
Planauftragsmenge [ME]	-	-	25	-	10	30	-
(Planauftragsnummer)	-	-	(5)	-	(11)	(13)	-
Anlieferung [ME]	-	-	-	25	-	10	30
Physischer Bestand [ME]	-	-	-	25	-	-	-
Fehlbestand	-	-	-	-	-	-	-
Rüstvorgänge [Anzahl]	-	-	1	-	1	1	-
Rüstkosten [GE]	-	-	80	-	80	80	-
Lagerkosten [GE]	-	-	-	250	-	-	-
Gesamtkosten [GE]	-	-	80	250	80	80	-

Produkt K – aufgrund einer optimalen Lösung:							
Periode	3	4	5	6	7	8	9
Sekundärbedarf [ME]	-	-	100	220	40 + 100	120	-
Planauftragsmenge [ME]	-	-	220	140	120	-	-
(Planauftragsnummer)	-	-	(6)	(9)	(12)	-	-
Anlieferung [ME]	-	-	-	220	140	120	-
Physischer Bestand [ME]	100	100	-	-	-	-	-
Rüstvorgänge [Anzahl]	-	-	1	1	1	-	-
Rüstkosten [GE]	-	-	500	500	500	-	-
Lagerkosten [GE]	300	300	-	-	-	-	-
Gesamtkosten [GE]	300	300	500	500	500	-	-

Produkt E – aufgrund einer optimalen Lösung:							
Periode	3	4	5	6	7	8	9
Sekundärbedarf [ME]	-	-	440	280	240	-	-
Planauftragsmenge [ME]	-	440	520	-	-	-	-
(Planauftragsnummer)	-	(1)	(3)	-	-	-	-
Anlieferung [ME]	-	-	440	520	-	-	-
Physischer Bestand [ME]	-	-	-	240	-	-	-
Rüstvorgänge [Anzahl]	-	1	1	-	-	-	-
Rüstkosten [GE]	-	100	100	-	-	-	-
Lagerkosten [GE]	-	-	-	24	-	-	-
Gesamtkosten [GE]	-	100	100	24	-	-	-

Produkt F – aufgrund einer optimalen Lösung:							
Periode	3	4	5	6	7	8	9
Sekundärbedarf [ME]	-	-	50 + 660	420	20 + 360	60	-
Planauftragsmenge [ME]	-	710	420	440	-	-	-
(Planauftragsnummer)	-	(2)	(4)	(7)	-	-	-
Anlieferung [ME]	-	-	710	420	440	-	-
Physischer Bestand [ME]	-	-	-	-	60	-	-
Rüstvorgänge [Anzahl]	-	1	1	1	-	-	-
Rüstkosten [GE]	-	100	100	100	-	-	-
Lagerkosten [GE]	-	-	-	-	12	-	-
Gesamtkosten [GE]	-	100	100	100	12	-	-

Alle Produkte – aufgrund einer optimalen Lösung:							
Periode	3	4	5	6	7	8	9	Σ
Summe Rüstkosten [GE]	-	200	780	700	680	80	-	2440
Summe Lagerkosten [GE]	300	300	0	274	12	-	-	886
Gesamtkosten [GE]	300	500	780	974	692	80	-	3326

Gegenüber den beiden anderen Lösungen treten geringere Gesamtkosten auf. Vorteilhaft ist zudem, dass deutlich später mit der Produktion zu beginnen ist. Ein Vergleich mit der bisherigen Lösung zeigt, dass stärker als beim Splitten die Losbildung wieder aufgelöst wurde.

Dies ist ein weiteres Beispiel von der in der Literatur diskutierten Schwäche der Materialbedarfsplanung mit anschließender Ressourceneinsatzplanung zur Berücksichtigung der in der Materialbedarfsplanung nicht berücksichtigten beschränkten Kapazität, s. hierzu [Herr09a], [HeMa17], [Herr18], [CHM21] und [Temp15]. Empirische Studien mit realen Unternehmensdaten belegen, s. [Herr22], dass die in der Materialbedarfsplanung mit beträchtlichem Aufwand durchgeführte Losbildung in der Regel wieder aufzulösen ist. Statt dieser in Produktionsplanungs- und -steuerungs-Systemen durchgeführte Sukzessivplanung ist tatsächlich eine Simultanplanung beispielsweise durch die Lösung von einem MLCLSP durchzuführen, s. hierzu [Herr09a], [HeMa17], [Herr18], [CHM21] und [Temp15]. In [Herr18] ist zusätzlich die Integration der Ressourcenbelegungsplanung in ein lineares Optimierungsproblem vorgestellt und diskutiert worden. Allerdings hat eine Lösung des MLCLSP bereits bei etwas realistischeren Problemgrößen einen sehr hohen Rechenzeitbedarf, der seinen Einsatz in Unternehmen ausschließt. Seitens der Forschung wird intensiv versucht, diesen vor allem durch Näherungsverfahren und Modellerweiterungen signifikant zu reduzieren, s. [CHM21] und [Temp15].

5.11. Kapazitätsbelastungsausgleich mit Just-In-Time

Der in der folgenden Abbildung angegebene Gozintograph stellt die gesamte Materialverflechtung einschließlich der Dispositionsstufen zur Herstellung von zwei Endprodukten X und Y dar:

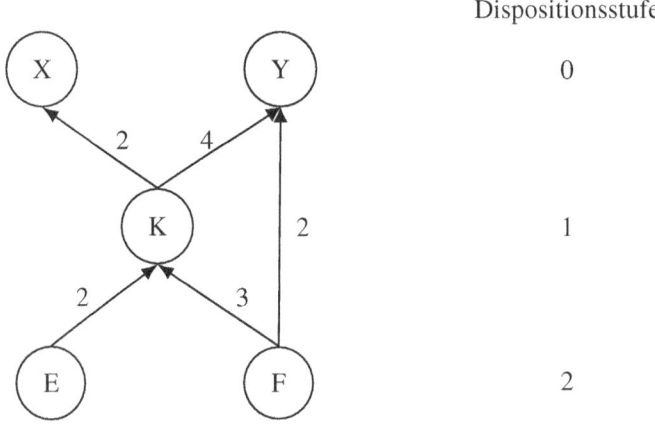

Für die Produkte X und Y sind die folgenden kumulierten Kundenaufträge zu erfüllen:

Produkte	Periode									
	1	2	3	4	5	6	7	8	9	10
X in ME	-	-	-	-	-	-	110	50	-	-
Y in ME	-	-	-	-	-	-	25	10	30	-

Aus offenen Produktionsaufträgen sind zu Beginn der dritten Periode 100 Einheiten von Vorprodukt K verfügbar.

Die Vorlaufzeiten der Produkte X, Y, K, E und F betragen 1 Periode, 2 Perioden, 1 Periode, 2 Perioden und 1 Periode. Eine Periode besteht aus 1000 Zeiteinheiten (ZE).

Die Durchführung einer programmorientierten Bedarfsplanung mit Losbildung sowie eine anschließende Durchlaufterminierung führte zu der in der folgenden Tabelle 5.33 angegebenen Peggingstruktur.

Typ	Produkt	Nr. (i)	Menge (i)	Startperiode (i)*	Endperiode (i)*	Nachfolger (i) (Liefermenge)
Planauftrag	E	1	960 ME	3	5	9 (520 ME), 10 (440 ME)
Planauftrag	F	2	830 ME	4	5	6 (50 ME), 9 (780 ME)
Planauftrag	F	3	740 ME	5	6	7 (20 ME), 10 (660 ME), 8 (60 ME)
Planauftrag	X	4	110 ME	6	7	$d_{X,7}$ (110 ME)
Planauftrag	X	5	50 ME	7	8	$d_{X,8}$ (50 ME)
Planauftrag	Y	6	25 ME	5	6	$d_{Y,7}$ (25 ME)
Planauftrag	Y	7	10 ME	6	8	$d_{Y,8}$ (10 ME)
Planauftrag	Y	8	30 ME	7	9	$d_{Y,9}$ (30 ME)
Planauftrag	K	9	260 ME	5	6	4 (220 ME), 7 (40 ME)
Planauftrag	K	10	220 ME	6	7	5 (100 ME), 8 (120 ME)
Lagerzugang	K	16	100 ME	3	3	6 (100 ME)

Tabelle 5.33: Tabellarische Peggingstuktur von Planaufträgen, einem Lagerzugang und Bedarfen $d_{P,t}$; mit ME für Mengeneinheiten, Produkt P sowie Periode t und * für zu Periodenbeginn (wird fortgesetzt).

Die Stückbearbeitungszeiten der Produkte X, Y, K, E und F lauten: 5 Zeiteinheiten (ZE), 30 ZE, 4.5 ZE, 0.5 ZE und 1 ZE. Für die Produktion stehen 3 Produktionssegmente PS1, PS2 und PS3 mit einer Kapazität von 1000 ZE zur Verfügung und jedes Produkt wird durch genau ein Produktionssegment produziert. Zu einem Zeitpunkt kann ein Produktionssegment höchstens ein Produkt produzieren.

Eine Einplanung nach der KOZ-Regel unter Beachtung der Einlagerungsregel führt zu dem in der Abbildung 5.39 angegeben Gantt-Diagramm.

(Hinweis: Die Einlagerungsregel ist generell in dieser Aufgabe einzuhalten. Nach der Einlagerungsregel werden die in einem Produktionssegment hergestellten Produkte zum Ende einer Periode eingelagert und stehen erst zu Beginn der nächsten Periode zur Auslieferung oder zur weiteren Produktion in einem Produktionssegment für ein anderes Produkt zur Verfügung.)

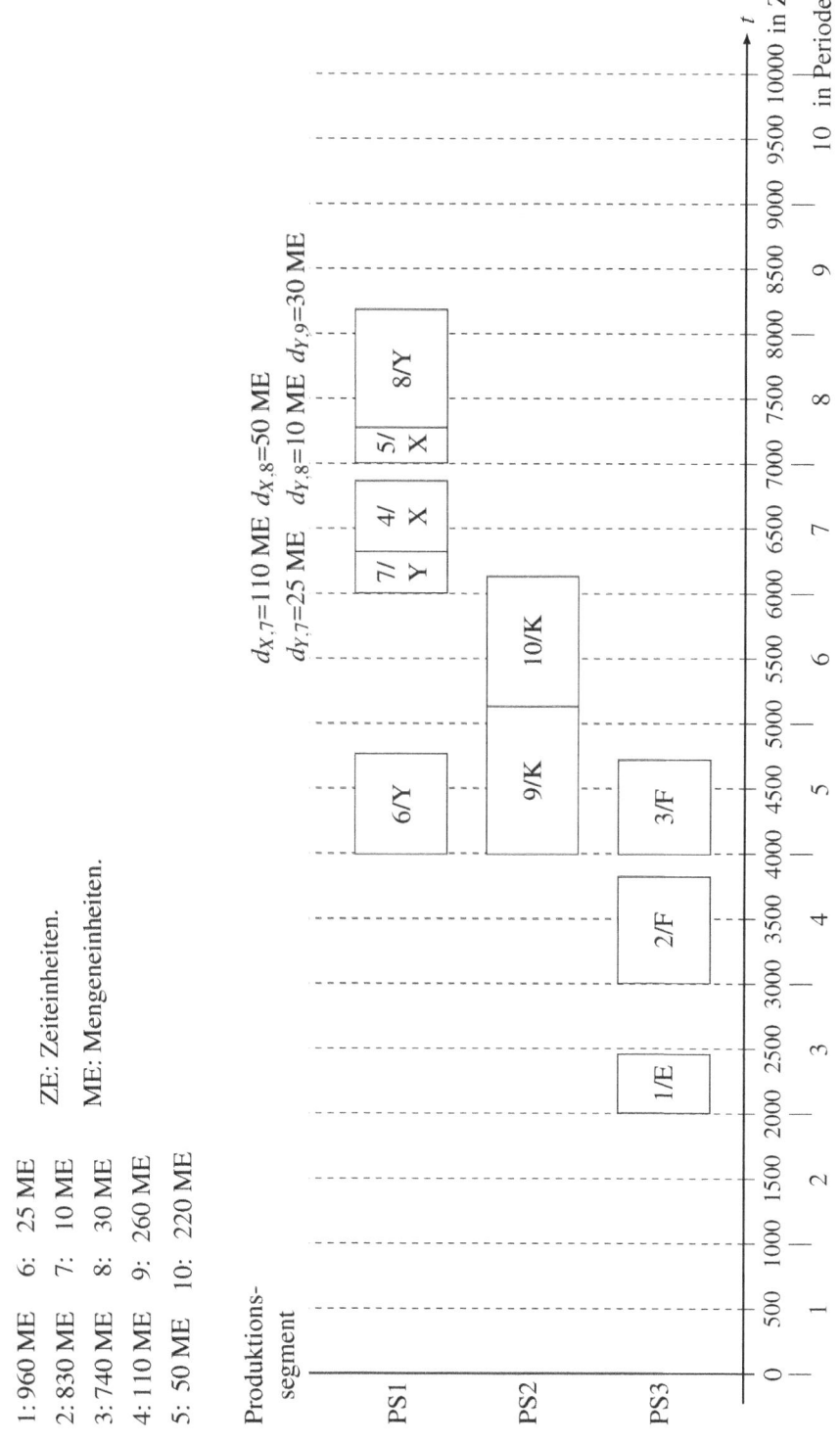

1: 960 ME   6:   25 ME   ZE: Zeiteinheiten.
2: 830 ME   7:   10 ME
3: 740 ME   8:   30 ME   ME: Mengeneinheiten.
4: 110 ME   9:   260 ME
5:   50 ME   10: 220 ME

$d_{X,7}=110$ ME $d_{X,8}=50$ ME $d_{Y,9}=30$ ME

$d_{Y,7}=25$ ME $d_{Y,8}=10$ ME

Abbildung 5.39: Gantt-Diagramm zu einer Einplanung nach der KOZ-Regel.

Können etwaige Fehlbestände durch eine programmorientierte Bedarfsplanung ohne Losbildung vermieden werden?

Dabei soll für die Durchlauftermininierung als frühestmögliche Starttermine die Ergebnisse der programmorientierten Bedarfsplanung für die Produkte E und F und als spätestzulässige Endtermine die Primärbedarfstermine genommen werden, die die Planaufträge zu den Produkten X und Y decken. Für die Kapazitätsplanung kann ein beliebiges, auch optimales Verfahren verwendet werden.

Ergänzende Aufgaben:

(b) Geben Sie die Peggingstruktur zu der durchgeführten programmorientierten Bedarfsplanung ohne Losbildung an.

(c) Führen Sie zu Ihrer Lösung von Teilaufgabe (b) eine Durchlaufterminierung durch.

(d) Nehmen Sie zu Ihrer Lösung von Teilaufgabe (c) eine Einplanung nach der KOZ-Regel vor und stellen das Ergebnis auch als Gantt-Diagramm dar.

(e) Die Produkte X, Y, K, E und F haben Rüstkosten von 100 Geldeinheiten (GE), 80 GE, 500 GE, 100 GE und 100 GE sowie Lagerkosten von 5 GE je Mengeneinheit (ME) und Periode, 10 GE je ME und Periode, 3 GE je ME und Periode, 0.1 GE je ME und Periode und 0.2 GE je ME und Periode.

Bestimmen Sie zu Ihrer Lösung von Teilaufgabe (d) die produkt- und periodenspezifischen Lager- und Fehlbestände sowie die produkt- und periodenspezifischen Lager- und Rüstkosten einschließlich der Gesamtkosten.

Lösungsvorschlag

Nach der programmorientierten Bedarfsermittlung (ohne Losbildung), s. z.B. [Herr18], werden im Folgenden die Produkte nach den Dispositionsstufen und innerhalb einer Dispositionsstufe im Gozintographen von links nach rechts bearbeitet; also in der Reihenfolge X, Y, K, E und F.

Zentrale Einzelschritte zur Ermittlung der Planaufträge für Produkt X sind in der folgenden Tabelle 5.34 dargestellt.

Produkt X							
Periode	3	4	5	6	7	8	9
Primärbedarf [ME]	0	0	0	0	110	50	0
Sekundärbedarf [ME]	0	0	0	0	0	0	0
Bruttobedarf [ME]	0	0	0	0	110	50	0
physischer Lagerbestand [ME]	0	0	0	0	0	0	0
disponibler Lagerbestand [ME]	0	0	0	0	0	0	0
Nettobedarf [ME]	0	0	0	0	110	50	0
Planauftrag [ME]	0	0	0	110	50	0	0
(Planauftragsnummer)	0	0	0	(6)	(7)	0	0

Tabelle 5.34: Stücklistenauflösung für Produkt X; mit ME für Mengeneinheiten.

Zentrale Einzelschritte zur Ermittlung der Planaufträge für Produkt Y sind in der folgenden Tabelle 5.35 dargestellt.

Produkt Y							
Periode	3	4	5	6	7	8	9
Primärbedarf [ME]	0	0	0	0	25	10	30
Sekundärbedarf [ME]	0	0	0	0	0	0	0
Bruttobedarf [ME]	0	0	0	0	25	10	30
physischer Lagerbestand [ME]	0	0	0	0	0	0	0
disponibler Lagerbestand [ME]	0	0	0	0	0	0	0
Nettobedarf [ME]	0	0	0	0	25	10	30
Planauftrag [ME]	0	0	25	10	30	0	0
(Planauftragsnummer)	0	0	(8)	(9)	(10)	0	0

Tabelle 5.35: Stücklistenauflösung für Produkt Y; mit ME für Mengeneinheiten.

Zentrale Einzelschritte zur Ermittlung der Planaufträge für Produkt K sind in der folgenden Tabelle 5.36 dargestellt.

Produkt K								
Periode	3	4	5	6	7	8	9	
Primärbedarf [ME]	0	0	0	0	0	0	0	
Sekundärbedarf [ME]	0	0	100	220 + 40	100 + 120	0	0	
Bruttobedarf [ME]	0	0	100	260	220	0	0	
Lagerzugang [ME]	100	0	0	0	0	0	0	
physischer Lagerbestand [ME]	0	100	100	0	0	0	0	
disponibler Lagerbestand [ME]	100	100	100	0	0	0	0	
Nettobedarf [ME]	0	0	0	260	220	0	0	
Planauftrag [ME]	0	0	260	220	0	0	0	
(Planauftragsnummer)	0	0	(11)	(12)	0	0	0	

Tabelle 5.36: Stücklistenauflösung für Produkt K; mit ME für Mengeneinheiten.

Zentrale Einzelschritte zur Ermittlung der Planaufträge für Produkt E sind in der folgenden Tabelle 5.37 dargestellt.

Produkt E							
Periode	3	4	5	6	7	8	9
Primärbedarf [ME]	0	0	0	0	0	0	0
Sekundärbedarf [ME]	0	0	520	440	0	0	0
Bruttobedarf [ME]	0	0	520	440	0	0	0
physischer Lagerbestand [ME]	0	0	0	0	0	0	0
disponibler Lagerbestand [ME]	0	0	0	0	0	0	0
Nettobedarf [ME]	0	0	520	440	0	0	0
Planauftrag [ME]	520	440	0	0	0	0	0
(Planauftragsnummer)	(1)	(2)	0	0	0	0	0

Tabelle 5.37: Stücklistenauflösung für Produkt E; mit ME für Mengeneinheiten.

Zentrale Einzelschritte zur Ermittlung der Planaufträge für Produkt F sind in der folgenden Tabelle 5.38 dargestellt.

Produkt F							
Periode	3	4	5	6	7	8	9
Primärbedarf [ME]	0	0	0	0	0	0	0
Sekundärbedarf [ME]	0	0	50 + 780	20 + 660	60	0	0
Bruttobedarf [ME]	0	0	830	680	60	0	0
physischer Lagerbestand [ME]	0	0	0	0	0	0	0
disponibler Lagerbestand [ME]	0	0	0	0	0	0	0
Nettobedarf [ME]	0	0	830	680	60	0	0
Planauftrag [ME]	0	830	680	60	0	0	0
(Planauftragsnummer)	0	(3)	(4)	(5)	0	0	0

Tabelle 5.38: Stücklistenauflösung für Produkt F; mit ME für Mengeneinheiten.

Damit liegen folgende Planaufträge bzw. Lose vor:

Produkt, Nr.	Menge	Starttermin	Endtermin	Dauer
X, 6	110 ME	Beginn von Periode 6	Beginn von Periode 7	1 Periode
X, 7	50 ME	Beginn von Periode 7	Beginn von Periode 8	1 Periode
Y, 8	25 ME	Beginn von Periode 5	Beginn von Periode 7	2 Perioden
Y, 9	10 ME	Beginn von Periode 6	Beginn von Periode 8	2 Perioden
Y, 10	30 ME	Beginn von Periode 7	Beginn von Periode 9	2 Perioden
K, 11	260 ME	Beginn von Periode 5	Beginn von Periode 6	1 Periode
K, 12	220 ME	Beginn von Periode 6	Beginn von Periode 7	1 Periode
E, 1	520 ME	Beginn von Periode 3	Beginn von Periode 5	2 Perioden
E, 2	440 ME	Beginn von Periode 4	Beginn von Periode 6	2 Perioden
F, 3	830 ME	Beginn von Periode 4	Beginn von Periode 5	1 Periode
F, 4	740 ME	Beginn von Periode 5	Beginn von Periode 6	1 Periode
F, 5	60 ME	Beginn von Periode 6	Beginn von Periode 7	1 Periode

Tabelle 5.39: Planaufträge bzw. Lose mit Mengeneinheiten (ME), Terminen sowie Dauern.

Damit liegen für die beiden Endprodukte X und Y sowie für deren Komponente K die gleichen Lose wie zuvor vor und zwischen ihnen bestehen die gleichen Lieferbeziehungen wie zuvor. Die Lose für die Rohmaterialien E und F sind teilweise kleiner.

315

Wegen den frühestmöglichen Startterminen der (drei) Planaufträge für das Produkt F sowie den Lieferbeziehungen aufgrund der programmorientierten Bedarfsermittlung (und auch der Einlagerungsregel), erfolgt die Produktion der beiden Planaufträge 11 und 12 für K wieder in den Perioden 5 und 6 oder sogar später. Da der Planauftrag 11 den Planauftrag 6 beliefert und wegen der Stückbearbeitungszeit für Produkt K (von 4.5 ZE), kann mit dem Planauftrag 6 frühestens in Periode 7 begonnen werden. Deswegen kann der Bedarf für Produkt X (über 110 ME) nicht termingerecht ausgeliefert werden.

Es sei angemerkt, dass die Einplanung, die im Rahmen der ergänzenden Aufgaben im Folgenden angegeben ist, zeigt, dass die Verspätungen ansteigen (von kumuliert 3 Perioden auf kumuliert 5 Perioden) und ebenfalls nehmen die kumulierten Fehlbestände zu (bei Produkt X von kumuliert 160 ME auf kumuliert 330 ME, allerdings nehmen sie bei Produkt Y ab und zwar von kumuliert 30 ME auf kumuliert 20 ME).

Zu den ergänzenden Aufgaben:

Zu (b):

Die Tabelle 5.40 enthält die Peggingstruktur aufgrund der programmorientierten Bedarfsplanung.

Typ	Produkt	Nr. (i)	Menge (i)	Startperiode (i)*	Endperiode (i)*	Nachfolger (i) (Liefermenge)
Planauftrag	E	1	520 ME	3	5	11 (520 ME),
Planauftrag	E	2	440 ME	4	6	12 (440 ME),
Planauftrag	F	3	830 ME	4	5	8 (50 ME), 11 (780 ME)
Planauftrag	F	4	680 ME	5	6	9 (20 ME) 12 (660 ME)
Planauftrag	F	5	60 ME	6	7	10 (60 ME)
Planauftrag	X	6	110 ME	6	7	$d_{X,7}$ (110 ME)
Planauftrag	X	7	50 ME	7	8	$d_{X,8}$ (50 ME)

Tabelle 5.40: Tabellarische Peggingstuktur von Planaufträgen, einem Lagerzugang und Bedarfen $d_{P,t}$; mit ME für Mengeneinheiten, Produkt P sowie Periode t und * für zu Periodenbeginn (wird fortgesetzt).

Typ	Produkt	Nr. (i)	Menge (i)	Startperiode (i)*	Endperiode (i)*	Nachfolger (i) (Liefermenge)
Planauftrag	Y	8	25 ME	5	7	$d_{Y,7}$ (25 ME)
Planauftrag	Y	9	10 ME	6	8	$d_{Y,8}$ (10 ME),
Planauftrag	Y	10	30 ME	7	9	$d_{Y,9}$ (30 ME)
Planauftrag	K	11	260 ME	5	6	6 (220 ME), 9 (40 ME)
Planauftrag	K	12	220 ME	6	7	7 (100 ME) 10 (120 ME)
Lagerzugang	K	16	100 ME	3	3	8 (100 ME)

Tabelle 5.40: Tabellarische Peggingstuktur von Planaufträgen, einem Lagerzugang und Bedarfen $d_{P,t}$; mit ME für Mengeneinheiten, Produkt P sowie Periode t und * für zu Periodenbeginn.

Zu (c):

Eine Durchlauterminierung führt zu den in der folgenden Tabelle 5.41 angegebenen frühestmöglichen und spätestzulässigen Anfangs- bzw. Endzeitpunkte sowie Puffern.

Nr.	Produkt	FAZ	FEZ	SAZ	SEZ	Puffer [ME]	Dauer [ME]
1	E	2000 ZE	2260 ZE	2740 ZE	3000 ZE	740	260
2	E	3000 ZE	3220 ZE	4780 ZE	5000 ZE	1780	220
3	F	3000 ZE	3830 ZE	2170 ZE	3000 ZE	-830	830
4	F	4000 ZE	4680 ZE	4320 ZE	5000 ZE	320	680
5	F	5000 ZE	5060 ZE	6940 ZE	7000 ZE	1940	60
6	X	6000 ZE	6550 ZE	5450 ZE	6000 ZE	-550	550
7	X	6000 ZE	6250 ZE	6750 ZE	7000 ZE	750	250
8	Y	4000 ZE	4750 ZE	5250 ZE	6000 ZE	1250	750

Tabelle 5.41: Durchlauterminierung mit FAZ bzw. FEZ für frühestmöglichen Anfangs- bzw. Endzeitpunkt, SAZ bzw. SEZ für spätestzulässigen Anfangs- bzw. Endzeitpunkt sowie Nummer für Planauftragsnummer und ZE für Zeiteinheiten (wird fortgesetzt).

Nr.	Pro-dukt	FAZ	FEZ	SAZ	SEZ	Puffer [ME]	Dauer [ME]
9	Y	6000 ZE	6300 ZE	6700 ZE	7000 ZE	700	300
10	Y	6000 ZE	6900 ZE	7100 ZE	8000 ZE	1100	900
11	K	4000 ZE	5170 ZE	3830 ZE	5000 ZE	-170	1170
12	K	5000 ZE	5990 ZE	5010 ZE	6000 ZE	10	990

Tabelle 5.41: Durchlaufterminierung mit FAZ bzw. FEZ für frühestmöglichen Anfangs- bzw. Endzeitpunkt, SAZ bzw. SEZ für spätestzulässigen Anfangs- bzw. Endzeitpunkt sowie Nummer für Planauftragsnummer und ZE für Zeiteinheiten.

Zu (d):

Eine Einplanung mit der KOZ-Regel führt zu dem in der folgenden Tabelle 5.42 angegebenen Ergebnis. Als Gantt-Diagramm ist es in der anschließenden Abbildung 5.40 visualisiert.

Planauftragsnummer (i)	Produkt (i)	Starttermin (i)	Endtermin (i)
1	E	2000 ZE	2260 ZE
2	E	3000 ZE	3220 ZE
3	F	3220 ZE	4050 ZE
4	F	4050 ZE	4730 ZE
5	F	5000 ZE	5060 ZE
6	X	8300 ZE	8850 ZE
7	X	6000 ZE	6250 ZE
8	Y	5000 ZE	5720 ZE
9	Y	8000 ZE	8300 ZE
10	Y	6250 ZE	7150 ZE
11	K	5990 ZE	7160 ZE
12	K	5000 ZE	5990 ZE

Tabelle 5.42: Einplanung nach der KOZ-Regel; mit ZE für Zeiteinheiten.

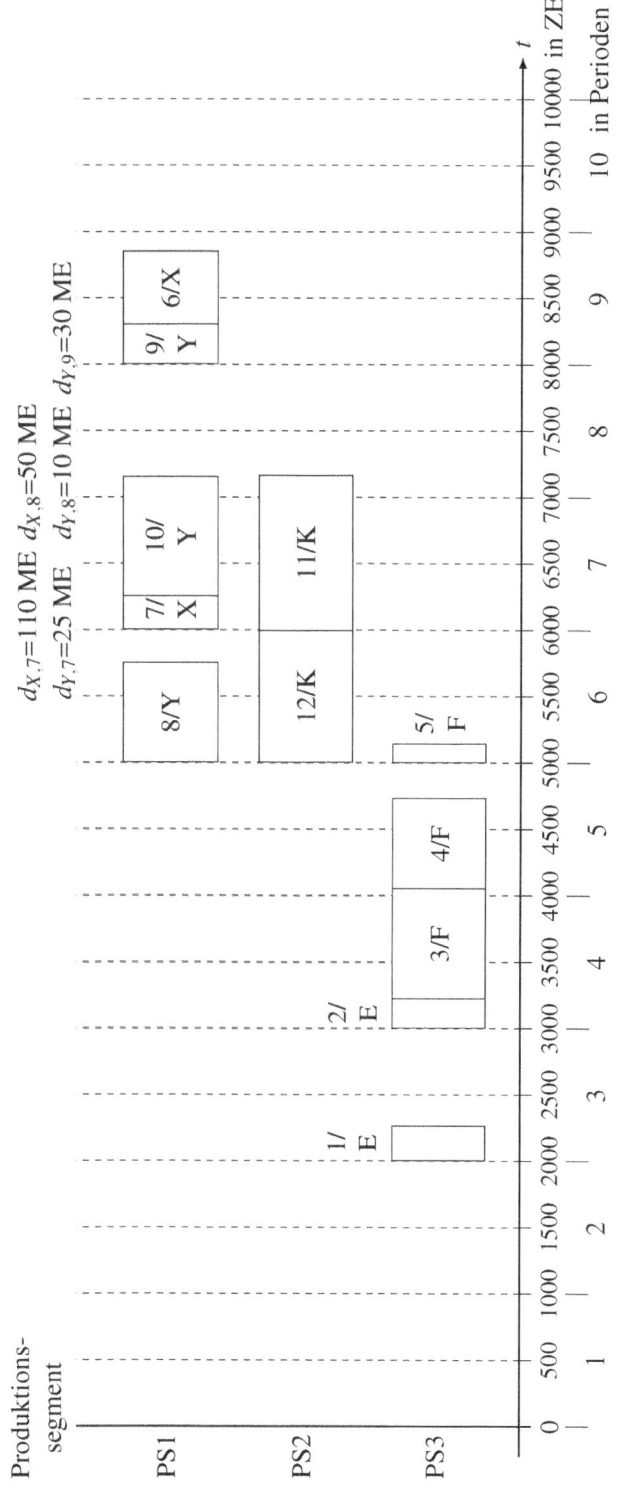

Abbildung 5.40: Gantt-Diagramm zu einer Einplanung nach der KOZ-Regel.

Zu (e):

Eine Formel zur Berechnung der produkt- und periodenspezifischen Lager- und Fehlbestände für diese Aufgabe lautet mit den Parametern:

Physischer Bestand (t) — Physischer Bestand am Ende der Periode t, wobei ein negativer physischer Bestand ein Fehlbestand mit dem gleichen Betrag ist.

Anlieferung (t) — Verfügbarkeit von produzierten Mengen durch einen oder mehrere Planaufträge zu Beginn der Periode t; aufgrund der Kapazitätsplanung.

(Sekundär-)Bedarf (t) — (Sekundär-)Bedarf, der zu Beginn der Periode t zu decken ist.

wie folgt:

Physischer Bestand (t+1) = Physischer Bestand (t)
+ Anlieferung (t+1)
− (Sekundär-)Bedarf (t+1).

Bei dem Verfahren wird zwischen den Kundenbedarfen und den von den Planaufträgen (, die von anderen Planaufträgen beliefert werden,) abgeleiteten Bedarfen – den Sekundärbedarfen – unterschieden.

Die Kundenbedarfe werden von der Aufgabenstellung übernommen.

Die Sekundärbedarfe werden wie folgt ermittelt:

Jeder Planauftrag P mit einer Startperiode i, nach der Einplanung der Planaufträge (s. das Gantt-Diagramm), der durch einen Planauftrag oder Lagerzugang P' zu einem Produkt Q mit L ME – eventuell teilweise – beliefert wird, nach der Peggingstruktur, verursacht einen Teil-Sekundärbedarf für Produkt Q über L ME in Periode i. Die Summe aller dieser (produkt- und periodenspezifischen) Teil-Sekundärbedarfe für eine Periode i und ein Produkt Q sind der (Gesamt-)Sekundärbedarf zur Periode i und Produkt Q.

Jede solche Lieferbeziehung – zwischen Planauftrag/Lagerzugang und Planauftrag – und der dadurch sich ergebende Teil-Sekundärbedarf ist in der folgende Tabellen angegeben und zwar, mit den genannten Größen, in Form von $L(Q, P', P, i)$, also für den Teil-Sekundärbedarf von L ME für Produkt Q durch den Planauftrag P zu Beginn von Periode i, der durch den Planauftrag bzw. Lagerzugang P' mit L ME beliefert wird.

	Teil-Sekundärbedarf in Periode (t)	
Produkt (P)	6	7
K	100 ME $(K, 16, 8, 6)$	100 ME $(K, 12, 7, 7)$
		120 ME $(K, 12, 10, 7)$
E	520 ME $(E, 1, 11, 6)$	
	440 ME $(E, 2, 12, 6)$	
F	50 ME $(F, 3, 8, 6)$	60 ME $(F, 5, 10, 7)$
	780 ME $(F, 3, 11, 6)$	
	660 ME $(F, 4, 12, 6)$	
	Teil-Sekundärbedarf in Periode (t)	
Produkt (P)	8	9
K	-	220 ME $(K, 11, 6, 9)$
		40 ME $(K, 11, 9, 9)$
E	-	-
F	-	20 ME $(F, 4, 9, 9)$

Tabelle 5.43: Jeder Teil-Sekundärbedarf von L ME für Produkt Q durch den Planauftrag P zu Beginn von Periode i, der durch den Planauftrag bzw. Lagerzugang P' mit L ME beliefert wird, in der Form L ME (Q, P', P, i); mit ME für Mengeneinheiten.

Die folgenden produktspezifischen Tabellen enthalten die (Sekundär-)Bedarfe zu Beginn einer Periode, die Planaufträge in einer Periode, die Anlieferungen zu Periodenbeginn, den physischen Bestand am Ende einer Periode sowie den Fehlbestand am Ende einer Periode (nur bei den Endprodukten). Schließlich enthalten diese Tabellen die Anzahl an Rüstvorgängen in einer Periode sowie schließlich die resultierenden Rüst- und Lagerkosten in einer Periode und die Gesamtkosten in einer Periode. Die über alle Produkte kumulierten Kosten für die drei Kostenarten in einer Periode befinden sich in der letzten Tabelle, einschließlich den Gesamtkosten (auch für die Rüst- und Lagerkosten). ME steht für Mengeneinheiten, GE für Geldeinheiten und eine Zahl in Klammern ist die Nummer eines Planauftrags.

Produkt X								
Periode	3	4	5	6	7	8	9	10
Primärbedarf [ME]	-	-	-	-	110	50	-	-
Planauftragsmenge [ME]	-	-	-	-	50	-	110	-
(Planauftragsnummer)	-	-	-	-	(7)	-	(6)	-
Anlieferung [ME]	-	-	-	-	-	50	-	110
Physischer Bestand [ME]	-	-	-	-	-	-	-	-
Fehlbestand [ME]	-	-	-	-	110	110	110	-
Rüstvorgänge [Anzahl]	-	-	-	-	1	-	1	-
Rüstkosten [GE]	-	-	-	-	100	-	100	-
Lagerkosten [GE]	-	-	-	-	-	-	-	-
Gesamtkosten [GE]	-	-	-	-	100	-	100	-

Produkt Y								
Periode	3	4	5	6	7	8	9	10
Primärbedarf [ME]	-	-	-	-	25	10	30	-
Planauftragsmenge [ME]	-	-	-	25	30	-	10	-
(Planauftragsnummer)	-	-	-	(8)	(10)	-	(9)	-
Anlieferung [ME]	-	-	-	-	25	-	30	10
Physischer Bestand [ME]	-	-	-	-	-	-	-	-
Fehlbestand [ME]	-	-	-	-	-	10	10	-
Rüstvorgänge [Anzahl]	-	-	-	1	1	-	1	-
Rüstkosten [GE]	-	-	-	80	80	-	80	-
Lagerkosten [GE]	-	-	-	-	-	-	-	-
Gesamtkosten [GE]	-	-	-	80	80	-	80	-

Produkt K									
Periode	3	4	5	6	7	8	9	10
Sekundärbedarf [ME]	-	-	-	100	100 + 120	-	220 + 40	-
Planauftragsmenge [ME]	-	-	-	480	-	-	-	-
(Planauftragsnummer)	-	-	-	(11, 12)	-	-	-	-
Anlieferung [ME]	-	-	-	-	220	-	260	-
Physischer Bestand [ME]	100	100	100	-	-	-	-	-
Fehlbestand [ME]	-	-	-	-	-	-	-	-
Rüstvorgänge [Anzahl]	-	-	-	2	-	-	-	-
Rüstkosten [GE]	-	-	-	1000	-	-	-	-
Lagerkosten [GE]	300	300	300	-	-	-	-	-
Gesamtkosten [GE]	300	300	300	1000	-	-	-	-

Produkt E									
Periode	3	4	5	6	7	8	9	10
Sekundärbedarf [ME]	-	-	-	520 + 440	-	-	-	-
Planauftragsmenge [ME]	520	440	-	-	-	-	-	-
(Planauftragsnummer)	(1)	(2)	-	-	-	-	-	-
Anlieferung [ME]	-	520	440	-	-	-	-	-
Physischer Bestand [ME]	-	520	960	-	-	-	-	-
Fehlbestand [ME]	-	-	-	-	-	-	-	-
Rüstvorgänge [Anzahl]	1	1	-	-	-	-	-	-
Rüstkosten [GE]	100	100	-	-	-	-	-	-
Lagerkosten [GE]	-	52	96	-	-	-	-	-
Gesamtkosten [GE]	100	152	96	-	-	-	-	-

Produkt F								
Periode	3	4	5	6	7	8	9	10
Sekundärbedarf [ME]	-	-	-	50 + 780 + 660	60	-	20	-
Planauftragsmenge [ME]	-	830	680	60	-	-	-	-
(Planauftragsnummer)	-	(3)	(4)	(5)	-	-	-	-
Anlieferung [ME]	-	-	-	1510	60	-	-	-
Physischer Bestand [ME]	-	-	-	20	20	20	-	-
Fehlbestand [ME]	-	-	-	-	-	-	-	-
Rüstvorgänge [Anzahl]	-	1	1	1	-	-	-	-
Rüstkosten [GE]	-	100	100	100	-	-	-	-
Lagerkosten [GE]	-	-	-	4	4	4	-	-
Gesamtkosten [GE]	-	100	100	104	4	4	-	-

Alle Produkte									
Periode	3	4	5	6	7	8	9	10	Σ
Summe Rüstkosten [GE]	100	200	100	1180	180	-	180	-	1940
Summe Lagerkosten [GE]	300	352	396	4	4	4	-	-	1060
Gesamtkosten [GE]	400	552	496	1184	184	4	180	-	3000

5.12. Kapazitätsbelastungsausgleich mit Lieferanten

Ein Unternehmen hat in den nächsten Perioden auslaufende Ersatzteile für wenige Kunden auszuliefern, für die diese Ersatzteile sehr kritisch sind. Konkret geht es um die Ersatzteile X und Y. Die gesamte Materialverflechtung einschließlich der Dispositionsstufen zu ihrer Herstellung ist in der folgenden Abbildung als Gozintograph dargestellt.

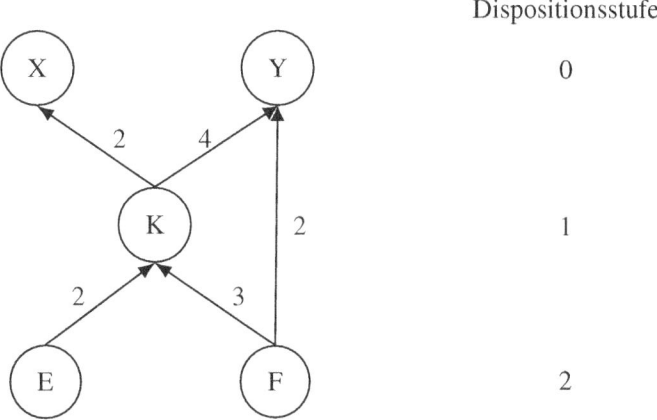

Dispositionsstufe

Für die Produkte X und Y sind die folgenden kumulierten Kundenaufträge zu erfüllen:

Produkte	Periode									
	1	2	3	4	5	6	7	8	9	10
X in ME	-	-	-	-	-	-	110	50	-	-
Y in ME	-	-	-	-	-	-	25	10	30	-

Aus offenen Produktionsaufträgen sind zu Beginn der dritten Periode 100 Einheiten von Vorprodukt K verfügbar.

Die Stückbearbeitungszeiten der Produkte X, Y, K, E und F lauten: 5 Zeiteinheiten (ZE), 30 ZE, 4.5 ZE, 0.5 ZE und 1 ZE. Für die Produktion stehen 3 Produktionssegmente PS1, PS2 und PS3 mit einer Kapazität von 1000 ZE zur Verfügung und jedes Produkt wird durch genau ein Produktionssegment produziert. Zu einem Zeitpunkt kann ein Produktionssegment höchstens ein Produkt produzieren.

Das Unternehmen hat unter Beachtung der Einlagerungsregel eine Einplanung vorgenommen. Das resultierende Gantt-Diagramm befindet sich in der Abbildung 5.41. Die dazugehörige Peggingsstruktur einschließlich der Termine aufgrund der Einplanung befindet sich in der Tabelle 5.44. Darüber hinaus gibt Abbildung 5.41 das geplante Produktionsprogramm zur Erfüllung aller vorliegender Kundenaufträge an.

(Hinweis: Die Einlagerungsregel ist generell in dieser Aufgabe einzuhalten. Nach der Einlagerungsregel werden die in einem Produktionssegment hergestellten Produkte zum Ende einer Periode eingelagert und stehen erst zu Beginn der nächsten Periode zur Auslieferung oder zur weiteren Produktion in einem Produktionssegment für ein anderes Produkt zur Verfügung.)

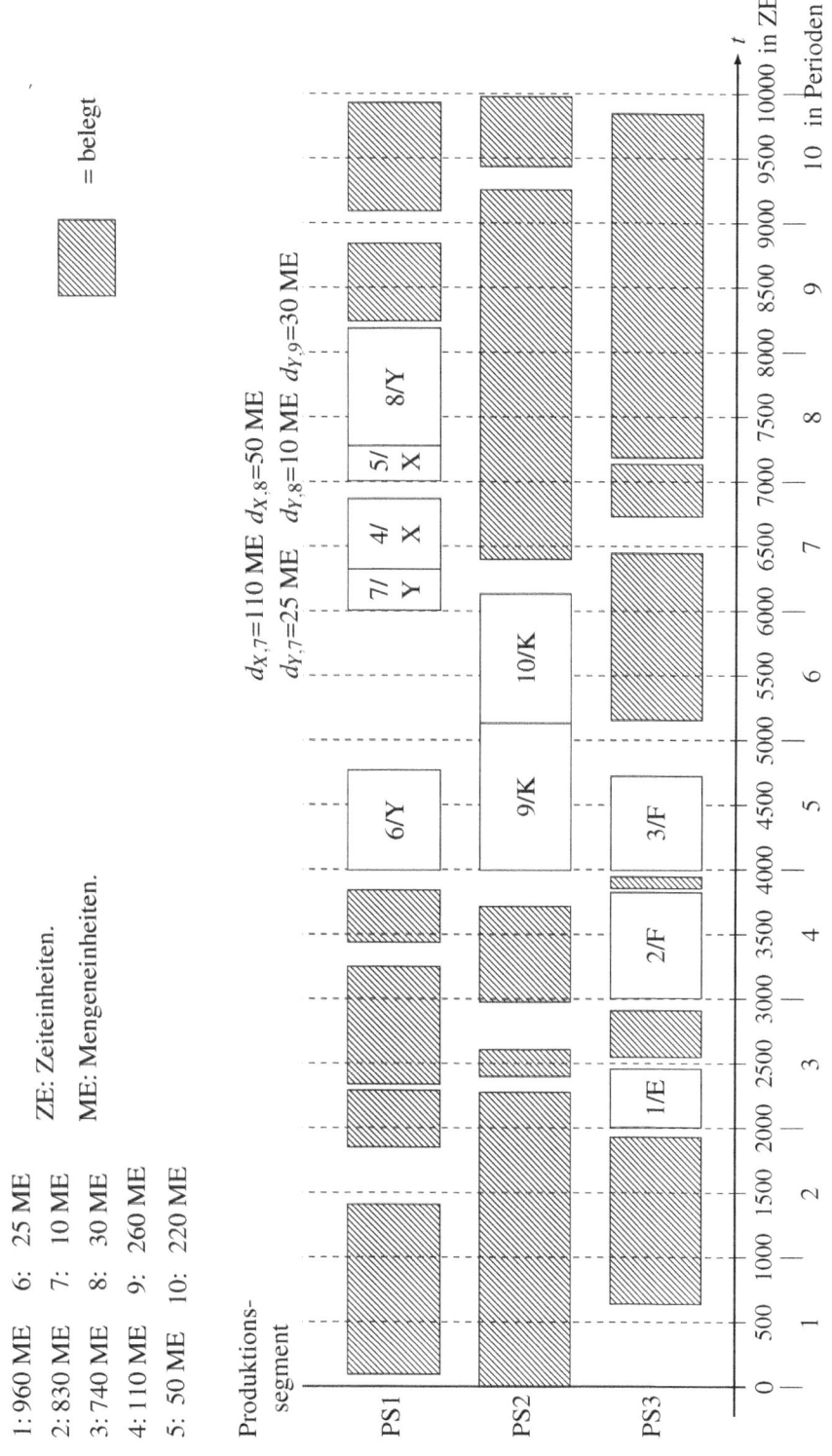

Abbildung 5.41: Gantt-Diagramm zu einer Einplanung der Planaufträge.

Typ	Pro-dukt	Nr. (i)	Menge (i)	Start-termin (i)	End-termin (i)	Nachfolger (i) (Liefermenge)
Planauftrag	E	1	960 ME	2000 ZE	2480 ZE	9 (520 ME), 10 (440 ME)
Planauftrag	F	2	830 ME	3000 ZE	3830 ZE	6 (50 ME), 9 (780 ME)
Planauftrag	F	3	740 ME	4000 ZE	4740 ZE	7 (20 ME), 10 (660 ME), 8 (60 ME)
Planauftrag	X	4	110 ME	6300 ZE	6850 ZE	$d_{X,7}$ (110 ME)
Planauftrag	X	5	50 ME	7000 ZE	7250 ZE	$d_{X,8}$ (50 ME)
Planauftrag	Y	6	25 ME	4000 ZE	4750 ZE	$d_{Y,7}$ (25 ME)
Planauftrag	Y	7	10 ME	6000 ZE	6300 ZE	$d_{Y,8}$ (10 ME)
Planauftrag	Y	8	30 ME	7250 ZE	8150 ZE	$d_{Y,9}$ (30 ME)
Planauftrag	K	9	260 ME	4000 ZE	5170 ZE	4 (220 ME), 7 (40 ME)
Planauftrag	K	10	220 ME	5170 ZE	6160 ZE	5 (100 ME), 8 (120 ME)
Lagerzugang	K	16	100 ME	2000 ZE	2000 ZE	6 (100 ME)

Tabelle 5.44: Tabellarische Peggingstuktur von Planaufträgen und Bedarfen $d_{P,t}$ aufgrund einer Einplanung der Planaufträge; mit ME für Mengeneinheiten sowie Produkt P und Periode t.

Ein vom Unternehmen geschätzter Mitbewerber ist bereit und in der Lage beide Endprodukte termingerecht zu produzieren. Dieser Mitbewerber könnte als Lieferant eingesetzt werden.

Der Mitbewerber produziert eine Mengeneinheit (ME) vom Produkt X und vom Produkt Y für jeweils 110 Geldeinheiten (GE). Im eigenen Haus betragen die variablen Produktionskosten je ME vom Produkt X 90 GE und vom Produkt Y 80 GE. Vereinfachend sei angenommen, dass keine weiteren Kosten anfallen.

Welche Produktionsmenge, wenn überhaupt, soll der Mitbewerber übernehmen?

Ergänzende Aufgaben:

(b) Aktualisieren Sie die Peggingstruktur in der Tabelle 5.44 und das Gantt-Diagramm in der Abbildung 5.41 aufgrund Ihres Ergebnisses.

(c) Die Produkte X, Y, K, E und F haben Rüstkosten von 100 Geldeinheiten (GE), 80 GE, 500 GE, 100 GE und 100 GE sowie Lagerkosten von 5 GE je Mengeneinheit (ME) und Periode, 10 GE je ME und Periode, 3 GE je ME und Periode, 0.1 GE je ME und Periode und 0.2 GE je ME und Periode.

Bestimmen Sie die produkt- und periodenspezifischen Lager- und Fehlbestände sowie die produkt- und periodenspezifischen Lager- und Rüstkosten einschließlich der Gesamtkosten für die von Ihnen vorgeschlagene Lösung.

Lösungsvorschlag

Dem Gantt-Diagramm ist zu entnehmen, dass die Bedarfe über 110 Mengeneinheit (ME) und 50 ME vom Produkt X sowie die über 30 ME vom Produkt Y nicht termingerecht ausgeliefert werden. Da diese Ersatzteile sehr kritisch für die Kunden sind, sollte der Mitbewerber als Lieferant eingesetzt werden.

Da die Produktion der Ersatzteile ausläuft, sollte kein Bestand an angearbeiteten Komponenten aufgebaut werden. Eine komplette Produktion der Kundenaufträge durch den Mitbewerber würde die Auslastung des Unternehmens deutlich reduzieren. Da das Unternehmen ohnehin nicht ausgelastet ist, ist dies ökonomisch nicht vorteilhaft. Folglich sollte der Mitbewerber so wenig wie möglich von den Kundenaufträgen übernehmen, aber so viel, dass insgesamt eine termingerechte Auslieferung erfolgt. Aufgrund der Einfachheit der Kostenstruktur, kann davon ausgegangen werden, dass die variablen Produktionskosten für ein Produkt im Unternehmen entfallen, wenn es durch den Mitbewerber produziert wird, und, darüber hinaus, keine weiteren Kosten zu berücksichtigen sind.

Übernimmt der Mitbewerber die Produktion von einer Mengeneinheit (ME) von einem der beiden Ersatzteile, so reduziert dies die Produktionsmenge im Hause auch für die Komponenten und die betroffenen Planaufträge werden früher beendet.

Die genannten Fehlbestände ließen sich vermeiden, wenn die Planaufträge zur Deckung der Bedarfe, nämlich die mit den Nummern 4, 5 und 8 im Gantt-Diagramm in der Abbildung 5.41, eine Periode früher produziert werden würden. Dies ist möglich, wenn die

Planaufträge mit den Nummern 9 und 10 im Gantt-Diagramm in der Abbildung 5.41 bis zum Ende der Perioden 5 und 6 beendet sein würden, da dann aufgrund der Einlagerungsregel sowie den Lieferbeziehungen nach der Peggingstruktur, s. Tabelle 5.44, die Produktion vom Planauftrag 4 in Periode 6 möglich ist (und ebenfalls die vom Planauftrag 7) und auch die Produktion der Planaufträge 5 und 8 ist eine Periode früher und zwar in der Periode 7 möglich.

Eine Reduktion der Produktionsmenge vom Planauftrag 9 würde diesen Effekt bewirken. Dazu ist seine Dauer von 1170 ZE um 170 ZE zu reduzieren. Aufgrund der Stückbearbeitungszeit für Produkt K von 4.5 Zeiteinheiten, bedeutet dies eine Reduktion um $\frac{170}{4.5}$ ME $= 37\frac{7}{9}$ ME, also um 38 ME.

Je ME von Produkt Y, die der Mitbewerber übernimmt, reduziert sich die im Unternehmen zu produzierende Anzahl von Produkt K um 4 ME und beim Produkt X sind es 2 ME. Um 40 ME von Produkt K durch die Übernahme durch den Mitbewerber zu reduzieren, würde der Mitbewerber maximal 10 ME von Produkt Y oder maximal 20 ME von Produkt X übernehmen. Allerdings reduziert eine ME von Produkt Y die kumulierte Produktionsmenge von Produkt F um 2 ME mehr als im Fall von Produkt X. Da der Mitbewerber höchstens 10 ME von Produkt Y übernimmt und wegen der Stückbearbeitungszeit von 1 ZE beim Produkt F reduziert sich die kumulierte Kapazitätsbelastung für die Produktion von F von 1574 ZE maximal um lediglich 20 ZE zusätzlich (gegenüber einer Übernahme von Produkt X). Bei der Produktion von 10 ME vom Produkt Y durch den Mitbewerber fallen zusätzlich 300 GE ($= 10 \cdot (110\,GE - 80\,GE)$) an und bei der von 20 ME von Produkt X fallen zusätzlich 400 GE ($= 20 \cdot (110\,GE - 90\,GE)$) an. Da die unterschiedliche Kapazitätsbelastung von 20 ZE bei 10 Perioden je 1000 ZE sehr gering ist und, wie gesagt, freie Kapazität existiert, sollte ausschließlich nach den Kosten entschieden werden. Folglich sollte der Mitbewerber von dem Produkt Y so viel wie möglich zur Reduktion der 38 ME vom Produkt K übernehmen. Möglich ist, dass der Mitbewerber 10 ME von Y liefert oder dass er 9 ME von Y und 1 ME von X liefert. Im ersten Fall betragen die zusätzlichen Kosten 300 GE (siehe oben) und im zweiten Fall 290 GE ($= 9 \cdot (110\,GE - 80\,GE) + 1 \cdot (110\,GE - 90\,GE)$). Die kostengünstigere Variante ist auch vorteilhaft im Hinblick darauf, den Kapazitätsbedarf im Unternehmen so wenig wie möglich zu reduzieren. Zur Reduktion von Planauftrag 9 (aufgrund der Lieferbeziehungen nach der Peggingstruktur in der Tabelle 5.44) sind die Planaufträge 4 und 7 zu reduzieren, und zwar um 1 ME (bei Planauftrag 4) bzw. 9 ME (bei Planauftrag 7). Damit die benötigten Ersatzteile von Produkt X zu Beginn der Periode 7 vorliegen,

muss der Mitbewerber die 1 ME von X zu Beginn der Periode 7 liefern. Bei den Ersatzteilen von Produkt Y reicht eine Anlieferung zu Beginn der Periode 8.

Zu den ergänzenden Aufgaben:
Es wird unterstellt, dass der Mitberwerber die übernommene Produktion durch einen
Transport zum Beginn der Periode 7 anliefert.

Zu (b):
Um die Einplanungen zu aktualisieren sind alle Reduktionen von Planaufträgen zu bestimmen. Dies kann nach dem im Folgenden beschriebenen Vorgehen entlang der Tabelle 5.44 erfolgen und führt zu dem in Tabelle 5.45 angegebenen Ergebnis. Nur zur
Erhöhung der Anschaulichkeit sind diese Informationen und zusätzlich die Dauern der
Planaufträge in dem in Abbildung 5.42 dargestellten Netzplan zur Tabelle 5.44 und in
dem in Abbildung 5.43 dargestellten Netzplan zur Tabelle 5.45 angegeben.

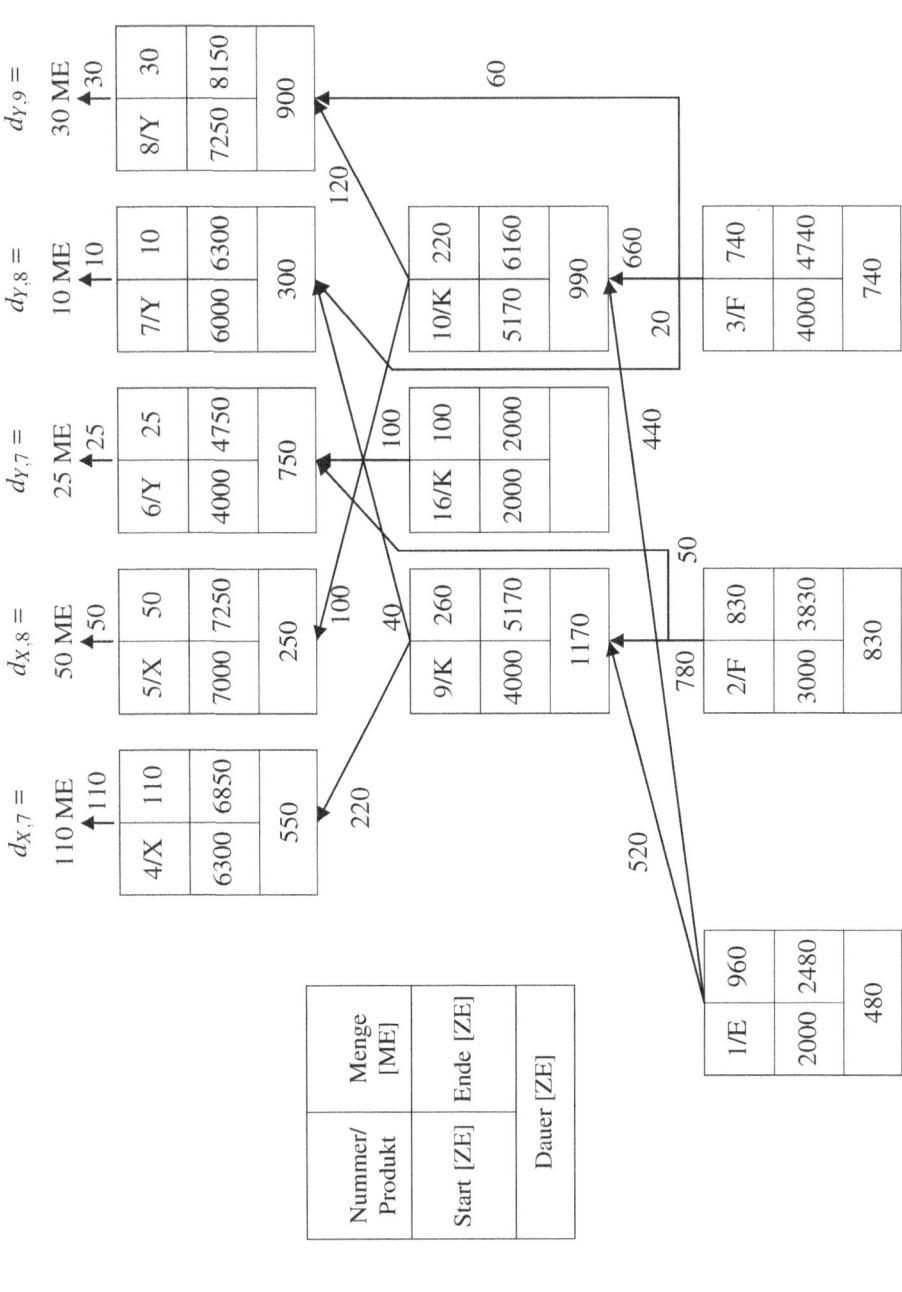

Abbildung 5.42: Netzplan mit Anfangs- bzw. Endzeitpunkt, Dauer, Menge sowie Nummer für Planauftragsnummer.

Im Einzelnen werden folgende Anpassungen vorgenommen – Details wie Zeiten und Mengen befinden sich in Tabelle 5.45 (und auch in der Abbildung 5.43):

(1) Die Produktion und die Anlieferung durch den Mitbewerber führt für die Deckung des Bedarfs $d_{X,7}$ zu einem zusätzlichen Lagerzugang zum Zeitpunkt 6000 ZE über 1 ME mit der Bezeichnung 18.

(2) Die Produktion und die Anlieferung durch den Mitbewerber führt für die Deckung des Bedarfs $d_{Y,8}$ zu einem zusätzlichen Lagerzugang zum Zeitpunkt 6000 ZE über 9 ME mit der Bezeichnung 17.

(3) Durch (1) und (2) reduzieren sich die Liefermengen der bisherigen Planaufträge zur Belieferung von $d_{X,7}$, nämlich um 1 ME auf 109 ME beim Planauftrag 4, und von $d_{Y,8}$, nämlich um 9 ME auf 1 ME beim Planauftrag 7.
Dadurch verringern sich die Produktionsmengen und Dauern von den Planaufträgen 4 und 7 entsprechend und es ergeben sich neue Start- und Endtermine; wobei ein Vorziehen der beiden Planaufträge in Periode 6 zu beachten ist.

(4) Entsprechend reduzieren sich durch (3) die Liefermengen zu den Planaufträgen 4 und 7 und zwar konkret die von den Planaufträgen 9 sowie 3. Zugleich verringern sich die Produktionsmengen und Dauern von den Planaufträgen 9 und 3 entsprechend und es ergeben sich neue Endtermine.

(5) Durch die Reduktion des Planauftrags 9 verringern sich seine Anlieferungen durch die Planaufträge 1 und 2, deren Produktionsmengen, Dauern und Endtermine entsprechend sich ändern.

Es sei angemerkt, dass die neuen Start- und Endtermine eines reduzierten Planauftrags durch die Reduktion eines anderen Planauftrags beeinflusst sein kann; ein Beispiel ist die Beeinflussung von den neuen Start- und Endterminen vom Planauftrag 4 durch die vom Planauftrag 7.

Diese modifizierten Einplanungen führen zu dem in der Abbildung 5.44 angegebenen Gantt-Diagramm.

Typ	Pro-dukt (i)	Nr. (i)	Menge (i)	Start-termin (i)	End-termin (i)	Nachfolger (i) (Liefermenge)
Planauftrag	E	1	884 ME	2000 ZE	2442 ZE	9 (444 ME), 10 (440 ME)
Planauftrag	F	2	716 ME	3000 ZE	3716 ZE	6 (50 ME), 9 (666 ME)
Planauftrag	F	3	722 ME	4000 ZE	4722 ZE	7 (2 ME), 8 (60 ME) 10 (660 ME),
Planauftrag	X	4	109 ME	5030 ZE	5575 ZE	$d_{X,7}$ (109 ME)
Planauftrag	X	5	50 ME	6000 ZE	6250 ZE	$d_{X,8}$ (50 ME)
Planauftrag	Y	6	25 ME	4000 ZE	4750 ZE	$d_{Y,7}$ (25 ME)
Planauftrag	Y	7	1 ME	5000 ZE	5030 ZE	$d_{Y,8}$ (1 ME)
Planauftrag	Y	8	30 ME	6250 ZE	7150 ZE	$d_{Y,9}$ (30 ME)
Planauftrag	K	9	222 ME	4000 ZE	4999 ZE	4 (218 ME), 7 (4 ME)
Planauftrag	K	10	220 ME	5000 ZE	5990 ZE	5 (100 ME), 8 (120 ME)
Lagerzugang	K	16	100 ME	2000 ZE	2000 ZE	6 (100 ME)
Lieferant	Y	17	9 ME	6000 ZE	6000 ZE	$d_{Y,8}$ (9 ME)
Lieferant	X	18	1 ME	6000 ZE	6000 ZE	$d_{X,7}$ (1 ME)

Tabelle 5.45: Tabellarische Peggingstuktur von Planaufträgen und Bedarfen $d_{P,t}$ aufgrund der Einbeziehung des Mitbewerbers; mit ME für Mengeneinheiten sowie Produkt P und Periode t.

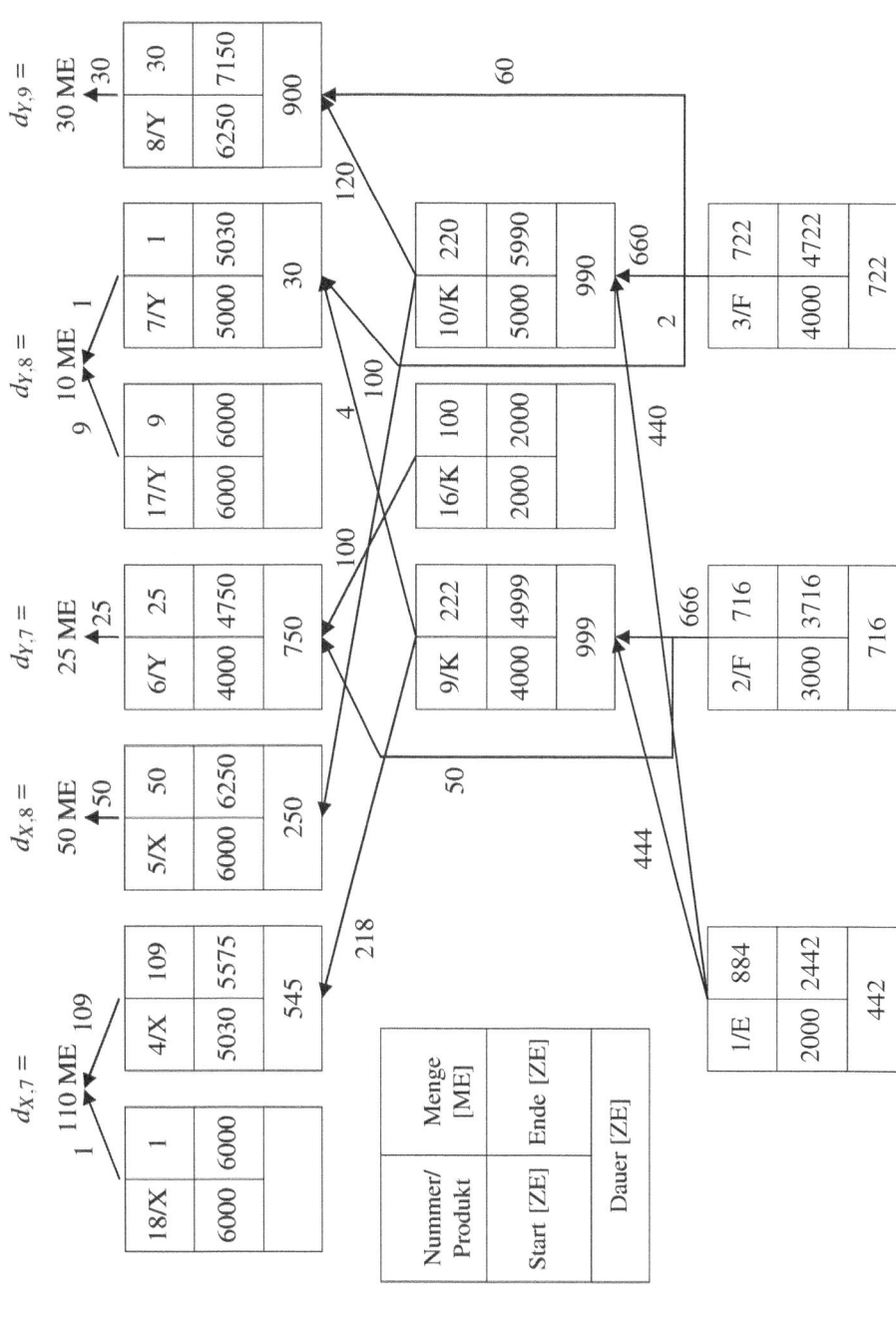

Abbildung 5.43: Netzplan mit Anfangs- bzw. Endzeitpunkt, Dauer, Menge sowie Nummer für Planauftragsnummer aufgrund der Einbeziehung des Mitbewerbers; zur Übersichtlichkeit wurde auf Einheiten überwiegend verzichtet.

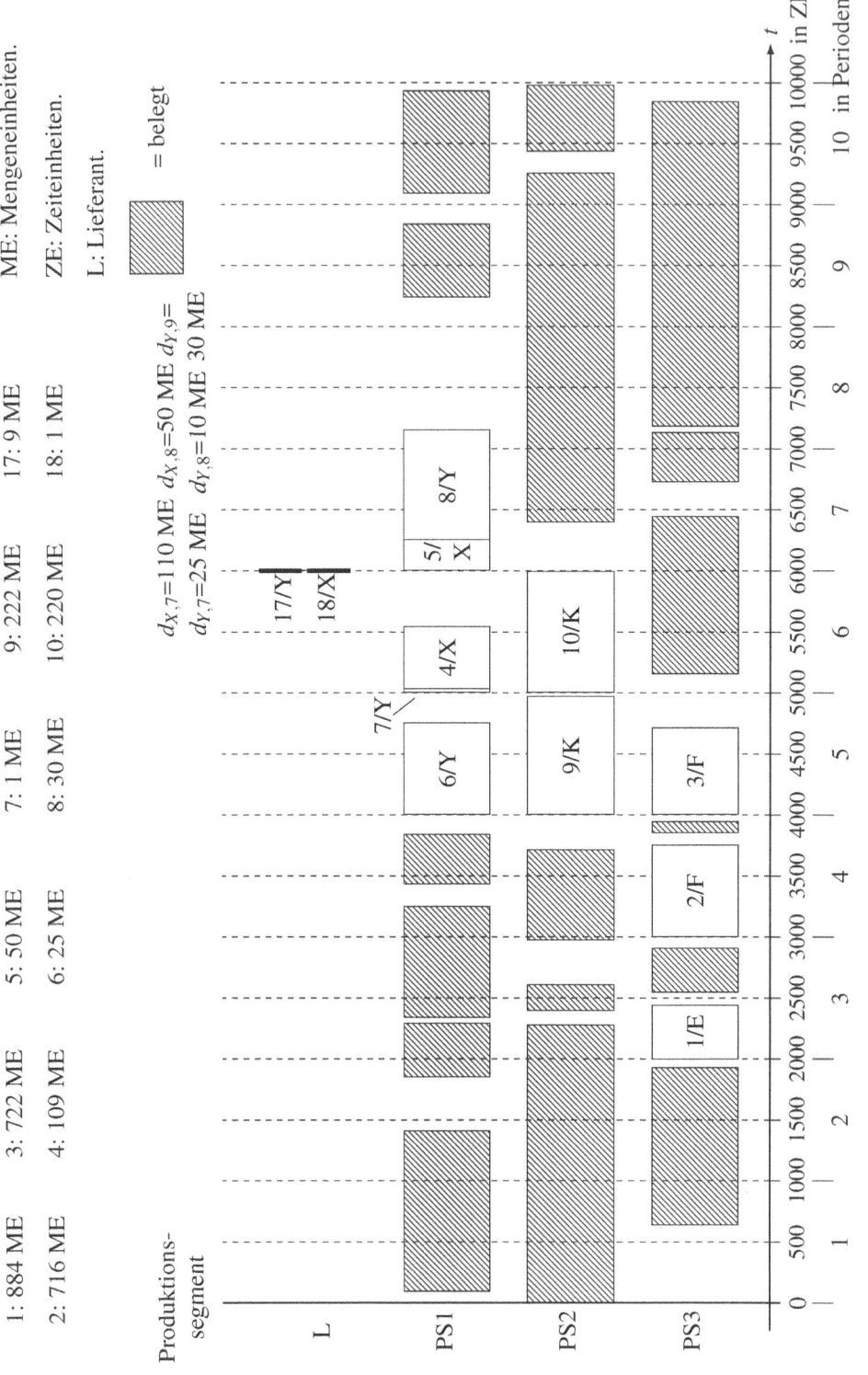

Abbildung 5.44: Gantt-Diagramm zu einer Einplanung unter Einbeziehung des Mitbewerbers.

Die folgenden produktspezifischen Tabellen enthalten die (Sekundär-)Bedarfe zu Beginn einer Periode, die Planaufträge in einer Periode, die Anlieferungen zu Periodenbeginn, den physischen Bestand am Ende einer Periode sowie den Fehlbestand am Ende einer Periode (nur bei den Endprodukten). Außerdem enthalten diese Tabellen die Anzahl an Rüstvorgängen in einer Periode sowie schließlich die resultierenden Rüst- und Lagerkosten in einer Periode und die Gesamtkosten in einer Periode. Die über alle Produkte kumulierten Kosten für die drei Kostenarten in einer Periode befinden sich in der letzten Tabelle, einschließlich den Gesamtkosten (auch für die Rüst- und Lagerkosten). ME steht für Mengeneinheiten, GE für Geldeinheiten und eine Zahl in Klammern ist die Nummer eines Planauftrags.

(Hinweis: Das Vorgehen ist im Detail unter anderem in der Aufgabe 5.10 zum Kapazitätsbelastungsausgleich beschrieben.)

Produkt X								
Periode	3	4	5	6	7	8	9	10
Primärbedarf [ME]	-	-	-	-	110	50	-	-
Planauftragsmenge [ME]	-	-	-	109	50	-	-	-
(Planauftragsnummer)	-	-	-	(4)	(5)	-	-	-
Anlieferung [ME]	-	-	-	-	109	50	-	-
Anlieferung vom Lieferanten [ME] (mit Nr.)	-	-	-	-	1 (18)	-	-	-
Physischer Bestand [ME]	-	-	-	-	-	-	-	-
Fehlbestand [ME]	-	-	-	-	-	-	-	-
Rüstvorgänge [Anzahl]	-	-	-	1	1	-	-	-
Rüstkosten [GE]	-	-	-	100	100	-	-	-
Lagerkosten [GE]	-	-	-	-	-	-	-	-
Lieferantenkosten [GE]	-	-	-	-	110	-	-	-
Gesamtkosten [GE]	-	-	-	100	210	-	-	-

Produkt Y								
Periode	3	4	5	6	7	8	9	10
Primärbedarf [ME]	-	-	-	-	25	10	30	-
Planauftragsmenge [ME]	-	-	25	1	30	-	-	-
(Planauftragsnummer)	-	-	(6)	(7)	(8)	-	-	-
Anlieferung [ME]	-	-	-	25	1	-	30	-
Anlieferung vom Lieferanten [ME] (mit Nr.)	-	-	-	-	9 (17)	-	-	-
Physischer Bestand [ME]	-	-	-	25	10	-	-	-
Fehlbestand [ME]	-	-	-	-	-	-	-	-
Rüstvorgänge [Anzahl]	-	-	1	1	1	-	-	-
Rüstkosten [GE]	-	-	80	80	80	-	-	-
Lagerkosten [GE]	-	-	-	250	100	-	-	-
Lieferantenkosten [GE]	-	-	-	-	990	-	-	-
Gesamtkosten [GE]	-	-	80	330	1170	-	-	-

Produkt K								
Periode	3	4	5	6	7	8	9	10
Sekundärbedarf [ME]	-	-	100	218 + 4	100 + 120	-	-	-
Planauftragsmenge [ME]	-	-	222	220	-	-	-	-
(Planauftragsnummer)	-	-	(9)	(10)	-	-	-	-
Anlieferung [ME]	-	-	-	222	220	-	-	-
Physischer Bestand [ME]	100	100	-	-	-	-	-	-
Fehlbestand [ME]	-	-	-	-	-	-	-	-
Rüstvorgänge [Anzahl]	-	-	1	1	-	-	-	-
Rüstkosten [GE]	-	-	500	500	-	-	-	-
Lagerkosten [GE]	300	300	-	-	-	-	-	-
Gesamtkosten [GE]	300	300	500	500	-	-	-	-

Produkt E								
Periode	3	4	5	6	7	8	9	10
Sekundärbedarf [ME]	-	-	444	440	-	-	-	-
Planauftragsmenge [ME]	884	-	-	-	-	-	-	-
(Planauftragsnummer)	(1)	-	-	-	-	-	-	-
Anlieferung [ME]	-	884	-	-	-	-	-	-
Physischer Bestand [ME]	-	884	440	-	-	-	-	-
Fehlbestand [ME]	-	-	-	-	-	-	-	-
Rüstvorgänge [Anzahl]	1	-	-	-	-	-	-	-
Rüstkosten [GE]	100	-	-	-	-	-	-	-
Lagerkosten [GE]	-	88.4	44	-	-	-	-	-
Gesamtkosten [GE]	100	88.4	44	-	-	-	-	-

Produkt F								
Periode	3	4	5	6	7	8	9	10
Sekundärbedarf [ME]	-	-	50 + 666	2 + 660	60	-	-	-
Planauftragsmenge [ME]	-	716	722	-	-	-	-	-
(Planauftragsnummer)	-	(2)	(3)	-	-	-	-	-
Anlieferung [ME]	-	-	716	722	-	-	-	-
Physischer Bestand [ME]	-	-	-	60	-	-	-	-
Fehlbestand [ME]	-	-	-	-	-	-	-	-
Rüstvorgänge [Anzahl]	-	1	1	-	-	-	-	-
Rüstkosten [GE]	-	100	100	-	-	-	-	-
Lagerkosten [GE]	-	-	-	12	-	-	-	-
Gesamtkosten [GE]	-	100	100	12	-	-	-	-

Alle Produkte									
Periode	3	4	5	6	7	8	9	10	Σ
Summe Rüstkosten [GE]	100	100	680	680	180	-	-	-	1740
Summe Lagerkosten [GE]	300	388.4	44	262	100	-	-	-	1094.4
Summe Lieferkosten [GE]	-	-	-	-	1100	-	-	-	1100
Gesamtkosten [GE]	400	488.4	724	942	1380	-	-	-	3934.4

II. Literaturverzeichnis

[CHM21]   Thorsten Claus, Frank Herrmann und Michael Manitz, Hrsg.: *Produktions-planung und -steuerung: Forschungsansätze, Methoden und deren Anwen-dungen*. 2. Berlin: Springer, 2021.

[GüTe05] Hans-Otto Günther und Horst Tempelmeier: *Produktion und Logistik*. 6., verb. Aufl. Springer-Lehrbuch. Berlin: Springer, 2005.

[GüTe12] Hans-Otto Günther und Horst Tempelmeier: *Produktion und Logistik*. 9., aktualisierte und erw. Aufl. Springer-Lehrbuch. Berlin und Heidelberg: Springer, 2012.

[HeMa17] Frank Herrmann und Michael Manitz: *Materialbedarfsplanung und Res-sourcenbelegungsplanung*. Wiesbaden: Springer Fachmedien Wiesbaden, 2017.

[Herr09a] Frank Herrmann: *Logik der Produktionslogistik*. Oldenbourg, 2009.

[Herr09b] Frank Herrmann: *Logik der Produktionslogistik*. 1. Aufl. München: Olden-bourg, 2009.

[Herr11] Frank Herrmann: *Operative Planung in IT-Systemen für die Produktions-planung und -Steuerung: Wirkung, Auswahl und Einstellhinweise von Ver-fahren und Parametern*. Vieweg+Teubner Verlag, 2011.

[Herr18] Frank Herrmann: *Übungsbuch Losbildung und Fertigungssteuerung*. Wies-baden: Springer Fachmedien, 2018.

[Herr22] Frank Herrmann: *Simulationsstudien zur Materialbedarfsplanung: Inter-ner Bericht vom Innovationszentrum für Produktionslogistik und Fabrik-planung*. Regensburg: Druckerei der Ostbayerische Technische Hochschule Regensburg, 2022.

[Herr24] Frank Herrmann: *Produktionsplanung: Übungsbuch*. Bd. 2. Wiesbaden: Springer Gabler, 2024.

[KGJ13]   Sebastian Kummer, Oskar Grün und Werner Jammernegg: *Grundzüge der Beschaffung, Produktion und Logistik: Das Übungsbuch*. 2. Hallbergmoos/-Germany: Pearson, 2013.

© Der/die Autor(en), exklusiv lizenziert an Springer Fachmedien Wiesbaden GmbH, ein Teil von Springer Nature 2023
F. Herrmann, *Produktionsplanung*, https://doi.org/10.1007/978-3-658-40218-1

[KGJ18]   Sebastian Kummer, Oskar Grün und Werner Jammernegg: *Grundzüge der Beschaffung, Produktion und Logistik*. 4. Aufl. Pearson Studium, 2018.

[KüHo02]   Hans-Ulrich Küpper und Christian Hofmann: *Übungsbuch zu Produktion und Logistik*. 2. Auflage. München: Vmi -Verlag Moderne Industrie, 2002.

[Kurb05]   Karl Kurbel: *Produktionsplanung und -steuerung im Enterprise-Resource-Planning und Supply-Chain-Management*. 6., völlig überarb. Aufl. München: Oldenbourg, 2005.

[Temp15]   Horst Tempelmeier: *Produktionsplanung in Supply Chains*. Norderstedt: Books on Demand, 2015.

The manufacturer's authorised representative in the EU is Springer
Nature Customer Service Centre GmbH, Europaplatz 3, 69115 Heidelberg,
Germany. If you have any concerns regarding our products, please
contact ProductSafety@springernature.com

Printed and bound by CPI Group (UK) Ltd, Croydon, CR0 4YY
28/04/2026
02098499-0010